특수아동의 이해

안도연 · 원계선

창지사

머리말

2007년 장애인 등에 대한 특수교육법이 제정되면서 특수교육 현장에 질적, 양적으로 많은 변화가 있었다. 이제 특수교육은 단순히 장애아동만을 위한 교육이 아닌 일반교육 과정만으로는 자신의 잠재능력을 발현하여 독립된 사회구성원으로 살기에는 한계가 있어 다른 지원이 필요한 모든 아동들을 위한 교육으로 나아가고 있다.

이러한 철학을 바탕으로 2022년 장애인 등에 대한 특수교육법에서 두 가지 이상의 중복된 장애를 11번째 장애 유형으로 정의하고 중도중복장애 아동과 시청각장애 아동을 위한 교육을 명시하였다.

또한 2022년 6월에 10여 년간 장애의 진단 기준으로 사용해 오던 정신질환의 진단 통계 편람(DSM) 5판이 수정되어 수정판(DSM-5-TR)이 출간되면서 특수교육현장에서 혼란스러웠던 용어와 특성이 구체적으로 정리되었다.

현재 이러한 변화를 반영하는 교재가 없어 특수교육의 변화를 바탕으로 장애아동들을 이해하고자 하는 학습자들에게 혼란이 있었다. 아직까지 과거의 진단기준을 그대로 사용하거나 중도중복장애와 시청각 장애를 특수교육대상자에 포함하여 기술한 통합적인 교재가 없어 장애유형으로 포함되었는지 모르는 학습자들도 많이 있다.

또한 2018년 [발달재활서비스 제공 인력에 대한 자격 및 인정 절차 기준]을 보건복지부에서 제시하면서 '장애아동의 이해' 교과목이 필수교과목으로 선정되어 장애아동의 교육과 재활(언어재활, 청능재활, 미술심리재활, 음악재활, 놀이심리재활, 행동재활, 재활심리, 감각발달재활, 운동발달재활, 심리운동 등)에 종사하는 전문인력들에게 교육되어지고 있다.

이제 특수교육학과 학생만이 아닌 교육종사자 재활종사자들 모두를 위한 특수아동에 대한 이해 교과목이 필요한 것이다.

이러한 이유로 본 저자들은 다양한 환경에서 장애아동들을 만나는 학습자들에게 쉽게 장애아동들의 특성을 이해하고 장애아동들에게 적합한 지원을 제공할 수 있는 기본교과목을 제공하고자 하였다.

이 책은 특수아동에 대한 이해로 특수교육 전반의 내용을 포함하였으며, 장애아동과 인권을 통해서 장애아동의 인권 실태와 중요성을 다루었다. 3장브터는 장애유형에 따른 특성과 지도방법을 중심으로 지적장애, 자폐범주성장애, 지체 및 뇌병변장애, 정서·행동장애, 학습장애, 의사소통 및 청각장애, 시각장애, 중도중복장애 순서로 제시하였다. 마지막 부분에는 장애아동 교육방법과 문제행동 지도, 보조공학기기 활용방법을 제시하면서 구체적으로 장애아동에게 적합한 교육방법과 지원내용을 제시하고자 노력하였다.

장애아동과 특수교육에 대한 입문 교재로서 예를 들어서 설명하며, 구체적인 그림과 사진으로 이해하기 쉽게 제시하려고 노력하였으나 아직까지 미흡하고 수정되어야 할 부분이 남아있다는 것을 알고 있다. 이후 많은 분들의 평가와 조언을 통해서 수정 보완을 거듭해 나아가면서 특수교육과 장애아동들을 올바르게 이해할 수 있는 책으로 나아가겠다.

2024년

저자 일동

차례

제1장

특수아동과 특수교육

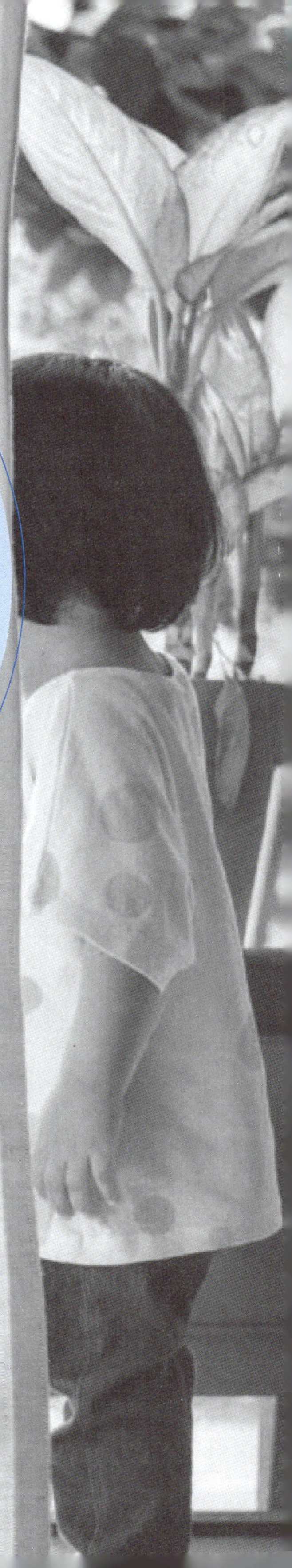

1 장애의 개념

1) 장애의 정의

장애란 무엇일까? 장애(障礙)라는 말을 국어사전에서 확인해 보면 '어떤 일의 성립, 진행에 거치적거려 방해하거나 충분히 기능하지 못하게 함, 신체 기관이 본래의 제대로 기능하지 못하거나 정신 능력에 결함이 있는 상태'로 정의되어 있다(네이버 두산백과). 이처럼 장애란 능력의 차이일 뿐이다. 그러나 일반적으로 "장애(handicap)"라고 하면 무능력함과 혼동되어 사용되고 있다.

이와 같이 장애를 명확히 정의하는 것이 쉬운 일은 아니다. 장애를 일반적으로 능력의 손상으로 생각하나 사실 세상의 모든 사람들은 모든 면에서 완벽한 능력을 갖추고 이 세상을 살아가지는 않는다. 어떤 사람은 신체적 발달이 빨라 운동선수가 되고 음악적 재능이 뛰어난 사람은 음악가가 되며 어떤 사람은 탁월한 논리 수학능력으로 의사 또는 과학자가 되는 것처럼 사람의 능력은 다르다.

이렇게 사람마다 능력의 차이가 있는데(개인차) 그 능력을 가지고 삶을 살다가 사고나 질병으로 손상(impairment)을 갖게 되고 그 손상으로 일반적인 방법으로 기능할 수 없는 기능장애(기능상실 disability)를 갖게 된다. 이 기능장애로 인해서 사회적으로 제한(장벽)을 경험하게 되었을 때 우리가 흔히 의미하는 '장애' 즉, 사회적 환경 적응 장애(사회적 환경 불리 handicap)를 갖게 되었다고 정의한다. 다시 말해 사고와 질병으로 인해서 손상과 기능장애가 나타났지만, 사회가 수용하고 불리하지 않는다면 일반적인 의미의 장애(handicap)는 발생하지 않는다.

또한 장애 개념은 시대와 사회에 따라 변화하는 개념이기 때문에 정의하기가 어렵다. 과거에는 신체적, 정신적 손상이나 그로 인한 기능장애만을 장애로 생각하였으나 오늘날에는 장애를 신체적, 정신적 손상과 사회적 불리 즉 사회적 장벽을 경험할 때 만들어지는 것으로 이해하고 있다[그림 1-1].

[그림 1-1] 오늘날의 장애 개념

세계보건기구(World Health Organization, WHO)에서는 지속적으로 장애의 개념을 구체적으로 정의하고자 노력하고 있다. 2001년 ICF(International Classification of Functioning, Disability and Health)는 개인의 기능과 장애는 맥락에서 발생하는 것으로 받아들이면서 환경적 요소의 중요성을 제시하고 있다[그림 1-2].

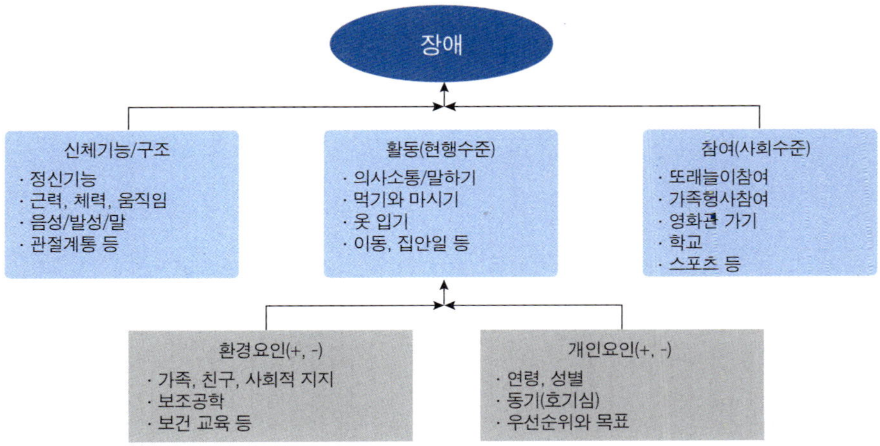

[그림 1-2] ICF의 장애 모델

위 그림에서처럼 신체적 손상(impairment)이 있다면 의학적 치료가 필요하고 기능장애(disability)가 있다면 기능을 할 수 있도록 훈련과 교육이 필요하다. 사회적 장애에 해당하는 장애(handicap)에는 사회적, 심리적 지원이 함께 이루어져야 한다〈표 1-1〉.

〈표 1-1〉 장애 수준에 따른 지원내용

손상 impairment	장애 disability	사회적 장애 handicap
의료적 지원	교육, 훈련 지원	사회 · 심리적 지원

이제 장애를 손상, 기능장애로 이해하기보다는 사회적으로 이해하고 이에 대한 지원을 통해서 다양한 사회적 구성원이 함께하는 사회를 마련하려고 계획해야 한다.

특수교육 또한 이러한 사회적 관점에서 장애아동만을 위한 교육이 아닌 장애위험 아동과 중복장애 아동, 발달지체 아동 및 영유아 지원까지 확대하며 대상자를 점점 구체화하고 있다(장애인 등에 대한 특수교육법 시행령, 제10조, 2022)

2 특수교육의 이해

특수교육에 관한 역사적 기록으로 살펴보면 장애아동에게 객관적이며 과학적인 접근 방식으로 교육한 역사는 그리 길지 않다. 특수교육의 역사가 시대에 따라 진화되면서 현재 어떠한 방향으로 나가고 있는지 알기 위해서 서양과 우리나라의 역사를 살펴보겠다.

1) 서양의 특수교육

고대 그리스와 로마 시대의 특수교육에 대한 역사적 기록은 없지만 그 시대 인간상을 살펴보면 인간의 생산력을 인간의 가치로 보면서 능력이 없는 사람은 보호하지 않았다는 것을 알 수 있다. 장애를 가진 사람은 대개 추방, 유기, 살해되었다.

로마 시대 콘스탄틴 황제가 기독교를 공식 종교로 인정한 이후부터 기독교 세계관이 퍼지면서 장애인을 보호하게 되었고, 이러한 개념은 중세 초까지 이어진다. 그러나 중세 중기 이후에는 장애인을 원죄를 가진 사람으로 보면서 마녀사냥의 대상이 되었다.

서양의 역사에서도 근대에 이르러서야 장애아동에 대한 구체적인 교육적 기록이 나타나기 시작한다(고은 외, 2015). 18세기 이후 계몽주의 사상에 의거하여 장애인에 대한 인식이 개선되면서 장애인을 마녀 및 원죄의 죄인으로 이해하기보다는 객관적인 교육대상으로 이해하였다. 파리농학교(1760), 공립구화학교(1778), 파리맹학교(1784), 미국농학교(1817), 파킨슨맹학교(1852) 등의 학교가 이 시기에 설립되었다.

이 학교들의 이름에서 알 수 있는 것처럼 근대 초기 특수교육은 시각과 청각장애 아동 교육에 집중되었고 점차 다른 장애아동 교육으로 확대되었다. 1824년에 프랑스 시각장애인이며 교사였던 Louis Braille에 의해서 점자가 제작되면서 시각장애 아동의 학습권이 확대된다. Braille는 6개의 점으로 이루어진 2×3의 격자로 점을 표현하여 시각장애인이 손으로 문자를 읽고 쓸 수 있도록 했다

지적장애 아동에 대한 교육적 관심은 1799년 12월 파리의 아베롱 지역의 숲속에서 늑대와 함께 지내는 Victor가 발견되면서 그 당시 의사이자 심리학자였던 Itard에 의해서 교육되면서 시작되었다. Itard는 "The Wild Boy of Aveyron"이라는 연구서에 언어습득이 되지 않는 Victor에게 교육을 통해서 인간세계에 적응하도록 다양한 교육방법을 사용한 사례를 발표하였다. 그의 교육방법은 이후 지적장애 아동을 위한 교육방법의 기초가 되었다.

Itard의 제자 Seguin은 지적장애 아동 교육방법에 관심을 가지며 지적장애 아동을 위한 특수학교를 매사추세츠주에 설립하였으며 이는 미국에 지적장애 아동을 위한 학교 설립의 기초가 된다. 또한 지적장애 아동의 교육이 확대되면서 지적장애 아동을 선별하기 위한 지능검사 도구가 Alfred Binet(1916)에 의해서 제작된다.

1900년대 1, 2차 세계대전으로 유럽과 미국에서는 고아와 장애아동에 대한 문제가 심각하게 대두되면서 사회복지와 특수교육의 중요성이 강조되었다.

미국에서는 시각과 청각장애를 동시에 가지고 있던 Hellen Keller(1880~1968)가 특수교육을 통해서 사회운동가로 성장하게 되었고 1950년대 들어서면서 지적

장애 아동협회(National Association for Retarded Children)가 설립되고 John F. Kennedy 대통령에 의해 지적장애인을 위한 대통령자문위원회(1961)를 설치하여 장애아동을 위한 교육과 복지 정책을 제공하였다.

이후 미국 교육법은 제정과 개정을 반복하면서 장애아동 교육을 보장하기 위해서 노력하였다〈표 1-2〉.

〈표 1-2〉 미국 교육법의 변천

시행년도	교육법명	특징
1965	초 · 중등교육법(ESE)	빈곤층 교육 자원 제공
1968	장애아동 조기교육지원법 Individuals with Disabilities Education Act, Part C	출생에서 36개월까지의 어린이를 대상으로 하며, 발달 지연이나 장애를 가진 영유아의 조기교육
1975	전장애아동교육법 Education for All Handicapped Children Act(EAHCA)	모든 장애를 갖은 아동에 대한 교육 보장
1990	장애인교육법 Individuals with Disabilities Education Act(IDEA)	• EAHCA가 IDEA로 대체 • 정신적 장애 및 언어장애를 포함한 더 많은 범주의 장애아동이 교육을 받도록 확장
1997	IDEA Amendments	• 부모의 권리 강화 및 학교의 책임 강조 • 학교는 부모와 협력하여 개별화교육획(IEP)을 개발하고 실행하는 데 적극적으로 참여
2004	IDEA 2004	• 특수교육 및 일반교육 간 협력 강화 • 학습장애에 대한 특수교육 서비스 강조 및 특수교육 서비스를 받는 장애아동들이 일반 교실에서 최대한 일반교육을 받을 수 있도록 장려

2) 우리나라 특수교육의 역사

우리나라의 특수교육 역사를 고려 시대부터라고 제시하는 학자들도 있으나 고려시대에는 점성술에 시각장애인이 종사했다는 기록은 있으나 점성술을 시각장애인들에게 구체적으로 어떻게 교육했다는 기록이 없다. 즉 조선시대 이전까지는 장애인을 구휼 정책의 대상으로 여겼으며 교육 대상으로 여기고 특별한 교육을 실시하지는 않았다. 현재 우리나라의 특수교육적 구분은 고전적 특수교육기(1445~1877 개항), 근대 특수교육 이식기(1876~1945), 특수학교 설립기(1945~1977), 특수교육진흥법 시기(1977~2007), 장애인 등에 대한 특수교육법 시기(2007~현재)로 나누고 있다.

(1) 고전적 특수교육

문헌 최초의 특수교육적 기록은 『세종실록』에 세종 27년(1445) 고려 시기부터 운영하던 서운관에 훈도 4~5명을 두고 총명한 맹인 10명을 선발하여 3일에 한 번씩 음양학을 가르쳤다고 쓰여 있다. 이 기록을 토대로 살펴보면 조선 시대부터 시각장애인을 위한 교육이 이루어졌다고 할 수 있다. 서운관은 세조 12년에 관상감으로 바뀌었고 음양학도 명과학으로 바뀌었으며 우수한 성적을 거둔 시각장애인에게는 국가의 관리로 채용하는 맹과맹인 제도를 두었으며 이 제도는 1894년 갑오개혁으로 맹청이 폐지될 때까지 지속되었다(고은 외, 2015).

이 자료를 토대로 보면 고전적 특수교육 시기에는 시각장애인들에게 점성술을 가르치는 교육이 이루어졌던 것으로 판단되며 최초의 특수교육기관은 서운관으로 볼 수 있다(김선영 외, 2020).

(2) 근대 특수교육 이식기

1889년 조선 말 유길준의 『서유견문록』을 통해 서구의 장애인 교육이 자세히 소개된다. 이 책을 통해 장애인도 교육의 대상자라는 생각을 가지게 되며 이후 선교사들의 힘으로 근대식 교육이 장애아동들에게 이루어지기 시작했다.

이 당시 특수교육의 시작은 오복래(또는 오복녀)라는 시각장애 여아에게 미국 선교사 Hall여사가 점자를 교육한 것이다(1897). Hall여사는 오복래를 시작으로 1900년에 정진소학교에서 특수학급 형태로 4명의 시각장애 아동에게 점자 교육을 실시하였다(김선영, 외 2020).

Hall여사는 시각장애뿐만 아니라 청각장애 아동의 교육에 대한 관심도 높았다. Rockwell의 재정적 지원을 받아 1910년부터 청각장애 아동을 위한 교육을 실시하였다(변호걸, 2005).

또한 일제 강점기하에 조선총독부에 의해 제생원(1913)이 설립되면서 서울과 평양에서 교육받던 맹학생 16명, 농학생 8명을 모아 특수교육을 받도록 하였다.

이렇게 선교사와 일제에 의해서 특수교육이 시작된 가운데 박두성 선생이 『훈맹정음』(1926)을 반포한다. 이는 한국 특수교육사에 매우 중요한 일로 한글점자를 제작하여 반포한 것이다. 훈맹정음은 한글의 초성, 중성, 종성을 모두 표현하는데 매우 적합하였으며 현재까지 시각장애인을 위한 한글 점자로 사용되고 있다[그림 1-3]. 이후 이창호 목사가 한국인 최초로 광명맹아학교(1935)를 설립하고 졸업생인 손용수 선생이 원산맹학교(1938)를 설립하며 특수교육의 초석을 만든 시기가 되었다(김선영, 외 2020).

자음	ㄱ	ㄴ	ㄷ	ㄹ	ㅁ	ㅂ	ㅅ	ㅇ	ㅈ	ㅊ	ㅋ	ㅌ	ㅍ	ㅎ
초성	○● ○○ ○○	●● ○○ ○○	○● ●○ ○○	○○ ○● ○○	●○ ○● ○○	○● ○● ○○	○○ ○○ ○●	●● ●● ○○	○● ○○ ○●	○○ ○● ○●	●● ●○ ○○	●○ ●● ○○	●● ○● ○○	○● ●● ○○
종성	●○ ○○ ○○	○○ ●● ○○	○○ ○● ●○	○○ ●○ ○○	○○ ●○ ○●	●○ ●○ ○○	○○ ○○ ●○	○○ ●● ●●	●○ ○○ ●○	○○ ●○ ●○	○○ ●● ●○	○○ ●○ ●●	○○ ●● ○●	○○ ○● ●●

모음	ㅏ	ㅑ	ㅓ	ㅕ	ㅗ	ㅛ	ㅜ	ㅠ	ㅡ	ㅣ	ㅐ	ㅔ
점자	●○ ●○ ○●	○● ○● ●○	○● ●○ ●○	●○ ○● ○●	●○ ○○ ●●	○● ○○ ●●	●● ○○ ●○	●● ○○ ○●	○● ●○ ○●	●○ ○● ●○	●○ ●● ●○	●● ○● ●○

겹모음	ㅒ	ㅖ	ㅘ	ㅙ	ㅚ	ㅝ	ㅞ	ㅟ	ㅢ
점자	○● ●○ ○● ●● ●○ ●○	○● ○○ ●○	●○ ●○ ●●	●○ ●○ ●○ ●● ●● ●○	●● ○● ●●	●● ●○ ●○	●● ●○ ●○ ●● ●○ ●○	●● ●○ ○○ ●● ●○ ●○	○● ●● ○●

[그림 1-3] 한글점자

출처: 위키백과

(3) 특수학교 설립기

해방 이후 대한민국 정부가 수립되고 교육법이 제정되면서 특수교육은 제도권 내에서 발전하는 시기로 접어든다. 교육법 제81조에서 모든 국민의 교육권을 규정하였고 제6항에서 특수학교의 설치를 명시하였다. 이를 토대로 제생원은 국립맹아학교로 개편되고 1959년에 맹·농 분리 정책으로 서울맹학교와 서울농학교로 분리되었다. 1946년 이영식 목사에 의해 대구 광명학교가 사립 특수학교 최초로 개교했으며, 1949년 지적장애 아동을 위한 중앙각심학원(현재 국립재활원)이 개교하였다.

그러나 교육법에 학령아동이 불구, 병약, 교육 불안전 또는 기타 부득이한 사유로 인하여 취학이 불가능한 경우에는 대통령령이 정하는 바에 따라 그 의무를 면제 또는 유예할 수 있도록 유예 조항(제98조)을 두어 특수교육의 발전을 저해하는 원인이 되기도 하였다.

1968년 특수교육 5개년 계획이 수립되면서 국가 수준의 교육과정인 맹학교 교육과정과 농학교 교육과정이 고시되었고(1967), 1974년 정신지체아 교육과정, 1983년 지체부자유자 교육과정이 고시되면서 특수교육이 국가 수준의 교육과정을 갖추게 되었다.

또한 법적으로 「특수교육진흥법」이 1977년 반포되면서 특수교육의 많은 변화를 가져오는 계기를 마련하게 되었다.

(4) 특수교육 진흥법 시기

1977년 「특수교육진흥법」이 제정 반포된 이후 우리나라의 특수교육은 형식적인 수준에서 나아가 질적 변화를 이루게 된다.

이러한 변화의 배경에는 국제적인 흐름에 영향을 받은 것이 많다. 1970년에 UN에서 장애인 권리에 관심을 가지면서 1971년 「정신지체인 권리 선언」, 1976년 「장애인 권리 선언」을 공포하고 1981년을 「세계 장애인의 해」로 지정하기로 결의면서(1976) 모든 나라에 장애인에 대한 교육 및 복지에 관한 정책 수립을 요구하였다. 이러한 국제적인 흐름에 따라 우리나라에서도 「특수교육진흥법」이 제정되었으며 이후 여러 번의 개정을 통해 한국의 특수교육을 이끄는 주도적인 역할을 했다.

1977년 「특수교육진흥법」이 처음 제정되었을 때 특수교육 관련 학과가 전국 3개 대학에만 있었으나 2007년 「장애인 등에 대한 특수교육법」이 제정될 때에는 40여 개로 증가한다. 또한 특수교육의 연구와 교사 교육과 정책 등을 담당하는 주기관인 국립특수교육원이 설립되면서 특수교육은 양적, 질적 팽창을 경험하게 된다.

특수교육진흥법 시기는 법과 제도를 정비하면서 양적 확충에서 나아가 질적 확충을 이루려는 시기라 할 수 있다.

(5) 장애인 등에 대한 특수교육법 시대

2007년 「장애인 등에 대한 특수교육법」의 제정으로 인해서 우리나라의 특수교육은 비장애아동과 함께 교육받는 완전통합의 환경으로 바뀌었다. 또한 특수교육의 의무 교육 기간을 유치원과 초·중·고등학교 과정으로 확대했으며 만 2세 미만의 장애 영아를 위한 교육(유치원과 어린이집)과정을 무상 교육 영역에 포함하면서 무상 교육의 범위도 확대하였다.

또한 지속적인 개정을 통해서 중도중복장애 아동을 특수교육대상자로 포함하며 교육적 대상으로 인정하고 있다(장애인 등에 대한 특수교육법 시행령 제10조, 2022). 이렇게 「장애인 등에 대한 특수교육법」을 통해서 현재 우리나라의 특수교육은 한 층 더 모두를 포함하는 교육으로 나아가고 있다.

3 특수교육 대상자

특수교육 대상자라고 하면 쉽게 장애아동을 떠올린다. 그러나 특수교육은 특별한 교육적 요구를 갖은 대상을 의미하며 장애아동만을 대상으로 하지는 않는다. 현재 우리나라의 특수교육 대상자는 장애아동, 발달지체아동, 장애 위험 아동, 영재아동으로 나뉜다. 이들 모두 일반적인 교육환경에서는 자신의 잠재능력을 발휘하기 어렵기 때문이다.

1) 장애아동

장애를 분류하고 정의하는 것은 설립 기관에 따라서 다르다. 교육부에서는 교육적 목적을 갖고 장애를 분류하고 정의하는 반면 보건복지부에서는 대상자의 권익과 복지 증진을 위해서 장애를 정의하기 때문에 차이가 있다. 현재 우리나라에서 가장 보편적으로 사용되고 있는 장애분류를 살펴보면 〈표 1-4〉와 같다.

〈표 1-4〉 장애인 등에 대한 특수교육법과 장애인복지법의 장애 분류

장애인 등에 대한 특수교육법 시행령(2022)	장애인복지법 시행령(2019)
1. 시각장애	1. 지체장애
2. 청각장애	2. 뇌병변장애
3. 지적장애	3. 시각장애
4. 지체장애	4. 청각장애
5. 정서 · 행동장애	5. 언어장애
6. 자폐성장애	6. 지적장애
7. 의사소통장애	7. 자폐성장애
8. 학습장애	8. 정신장애
9. 건강장애	9. 신장장애
10. 발달지체	10. 심장장애
11. 두 가지 이상의 중복된 장애	11. 호흡기장애
	12. 간장애
	13. 안면장애
	14. 장루 · 요루장애
	15. 뇌전증장애

「장애인 등에 대한 특수교육법」에서는 교육적 목적을 바탕으로 장애를 11가지 유형으로 분류하고 학습장애를 정의한 반면 「장애인복지법」은 장애인의 인권과 복지를 위해서 신체 내부기관 장애의 유형이 많은 것을 볼 수 있다. 예를

들어 「장애인 등에 대한 특수교육법」 상에선 건강장애로 진단되지만 「장애인복지법」 상에서는 신장, 심장, 호흡기, 간, 안면, 장루·요루 장애 등으로 구체적으로 장애명이 나누어지는 것을 확인할 수 있다. 이렇게 기관의 목적에 따라서 장애의 분류가 달라진다.

2) 발달지체아동

발달지체라는 용어는 진단명에 의한 낙인이나 아직 어려서 진단하기 어려운 영유아에게 일반적으로 사용되는 개념이다. 「장애인 등에 대한 특수교육법」에서는 '신체, 인지, 의사소통, 사회정서, 적응행동 중 하나 이상의 발달이 또래에 비하여 현저하게 지체되어 특별한 교육적 조치가 필요한 영아 및 9세 미만의 아동'으로 정의하고 있다. 조기 진단으로 보다 특수교육과 관련 서비스를 적기에 받아 장애로 인한 문제를 최소화하려는 것이다.

그러나 발달지체로 진단하기 위한 정확한 기준이 미흡한 실정이다. 현재 구체적으로 논의되고 있는 기준은 〈표 1-5〉와 같다.

〈표 1-5〉 발달지체의 진단 기준

연령	기준
0~24개월	• 하나 이상의 발달영역에서 25% 또는 표준편차 2 이상의 지체 • 둘 이상의 발달영역에서 20% 또는 표준편차 1.5 이상의 지체 • 전문가 팀의 전문적인 임상 판단
24~36개월	• 하나 이상의 발달영역에서 20% 또는 표준편차 1.5 이상의 지체 • 둘 이상의 발달영역에서 15% 또는 표준편차 1 이상의 지체 • 전문가의 전문적인 임상적 판단

3) 장애 위험 아동(at-risk children)

특수교육 대상자에는 장애 위험에 노출된 아동도 포함되어 있다. 장애 위험 아동이란 현재까지 뚜렷하게 진단받을 만큼의 손상 및 지체를 보이고 있지는 않으나 물리적이거나 정서적인 위험에 노출되어 있거나, 발달 수준, 건강 상태, 가정환경 등에서 오는 위험이나 취약성을 가진 아동으로 미래에 장애를 가지게 될 위험이 높은 아동을 뜻한다. 우리나라에서는 「아동복지법」에서 '아동 학대 및 예방에 대한 대책' 마련, '아동복지 시설에서의 아동 안전과 보호에 관한 규정', '아동 건강 및 발달 상태 점검, 조사, 보호치료에 관한 규정', '아동보호전문기관의 업무' 등으로 장애 위험 아동에 대한 예방과 보호 지원에 대한 대책을 마련하고 있다.

4) 영재아동

대부분의 국가에서 교육제도나 특수교육프로그램을 통해서 영재아동을 지원하고 있다. 일반 교육과정만으로 영재아동을 지원하고 보호하기 어렵기 때문이다. 우리나라는 「영재교육진흥법(2000)」을 통해서 "재능이 뛰어난 사람으로 타고난 잠재력을 계발하기 위하여 특별한 교육을 필요로 하는 자"로 규정하고 〈표 1-6〉과 같은 능력을 가진 아동을 영재교육 대상자로 선정하고 있다.

〈표 1-6〉 영재의 능력

영재교육 대상자의 선정(영재교육진흥법 제5조)
1. 일반지능
2. 특수 학문 적성
3. 창의적 사고 능력
4. 예술적 재능
5. 신체적 재능
6. 그 밖의 특별한 재능

영재아동 교육과 관련된 제반 사항을 국가, 지방자치단체가 지원하여 영재아동센터, 영재교육원 등을 설립하여 전문적인 교육, 지원체계를 갖추려고 노력하고 있다. 그러나 아직까지 우리나라는 평준화된 교육 시스템과 과잉경쟁, 영재아동 식별의 어려움, 영재교육 교사 부재, 사교육비 증가, 다양한 장애와 문제를 가진 영재아동에 대한 지원 부족, 전문교육기관 부족 등으로 영재아동 교육이 제대로 이루어지고 있다고 할 수는 없다. 지속적인 노력과 개선을 통해서 영재아동들이 자신의 잠재능력을 개발할 수 있는 환경 조성이 필요하다.

4 장애아동과 관련법

장애아동과 관련된 법은 대표적으로 교육법과 복지 관련법으로 나눌 수 있다. 교육법은 「장애인 등에 대한 특수교육법」과 복지법 중 「장애아동복지지원법」, 「발달장애인법」에 대해서 살펴보겠다.

1) 장애인 등에 대한 특수교육법(약칭: 특수교육법)

우리나라의 「특수교육법」은 1977년에 「특수교육진흥법」이 제정되어 장애아동의 교육과 관련된 정책의 수립과 실천에 대한 근거로써 역할을 했다(정대영, 2011). 이후 이 법은 1994년 전면 개정되었고 이후 2007년 「장애인 등에 대한 특수교육법」으로 새로 제정되면서 특수교육 대상 정의, 장애아동 교육권 확대, 특수교육 전달 체제의 확립, 교육의 질 향상, 관련 서비스 및 지원 확대, 장애아동과 보호자의 권리를 보장하고 있다. 또한 제1장부터 제6장까지 장애아동의 교육권에 대한 규정을 제시하면서 교육현장에서 장애아동이 체계적인 교육을 받을 수 있도록 하였다.

- 제1조(총칙): 특수교육의 목적, 정의, 의무교육 및 차별금지에 관한 내용
- 제2조(국가 및 지방자치단체의 임무): 국가 및 지방자치단체의 임무와 교육기관 설립 위탁에 관한 내용, 교원 자질 및 특수교육대상자의 권리와 의무 등을 규정
- 제3조(특수교육대상자의 선정 및 학교배치): 장애의 조기 발견, 특수교육대상자 선정, 지원내용, 특수교육대상자의 배치 및 교육에 관한 내용
- 제4조(차별금지): 특수교육대상자가 그 학교에 입학하고자 하는 경우 장애를 이유로 거부하거나 교육기회의 부여에서 차별하여서는 안 됨
- 제5조(국가 및 지방자치단체의 의무): 특수교육종합계획을 수립하여 조기발견, 취학지도, 교육내용, 방법, 지원체제의 연구 개선, 교원양성 및 배치와 시설 확충 등의 역할 규정
- 제6조(특수교육기관의 설립 및 위탁교육): 특수교육대상자의 취학 편의를 고려하여 특수교육기관을 지역별 및 장애영역별로 균형있게 설치, 운영 등에 대한 규정

위와 같이 「장애인 등에 대한 특수교육법」에서는 장애아동의 교육과 그에 따른 국가 및 지방자치단체들의 역할, 차별금지 및 학교 설립 등에 대한 구체적인 법령을 제시하고 있다. 현재 장애인 등에 대한 특수교육법의 근거는 미국의 IDEA(2004)의 교육원리를 받아들이고 있다. IDEA(2004)의 구체적인 원리는 〈표 1-7〉과 같다.

〈표 1-7〉 IDEA의 교육원리와 장애인 등에 대한 특수교육법의 관련 내용

IDEA원리	내용	장애인 등에 대한 특수교육법 내용
완전수용	어떤 조건을 지닌 아동들이라도 모두 수용하여 교육 서비스 제공함	특수교육 대상자로 선정된 모든 장애아동에게 무상, 의무교육 실시함

IDEA원리	내용	장애인 등에 대한 특수교육법 내용
비차별적 판별과 평가	학교는 학생의 장애 여부를 진단하는 과정에서 언어, 문화, 인종 등으로 차별받지 않도록 함	진단 평가 및 선정 · 배치 과정의 부당성을 바로잡을 수 있는 재심청구 절차를 제공함
무상의 적절한 공교육	장애의 종류와 정도에 관계없이 모든 아동들이 무상으로 공교육을 받도록 함	유아교육, 초 · 중등교육을 의무교육하고 있으며 영아 교육과 전공과 교육 또한 무상으로 실시함
제한적 환경의 최소화	장애아동을 배치할 때 최대한 비장애아동과 함께 교육받도록 하고 일반교육 환경에서 교육받을 수 없는 경우에만 분리하여 교육받도록 함	특수교육 대상자를 배치할 때 일반학교, 특수학급, 특수학교 순으로 배치하게 함
공정한 절차	특수교육 대상아동과 가족을 보호하기 위해 절차적 안정장치를 마련하여 제공함	진단 평가와 선정, 배치 과정에서 부모의 참여, 승인, 정보 공개 및 통보 등에 관한 규정 제시
부모와 학생참여/공동의사결정	학교, 부모는 학생의 특수교육과 관련된 서비스를 계획하고 실행할 때 협력해야 함	개별화 교육계획서를 작성하고 실행할 때 부모의 의견을 수용하고 동의를 받도록 함

2) 장애아동 복지지원법(약칭: 장애아동복지법)

「장애아동 복지지원법」은 만 18세 미만 장애아동의 특별한 복지적 욕구에 적합한 지원을 통합적으로 제공하기 위해서 제정된 법률이다(장애아동 복지지원법, 2011). 장애아동이 가정에서 건강하게 성장하고 사회에 활발하게 참여할 수 있도록 장애아동 가족의 부담을 줄이는 것에 목적이 있다. 장애아동의 권리를 명시하면서 장애아동의 이익을 최우선하는 법이라 할 수 있다. 장애아동 권리는 다음과 같다(장애아동 복지지원법 제4조).

① 장애아동은 모든 형태의 학대 및 유기·착취·감금·폭력 등으로부터 보호받아야 한다.

② 장애아동은 부모에 의하여 양육되고, 안정된 가정환경에서 자라나야 한다.
③ 장애아동은 인성 및 정신적·신체적 능력을 최대한 계발하기 위하여 적절한 교육을 제공받아야 한다.
④ 장애아동은 가능한 최상의 건강 상태를 유지하고 행복한 일상생활을 영위하기 위한 의료적·복지적 지원을 받아야 한다.
⑤ 장애아동은 휴식과 여가를 즐기고, 놀이와 문화·예술활동에 참여할 수 있는 기회를 제공받아야 한다.
⑥ 장애아동은 의사소통 능력, 자기결정 능력 및 자기권리 옹호 능력을 향상시키기 위한 교육 및 훈련 기회를 제공받아야 한다.

이렇게 장애아동의 이익을 위해서 의료비 지원, 보조공학기기의 지원, 발달재활서비스 지원(장애아동의 인지, 의사소통, 적응행동, 감각운동 등의 기능 향상을 위한 서비스), 보육료 지원, 가족 상담 및 교육, 가족의 일시적 휴식 지원 등을 제공하고 있다(장애아동 복지지원법, 2024). 또한 국가와 지방자치단체는 지역별로 균등한 장애영유아 보육을 위한 어린이집 확보를 위해 노력해야 함을 명시하고 그 설치 기준을 제시하고 있다.

3) 발달장애인 권리보장 및 지원에 관한 법률(약칭: 발달장애인법)

「발달장애인법」은 발달장애인의 의사를 최대한 존중하여 그들의 생애주기에 따른 특성 및 복지 욕구에 적합한 지원과 권리 옹호 등이 체계적이고 효과적으로 제공하여 발달장애인의 사회참여를 촉진하고 권리를 보호하며, 인간다운 삶을 영위하는데 이바지하고자 설립되었다(발달장애인법. 제1조).

이 법에서 '발달장애인'이라 함은 지적장애인과 자폐성장애인을 의미하며 이들을 위한 권리를 명시하고 있다(발달장애인법, 제3조).

① 발달장애인은 원칙적으로 자신의 신체와 재산에 관한 사항에 대하여 스스로 판단하고 결정할 권리를 가진다.
② 발달장애인은 자신에게 법률적·사실적인 영향을 미치는 사안에 대하여 스스로 이해하여 자신의 자유로운 의사를 표현할 수 있도록 필요한 도움을 받을 권리가 있다.
③ 발달장애인은 자신과 관련된 정책의 결정 과정에서 자기의 견해와 의사를 표현할 권리가 있다.

위 권리에서처럼 발달장애인법에서는 발달장애인의 자기결정권을 보장하고 있으며(발달장애인법, 제8조), 성년후견제 이용에 대한 규정(발달장애인법, 제9조)을 명시하고 있다. 또한 형사, 사법 절차상의 권리 보장을 위해서 경찰공무원과 지방공무원에게 발달장애인에 대한 올바른 인식 확산을 위한 교육을 명시하고 발달장애인이 경찰 조사를 받을 때 발달장애인 전담 사법 경찰관에게 조사를 받을 수 있도록 규정하고 있다(발달장애인법 제13조). 또한 발달장애인을 대상으로 하는 범죄를 방지하기 위해서(발달장애인법 제14조) 발달장애인 유기, 학대, 인신매매, 살인, 수수, 은닉 등에 대한 처벌법을 제시하고 관할 경찰공무원이 정기적이고, 지속적으로 탐문하고 조사토록 규정하였다. 또한 발달장애인지원센터를 설립하여 발달장애인과 그 가족에 관한 지원과 복지서비스 제공을 명시하고 있다(발달장애인법, 제34조).

제2장

장애와 인권

1. 인권의 개념과 이해
2. 장애인 인권과 관련된 법률
3. 장애아동의 인권 실태

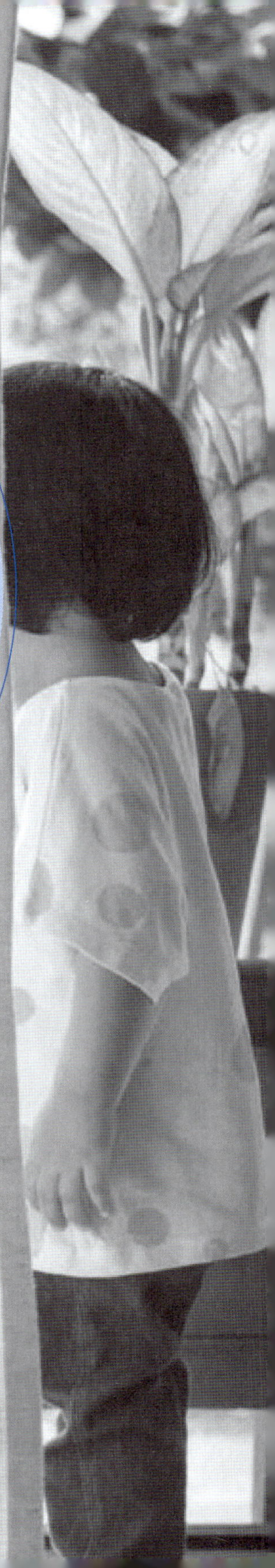

1 인권의 개념과 이해

인권 개념의 발달은 국가 및 지배계층이 권력과 무력으로 피지배계층에 대한 학대 및 차별을 당연시하는 태도의 반성적 개념으로 근대 시민혁명으로부터 시작되었다. 그러나 본격적인 인권에 대한 논의가 이루어지기 시작한 때는 1~2차 세계대전 이후이다. 무고한 시민들이 정치적 이념과 인종 차별로 희생되면서 인간의 존엄성에 대해서 생각하게 되었다. 인류가 커다란 희생을 치루고 인간 존재가치에 대한 고민을 시작하게 된 것이다.

현재 많은 나라에서 법적, 사회학적으로 인권의 개념을 정의하고 보장하고자 노력하고 있으며 우리나라 또한 법적으로 기준을 마련하고 교육을 통해서 인권의 개념을 실천하고자 노력하고 있다.

일반적으로 인권이라 하면 천부인권(하늘이 부여한 권리)으로 이해하게 된다. 우리나라의 헌법 제10조 "모든 국민은 인간으로서 존엄과 가치를 가지며, 행복을 추구할 권리를 가진다. 국가는 개인이 가지는 불가침의 기본적 인권을 확인하고 이를 보조한다."에서도 천부인권에 대해서 명시하고 있는 것을 알 수 있다. 또한 세계인권선언(1948) 제1조에서는 "모든 인간은 태어날 때부터 자유로우며 그 존엄과 권리에 있어 동등하다. 인간은 천부적으로 이성과 양심을 부여받았으며 서로 형제애의 정신으로 행동하여야 한다."라고 되어있다.

헌법과 세계인권선언의 구체적인 내용을 살펴보면 존엄성, 행복추구권, 자유, 불가침이 인권의 하위원칙으로 구성되어 있다는 것을 알 수 있다. 인권이라는 개념을 명확히 한 줄로 설명하기는 어렵지만 하위원칙을 살펴본다면 좀 더 이해하기 쉬울 것이다.

1) 인권의 특성과 원칙

인권은 인간이기 때문에 당연히 갖게 되는 생태적이며 기본적인 권리이다. 즉 인권은 국적, 인종, 종교, 언어, 문화, 성별, 출신, 신체적, 정신적 조건 등에 상관없이 누구나 태어나면서부터 평등하게 인정되는 법적 지위이다(조경진, 2015). 인권이라는 개념이 복잡한 개념이나 인간다운 삶을 유지하기 위해 지켜져야 하는 보편적인 권리로 이해할 수 있다. 이러한 인권에는 원칙을 두어 그 개념을 보다 명확히 하고 있다〈표 2-1〉.

〈표 2-1〉 인권의 원칙

구분	내용
보편성	인권은 장애 여부, 피부색, 사회적 지위, 종교, 성별을 따지지 않고 인간이면 누구나 공평하게 누려야 하는 권리라는 의미로 인권은 극소수 특별한 집단에게만 부여하는 특권을 허용하지 않는다.
상호의존성	원칙상 인권의 주체는 집단이 아니라 사회적 관계 속에서 타인과 더불어 살아가는 '개인'임으로 어느 한 개인의 인권은 공동체 내부의 다른 개인의 인권을 침해해서는 안 되며 공동체를 유지하기 위해 필요할 경우 '법에 따라' 인권을 제한할 수 있다.
불가분성	인권은 여러 권리들로 구성되어 있지만, 그 개별 권리들 사이에 우열은 없다. 예를 들어 자유권과 평등권 가운데 어느 것이 먼저냐 같은 질문은 성립할 수 없다. 자유 없는 평등은 전체주의 사회이고, 평등 없는 자유는 약육강식의 사회이기 때문이다.
불가침성	국가 권력은 부당하게 개인의 인권을 침해할 수 없고, 강자가 약자의 인권을 침해한 대가로 특권을 누려서도 안 된다.
영구성	인권은 일시적 또는 잠정적으로 보장되는 권리가 아니라 우리 세대는 물론이고 후손에게도 영구히 보장되어야 할 권리이다.
법 우선성	인권은 법률의 정당성을 판단하는 기준이 되어 국가 권력을 제한한다. 즉 인권을 위배하는 법률은 그 정당성을 잃고 사라진다(국가 권력의 횡포와 부당한 법률을 막고 개인의 인권을 보장하려고 하는 것이다).

인권의 하위원칙을 통해서 정의를 더욱더 명확히 하려고 노력하고 있으나 아직까지 일상생활에서 인권의 당연한 권리를 보장받기가 쉽지는 않다. 그래서 법적으로 인권을 보장하고자 노력하고 있다.

2 장애인 인권과 관련된 법률

1) 장애인 인권

장애인 인권은 장애인이 비장애인과 같은 동등한 대우를 받기 위해 인권이 확장된 개념이다. 장애인도 인간의 존엄성을 지니고 있으므로 기본적인 권리를 주장하고 대우받을 수 있어야 한다. 장애인도 천부적으로 인권을 가지고 있고, 법적 권리, 도덕적 권리로서 인간다운 권리를 보장받고 적용되며, 항상 지켜져야 되는 존재라고 할 수 있다. 하지만 건강권, 거주 이주권, 접근권 및 생활권, 노동권, 교육권, 이동권 및 보행권, 보육권, 문화향유권, 선거권 등 기본적인 권리가 제대로 인정받지 못하고 있는 것이 현실이다(위키백과).

또한 장애인을 가치 없는 사람이나 괴물(monster) 혹은 기이한 사람(freaks)으로 여기면서 착취, 학대, 유기, 살해의 대상으로 여겼다. 이러한 사회적 환경 속에서 장애인의 인권은 자연스럽게 무시되었으며 스스로 자신의 삶을 선택할 기회를 갖지 못한 것 뿐만 아니라 부당한 처우를 거부할 수조차 없었다. 장애인 노동력 착취라거나 장애아동 성폭력 사건은 일일이 나열하기에도 어려울 만큼 많은 것이 그 증거이다(박윤조 외, 2021).

이러한 이유로 UN은 1975년에 「장애인권리선언」을 선포하고 장애인의 보편적 권리 즉 인권을 인정하였다. 이어서 세계 장애인의 해(1981), 장애인 세계 행동계획(1982), 장애 분야 인간자원개발을 위한 행동에 관한 지침(1990), 정신질환자 보호 및 정신보건증진 원칙(1991), 장애인의 기회 평등에 관한 표준 규칙(1993) 등 구체적인 계획과 인권문서를 채택하고 시행하였다. 그리고 2006년 「장애인권리협약」을 제정하여 장애인 인권보장을 위한 최종 문서를 채택하였다. 2008년 우리나라 국회는 이 협약을 비준함으로써 국내법과 동일한 효력을 인정하고 있다.

「세계인권선언」을 토대로 작성된 국제인권문서 및 규약들, 그리고 이 같은 원칙을 수용한 각국의 헌법은 인간의 존엄성과 가치, 국민의 기본적 인권을 존중하고 보장할 의무를 규정하였다. 우리나라 헌법 역시 제10조에서 “모든 국민은 인간으로서의 존엄과 가치를 가지며, 행복을 추구할 권리를 가진다. 국가는 개인이 가지는 불가침의 기본적 인권을 확인하고 이를 보장할 의무를 진다”고 규정하고 있다.

1981년 세계 장애인의 해를 맞아 우리나라에서는 「심신장애자복지법」(오늘날 「장애인복지법」)을 제정하고 장애인의 복지와 인권에 관심을 가지기 시작하였다. 이 법 제8조는 ‘누구든지 장애를 이유로 정치·경제·사회·문화생활의 모든 영역에 있어 차별을 받지 아니하고, 누구든지 장애를 이유로 정치·경제·사회·문화생활의 모든 영역에서 장애인을 차별하여서는 아니 된다’고 규정하고 있다. 한 걸음 나아가 1998년에는 「대한민국장애인인권헌장」이 제정되어 인간으로서의 존엄, 이동과 접근, 교육, 노동, 주거, 자기결정 등 장애인의 삶 전반과 관련된 인권보장을 선언하였다. 구체적인 내용은 다음과 같다.

① 장애인은 장애가 있다는 이유로 우리 사회에서 어떠한 차별도 받으면 안 된다.
② 장애인은 사람답게 살기 위해 필요한 것을 사회로부터 받을 권리가 있다. 자유롭고 행복하게 살기 위해 돈을 벌고, 원하는 곳에 살고, 아플 때 치료받으며 필요한 서비스를 받을 권리가 있다.
③ 장애인은 다른 사람과 똑같이 한 사람의 ‘시민’이며, 선거에 참여하고 나라에 자신의 의견을 낼 권리가 있다.
④ 장애인은 어디든 자유롭게 갈 수 있고 모든 시설을 이용할 수 있다. 하고 싶은 말을 주고받고, 원하는 정보를 알기 위해 필요한 모든 서비스를 이용할 권리가 있다(장애인이 다른 사람과 말을 주고받고, 정보를 알기 위해 필요한 서비스 : 수어 통역, 자막, 점자, 음성 도서, 쉬운 정보 등).
⑤ 장애인은 원하는 것을 배울 수 있고 자신에게 맞는 교육을 받을 권리가 있다.
⑥ 장애인은 자신의 능력에 따라 직업을 선택할 권리가 있고 일한 만큼 돈을 벌 수 있다. 국가는 직업을 갖기 어려운 장애인이 직업을 가질 수 있도록 지원해야 하고 소득이 없어도 어려움 없이 생활할 수 있도록 지원해야 한다.

⑦ 장애인은 모든 문화, 예술, 체육을 자유롭게 즐기고 다양한 여가생활을 누릴 권리가 있다.

⑧ 장애인은 자신이 원하는 사람과 함께 살 권리가 있다. 장애인이 시설에서 생활하더라도 시설 밖의 다른 사람이 사는 것과 똑같은 조건과 환경에서 살아야 한다.

⑨ 장애인은 학대받거나 무시당하지 않을 권리가 있다. 장애인은 분리되지 않고 사회 안에서 다른 사람과 함께 살아야 한다. 누구도 장애가 있다는 이유로 이용당해서는 안 된다.

⑩ 장애인은 자기 자신과 자신의 재산을 지키기 위해 법의 도움을 받을 권리가 있다.

⑪ 여성 장애인은 아이를 낳아 기르는 데 어려움이 없도록 필요한 지원을 받을 권리가 있다.

⑫ 장애인은 스스로 결정할 권리가 있다. 혼자 결정하기 어려운 장애인은 필요할 때 도움을 받을 수 있다.

⑬ 국가는 장애인이 원하는 것을 담아서 정책을 만들어야 한다. 장애인과 가족은 장애인에 대한 정책을 만드는 과정에 참여할 권리가 있다.

이후 2001년에 「국가인권위원회법」과 2007년에 「장애인차별금지 및 권리구제 등에 관한 법률」이 제정되어 장애인 차별에 관한 행위는 법에 따라 처벌을 받고 피해 장애인은 구제받을 수 있는 법률적, 제도적 체계가 완성되었다.

그러나 장애인 인권은 법이 보장하는 것만큼 현실적으로 모든 장애인의 인권이 존중되지는 않는다(조경진, 2014). 2011년 국가인권위원회 설립 이후 전체 차별 사건 중 장애를 이유로 처벌받은 것이 36.2%로 가장 높게 나타났다(국가인권위원회, 2023). 우리 사회에 아직까지 장애라는 이유로 인권침해가 자연스럽게 일어나고 있는 것이다. 장애인 인권침해 실예로 장애인 접근성을 들 수 있다. 장애인 인권존중의 실천으로 "장벽없는 세상을(Barrier-free)"이라는 말을 들어 보았을 것이다. 장벽 없는 세상이란 장애인의 접근성을 높이는 것을 의미한다. 접근성이라는 것은 단순히 물리적 접근성 뿐만 아니라 정보통신, 과학기술, 의사소통, 경제와 사회생활, 가정생활 등 모든 분야에서 장애인의 권리를 인정하는 것이다. 예를 들어 경사로, 넓고 장해물이 없는 복도와 문, 문 손잡이(door handle) 설치, 점자 정보와 읽기 쉬운 글자, 수어 통역/통역자의 이용, 장애인 작업장, 여가 및 취미생활 장소, 투표장, 교통수단, 법정에 접근할 수 있드록 물리적, 인적 자원을 지원하는 것이다. 이렇게 환경적으로 장벽이 제거되지 않는다면 비장애인들은 자연스럽게 누리는 접근성을 장애인들은 쉽게 누릴 수 없는 것(차별)이다. 이렇게 접근성 하나만 보더라도 장애인들의 인권이 아직까지 현실에서 완전히 보호받고 있지 않다는 것을 알 수 있다.

2) 장애인 인권과 관련된 법률

현재 우리나라의 장애인 인권에 대한 법률은 국내법과 국제규범으로 나누어져 있다〈표 2-2〉.

〈표 2-2〉 장애인 인권에 관한 국내법과 국제규범

구분	법률
국내법	국가인권위원회법
	교통약자의 이동편의 증진법
	장애인고용촉진 및 직업재활법
	장애인복지법
	장애인 · 노인 · 임산부 등의 편의 증진 보장에 관한 법률
	장애인 등에 대한 특수교육법
	장애인 차별 금지 및 권리구제 등에 관한 법률
	장애인 활동지원에 관한 법률
	헌법 (제10조, 제31조, 제34조, 제35조)

국제규범	UN 장애인 인권 관련 규범	세계인권선언(Universal Declaration of Human Rights: UDHR, 1948)
		정신지체인의 권리선언(The Declaration on the Rights of Mentally Retarded Person, 1971)
		장애인의 권리선언(The Declaration on the Rights of Disabled Person, 1975)
		국제장애인권리협약(Convention on the Rights of Persons with Disabilities, 2006)
		UN아동권리협약(United Nations Convention on the Rights of the Child, UNCRC, 1989)
		Barrier Free(장벽의 제거) 선언(1974)

이처럼 다양한 국내법과 국제규범을 통해서 장애인 인권을 보호하려고 노력하고 있다. 이 장에서는 장애아동과 관련된 법과 규범을 중심적으로 살펴보겠다.

(1) 장애인 차별금지 및 권리구제 등에 관한 법률

장애인 차별금지 및 권리구제 등에 관한 법률(이하, 차별금지법)은 모든 영역에서 장애인에 대한 차별을 금지하고, 그들의 권리를 보장하기 위해 마련된 법률이다(차별금지법 제1조). 「차별금지법」에서는 장애인 차별에 대한 구체적인 정의(제4조), 차별판단의 기준(제5조), 차별금지선언(제6조), 자기결정권 및 선택권(제7조) 등을 명시하고 있다

「차별금지법」에서 장애인 차별이라 함은 '직접차별', '간접차별', '정당한 편의제공 거부', '광고를 통한 차별', '장애인 관련자에 대한 차별' 등으로 구체적으로 설명하고 있다〈표 2-3〉.

〈표 2-3〉 차별 유형

차별 유형	정의
직접차별	장애인에게 장애를 사유로 정당한 사유 없이 제한 · 배제 · 분리 · 거부 등에 의하여 불리하게 대하는 경우
간접차별	장애인에 대하여 형식상으로는 제한 · 배제 · 분리 · 거부 등에 의하여 불리하게 대하지 아니하지만 정당한 사유 없이 장애를 고려하지 아니하는 기준을 적용함으로써 장애인에게 불리한 결과를 초래하는 경우
정당한 편의 제공 거부	정당한 사유 없이 장애인에 대하여 정당한 편의 제공을 거부하는 경우
광고를 통한 차별	장애인에 대한 제한 · 배제 · 분리 · 거부 등 불리한 대우를 표시 · 조장하는 광고를 직접 행하거나 그러한 광고를 허용 · 조장하는 경우
장애인 관련자에 대한 차별	장애인을 돕기 위한 목적에서 장애인을 대리 · 동행하는 자를 차별하는 경우
기타	보조견 또는 장애인보조공학기기 등의 정당한 사용을 방해하거나 제한 · 배제 · 분리 · 거부하는 경우

또한 차별금지 영역은 고용, 교육 재화와 용역의 제공 및 이용, 사법·행정절차 및 서비스와 참정권, 모·부성권, 성(性), 가족 가정 복지시설, 건강권, 괴롭힘 등으로 규정하고 구체적인 내용을 제시하였다〈표 2-4〉.

〈표 2-4〉 차별 금지 영역

차별금지 영역	내용
고용	사용자는 고용의 모든 단계, 즉 모집 · 채용, 임금 및 복리후생, 교육 · 배치 · 승진 · 전보, 정년 · 퇴직 · 해고에 있어서 장애인을 차별해서는 안 된다.
교육	교육책임자는 장애인의 입학을 거부하거나 전학을 강요 또는 거절할 수 없다. 특정 수업, 실험과 실습, 현장견학, 수학여행 등 교내외 활동에서 장대 학생의 참여를 제한, 배제, 거부해서는 안 된다.

차별금지 영역	내용
재화의 용역의 제공 및 이용	토지와 건물의 매매, 임대, 입주, 사용에서의 차별금지(제16조) 금전대출, 신용카드 발급, 보험 가입 등 각종 금융상품 및 서비스 제공에서의 차별금지(제17조) 시설물 접근 · 이용에 대한 차별금지(제18조), 이동 및 교통수단의 차별금지(제19조) 전자 및 비전자 정보에 대한 접근에서의 차별금지(제20조) 문화 · 예술 활동에서의 차별금지(제24조) 관광 활동의 차별금지(제24조의2) 체육활동에서 차별금지(제25조) 등 일상생활의 광범위한 영역에서 장애인을 차별하는 행위를 금지한다.
사법 · 행정절차 및 서비스와 참정권	장애인의 사법 · 행정절차 및 서비스 제공에 있어서 차별을 금지한다(제26조) 장애인 참정권을 보장한다(제27조)
모 · 부성권 · 성 등	임신, 출산, 양육 등 모 · 부성권 차별금지, 장애인이라는 이유로 입양 자격 제한의 금지, 임신 · 출산 · 양육 등에서 실질적인 평등 보장을 위한 지원책 마련을 규정한다. 그리고 성적 자기결정권, 가정이나 시설에 의한 성생활 향유 기회 제한이나 박탈의 금지를 규정한다.
가족 · 가정 · 복지시설, 건강권 등	가족 · 가정 및 복지시설 등의 구성원은 장애인에게 과중한 역할을 강요하거나 의사결정과정에서 배제하거나 장애인의 의사에 반하여 외모나 신체를 공개해서는 안 된다. 또 자녀 양육권과 친권의 지정 및 면접교섭권에 있어 장애인에게 불리한 합의를 강요하거나 그 권리를 제한 · 박탈하면 안 된다. 특히, 복지시설의 장은 시설입소를 조건으로 친권 포기각서를 요구하거나 시설 생활인의 면접권과 외부소통권을 제한하면 안 된다.

이렇게 「차별금지법」에서는 그 어떠한 이유로 장애인을 차별하지 않고 어떤 영역에서도 장애인 차별이 발생하지 않도록 규정하고 있다.

(2) UN 장애인권리협약

장애인권리협약은 장애인의 존엄성과 권익 보장에 관한 내용을 규정한 국제협약으로 2006년에 유엔 총회에서 채택되었다. 평등·비차별의 원칙하에 장애인의 권리 보장, 차별금지에 대한 50개 조항으로 구성되어 있다. 주요 내용은 다음과 같다.

① 포용적인 접근

장애인권리협약은 포용적이고 차별 없는 사회를 촉진하기 위한 접근을 강조한다. 장애인은 사회의 일부로서 모든 분야에서 참여할 권리가 있으며 이를 위한 조치를 취할 것을 권고하고 있다.

② 자기결정권 강화

장애인의 자기결정권을 강화하고, 자주성을 존중하는 데 중점을 두고 있다. 장애인의 자기결정권은 의료, 법률, 사회서비스 등 다양한 영역에서 나타날 수 있다.

③ 접근성 및 편의성 보장

공간적, 정보적, 소통적인 측면에서의 접근성을 보장하고, 장애인이 일상생활에서 적절한 편의를 누릴 수 있도록 적절한 조치를 강조하고 있다.

④ 장애인차별금지

장애에 기인한 차별을 금지하고, 장애인이 국가 및 사회에서 동등한 권리를 갖도록 보장한다.

⑤ 국제 협력

국제 사회 간의 협력을 강조하여, 국가 간에 정보와 최선의 실천 방법을 공유하며, 국제 사회 전체에서 장애인 권리를 증진하기 위한 협력을 촉진한다.

장애인권리협약은 2008년에 발효되었으며, 현재까지 수 많은 국가들이 이 협약을 비준하고 실천하고 있다. 이를 통해 장애인의 권리와 자유가 국제적으로 보장되고 증진되고 있다.

(3) 아동권리협약

「아동권리협약」의 정식명칭은 "아동의 권리에 관한 협약(Convention on the Rights of the Child, CRC)"으로 세계 모든 아동의 권리와 복지를 보호하고 강화하기 위해 만들어진 국제적인 협약이다. 1989년 11월 20일에 유엔 총회에서 채택되었으며, 1990년 9월 2일에 발효되었다. 가장 많은 나라에서 가입하였으며 우리나라도 1991년 11월에 비준하여 국내법과 동일한 효과를 가지고 있는 국제규범이다(박윤조 외 2021). 「아동권리협약」의 기본 원칙은 다음과 같다.

① 차별금지: 아동은 인종, 성별, 언어, 종교 등 어떠한 이유에서도 차별을 받아서는 안 된다.
② 최우선의 이익: 아동의 이익이 최우선해야 하며, 그 이익이 충분히 고려되어야 한다.
③ 생존과 발전: 아동은 생존하고 발전할 권리가 있으며 국가는 이를 보장해야 한다.
④ 의견 표명권: 아동은 자신의 의견을 표명할 권리가 있으며, 그 의견은 아동의 나이와 성숙도에 따라 적절히 고려되어야 한다.
⑤ 보호와 복리: 아동은 모든 형태의 학대, 착취, 무단이탈로부터 보호받아야 하며, 그의 복리를 증진하기 위한 조치가 이루어져야 한다.
⑥ 교육: 아동은 기본적인 교육을 받을 권리가 있으며, 교육은 아동의 발전에 맞추어 이루어져야 한다.

「아동권리협약」은 아동의 권리를 최우선으로 보장하는 국제 규정이며 아동의 4대 권리에 대해서도 설명하고 있다.

① 생존권(Right to Survival): 아동은 생존할 권리가 있다. 이는 건강하게 태어나고 적절한 음식, 깨끗한 물, 의료 서비스에 접근할 수 있는 권리를 의미한다.
② 발달권(Right to Development): 아동은 최대한의 발전 기회를 가져야 한다. 이는 교육, 문화적 활동, 사회적 참여를 통해 아동이 자기의 능력을 최대한 발휘하고 발전할 수 있는 권리이다.

③ 보호권(Right to Protection): 아동은 모든 형태의 학대, 착취, 무단이탈로부터 보호받아야 하며, 법적인 차원에서도 아동의 권리와 안전이 보호되어야 한다.

④ 참여권(Right to Participation): 아동은 자신의 의견을 표명하고, 그 의견이 존중되어야 한다. 또한, 아동 자신이 관련된 사항에 의사결정권과 참여할 권리가 있다.

이 4대 아동권리는 「아동권리협약」의 핵심 원칙으로, 아동들이 건강하게 자랄 수 있고, 자신의 잠재력을 최대한으로 개발하며, 안전하게 살고, 자기의 의견을 표현할 수 있도록 보장하는 데 중점을 두고 있다.

3 장애아동의 인권 실태

많은 국내법과 국제규범이 장애아동의 인권을 보호하고자 노력하고 있다. 그러나 아직까지 장애아동에 대한 인권이 완벽하게 보호받고 있다고 할 수는 없다. 특히 영화 도가니(황동혁, 2011), 들개들(하원준, 2014), 식구(임영훈, 2018) 등을 보면 우리 사회에서 실제 발생했던 장애아동 인권침해의 위험 정도를 알 수 있다.

장애아동의 경우 비장애아동과 마찬가지로 자신을 스스로 보호할 수 없어 인권침해를 쉽게 받을 수 있고 비장애아동보다 학대 위험도가 증가된다(Robert, A. et al., 2007). 지적, 자폐범주성장애 아동의 경우 타인에게 자신의 생각이나 상황을 전달하기 어려워 그 위험성이 더 심각하다.

비장애아동의 인권보호를 위해 2000년 개정된 아동복지법은 아동학대 예방, 조사, 보호, 지원, 교육 및 아동학대 신고의무와 신고의무자의 지정과 가중처벌에 대해 명시하고 있다. 또한 보건복지부는 지속적으로 전국아동학대 현황보고서(보건복지부, 2019)를 발간함으로써 아동학대 유형과 사례 처벌 등에 대한 정보를 제공함으로써 아동 인권침해가 양육 과정에서 일어날 수 있는 일이 아니라

'범죄'라는 사실을 알리고 예방을 위한 노력을 하고 있다.

그러나 장애아동에 대한 인권 보호에 관한 구체적인 내용은 따로 없다. 비장애 아동 중심으로 구축된 아동보호체계 하에서 장애아동 인권 보호는 어떻게 다루어져야 하는가?라는 질문의 시작은 "장애아동의 인권 침해 즉 장애아동 학대는 비장애 아동에 대한 학대와 어떻게 다른가?"일 것이다. 학대 발생률에 관한 선행 연구를 살펴보면 비장애아동에 비해 장애아동이 3.4배 많이 학대당하며(Sullivan & Knutson, 2000), 지적장애가 있는 아동은 신체 및 성적 학대의 위험이 두 배 높고(Hibbard et al., 2007), 언어장애 및 학습장애가 있는 아동은 학대 위험이 증가한다는 연구결과 등이 있다(Roberta A et al., 2007)

또 다른 선행연구를 살펴보면 아동학대에 있어 장애 유무 및 유형이 중요한 변수가 될 수 있다고 제시하고 있다(박남수, 2015; 배화옥 외, 2016; 이승기, 2011; 신진호, 2019). 비장애아동과 비교해서 장애아동에게는 친부에 의한 성 학대가 높이 나타났으며 신체적 장애아동의 경우 신체적 학대 다음으로 방임에 의한 학대가 높았다면 지적·자폐범주성장애 아동의 경우 신체적, 정서적 학대가 높았다(신진호, 2019). 이렇게 장애 유·무 및 유형에 따라 학대 유형이 다른데 구체적인 지원체계가 마련되어 있지 않다는 것은 장애아동 인권에 대한 지원이 미흡하다는 증거이다. 앞으로 장애아동에 대한 인권 보호를 위한 법적, 제도적, 양육자 및 시설 종사자에 대한 교육이 더욱 강화되어야 할 것이다.

1) 장애아동 성폭력 실태

많은 학대 중 성폭력 피해는 장애아동의 인권침해와 신체 손상을 초래할 뿐만 아니라 수사 과정에서의 어려움과 차별로 인해서 2차 피해의 문제까지 겪게 되는 심각한 인권침해 유형이다(박윤조 외, 2021). 특히 장애아동이 성폭력에 다시 노출되거나 임신·출산 등의 문제로 지속적인 피해를 경험할 수 있다. 장애아동이 성폭력으로 인해서 입게 되는 구체적인 피해는 다음과 같다.

① 물리적 피해: 성폭력으로 인해 발생하는 신체적 손상에 의한 상처, 탈골, 외상 등
② 정서적 피해: 성폭력 피해자의 정신적 안녕에 대한 영향으로 피해자들의 정서적 스트레스, 우울, 불안, 자살 생각 등의 정서적인 어려움
③ 사회적 피해: 성폭력 피해자의 사회적 지위, 대인관계 등에 미치는 영향으로 사회적 고립, 부정적인 태도나 비난 등에 시달리는 것
④ 심리적 피해: 성폭력 피해자의 자아에 대한 심리적 타격으로 자존감 저하, 자존감 상실, 무력감 등
⑤ 성적 건강문제: 성폭력 피해자의 성적 건강에 관한 문제로 성병, 임신, 성식기 손상 등

여성가족부의 여성폭력통계(2022)를 살펴보면 장애인 성폭력 피해 연령은 만 17세 미만 아동기에 가장 많이 발생했으며 장애유형에 따라서는 지적장애(3.9%)와 정신장애(2.4%)로 다른 장애유형에 비해 상대적으로 성폭력을 경험하는 비율이 높았다(여성가족부, 2022). 성폭력 가해자는 '아는 사람'이 55.7%로 가장 높은 비율을 차지하고 '전혀 모르는 사람'이 30.1%였으며 '가족 및 4촌 이내 친족'이 10.7% 그 다음 순이었다. '부모'가 전체 순위 중 7.3%로 가장 높았다.

2021년 이후 디지털 성폭력 범죄가 증가 되면서 아동·청소년 대상의 디지털 성폭력은 인터넷으로 알게 된 사람의 강요로(그루밍) 아동청소년성착취물, 카메라 등을 이용한 촬영 등이 이루어지는 것으로 나타났다(여성가족부, 2022).

이러한 실태 조사 결과는 신고가 이루어진 수치로 신고되지 않은 사례까지 포함한다면 장애아동을 대상으로 이루어지는 성폭력이 훨씬 많다는 것을 짐작할 수 있다. 따라서 장애아동 성폭력 예방을 위한 체계적인 교육과 지원체계가 갖추어져야 할 것이다. 지적장애 아동의 경우 올바른 애정 표현과 성폭력 구별하기, 성에 대한 자기결정권 교육, 올바른 디지털 사용방법 등이 필요하며 가해자 처벌 및 발생 방지를 위해서는 장애아동 성폭력 처벌에 관한 특별법 제정이 필요하겠다.

제3장

지적장애

1. 지적장애의 정의
2. 지적장애의 원인
3. 지적장애의 진단 및 평가
4. 지적장애 아동의 특성
5. 지적장애 아동의 지원방법

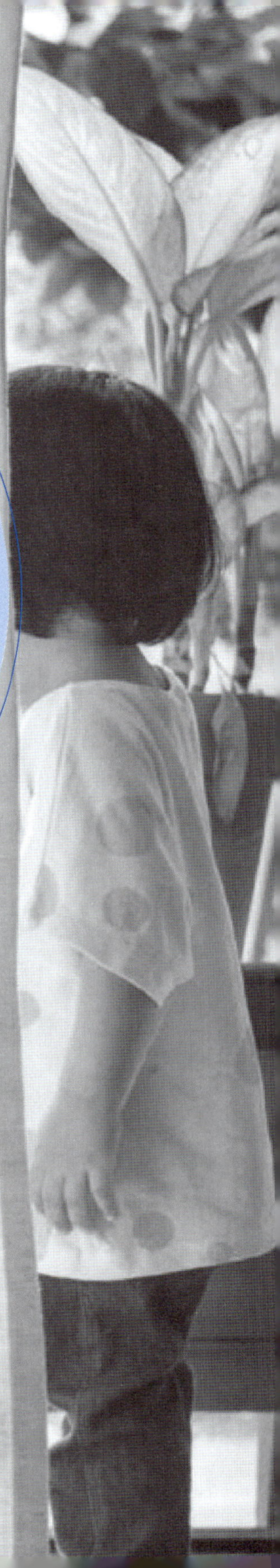

1 지적장애의 정의

지적장애는 용어와 정의가 지속적으로 변화해 오고 있다. 우리나라에서는 과거 정신지체(특수교육진흥법, 1994)라는 용어를 오랫동안 사용해 왔으나 이 용어 또한 단순히 지능의 문제가 아닌 다른 신체, 사회·정서적으로 심각한 문제가 있는 것처럼 오해할 수 있어 좀 더 긍정적이며 국제적인 기준(DSM−5, WHO ICF 모델)에 적합하도록 지적장애로 변경하였다(장애인 등에 대한 특수교육법, 2016). 「장애인복지법」에서는 2007년 정신지체에서 지적장애로 용어를 변경하여 사용하고 있다.

또한 우리나라에서 가장 많이 인용하고 있는 지적장애 정의가 미국 지적장애 및 발달장애협회(American Association on Intellectual and Developmental Disabilities, AAIDD)의 정의이다. 1976년 창립 이후 지적장애를 구체적으로 정의하고자 12차에 걸쳐 개정하고 있으며 2010년 이후 지금까지 지적장애로 용어를 변경해 정의하고 있다〈표 3−1〉.

〈표 3−1〉 장애인 등에 대한 특수교육법과 장애인복지법, 미국 지적장애 및 발달장애협회의 지적장애 정의

장애인 등에 대한 특수교육법(2018)	지적기능과 적응 행동 상의 어려움이 함께 존재하여 교육적 성취에 어려움이 있는 사람
장애인복지법 (2007)	정신발육이 항구적으로 지체되어 지적 능력의 발달이 불충분하거나 불완전하고 자신의 일을 처리하는 것과 사회생활에 적응하는 것이 상당히 곤란한 사람

미국 지적장애 및 발달장애협회 정의 (2021)	지적 기능성(intellectual functioning)과 개념적, 사회적 및 실제적 적응기술들로 표현되는 적응 행동(adaptive behavior) 양쪽에서 심각한 제한성으로 특정화된다. 22세 전에 시작된다. 이 정의는 다음 다섯 가지 가정을 필수적으로 전제한다. 1. 현재 기능상의 제한성은 개인의 동년배 또래들과 문화에 전형적인 지역사회 맥락 안에서 고려되어야만 한다. 2. 타당한 평가를 위해서는 문화적 및 언어적 다양성뿐만 아니라 의사소통, 감각, 운동 및 행동적 요소들에서의 차이들을 고려한다. 3. 한 개인 안에서, 제한성은 강점과 함께 공존한다. 4. 제한성을 묘사하는 중요한 목적은 필요한 지원 프로파일을 개발하는 것이다. 5. 장기간에 걸쳐 적합한 개별화된 지원이 주어지면 지적장애인의 생활 기능성은 일반적으로 향상될 것이다.

이렇게 「장애인 등에 대한 특수교육법」(이하, 특수교육법)과 「장애인복지법」, 미국 지적장애 및 발달장애협회의 정의의 공통점은 지적능력의 제한성(IQ 70 이하 표준편차 −2)과 적응행동상(개념적, 사회적, 실제적 적응행동)의 어려움이라는 것이다. 또한 시작 연령이 22세 이전 발달기에 사회적, 문화적 규범에 맞지 않는 특성을 보인다고 되어있다. 이와 같이 단순히 지적장애는 제한적 지적능력으로 정의하는 것이 아니라 다차원적인 맥락에서 정의 내려져야 한다[그림 3−1].

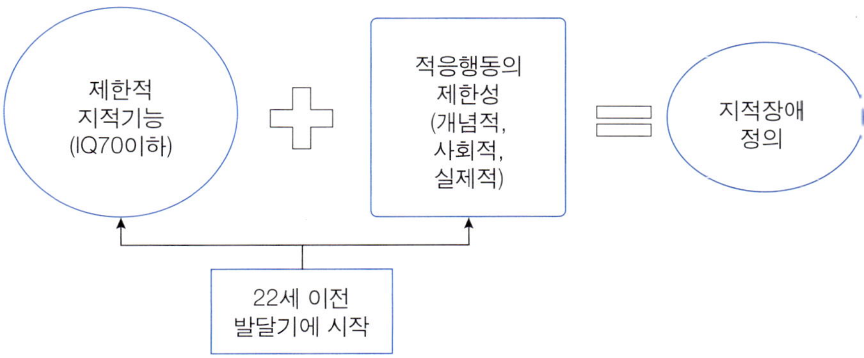

[그림 3−1] 지적장애 정의

2 지적장애의 원인

지적장애 원인은 매우 다양하며 구체적으로 무엇이 지적장애 원인이라고 단정 지을 수 없다. 전체 지적장애 아동들 중에서 50% 이상이 원인을 제대로 알지 못한다(이미아 외, 2023).

일반적으로 생물학적 원인과 환경적 요인으로 설명되나 최근에는 다중위험요인 접근법으로 생의학적, 사회적, 행동적, 교육적 요인들로 범주화하고 위험 요인이 발생하는 시기에 따란 출생 전, 출생 시, 출생 후로 구분하고 있다(AAIDD, 2010).

- 생의학적 요인: 유전적 장애 혹은 영양과 같은 생물학적 절차와 관련된 요인
- 사회적 요인: 사회적이거나 가족과의 상호작용과 관련된 요인
- 행동적 요인: 위험한 행동이나 부모의 약물 남용과 같은 부적절한 행동과 관련된 요인
- 교육적 요인: 지적발달과 적응행동 기술의 발달을 촉진시킬 수 있는 교육적 지원과 관련된 요인

종합적으로 지적장애의 원인을 살펴보면 〈표 3-2〉와 같다.

〈표 3-2〉 지적장애 발생 시기에 따른 위험 요인

시기	생의학적	사회적	행동적	교육적
출생 전	• 염색체이상 • 단일 유전자 장애 • 증후군 • 대사장애 • 뇌 발육부진 • 산모 질병 • 부모 연령	• 빈곤 • 산모 영양실조 • 가정폭력 • 산전 관리 부족	• 부모의 약물복용 • 부모의 음주 • 부모의 흡연 • 부모의 미성숙	• 부모의 인지적 장애로 지원 결여 • 부모 준비 부족

출생 시	• 조산 • 출생 시 손상 • 신생아 질환	• 출산 관리 부족	• 부모의 양육 거부 • 부모의 아동 유기	• 퇴원 시 중재를 위한 의료적 연계 결여
출생 후	• 외상성뇌손상 • 영양실조 • 뇌막염 • 발작장애 • 퇴행성장애	• 아동–양육자간 상호작용 문제 • 적절한 자극 결핍 • 가정 빈곤 • 가정 내 만성질환 • 시설수용	• 아동학대 및 방치 • 가정폭력 • 부적절한 안전조치 • 사회적 박탈 • 다루기 힘든 아동의 행동	• 잘못된 양육 • 지체된 진단 • 부적절한 특수교육 서비스 • 부적절한 가족 지원

이렇게 지적장애 원인은 매우 다양하여 명확히 설명하기 어렵고 지적장애 아동 한 명 한 명 개별적으로 이해하는 것이 바람직하다. 그 중 가장 많이 발생하는 진단명과 특성을 살펴보면〈표 3-3〉과 같다.

〈표 3-3〉 지적장애 진단명과 특성

구분	특성	
태아알코올증후군	부모의 알코올 남용과 중독이 원인 얼굴 이상, 심장 문제, 저체중	
염색체 이상	다운증후군 (21번 염색체)	올라간 눈꼬리, 작은 코, 평평한 뒤통수 작은 손과 발, 두터운 혀, 작은 키 심장장애 호흡기 문제 시각 및 청각장애
	윌리엄증후군 (7번 염색체)	요정같은 얼굴과 작은 몸집 부정 교합 및 치아 이상 청력 과민 근골격 문제 학습 어려움(특히 공간개념과 수학) 언어능력이 상대적으로 높음

구분	특성	
염색체 이상	손상된 X증후군	X염색체 하단 부분이 접혀있거나 끊어짐 순차처리 과정에 어려움을 보이나 동시처리에 강점을 보임 주의력 결함 상동행동, 반향어 등 자폐범주성장애와 유사함
	프래더윌리증후군 (15번 염색체)	작은 키 만족을 모른 식욕 및 비만 떼쓰기, 강박적 행동, 충동적 행동
	클라인더펠터증후군 (성염색체 XXY)	남성 성기를 갖고 태어나나 2차 성징 시기에 여성의 성적 특징을 보임 사회적 기술, 청 지각, 언어 문제 동반 학습장애와 관련 깊음
	페닐케톤뇨증	유전적 결함으로 심한 지적장애 유발 페닐알라닌 효소 결핍으로 페닐알라닌 체내 축적
무산소증	탯줄 사고, 뇌 외상, 부조화 혈액형 혼합, 감염, 방사선 및 기타 요인 미숙, 저체중 등	

출처: 신현기 외 역 (2017) 재인용

3 지적장애 진단 및 평가

1) 지적장애 진단

현재 지능지수 70 이하와 적응행동상의 어려움으로 진단하나 그 기준의 근거로 많이 사용하는 있는 진단 기준은 정신질환의 진단 및 통계 매뉴얼(Diagnostic and Statistical Manual of Mental Disorders, 5 Edition, Test Revison; DSM-5-TR)이다. DSM-5-TR의 지적장애 진단 기준은 〈표 3-4〉와 같다.

〈표 3-4〉 DSM-5 TR의 지적장애 진단 기준(2022)

- 지적장애는 발달 시기에 시작되며 개념, 사회, 실행 영역에서 지적기능과 적응기능 모두에 결함이 있는 상태를 말한다. 다음의 3가지 진단 기준을 충족해야 한다.

A. 임상적 평가와 개별적으로 실시된 표준화된 지능검사로 확인된 지적 기능(추론, 문제해결, 계획, 추상적 사고, 판단, 학업, 경험 학습)의 결함이 있다.
B. 적응기능의 결함으로 인해 독립성과 사회적 책임 의식에 필요한 발달학적, 사회문화적 표준을 충족하지 못한다. 지속적인 지원이 없다면 적응 결함으로 인해 다양한 환경(가정, 직장, 공동체)에서 한 가지 이상의 일상 활동 기능(의사소통, 사회적 참여, 독립적 생활)에 제한을 받는다.
C. 지적 결함과 적응기능의 결함은 발달시기 동안에 시작된다.

현재의 심각도를 명시할 것
F70 경도
F71 중등도
F72 고도
F73 최중도

DSM-5-TR에서는 지적장애의 심각도 수준에 따라 경도, 중등도, 고도, 최중도로 나뉘고 그에 따른 개념적, 사회적, 실행적 영역의 특성을 제시하였다〈표 3-5〉.

〈표 3-5〉 지적장애 심각도 수준에 따른 특징

심각도 수준	개념적 영역	사회적 영역	실행적 영역
경도 (mild) – IQ 50~69 – 정신연령 8~12세 수준	• 학령전기 영유아에게서는 뚜렷하지 않을 수 있음 • 학령기 아동과 성인기에 읽기, 쓰기, 계산, 시간이나 돈 계산에 어려움 • 추상적 사고(계획, 전략 수립, 우선순위 정하기, 인지적 유연성)에 어려움 • 단기기억 손상 • 문제나 해결에 대한 접근이 또래에 비해 융통성이 없음	• 사회적 상호작용이 미숙함 예 또래들의 사회적 신호를 정확하게 인지하는 데 어려움이 있음 • 의사소통, 대화, 언어가 연령 기대 수준에 비해 좀 더 미숙함 • 감정이나 행동을 조절하는데 어려움 • 위험에 대해 제한적 이해. • 사회적 판단이 미성숙하고 다른 사람에게 속거나 조종당할 위험이 있음	• 자기관리 영역에서 적절히 수행할 수 있음 • 일상 생활에서 약간의 도움만 필요 • 성인 시기에는 장보기, 교통수단 이용하기, 가사 및 아이 돌보기, 영양을 갖춘 음식 준비, 은행 업무 금전 관리, 법률적 판단에서 도움 필요 • 여가 기술 또래와 유사 성인기에 단순한 일자리에 취업 가능

심각도 수준	개념적 영역	사회적 영역	실행적 영역
중등도 (moderate) – IQ 35~49 – 정신연령 6~9세 수준	• 전 발달영역에 걸쳐 개념적 기술이 또래에 비해 현저히 뒤처짐 • 언어, 학습 준비 기술이 느리게 발달함 • 읽기, 쓰기, 수학, 시간과 돈에 대한 이해가 더디게 발달함 • 성인기 학업 기술도 초등학생 수준에 머물러 있어 직업에서 학업 기술을 사용하기 위해 도움 필요	• 전 발달 과정에 걸쳐 사회적 행동과 의사소통에서 또래들과 확연한 차이를 보임 • 표현언어가 사회적 의사소통의 주요 수단이지만 문장이 또래에 비해 단순함 • 대인관계에서 가족과 유대관계를 갖고 성공적으로 우정을 나눌 수도 있고 성인기에 연애를 할 수도 있음 • 직업적으로 성공하기 위해 많은 사회적 의사소통적 도움이 필요함	• 식사, 옷 입기, 배설, 위생 관리는 가능하나 장기간에 걸친 교육 필요 • 성인기 모든 집안일을 할 수 있으나 장기간 교육이 필요하며 지속적인 지원 필요 • 취업이 가능하나 사회적 기대, 업무의 복잡성 및 일정 관리, 교통수단 이용하기, 의료보험, 금전 관리와 같은 부수적인 책임을 해내기 위해서 동료나 감독자의 상당한 도움 필요
고도 (severs) – IQ 20~34 – 정신연령 3~6세 수준	• 개념적 기술을 제한적으로 습득할 수 있음 • 수, 양, 시간, 금전에 대한 개념 이해가 거의 없음 • 보호자들은 인생 전반에 걸쳐 문제해결에 광범위한 도움을 제공함	• 말 표현 시 어휘, 문장에 상당한 제한이 있음 • 한 단어, 구로 말하거나 다른 보완적 방법으로 내용 보충함 • 말이나 의사소통이 일상생활에 대한 내용에 치중되어 있음 • 간단한 말이나 몸짓을 이해하고 가족 구성원과 친밀한 이들과의 관계에서 즐거움을 얻고 도움을 받음	• 식사, 옷 입기, 목욕, 배설과 같은 일상생활 영역 전반에 대한 지원과 감독이 항시 필요함 • 자신이나 타인의 안녕에 대한 책임 있는 결정을 내릴 수 없음 • 성인기에 가사, 여가 활동이나 직업 참여를 위한 지속적인 도움과 지원 필요 • 소수의 경우 자해와 같은 부적응적 행동의 문제가 야기될 수 있음
최고도 (profound) – IQ 20 미만 – 정신연령 3세 수준	• 자기관리, 작업, 여가를 위해 목표 지향적 방식으로 사물 이용 • 짝짓기, 분류하기, 단순한 기능 습득이 가능하나 감각 손상이 사물의 기능적 사용을 방해할 수 있음	• 말이나 몸짓의 상징적 의사소통에 대한 이해가 매우 제한적 • 일부 간단한 지시나 몸짓을 이해할 수 있음 • 자신의 욕구나 감정은 주로 비언어적, 비 상징적 의사소통 방식으로 표현함	• 일부 일상생활에 참여할 수 있으나 일상적인 신체관리, 건강, 안전의 전 영역에 걸쳐 타인에게 의존 • 접시 나르기 같은 간단한 가사 보조 가능 • 고도의 지속적인 도움을 통해 물건을 이용한 간단한 활동 가능 • 다른 사람의 도움하에 음악듣기, 영화보기, 산책하기, 물놀이 같은 여가 활동 참여 가능

이렇게 지적장애는 진단 및 판별이 복잡함으로 단순히 IQ 점수로만 판단하거나 주관적인 판단으로 진단해서는 안 된다. 표준화된 검사도구와 전문가의 판단에 의해 진단되어야 할 것이다.

2) 지적장애 평가

지적장애의 진단 기준을 살펴본 것처럼 지적장애로 진단하기 위해서는 핵심 손상영역인 표준화된 지능검사와 적응행동 검사가 필요하다.

지능검사로는 한국 웩슬러 아동용 지능검사(K-WISC-IV)와 한국 웩슬러 유아용 지능검사(K-WPPSI-IV)를 많이 사용한다. 구체적인 검사 대상과 소 검사 내용은 〈표 3-6〉과 같다.

〈표 3-6〉 웩슬러 아동용 지능검사와 웩슬러 유아용 지능검사의 특징

검사도구	검사 대상	소검사 내용	
웩슬러 아동용 지능검사 (K-WISC-IV)	만 6~ 16세 11개월	언어이해	공통성, 어휘, 이해, 상식, 단어 추리
		지각추론	토막짜기, 공통그림 찾기, 행렬 추리 빠진 곳 찾기
		작업기억	숫자, 순차 연결, 산수
		처리속도	기호 쓰기, 동형 찾기, 선택
웩슬러 유아용 지능검사 (K-WPPSI-IV)	만 2세 6개월~ 7세 7개월	토막짜기	토막을 이용해 제한 시간 내 같은 모양 만들기
		상식	그림문항: 적절한 그림 선택
			언어문항: 질문에 답하기
		행렬추리	완성되지 않은 행렬을 보고 완성하기
		동형찾기	제한 시간 내에 보기 중 같은 그림 찾기
		그림기억	1개 이상 그림이 있는 페이지를 보고 해당 그림 찾기

검사도구	검사 대상	소검사 내용	
웩슬러 유아용 지능검사 (K-WPPSI-IV)	만 2세 6개월~ 7세 7개월	공통성	그림문항: 제시된 2개 그림과 같은 범주의 그림 찾기
			언어문항: 공통된 사물이나 개념을 나타내는 단어를 듣고 공통성 말하기
		공통그림 찾기	2~3줄 그림을 보고 각 줄에서 공통된 특성을 지닌 그림 찾기
		선택하기	제한 시간 내에 정렬, 비정렬된 그림을 보고 목표 그림 찾기
		위치찾기	일정 시간 내에 울타리 안에 있는 1개의 동물카드를 보고 난 후 위치 찾기
		모양 맞추기	제한 시간 내에 사물의 표상을 만들기 위해 조각 맞추기
		어휘	그림문항: 검사책에 그림 이름 말하기
			언어문항: 검사자가 읽어 준 단어 정의 말하기
		동물 짝짓기	제한 시간 내에 동물과 모양의 대응표를 보고 동물 그림에 해당하는 모양에 표시하기
		이해	그림문항: 일반적인 원칙이나 사회적 상황을 가장 잘 나타내는 보기 선택하기
			언어문항: 일반적인 원칙과 사회적 상황에 대한 이해를 기초로 질문에 답하기
		수용언휘	검사자가 읽어주는 단어를 가장 잘 표현하는 보기 선택하기
		그림명명	그림으로 제시된 사물의 이름 말하기

이렇게 표준화된 검사를 통해서 지적장애 아동의 지능 점수를 확인하는 것이 이후 지원계획을 세울 때에도 도움이 된다.

지적장애 아동들의 적응행동을 검사하기 위한 검사 도구로 사회성숙도 검사(SMS: Social Maturity Scales)와 한국판 적응행동 검사(K-SIB-R: Korean-Socles of Independent Behavior-Revised)를 사용한다. 사회성숙도 검사는 Doll(1965)이 개발한 사회성숙도척도를 김승국과 김옥기(1985)가 표준화하였다. 이 검사 도구는 지적장애 아동의 적응행동을 측정하기 위해 가장 많이 사용되는 검사 도구이다. 하위 척도는 자조(대소변처리, 식사, 착탈의), 이동, 작업, 의사소통, 자기관리, 사회화로 6가지 하위영역에 관한 총 117문항으로 구성되어 있다.

한국판 적응행동 검사는 미네소타 대학에서 제작한 것을 우리나라에 적합하게 표준화한 것으로 독립생활 적응행동(대소근육, 사회적 상호작용, 언어표현, 식사준비, 신변처리, 옷 입기, 개인위생, 시간 이해 및 엄수, 경제, 직업, 이동기술)과 문제행동(자신을 해치는 행동, 특이한 반복적인 습관, 위축된 행동이나 부주의, 타인을 해치는 행동, 물건을 파괴하는 행동, 방해하는 행동, 사회적으로 공격적인 행동, 비협조적 행동)에 대한 총 14개의 하위 척도에 관한 259개의 문항으로 구성되어 있다. 이 검사는 부모, 양육자 등 아동에 대한 정보를 제공할 수 있는 사람이 질문에 답하는 형식으로 이루어져 있다.

4 지적장애 아동의 특성

지적장애 아동은 또래에 비해 제한된 지적기능과 적응행동으로 신체, 언어, 사회·정서적으로 결함을 보인다. 지적장애로 진단되었다고 해도 지적장애 아동들 간의 개인차가 존재하며 개인 내 차이도 존재한다. 따라서 지적장애 아동을 개별적으로 이해하는 것이 선행되어야 할 것이다. 일반적으로 지적장애 아동이 공통적으로 보이는 어려움은 진단 기준에 나타난 것처럼 인지적 영역과 적응행동 영역이다. 또한 신체적, 의사소통, 사회·정서적 발달에도 결함을 보이는 것으로 나타났다.

1) 신체적 특성

지적장애 아동들 중 염색체 및 유전자의 이상을 가지고 있는 경우 신체적, 건강상의 어려움을 동반한다. 또한 운동기능 중 평형감각, 유연성, 민첩성 등의 어려움이 있다. 건강상으로는 심장기능, 뇌전증, 시·청각 장애를 동반하는 경우도 있기 때문에 세심한 주의가 필요하다.

2) 인지적 특성

지적장애 아동에게 가장 심각한 결함을 보이는 영역이다. 또래에 비해 인지발달이 현저하게 늦어지면서 인지발달단계의 모든 단계를 성취하지 못할 수도 있다.

지적장애 아동은 짧은 주의집중력으로 환경에 의해 쉽게 방해를 받고 집중하는 데 어려움을 경험하게 된다. 짧은 주의집중은 단기기억(작업기억력) 손상에 영향을 미치게 된다. 단기기억의 손상은 학습 전략인 매개전략(시연, 반복, 범주화, 분류, 연상 등)을 사용할 수 없는 것과 연관해서 배운 것을 일반화(배운 것을 다른 환경에도 적용하는 것)하는데 결함을 보인다. 이러한 인지적 특성으로 학습이나 활동에 결과적으로 낮은 동기를 갖게 된다[그림 3-2].

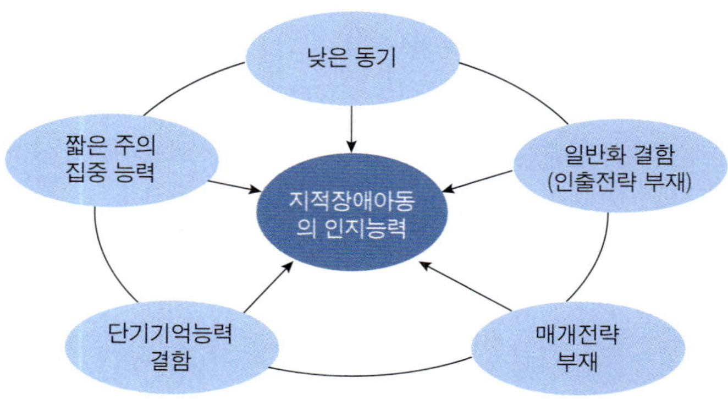

[그림 3-2] 지적장애 아동의 인지 특성

따라서 지적장애 아동의 인지적 특성을 고려해서 짧고 간결하게 지식의 내용을 구성해서 매개전략을 통해 지도하고 지식을 직접 사용할 환경에서 지도하는 것이 바람직하다. 또한 지적장애 아동에게 성공의 경험을 많이 제공해주어 흥미를 가지고 지속적으로 배울 수 있는 동기를 만들어주는 것도 필요하다.

3) 의사소통 특성

말을 사용하고 이해하는 능력은 지적장애 아동의 인지와 사회적 발달이 영향을 미친다(김선영 외 공저, 2020). 일반적으로 만 4세까지 모국어의 필수 요소를 습득하는데 지적장애 아동의 경우 몇몇 사물이나 동물에 관련된 명사나 자신의 욕구에 관련된 형용사(싫어)나 동사(아니야) 표현으로 국한되어 있으며 전반적인 의사소통발달이 또래에 비해 현저하게 느리다(Sullivan & Tager-Flusberg. 1999).

지적장애 아동이 보이는 언어적 특성을 언어의 구성 요소에 따라 나누어 살펴보면 다음과 같다(고은, 2021; 김화수 외, 2017; 송준만 외, 2022).

첫째, 음운론적 측면에서 음운의 발달 순서와 패턴은 또래와 유사하지만 음운인식과 음운처리, 음운해독에 결함을 보이고 조음 생략 등 조음에서도 오류가 많이 보인다. 결과적으로 지적장애 아동의 말을 알아듣기 어렵게 된다.

둘째, 의미론적 측면에서 단어재인의 어려움, 단어 의미를 사전적 의미로만 사용하는 한계, 관용어, 비유, 은유, 추상적 어휘습득이나 이해에 결함을 보인다. 결과적으로 지적장애 아동의 경우 단순한 구문만을 사용하게 되며 타인의 의도를 이해하는 데 한계가 있다.

셋째, 구문·통사론적 측면에서 구문발달의 순서와 패턴은 또러와 유사하지간 비교적 단순한 문장을 사용하고 문법구조를 습득하는 데 결함을 보이며 시제 사용이나 연결어미 등에서 오류를 보인다.

넷째, 화용론적 측면에서 몸짓, 제스처, 억양 등의 이해와 사용에 어려움을 보이고 상대방의 입장을 고려해서 특정한 정보를 제공하는 참고적 의사소통 능력에서 결함을 보인다. 결과적으로 대화를 시작하고 유지, 변경, 끝맺는데 어려움을 보인다.

그러나 지적장애 아동의 이러한 표현언어의 결함에 비해 수용언어의 발달은 상대적으로 높은 수준이다. 예를 들어 전혀 음성언어를 표현하지 못하는 최중도의 지적장애 아동도 타인의 말의 감정, 상황, 의도 등은 이해하는 경우가 있다. 따라서 결함과 함께 장점을 함께 고려해서 의사소통을 지도해야 한다.

4) 심리 및 정서 특성

지적장애 아동은 일상생활에서 낮은 인지적능력과 적응행동의 결함으로 부정적 심리·정서적 특성을 갖고 있는 경우가 많다.

첫째, 지적장애 아동의 심리·정서적 대표적인 특성은 외부지향성이다. 외부지향성이란 문제의 해결을 자신의 내적 요인에서 답을 찾으려는 것이 아닌, 외부에서 단서를 찾으려는 경향이다. 자신이 늘 틀렸다고 생각하면서 타인에게 의존하는 것이다. 이러한 특성으로 인해서 이후 타인에 의해 조종당하거나 범죄에 희생당하기 쉬운 대상이 된다.

둘째, 학습된 무기력감이다. 지적장애 아동은 낮은 효능동기(과제를 해결하면서 즐거움을 느끼고 도전하려고 하는 것)와 반복된 실패로 두려움을 갖게 되어 문제해결을 위한 시도보다는 회피하고, 거부하는 모습을 자주 보인다. 이러한 학습된 무기력감은 지적장애로 인한 특성이라기보다는 지적장애 아동이 성공을 경험하지 못해서이다. 따라서 효능동기를 높이는 과제를 제시하여 학습된 무기력감을 제거하는 환경을 제공해야 한다.

셋째, 통제소이다. 통제소란 성과 결과의 원인을 자신 내부에 두는지, 외부에 두는지를 결정하는 경향이다. 일반적으로 어렸을 때에는 외적통제소(운, 외부 환경, 타인에 의해 성패가 결정된다)를 가지고 있다가 점차 나이가 들어감에 따라 내적통제소(자신의 노력에 의해 성패가 결정되었다)로 변화된다. 그러나 지적장애 아동의 경우 오랫동안 외적통제소로 실패의 원인을 자신에게서 찾지 못하고 실패의 원인을 타인에게 두어 불만을 표현하고 억울해한다.

이러한 요소들은 지적장애 아동들이 또래에게 배척당하는데 결정적인 역할을 하며 결과적으로 지적장애 아동들은 심리적 위축, 소외감, 우울감, 절망감을 느끼게 된다.

5) 사회적 특성

지적장애 아동들 또한 또래와 사회적 관계를 맺고 싶어 한다. 그러나 인지, 의사소통, 심리적 특성들로 인해서 많은 제약을 받게 된다. 낮은 인지능력으로 또래문화 및 맥락을 이해할 수 없게 되며, 의사소통의 문제로 자신의 감정을 제대로 표현하고 타인의 말을 이해할 수 없으며, 실패감과 무기력감에 활동을 회피하고 거부하다 보니 사회적 관계를 맺는 데 더욱더 어려움을 겪게 된다.

때때로 새로운 사회적 상황에서 지나치게 수줍어하거나 위축되는 것과 정반대로 과잉행동, 공격성, 비행 등의 문제를 보이기도 한다. 이는 사회적 기술훈련의 부족으로 이해하고 지적장애 아동들에게 직접교수나 모델링을 통해서 사회적 기술을 지도해야 한다.

5 지적장애 아동의 지원방법

지적장애 아동들 또한 적절한 지원을 받는다면 이 사회의 독립된 구성원으로 살아갈 수 있다. 그러나 지원을 결정할 때 지적장애 정도와 유형에 따라 지원내용을 계획해야 한다(송만준 외, 2022). 같은 지적장애 아동이지만 통합교육이 가능한 경도지적장애 아동과 많은 지원이 필요한 중등도지적장애 아동의 지원 내용이 다르기 때문이다.

1) 일반교육과정

많은 경도지적장애 아동들이 통합교육환경에서 교육을 받는다. 이렇게 통합교육 환경에서 일반교육과정을 기반으로 교육하지만 지적장애 아동이 수행할 수 있도록 교수적 수정이 필요하다. 교수적 수정이란 또래와 같은 교육과정을 기반으로 장애아동이 수행할 수 있도록 교육환경, 교육내용, 교육방법, 평가방법을 수정하는 것을 의미한다〈표 3-7〉.

〈표 3-7〉 교수적 수정의 예

유형	하위유형	방법
교수 환경 수정	물리적 환경 수정	지적장애 아동의 책상, 의자, 자리 위치 등을 수정하는 것
	사회적 환경 수정	장애이해교육을 통해서 학급 구성원들이 지적장애 아동에 대해서 이해할 수 있도록 하는 것
교수 집단 수정	대집단, 교수주도 소집단, 또래교수, 1:1교수 등	대집단부터, 교사 대 아동 비율을 다양화해서 수업하는 것
교수 방법 수정	교수활동	과제의 양을 줄이거나, 놀이 중심으로 수정하거나 수행할 수 있도록 쉽게 수정하는 것
	교수전략	전통적인 강의 수업을 컴퓨터 사용, 강화물 사용, 시 · 청각 자료 활동 등으로 변경하는 것
교수 내용 수정	학습 목표/내용	일반교육과정의 내용 중 지적장애 아동이 필요한 교육목표를 삽입하거나, 교육과정 내용을 단순화하거나 변형하는 것으로 그림 그리는 것을 스티커 붙이는 것으로 변경하는 것
평가 방법 수정		평가방법을 지적장애 아동에 적합하게 시험장소, 시험시간, 대안적 방법 등으로 실시하는 것으로 4지선다문제를 O, X로 변경하거나 포트폴리오로 변경하여 평가하는 것

일반교육과정의 지원방법은 또래와 같은 교육과정을 경도지적장애 아동의 현행수준을 고려하여 수정하여 제공함으로써 통합교육 환경에 적합한 교육방법이며 모든 아동들을 고려한 교육 프로그램을 제공할 수 있다는 장점이 있다.

2) 기능적 교육과정

중등도이상의 지적장애 아동들은 학습목표를 달성하는데 또래에 비해 더 많은 시간을 필요로 하고 배운 것을 응용해서 일상생활에 적용하기 어렵기 때문에 교육을 계획할 때 실제 생활에 필요한 내용으로 계획하는 것이 필요하다(이미아 외, 2023).

기능적 교육과정 개발을 위해서는 지적장애 아동에게 현재와 미래에 필요한 기술들을 조사하여야 한다. 또한 이러한 교육과정을 실제 환경에서 지도하는 것이 효과적이다. 가게에서 물건 사는 것을 교실에서 연습하고 직접 가게에 가서 스스로 물건을 사보는 것이다. 또한 교육 내용도 읽기를 지도할 때 동화책이나 신문을 읽는 것보다는 메뉴판, 광고, 약 복용방법, 위험 표지판 읽기를 지도하고, 쓰기에서도 시, 소설을 쓰기보다는 휴대폰 문자보내기, 쇼핑 목록 작성하기, 병원, 경찰서, 소방서 등의 연락처 쓰기 등을 지도하는 것이다. 수학에서는 물건값 읽기, 물건값 계산하기, 달력 보기, 시계 읽기, 체중계 읽기 등의 교육을 하는 것이다.

3) 교수방법

지적장애 아동들에게는 명확하고 체계적인 교수방법을 적용해야한다. Heward(2009)는 지적장애 아동들을 교육할 때 다음의 과정을 제시했다.

첫째, 교수 목표를 확인하고 우선순위 결정을 위한 현행수준 파악하기

둘째, 지도할 기술, 지식을 조작적으로 정의하고 과제 분석하기

셋째, 지적장애 아동들이 스스로 반응할 수 있는 기회제공하기

넷째, 비계교수를 이용하기(예를 들어 단서, 촉진 및 용암을 이용하여 반응 유도)

다섯째, 후속 강화, 교수적 피드백, 오류교정 등의 방법으로 체계적인 피드백 제공하기

여섯째, 새로운 학습 기술의 일반화와 유지를 위한 전략 활용하기

일곱 번째, 학생의 수행 정도를 정기적으로 평가해서 이후 교수전략에 반영하기

위 내용을 종합해 보면 지적장애 아동을 교육할 때 효과적이라고 생각되는 교수방법은 과제분석, 체계적인 피드백, 자극통제의 전이, 일반화와 유지. 직접 자주 측정하기이다〈표 3-8〉.

〈표 3-8〉 지적장애 아동을 위한 교수방법

교수방법	적용의 예
직접교수	복잡하거나 다단계로 이루어진 기술을 작은 하위 과제들로 나누는 것으로 쉬운 단계부터 어려운 단계로 순서화해서 지도하는 것
체계적인 피드백	정확한 반응을 했을 때 칭찬, 강화물 제공
자극통제의 전이	아동의 정반응을 위해서 언어적 지시, 그림, 사진, 녹음자료 등을 제공하는 것
일반화와 유지	배운 내용을 다른 상황이나 시간대에 적용할 수 있도록 실제 상황에서 지도하는 것
직접 자주 측정하기	지도한 내용을 즉시 측정해서 객관적인 수행 정도를 평가해 효과를 검증하는 것

4) 자기결정력

과거 지적장애 아동은 지능의 결함으로 인해서 논리적 사고와 판단능력이 결여되어 스스로 결정할 수 없어 타인의 절대적인 도움이 필요하다고 생각했다. 그러나 최근에는 지적장애 아동들 삶의 질에 대한 관심이 높아지면서 지적장애 아동들 또한 목표설정, 계획 수립, 실행, 수행 및 평가의 과정에서 자신이 하고 있는 일과 행동을 스스로 조절할 수 있는 능동적인 존재로 받아들여지고 있다.

자기결정력이란 삶의 주체로서 행동하고 자신의 삶의 질을 유지하거나 향상시킬 수 있는 의지적인 행동을 말하며 이러한 능력은 지적장애 아동들의 성공적인

독립생활을 위해서 사전에 계획되어 반드시 교수되어야 하는 영역이다. 자기결정행동의 구성 요소는 〈표 3-9〉와 같다(Wehmeyer et al. 2007).

〈표 3-9〉 자기결정행동 구성 요소

• 선택과 결정하기 • 목표 정하기 • 문제 해결하기 • 자기 평가하기	• 자기 관리하기 • 자기 옹호하기 • 자기 인식하기

제4장

자폐범주성장애

1. 자폐범주성장애의 정의와 분류
2. 자폐범주성장애의 원인
3. 자폐범주성장애의 진단 및 평가
4. 자폐범주성장애 아동의 특성
5. 자폐범주성장애 아동의 지원방법

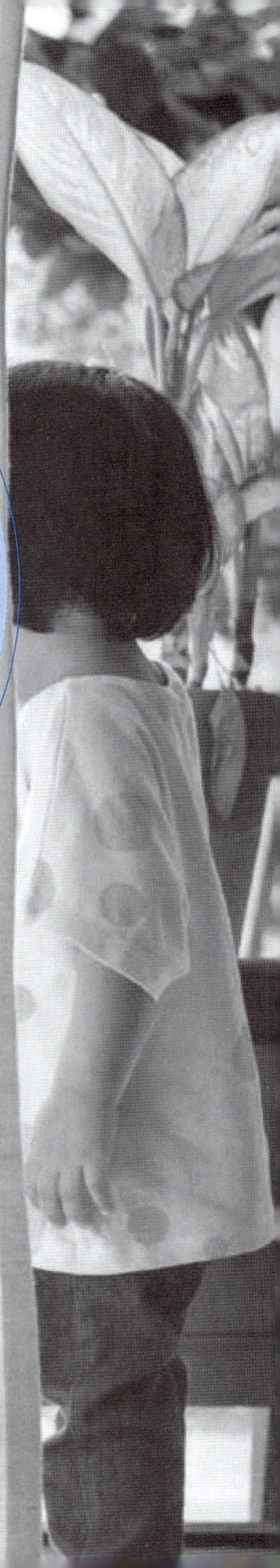

1 자폐범주성장애의 정의와 분류

1) 자폐범주성장애의 정의

Kanner(1943)가 처음 사회성과 의사소통, 자기만의 행동에 빠져있는 자폐범주성장애를 진단한 이후 지속적으로 자폐범주성장애의 정의를 체계화하려는 노력이 이어지고 있다. 그러나 자폐범주성장애의 경우 '범주'라는 용어에서 의미하는 것처럼 그 범위와 특성이 매우 다양하여 아직까지 명확히 정의하기 어려운 영역도 남아있다.

현재 가장 많이 사용하고 있는 정의는 「장애인 등에 대한 특수교육법」(이하 특수교육법)과 「장애인복지법」, 정신질환의 진단 및 통계편람(이하 DSM-5-TR)의 정의이다〈표 4-1〉.

〈표 4-1〉 장애인 등에 대한 특수교육법, 장애인복지법, DSM-5-TR의 자폐범주성장애 정의

분류	정의
장애인 등에 대한 특수교육법	사회적 상호작용과 의사소통에 결함이 있고, 제한적이고 반복적인 관심과 활동을 보임으로써 교육적 성취 및 일상생활 적응에 도움이 필요한 사람
장애인복지법	소아기 자폐증, 비전형적 자폐증에 따른 언어 · 신체표현 · 자기조절 · 사회적응 기능 및 능력의 장애로 인하여 일상생활이나 사회생활에 상당한 제약을 받아 다른 사람의 도움이 필요한 사람
DSM-5-TR	A. 다양한 분야에 걸쳐 나타나는 사회적 의사소통과 사회적 상호작용의 지속적인 결함으로 현재 또는 과거력상 다음과 같은 특징이 모두 나타난다. 1. 사회적-감정적 상호성의 결함(예 비정상적인 사회적 접근과 정상적으로 주고받는 대화의 실패, 흥미나 감정 공유의 감소 사회적 상호작용의 시작 및 반응의 실패) 2. 사회적 상호작용을 위한 비언어적인 의사소통 행동의 결함(예 언어적, 비언어적 의사소통의 불완전한 통합, 비정상적인 눈 맞춤과 몸짓 언어의 이해와 사용의 결함, 얼굴표정과 비언적 의사소통의 전반적 결핍) 3. 관계발전, 유지 및 관계에 대한 이해의 결함(예 다양한 사회적 상황에 적합한 적응적 행동의 어려움, 상상 놀이를 공유하거나 친구 사귀기가 어려움, 동료들에 대한 관심 결여)

DSM-5-TR	B. 제한적이고 반복적인 행동, 흥미 또는 활동이 현재 또는 과거력상 다음 항목들 가운데 적어도 2가지 이상 나타난다. 1. 상동증적이거나 반복적인 운동성 동작, 물건 사용 또는 말하기(예 단순 운동 상동증, 장난감 정렬하기 또는 물체 튕기기, 반향어, 특이한 문구사용) 2. 동일성에 대한 고집, 일상적인 틀에 대한 융통성 없는 집착 또는 의례적인 언어적 · 비언어적 행동 양상(예 작은 변화에 대한 극심한 고통, 변화의 어려움, 완고한 사고방식, 의례적인 인사, 같은 길로만 다니기, 매일 같은 음식 먹기) 3. 강도나 초점에 있어서 비정상적으로 극도로 제한되고 고정된 흥미(예 특이한 물체에 대한 강한 애착 또는 집착, 과도하게 국한되거나 고집스러운 흥미) 4. 감각 정보에 대한 과잉 또는 과소반응, 혹은 환경의 감각 측면에 대한 특이한 관심(예 통증/온도에 대한 명백한 무관심, 특정 소리나 감촉에 대한 부정적 반응, 과도한 냄새 맡기 또는 물체 만지기, 빛이나 움직임에 대한 시각적 매료) C. 증상은 반드시 초기 발달 시기부터 나타나야 한다.

위 자폐범주성장애의 정의들의 공통점을 살펴보면 낮은 사회적 의사소통 결함과 상동행동이란 의미 없는 신체활동을 지속해야 하며 생의 초기에 출현해야 정의할 수 있다〈그림 4-1〉.

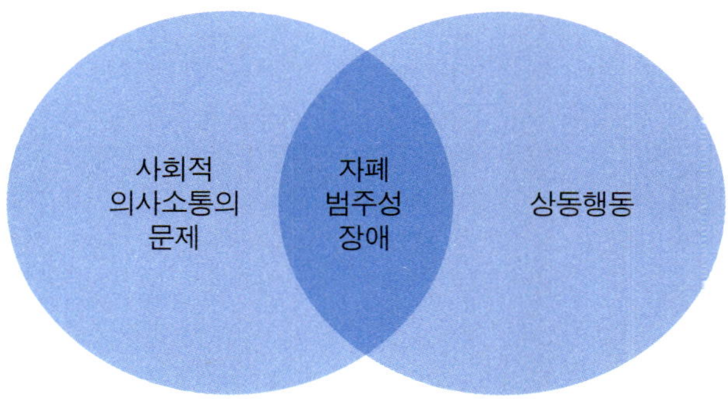

[그림 4-1] 자폐범주성장애의 핵심 손상

2) 자폐범주성장애의 분류

DSM-IV-TR에서는 자폐범주성장애의 하위분류를 자폐증, 아스퍼거증후군, 레트장애, 아동기붕괴성장애, 달리 분류되지 않는 전반적발달장애로 나누었으나 DSM-5부터는 장애 정도에 따라서 가벼운 증상에서부터 심각한 증상까지 1~3 수준으로 나누어 분류하고 있다(김선영 외, 2020)

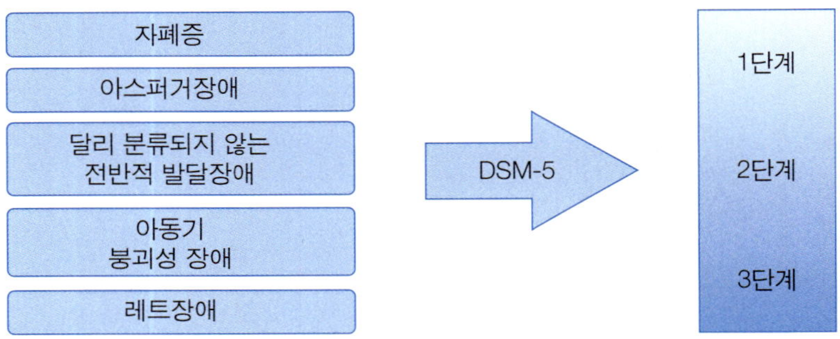

[그림 4-2] DSM-IV-RT와 DSM-5의 자폐범주성장애 분류 차이

DSM-5-TR의 자폐범주성장애의 심각도에 따른 분류는 〈표 4-2〉와 같다.

〈표 4-2〉 DSM-5-TR의 자폐범주성장애의 심각도에 따른 분류

심각도 수준	사회적 의사소통	제한적이고 반복적인 행동
3단계 '상당히 많은 지원을 필요로 하는 수준'	• 언어적 · 비언어적 사회적 의사소통 기술에 심각한 결함이 있고 이로 인해 심각한 기능상의 손상이 야기된다. • 사회적 상호작용을 맺는 데 극도로 제한적이며, 타인의 사회적 접근에 대해 최소한의 반응을 보인다. 예를 들어 이해할 수 있는 말이 극소수의 단어뿐이며, 좀처럼 상호작용을 시작하지 않으며, 만일 상호작용을 하더라도 오직 필요를 충족하기 위해 이상한 방식으로 접근을 하고 매우 직접적인 사회적 접근에만 반응한다.	• 융통성 없는 행동, 변화에 대처하는 것에 극심한 어려움, 다른 제한적이고 반복적인 행동이 모든 분야에서 가능에 현저한 방해가 된다. • 화제 또는 행동 전환에 극심한 고통과 어려움이 있다.

2단계 '많은 지원을 필요로 하는 수준'	• 언어적 · 비언어적 사회적 의사소통 기술의 뚜렷한 결함이 있고, 지원을 해도 명백한 사회적 손상이 있으며, 사회적 의사소통의 시작이 제한되어 있고 타인의 사회적 접근에 대해 감소된 혹은 비정상적인 반응을 보인다. 예를 들어 단순한 문장 정도만 말할 수 있는 사람으로서 상호작용이 편협한 특정 관심사에만 제한되어 있고, 기이한 비언어적 의사소통이 뚜렷하게 나타난다.	• 융통성 없는 행동, 변화에 대처하는 것의 어려움, 다른 제한적이고 반복적인 행동이 우연히 관찰한 사람도 알 수 있을 정도로 자주 나타나며, 다양한 분야의 기능을 방해한다. • 화제 또는 행동 전환에 고통 또는 어려움이 있다.
1단계 '지원이 필요한 수준'	• 지원이 없으면 사회적 의사소통의 결함에 분명한 손상을 야기한다. • 사회적 상호작용을 시작하는 데 어려움에 있으며, 타인의 사회적 접근에 대해 비전형적인 반응이나 성공적이지 않은 반응을 보인다. 사회적 상호작용에 대한 흥미가 감소된 것처럼 보일 수 있다.	• 융통성 없는 행동이 한가지 또는 그 이상의 분야의 기능을 확연히 방해하며, 활동전환이 어렵다. • 조직력과 계획력 문제는 독립을 저해한다

DSM-5-TR에서 심각도로 자폐범주성장애를 분류하는 것은 지원과 시간에 따라 자폐적인 특성이 변화할 수 있음을 제시하기 위해서다(권준수 외, 2023). 또한 이러한 분류 기반으로 지원의 정도를 결정해서는 안 된다. 1단계에 해당되는 경도자폐범주성장애 아동들이 더 많은 심리·사회적 지원을 필요로 하는 경우도 있기 때문이다. 따라서 분류 기준으로 획일화된 지원을 결정하지 말고 개별적 특성에 의해 결정되어야 한다.

2 자폐범주성장애의 원인

초기 거론된 자폐범주성장애의 원인을 살펴보면 Asperger는 자폐범주성장애의 원인으로 생물학적 근거가 있고, 유전성이 장애 발생에 어떤 결정적 역할을 한다고 믿었다. Kanner 역시 생물학적 측면과 함께 부모들이 자녀를 따뜻한 마음으로 대하지 않았기 때문이라고 보았다. Kanner에 의한 부모-자녀 관계로 인한 원인론은 1960년대까지 주류를 이루었다.

그러나 최근에는 복잡한 뇌와 신경계의 문제로 인해서 발생하는 것으로 생각하고 다양한 연구를 지속하고 있다(CDC, 2022; Colemann, 2005)

아직까지 명확히 자폐범주성장애의 원인은 없으나 현재까지 가장 타당한 원인으로 제시되고 있는 이론들을 살펴보겠다〈표 4-3〉.

〈표 4-3〉 자폐범주성장애의 원인

원인	특성
유전적 요인	쌍생아 연구 결과 일란성 쌍생아의 경우 70~90%가 같은 자폐범주성장애를 나타낼 확률이 있으며 이란성 쌍생아의 경우 10% 전후로 보고되고 있음
신경학적인 화학 불균형	세로토닌의 과대 함량, 거울신경 손상, 시냅스 연결 부분 손상 등으로 타인과의 상호작용 의지가 낮음
뇌 구조 문제	전두엽의 기능 저하, 뇌의 좌우 크기 다름, 커다란 미상핵 등의 구조적 문제로 인해서 주의력 결핍 및 언어능력, 강박적 행동 출현함
환경적 영향	최근 갑자기 자폐범주성장애의 출현율의 증가로 환경적 요인 관심 증대됨 주산기 감염, 조산, 저체중아, 출생 시 호흡기 부전 등의 주산기 요인과 대기오염, 유기인산화합물, 중금속, 환경오염 문제가 영향을 미침

현재까지 자폐범주성장애는 한 요인의 단독 영향으로 출현하기 보다는 유전자와 환경의 상호작용 결과로 생각되어지고 있다.

3 자폐범주성장애의 진단 및 평가

현재 자폐범주성장애의 진단은 핵심 손상인 사회적 의사소통 손상과 의미 없는 신체활동인 상동행동 유무로 이루지고 있다. 정확한 진단을 위해서는 자폐범주성장애 아동을 직접 관찰, 부모 및 관계자 면담, 표준화된 검사도구를 활용하여야 한다.

현재까지 자폐범주성장애를 진단하는 가장 대표적인 도구는 자폐증진단관찰 스케줄(Astism Diagnostic Observation Schedule: ADOS)과 자폐증 진단 면담 개정판(Autism Diagnostic Interview-Revised: ADI-R)이다. 이 진단 도구는 국제적으로 널리 사용되고 있으나 전문적으로 훈련을 받고 자격을 갖춘 평가자만 사용할 수 있어 국내에서는 사용에 제한점이 많다.

현장에서 활용도가 높은 도구는 아동기자폐증평정척도(Childhood Autism Rating Scale: CARS)와 한국어판 사회적 의사소통설문지(Korean version of Social Communication Questionnaire: K-SCQ)이다(박명애 외, 2018). 사용방법이 간단하여 선별도구로 많이 사용하고 있다. 현재 우리나라에서 표준화된 도구를 정리하면 〈표 4-4〉와 같다.

〈표 4-4〉 자폐범주성장애 판별 검사 도구

도구명	특징	
한국판 자폐증 진단 면담 개정판 (K-ADI-R)	대상	2세 이상의 아동과 성인
	구성문항	총 93개 문항 언어 및 의사소통, 호혜적 사회적 상호작용, 한정되고 반복적이며 상동적인 흥미 및 활동영역
	평가방법	훈련받은 평가자/ 부모와의 면담과 직접 관찰
자폐증진단 스케줄 (K-ADOS-2)	대상	만 1세 이상의 아동과 성인
	구성문항	대상의 표현성 언어와 연령에 따라 4개 모듈 중 한 가지 모델을 시행
	평가방법	훈련받은 평가자/직접 관찰 후 채점
한국형 아동기 자폐평정척도 (K-CARS)	대상	전 연령
	구성문항	총 15개 문항 사회성-의사소통, 제한되고 반복적인 상동적 행동, 특이한 감각 반응
	평가방법	훈련받은 평가자/직접 관찰, 부모면담

도구명	특징	
한국어판 사회적 의사소통 설문지	대상	전 연령
	구성영역	총 40개 문항 의사소통, 사회적 상호작용, 제한적이고 반복적인 행동과 관심
	평가방법	보호자 예/아니요로 설문지 작성 및 채점
한국판 길리암 자폐증 평정척도 2판 (K-GARS-2)	대상	3~22세
	구성영역	총 42개 문항 상동행동, 의사소통, 상호작용 3개 소척도로 구성
	평가방법	훈련받은 평가사/구조화된 부모면담
한국판 영유아 자폐선별검사 (KM-CHAT)	대상	16~36개월
	구성영역	총 23개문항 다른 아동에 대한 관심, 흥미로운 것 가리키기, 소리에 대한 민감성, 얼굴 모방하기, 이름에 반응하기, 허공 응시 등
	평가방법	부모 예/아니오로 작성 후 자가진단

4 자폐범주성장애 아동의 특성

자폐범주성장애 아동의 특성은 사회적 의사소통의 결함과 의미 없는 신체활동인 상동행동을 나타내는 것이 대표적이나 인지, 의사소통, 신체발달, 감각기능의 과잉, 과소반응 등 다양한 특성을 보인다.

1) 인지적 특성

자폐범주성장애 아동의 경우 70% 이상이 중등도의 지적장애를 동반하는 것으로 보고되고 있다. 따라서 인지·학습에 많은 어려움을 나타내며 새로운 학습, 기술을 습득하는 데 필요한 시간이 또래에 비해서 길다. 그러나 모든 자폐범주성장애 아동이 인지적 결함을 보이는 것은 아니며 평균 이상의 지능을 소유한 자폐범주성장애 아동도 있다. 또한 자폐범주성장애 아동의 약 10%는 서번트증후군(savant syndrome)으로 특정 영역에서 천재적인 재능을 가지고 있다. 따라서 자폐범주성장애 아동의 인지적 결함 및 천재성에만 집중하기보다는 다양한 인지적 특성을 고려하여 교육적 계획을 수립하고 적합한 환경을 제공해 주는 것이 필요하다(김선영 외, 2020).

2) 사회적 특성

Kanner(1946)가 자폐범주성장애를 처음 제시한 이래 지금까지 자폐범주성장애의 가장 주된 특징은 사회적 상호작용의 결함이다. 자폐범주성장애 아동은 상호작용을 위한 비구어적 의사소통(눈짓, 얼굴표정, 억양, 음성 등)을 사용하는 데 결함이 있으며 또래 관계의 형성에도 어려움이 있다. 또한 타인의 감정을 공감하거나 자신의 관심을 타인과 나누는데 결함이 있어 사회적 관계 형성에 어려움을 보인다. DSM-5-TR의 진단 기준에서 이러한 자폐범주성장애 아동의 사회적 결함을 자세히 기술하고 있다〈표 4-5〉.

〈표 4-5〉 DSM-5-TR에서의 자폐범주성장애 아동의 사회적 결함과 특성

사회적 결함	특성
사회적-정서적 상호성의 결함	비정상적인 사회적 접근, 관심사, 정서, 감정, 반응을 공유하는 것이 어려워 주고받는 대화가 실패함 사회적 상호작용의 개시에 있어 전반적인 부족
사회적 상호작용에 사용되어지는 비언어적 의사소통 행동의 결함	언어와 비언어적 상호작용 통합의 어려움, 눈 맞춤, 이상한 제스처 사용, 전반적인 제스쳐의 이해와 사용의 결함, 얼굴표정 및 비언어적 의사소통의 전반적인 부족
관계의 형성과 유지의 결함	다양한 사회적 맥락에 어울리도록 하는 행동의 조절이 어려움 상상놀이를 공유하는 것이 어려움, 친구를 만드는 것이 어려움, 또래에 대한 관심이 없음, 공감 능력 결여

이러한 결함은 이후 언어발달지체와 연관되면서 더욱 사회적 관계 형성에 어려움을 초래하며 자기자극행동 및 상동행동을 가중 시키는 결과를 가져온다. 따라서 자폐범주성장애 아동의 사회적 특성은 독립된 하나의 결함으로 이해하기보다는 다른 영역과 연관된 특성으로 이해하고 통합적으로 지원하는 것이 필요하다.

3) 언어적 특성

자폐범주성장애 아동은 다른 장애와 달리 언어적으로 독특한 발달 과정을 보인다. 생의 초기부터 사회적 의사소통에서 언어적·비언어적 결함을 보이며 말을 전혀 하지 못하는 경우부터 언어 지연, 말에 대한 이해력 부족, 반향어(단어, 문장을 상황에 맞지 않게 따라 함), 부자연스럽고 지나치게 문자 그대로 언어 사용하기까지 다양한 결함을 보인다. 자신을 '너'로 지칭하거나 문구 또는 운율을 상동적으로 사용하기도 한다. 자폐범주성장애 아동은 형식적인 언어 기술(예 어휘, 문법)의 결함이 없더라도 사회적 의사소통을 위한 언어 사용에서 명백한 손상을 보이며 그 결과 대화 시 맥락을 고려하지 않고 자신의 말만 하는 모습을 보이기도 한다.

특히 비언어적 의사소통의 뚜렷한 결함을 보이는데 눈 마주침이 없거나 적고 이상하며, 몸짓, 얼굴표정, 신체정위 또한 말하는 억양의 특이함을 나타낸다. 또한 몸짓 언어를 사용하지 않고 이해하지 못한다. 교육을 받더라도 사용할 수 있는 몸짓 언어 수가 적고 자발적으로 사용하지는 않는다(권준수 외 공역, 2023).

4) 행동적 특성

자폐범주성장애 아동의 행동은 다른 장애 유형에서 보이지 않는 독특한 특성을 보인다. 기이한 걸음걸이, 신체 사용에서 서투름, 비정상적인 운동 증후(까치발로 걷기)를 포함하는 운동 결함도 자주 나타난다. 또한 긴장증 유사 운동 행동(느리고 '얼어붙은' 듯한 동작)이 생기고 청소년기에는 운동증상의 뚜렷한 악화가 나타난다. 얼굴 찡그리기 등의 긴장증을 보이기도 한다(권준수 외 공역, 2023).

또한 자신의 손을 눈앞에서 퍼덕거리거나 몸을 앞뒤로 흔들기, 장난감 블록을 일렬로 줄 세우기, 장난감을 가지고만 있고 놀이하지 않기 등의 자신의 신체나 특성 사물을 가지고 반복된 행동을 보이는 놀이를 한다. 이러한 행동을 자기자극 행동이라 하는데 여러 사물 및 행동을 통해 반복적인 행동을 하는 상동적 행동, 비기능적 사물이나 사물의 일부에 몰두하기, 특정 물체에 관심과 흥미를 집중하는 편집적인 흥미 패턴, 극단적이 고집성이나 동일성의 고집으로 변화에 저항하는 등의 네 가지 범주로 나뉜다(정대영, 2011)[그림 4-3].

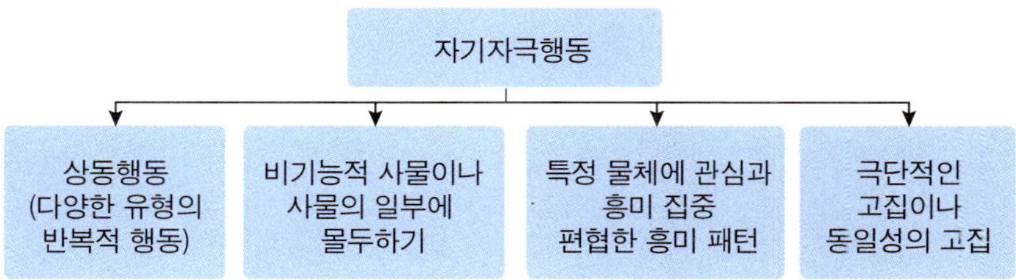

[그림 4-3] 자기자극 행동의 유형

이러한 자기자극 행동은 일상에 대한 변화를 거부하거나, 특정 사물 및 음식에 강박적인 수준의 고집으로 나타나기도 한다. 이러한 자기자극행동은 기능적이지 않고 단순한 활동을 반복한다는 공통점이 있다. 또한 자폐범주성장애 아동들은 외부의 자극 없이 몇 시간 동안 자기자극 행동을 지속하기도 한다. 따라서 사회성 및 의사소통능력 향상을 통해서 좀 더 기능적이며 상호작용적인 행동으로 변화될 필요가 있다.

5) 감각 특성

감각체계는 매 순간 많은 양의 자극을 받게 되는데 이 모든 자극을 등록하지는 않는다. 개인의 생물학적 특성, 감각에 대한 학습된 반응인 습관, 신체적·정신적 상태에 의해 등록하게 된다. 개인마다 행동이 발생할 수 있는 자극의 수준(역치)이 다르기 때문이다. 낮은 역치를 가진 사람들은 경험하는 모든 감각 자극이 등록되어 자극을 피하거나 불안 및 우울을 보인다. 역치가 높은 사람은 자극이 등록되지 않아 둔감하거나 무관심한 반응을 보인다(방명애 외, 2018). 자폐범주성장애 아동들은 인간의 7개의 감각체계에서 과민, 둔감에 따른 자극반응을 보인다〈표 4-6〉.

〈표 4-6〉 자폐범주성장애 아동의 감각 특성

감각유형	반응특성	
시각	낮은 역치	햇빛과 같은 밝은 빛 피하기, 밝은 곳에서 눈감기, 어두운 곳 좋아하기, 눈맞춤 거부
	높은 역치	밝은 빛을 뚫어지게 쳐다보기, 자신의 손가락을 눈앞에서 흔들기
청각	낮은 역치	일반적인 소리에 매우 불안해하며 안절부절 못하고 거부적인 반응으로 소리를 차단하려고 귀를 막음
	높은 역치	일반적인 소리에 반응하지 않기, 스스로 소리를 내며 자극추구
후각	낮은 역치	자극적인 냄새를 찾고 피하기, 독특한 냄새(향수, 파마약 등) 피하기
	높은 역치	먼저 냄새 맡기 추구, 자극적인 냄새 추구, 다른 사람 냄새 맡기
미각	낮은 역치	특정 음식(식감, 온도) 선호, 편식, 유동식 거부, 새로운 음식 거부
	높은 역치	강한 맛 추구, 음식 맛을 모르는 듯한 느낌, 특정 음식을 너무 좋아함, 사물을 씹거나 핥음
촉각	낮은 역치	자신을 만지거나, 옷의 상표가 몸에 닿거나 달라붙은 것에 과도하게 반응(접촉하려는 상대 밀기, 옷 벗기, 손에 크레파스 붙는 것이 싫어 활동하지 않음 등)
	높은 역치	계속(무엇인가 만지거나, 팔을 찌르기 머리 부딪히기는 등의 자해 행동을 보임, 꼬집기, 손톱, 연필, 지우개, 셔츠 소매 끝을 물어뜯음)
전정감각	낮은 역치	몸의 회전 수평, 수직, 직선 등의 움직임 조절에 어려워하여 활동 거부, 방향을 바꾸거나, 신체 자세 유지에 어려움, 움직이는 활동 거부
	높은 역치	몸을 앞뒤로 흔들거나, 좌우로 흔들기, 회전하기 머리 흔들기 등 전정감각 추구, 움직이다 멈추기가 어려움

고유수용 감각	낮은 역치	불안정한 자세, 계단을 오르는데 어려움, 깨금발로 뛰기를 못하거나 어색한 몸동작
	높은 역치	거칠게 자신의 몸 넘어트리기, 진하게 글씨 쓰기, 발을 쾅쾅 구르기, 끊임없이 움직이기

자폐범주성장애 아동들은 감각기능의 역치 수준에 따라 낮은 역치를 보이는 아동들은 감각에 민감하거나 감각 회피의 특성을 보이고 높은 역치를 보이는 아동들은 둔감한 반응을 보이거나 그 감각을 강하게 추구한다. 또한 이러한 감각은 각기 그 역치가 다를 수 있다. 예를 들어 시각 자극의 역치는 낮은데 청각 자극의 역치는 높을 수 있는 것이다(방명애 외, 2018).

5 자폐범주성장애 아동의 지원방법

자폐범주성장애 아동의 핵심 손상인 사회적 의사소통과 행동적인 문제를 우선 교육하는 것이 필요하다. 또한 현재에는 많은 수의 자폐범주성장애 아동이 통합교육을 받고 있다. 이를 위해서 통합교육 환경에서의 중재 방법도 살펴보도록 하겠다.

1) 사회적 의사소통 교육

자폐범주성장애 아동의 사회적 의사소통 능력은 이후의 학습, 또래 관계, 직업교육까지 지속적인 영향을 미친다. 따라서 자폐범주성장애 아동의 사회적 의사소통 향상을 위한 중재는 반드시 교육내용에 포함되어야 한다. 현재 사용되고 있는 중재 방법을 요약하면 〈표 4-7〉과 같다.

〈표 4-7〉 자폐범주성장애 아동을 위한 사회적 · 의사소통 중재 방법

전략	구체적인 전략 내용
의사소통 촉진전략	문자언어, 타자, 대화 유지 등을 촉진하는 지원을 제공함 최종적으로 지원 없이 문자 타이핑을 통해서 의사소통하도록 함
보완대체 의사소통전략	보완대체의사소통(Augmantative Altermative Communication:AAC)은 비도구체계(얼굴, 수화, 제스처 등)와 도구체계(전자식, 그림식 의사소통판)를 이용하여 의사소통함
그림교환 의사소통체계	그림교환의사소통체계(Picture Exchange Communication System:PECS)는 감정, 욕구, 생각을 그림을 사용하여 의사소통함

2) 행동적 중재

자폐범주성장애 아동은 공동의 주의집중 문제와 사회적 의사소통문제, 낮은 지능, 기회 부족 등의 문제로 인해서 사회적 기술에 결함이 발생하고 이로 인해서 자기자극행동 같은 행동적 문제를 나타낸다. 현재 행동적 중재방법으로는 로바스법과 TECCH 프로그램이 가장 널리 사용되고 있다〈표 4-8〉.

〈표 4-8〉 자폐범주성장애 아동의 행동적 중재

중재법	구체적인 중재 방법
로바스법	• 창시자: 행동주의 이론을 바탕으로 Ivar Lovaas가 창시 • 방법: 행동 이후 긍정적 후속 결과를 제공함으로써 행동을 변화시킴 • 결과: 자폐범주성장애 아동의 IQ, 주의력, 언어, 사회성과 자조기술이 긍정적으로 변화하였음 • 단점: 행동주의 접근법을 지나치게 강조함 • 주의점: 다른 교수법과 병행하여 사용하는 것이 바람직함

TEACCH	• TEACCH(Treatment and Education of Autistic and Related Communication Handicapped Children) 프로그램은 Eric Schopler 박사가 창시함 • 방법: 구조화된 학습 ① 먼저 아동의 학습 효과를 최대화하는 환경을 조성함 ② 미리 정해진 시간표에 따라 활동과 학습을 철저하게 진행함 ③ 아동의 기술 수준, 흥미 있는 분야, 필요를 잘 이해하여 아동의 강점과 관심 분야를 더욱 강화하는데 주력함 ④ TEACCH 프로그램은 아동의 전반적인 삶의 영역을 염두에 드어야 함 ⑤ 아동에게 교육할 때에는 각각의 교육 장소마다 일관성을 가지고 유기적으로 실시되어야 함

그러나 이러한 프로그램은 자폐범주성장애 아동의 특성과 주변 환경 요소 등을 고려해야만 효과가 있다. 현재까지 논의되고 있는 자폐범주성장애 아동을 위한 효과적인 프로그램개발을 위한 고려 사항을 살펴보면 아래와 같다〈표 4-9〉.

〈표 4-9〉 자폐범주성장애 아동을 위한 프로그램개발의 고려 사항

구분	내용
조기교육	• 가능한 한 조기에 교육을 시작한다.
프로그램의 구조적 측면	• 프로그램의 구조화: 프로그램의 진행을 예측가능하게 하고 일과를 규칙적으로 운영한다. • 프로그램의 강도: 물리적, 시간적, 인적 환경에 있어서 고도의 지원적 환경을 구성한다.
교육과정 및 교수 방법	• 교육과정의 구성: 사회성(상호작용), 의사소통, 놀이와 함께 기타 발달영역을 강조한 교육과정을 운영한다. • 행동지원: 문제행동에 대한 기능적인 접근으로 긍정적인 행동지원프로그램을 운영한다. • 개별화교육과정 운영: 개별화된 중재 계획 및 운영으로 아동의 다양한 욕구에 부응한다. • 교수방법: 과제분석방법을 사용하여 작은 단위로 나누어서 점진적으로 교육한다. • 기술의 일반화 및 유지: 행동의 일반화 및 유지를 위해서 고도의 지원적 환경을 구성하고 잘 계획된 교수방법을 적용한다. • 진도점검: 진도를 지속적으로 평가한다.

구분	내용
가족 참여	• 기관과 가정 간 협력: 가족의 적극적인 참여를 유도하여 기관–가정 간 협력하여 교육을 실시한다. • 가족구성원 지원: 자폐범주성장애 아동의 부모 및 다른 형제자매의 요구를 지원한다.
통합교육 및 전환	• 또래 상호작용: 가능한 조기에 또래와 상호작용 기회를 제공하고 촉진한다. • 전환교육: 현재 환경에서 다음 환경(예 유치원에서 초등학교로)으로의 전환을 계획하고 지원한다.
교사의 자질	• 교사훈련: 자폐범주성장애 아동의 특성을 이해하고 교육하기 위해서 잘 훈련된 교사를 채용한다. • 교사 지원: 교육을 직접적으로 주도하는 교사가 하위구조의 적절한 지원을 받을 수 있도록 체계화한다.

3) 통합교육을 위한 중재

자폐범주성장애 아동의 사회적 의사소통의 문제와 행동적 문제를 해결하기 위해서 통합교육환경에서 교육받는 것이 좋다. 또래들의 행동을 통해 모방하거나, 배운 교육내용을 적용할 기회가 더 많기 때문이다. 또한 자폐범주성장애 아동이 성인이 되어서는 다시 지역사회로 복귀하기 때문에 더욱더 통합교육이 필요한 교육적 배치라고 하겠다.

그러나 성공적인 통합교육은 여러 가지 준비가 선행되어야 한다. 우선 '자폐범주성장애 아동의 준비'이다. 자폐범주성장애 아동은 주의집중 능력을 신장시키고 지시 수행 능력을 향상시켜야 한다. 또한 착석기술, 의사소통기술, 사회성 기술을 지속적으로 교육받아 또래와 함께 수업받을 준비를 해야 한다. 둘째, 자폐범주성장애 아동의 흥미와 관심을 끌 수 있는 프로그램이 마련되어야 한다. 자폐범주성장애 아동은 주의집중에 어려움을 경험한다. 따라서 일반교육방법으로 그들의 주의를 집중시키고 관심과 흥미를 유발하는 데에는 한계가 있다. 따라서 교사 및 부모들은 자신이 담당하는 자폐범주성장애 아동의 관심과 흥미를 유발할 있는 교육프로그램을 만들어 제공할 수 있어야 한다. 셋째, 교사 및 또래들의 준비이다. 자폐범주성장애 아동의 감각적, 행동특성을 모르고 통합교육환경에 배치되면 장애에 대한 긍정적 감정을 갖기보다는 자폐범주성장애 아동의 독특한 행동 방식으로 인해서 거부감이 생기거나 부정적인 생각을 가지기 쉽다. 따라서 통합교육에 배치되기 전에 교사 및 같은 반 또래들에게 자폐범주성장애 아동의 특성 및 상호작용방법을 알려주는 것이 필요하겠다. 이러한 준비를 통해서 서로 함께 자폐범주성장애 아동의 특성을 이해하고 교육하는 것이 필요하다(이소현 외, 2011).

제5장

지체 및 뇌병변장애의 이해

1. 지체 및 뇌병변장애의 정의와 분류
2. 지체 및 뇌병변장애의 원인
3. 지체 및 뇌병변장애의 진단 및 평가
4. 지체 및 뇌병변장애 아동의 특성
5. 지체 및 뇌병변장애 아동의 지원방법

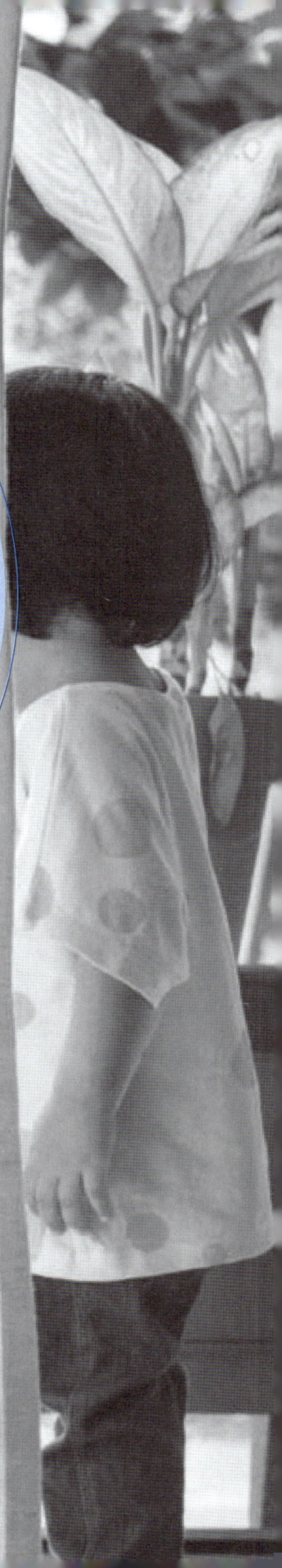

1 지체 및 뇌병변장애의 정의와 분류

지체 및 뇌병변장애는 「장애인 등에 대한 특수교육법」(이하, 특수교육법)과 「장애인복지법」의 정의와 분류가 서로 다르다. 특수교육법에서 지체장애로 정의하고 뇌병변장애에 관한 정의는 따로 없다. 반면 장애인복지법에서는 지체장애와 별도로 뇌병변장애를 분류하여 정의하고 있다〈표 5-1〉.

〈표 5-1〉 지체 및 뇌병병장애의 정의

<table>
<tr><th>법명</th><th colspan="2">정의</th></tr>
<tr><td rowspan="2">지체
장애</td><td>장애인 등에
대한
특수교육법</td><td>기능 형태상 장애를 가지고 있거나, 몸통을 지탱하거나 팔다리의 움직임 등에 어려움을 겪는 신체적 조건이나 상태로 인해 교육적 성취에 어려움이 있는 사람</td></tr>
<tr><td rowspan="2">장애인
복지법</td><td>가. 한쪽 팔, 한 다리 또는 몸통의 기능에 영속적인 장애가 있는 사람
나. 한 손의 엄지손가락을 손가락 뼈마디 이상의 부위에서 잃은 사람 또는 한 손의 둘째 손가락을 포함한 두 개 이상의 손가락을 모두 제1 손가락뼈 관절 이상의 부위에서 잃은 사람
다. 한 다리를 가로발목뼈 관절 이상의 부위에서 잃은 사람
라. 한 손의 엄지손가락을 잃은 사람 또는 한 손의 둘째 손가락을 포함한 손가락 두 개 이상의 기능을 잃은 사람
마. 왜소증으로 키가 심하게 작거나 척추에 현저한 변형 또는 기형이 있는 사람
바. 지체(肢體)에 위 각 목의 어느 하나에 해당하는 장애 정도 이상의 장애가 있다고 인정되는 사람</td></tr>
<tr><td>뇌병변
장애</td><td>뇌성마비, 외상성 뇌손상, 뇌졸중 등의 뇌의 기질적 병변으로 인하여 발생한 신체적 장애로 보행이며 일상생활의 동작 등에 상당한 제약을 받는 사람</td></tr>
</table>

특수교육법과 장애인복지법상의 지체장애와 뇌병변장애의 정의의 공통점을 살펴보면 외부신체기능의 장애로 인해서 일상생활 및 학습에 어려움을 경험하는 것으로 알 수 있다.

1) 지체장애와 뇌병변장애의 분류

특수교육법 상 지체장애에 대한 하위분류는 불분명하고 건강장애(만성질환으로 3개월 이상의 장기입원 및 통원 치료 등으로 계속 의료적 지원이 필요하여 학교생활 및 학업 수행에 어려움이 있는 사람)를 따로 두어 질병으로 인한 신체 손상과 구별하려고 하였으나 이 또한 명확하지 않다. 여러 정의에 의한 하위분류를 살펴보면 〈표 5-2〉와 같다(정대영, 2019).

〈표 5-2〉 지체장애 하위 분류와 범주별 장애 유형

하위범주	포함장애
신경운동 손상	뇌성마비, 척수손상, 이분척수
퇴행성 질환	진행성근이영양증(근위축증)
정형외과 및 근골격 장애	청소년 류머티즘, 사지 결손

2 지체 및 뇌병변장애의 원인

일반적으로 지체장애는 손상 부분에 따라 척추신경계, 골격관절계, 근육운동계 장애와 선천성 기형 등 다양하며, 이를 다시 선천성 기형, 출산 시의 각종 손상, 감염, 중독, 각종 질환에 의한 손상, 교통사고로 인한 재해, 산업재해 등의 원인으로 구별할 수 있다.

최근 선진국에서는 외상보다 당뇨병, 혈액 순환장애, 관절염 등 만성질환이 주요 원인이 되고 있으며, 우리나라도 만성질환에 의한 원인이 점차 증가하는 추세이다. 그러나 각 하위 유형에 따라 원인이 다양하여 유형에 따라 이해하는 것이 필요하다. 유형에 따른 원인을 살펴보면 〈표 5-3〉과 같다.

〈표 5-3〉 지체 및 뇌병변장애의 원인

유형	발생원인	
뇌성마비	출산 전 감염(톡소플라스마증, 풍진, 바이러스, 포진, 매독)과 산과적 합병증(임신중독증, 태반 이상, 영양실조), 유전성 질환(염색체 이상, 뇌성마비 가족력)	
	출산 시 조산으로 인한 저산소증, 질식, 뇌손상 및 세균성 감염	
	출산 후 뇌손상 감염, 뇌졸중, 후천적 뇌병증	
진행성 근이영양증	근육세포막의 단백질인 디스트로핀의 손실로 인한 근막 이상설	
척추손상과 척수수막류	외상성 척추 손상	교통사고, 추락사고, 운동 등으로 손상
	비외상성 척추 손상	혈관기형, 척수종양, 추간판 탈출증, 척수협착증, 척수수막류, 척수공동증, 척수감염
뇌전증	증후성 간질	뇌의 이상, 만성질환
	특발성 간질	원인불명
	2세 이전의 뇌전증 발작	다른 장애(뇌성마비, 이분척추, 외상성 뇌손상, 지적장애, 선천적 감염, 레트증후군 등)와 중복 발생
외상성 뇌손상	개방형 뇌손상	외부의 강한 힘으로 두개골 내부에 상처 발생(총기 및 흉기 사고)
	폐쇄형 뇌손상	급격한 가속이나 감속으로 인해서 두개골 안에서 이리저리 부딪히면서 발생(교통사고, 낙상, 충돌사고, 흔들린 아이 증후군 등)

이렇게 사고와 질병으로 뇌, 척수, 근육 등의 손상으로 인해서 지체 및 뇌병변장애가 출현하게 된다.

3 지체 및 뇌병변장애의 진단 및 평가

일반적으로 지체 및 뇌병변장애는 손상의 정도, 유형 및 신체의 손상부위에 의해 분류되고 진단 평가된다. 일상생활 활동, 이동 능력, 신체 능력, 심리 사회적 능력, 의사소통 능력, 학업 잠재력과 성취도, 환경 및 보조 공학적 요구 등을 평가해서 진단 평가하게 된다(정대영, 2019).

① 일상생활 활동 분야: 아동 스스로 과제를 수행할 수 있는 능력을 평가하는 것으로 식사하기, 음료수 마시기, 옷 입고 벗기, 화장실 이용하기, 개인위생 및 자조 기술 등의 영역평가

② 이동능력: 현재 이동 능력과 교육과 훈련을 통해서 획득하게 될 이동 기술 평가

③ 신체적 능력: 현재 아동이 수행할 수 있는 신체적 활동 평가(서기, 걷기, 앉기, 눕기, 손과 눈의 협응 기술 등)

④ 감각·지각능력: 시각(시각 운동 협응, 형태 항상성, 공간 관계 지각 등), 청각(청력, 청각 기억, 청각 변별 등), 촉각(촉각 변별, 신체 민감성, 신체 통제 및 조절 등)을 평가

⑤ 인지학습능력: 지능과 학습 능력 평가

⑥ 의사소통능력: 현재 아동의 표현언어(말하기, 몸짓 언어) 능력과 잠재능력 평가

⑦ 환경 평가: 출입문 폭, 조명, 접근성(화장실 등), 공기 정화 장치 유무, 추가 공간 제공 등의 여부 평가

⑧ 보조공학기기: 사용 가능한 보조공학기기 평가

지체 및 뇌병변장애 아동의 경우 아동 자신의 평가 영역과 함께 외부 환경 및 보조공학기기에 대한 평가가 이루어져야 한다. 손상된 신체적 기능을 보완하고 잠재능력 개발을 위한 목표로 진단 평가가 이루어져야 한다.

4 지체 및 뇌병변장애 아동의 특성

1) 뇌성마비 아동의 특성

뇌성마비란 뇌가 완전히 발달되기 전에 여러 가지 원인으로 손상을 입어, 운동과 자세의 기능이 떨어지게 되고 마비와 기타 여러 장애가 동반되는 것을 말한다. 뇌성마비 아동은 주로 근육 마비로 인해서 보행에 어려움을 경험하고 마비 부위에 따라 상지마비, 하지마비(하반신마비), 편마비, 전신마비 등[그림 5-1]으로 분류되며 운동장애 유형에 따라서는 근육경직형(경련형), 무정위운동형, 강직형, 운동실조형, 진전형, 혼합형으로 분류된다〈표 5-4〉.

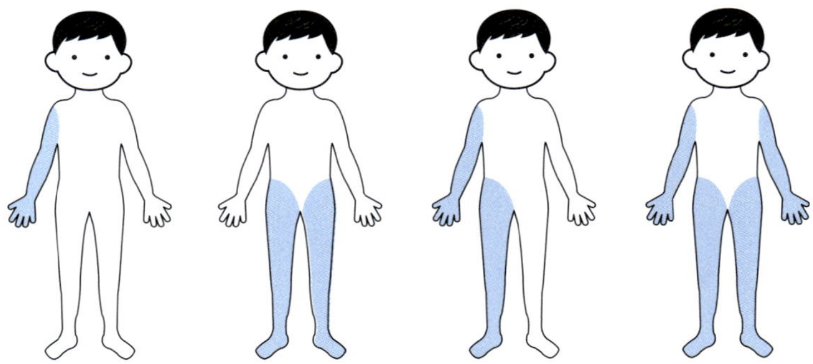

[그림 5-1] 뇌성마비아동의 마비 부위에 따른 유형

〈표 5-4〉 운동장애 유형에 따른 뇌성마비 분류

운동장애유형	특징
근육경직형(경련형)	근육 긴장이 심하여 사지와 목이 뻣뻣한 것이 특징이며, 긴장하면 경련은 더욱 심해지고 반사적 행위가 강하게 나타남
무정위운동형	팔, 다리, 머리 및 눈동자 등 신체 각 부분의 운동을 조절하기는 힘들지만, 지능은 대부분 정상 범주에 속함

강직형	팔, 다리를 움직이려면 파이프를 움직일 때처럼 계속 저항이 있고 근육의 긴장도가 너무 높아서 움직일 수 없을 때가 있음
운동실조형	평형감각이 없어서 마치 술 취한 사람처럼 비틀거리거나 잘 넘어짐
진전형	조절할 수 없는 떨림이 계속되어 근육의 운동이 통제되지 않음
혼합형	위의 유형들이 2~3가지 혼합되어 나타나는 경우

대다수 뇌성마비 아동들은 의사소통장애, 감각장애, 지적장애를 동반한다. 특히 소근육적 운동 협응 문제로 인해서 앉기, 책장 넘기기, 글쓰기, 작은 물체 다루기, 명확하게 말하기 등에서 어려움을 갖는다. 마비로 인해서 대근육 조절에도 어려움을 동반하여 걷기, 자세유지를 위한 보조공학기기가 필요할 수도 있다.

뇌성마비 아동의 30%가 청력 손실을 보이며 50~60% 아동은 지적능력의 결함을 보인다. 또한 25~50% 아동들은 발작을 동반한다(Best et al., 2005).

2) 척수손상 아동의 특징

척수손상(척수외상)이란 척추 내 압력이 가해져 척수가 손상받아 운동기능장애가 발생하는 것을 말한다. 척수가 부러지거나(골절), 탈구되거나(벗어남), 또는 탈구골절일 때 일어나는 경우가 많다. 척수성 소아마비는 아동에게 감염률이 높아 5세 이하의 환자가 90% 이상을 차지하며, 7~8월 사이에 많이 발생한다. 잠복기는 7~14일이며, 전형적인 경과를 나타내는 마비형은 증상으로 먼저 열이 나타난다. 손상된 척수 아래로는 운동기능과 촉각기능의 마비로 인하서 이동 및 소대변처리(촉각손상)에서 지원이 필요한 경우도 있다.

3) 이분척추증

이분척추증이란 태아기 때 신경계가 형성되는 과정에서 척수가 경막(척수를 싸고 있는 두껍고 튼튼한 섬유질의 막)이나 근육, 피부에 완전히 덮이지 못한 채로 태어난 경우로 척수파열이라고도 한다(이미아 외, 2023) 이분척추증에는 잠재성 이분척추증, 수막류, 척수수막류로 분류된다〈표 5-5〉.

〈표 5-5〉 이분척추증의 유형

유형	특징	
잠재성 이분척추증	특별한 증상이 없고 외형적으로도 알 수 없어 우연한 X-ray 촬영으로 발견됨	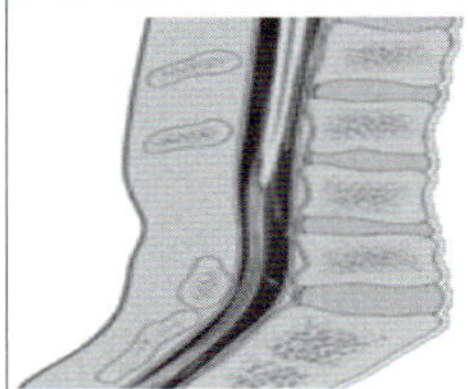
수막류	출생 시 종양과 같은 주머니가 탈출한 상태 마비가 없고 수술을 받으면 쉽게 치료됨	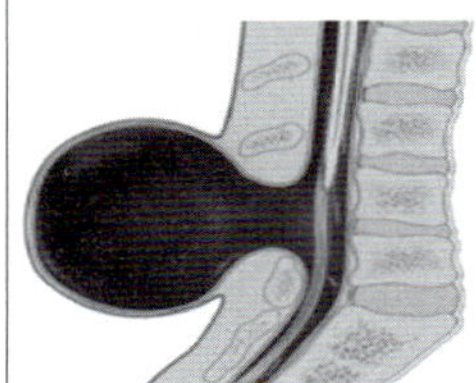
척추수막류	분리된 척추사이로 척수 및 신경근이 돌출된 상태로 가장 심한 유형. 하지마비와 항문 방광장애가 나타남 스스로 근육 조절이 어려움	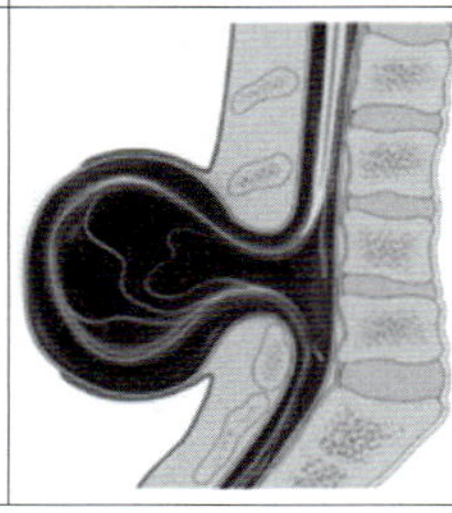

4) 외상성 뇌 손상 아동의 특징

외상성 뇌 손상은 선천적인 뇌 손상이나 출생 시 외상으로 초래되는 뇌 손상을 제외한 후천적인 뇌 손상을 의미한다. 뇌 손상은 임상적으로 경도, 중등도, 중도 및 식물인간 상태의 네 가지 범주로 분류된다. 정도에 따라 운동기능 손상부터 인지적 기능 손상까지 매우 다양하다.

5) 근이영양증

근이영양증은 근육을 유지하는 단백질의 결핍으로 팔, 다리 등의 근력이 약화되고 위축되어 결국 전혀 움직일 수 없게 되는 유전질환이다(정대영, 2019). 유형에 따라 다소 차이가 있지만, 이르면 유아기 때부터 발병하여 나이가 들면서 점점 근육의 힘이 약해지다가 폐와 심장 기능 등에 합병증까지 겹쳐 사망하게 되는 난치병이다. 근이영양증을 지닌 아동들은 쉽게 넘어지고, 넘어지면 다시 일어나는 데 힘이 든다. 이들은 10세에서 14세에 이르면 걷기 능력을 잃게 되고, 손가락 사용과 같은 작은 근육이 마지막으로 영향을 받게 된다(Heward, 2009).

6) 골형성부전증

골형성부전증은 신체에 큰 충격이나 특별한 원인이 없는데도 뼈가 쉽게 부러지는 유전질환이다. 이들은 얇은 뼈로 인해서 쉽게 골절되고 골절이 발생하는 부위로는 상위 무릎, 상부 팔, 상완골, 골반, 척추가 있다. 크게 4가지 유형인 1형, 2형, 3형, 4형으로 분류된다〈표 5-6〉. 골형성부전증 아동은 대개 골절의 예방과 치료, 통증 관리, 물리치료, 수술 등의 의학적 치료를 받게 된다.

〈표 5-6〉 골형성부전증 유형

유형	특징	
1유형	가장 흔하고 가벼운 임상 증상 골절되는 경향이 있으며, 대부분의 골절은 사춘기 이전에 발생 정상이거나 거의 정상에 가까운 키 헐거운 관절과 낮은 근육 긴장도 공막(눈의 흰자위)이 항상 푸른색, 보라색, 또는 회색을 띰 세모형의 얼굴 척추만곡 가능성 뼈의 변형이 현저하거나 미약함 부서지기 쉬운 치아(Brittle teeth)일 가능성 20대 초반에서 30대에 시작되는 청각 손실 가능	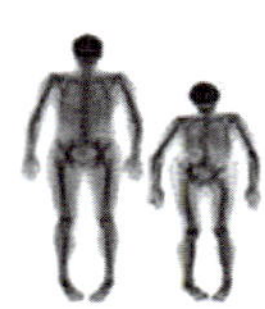 1형

유형	특징	
2유형	가장 심한 임상 증상 사산되는 경우가 많음 간혹 태어나더라도 호흡계의 문제로 인해 단기간에 사망하며, 1세 이후까지 생존하는 경우는 매우 드묾 다수의 골절과 심한 뼈 변형 폐의 발달 부전 작은 키	
3유형	쉽게 골절됨 태어나면서부터 골절이 일어나는 경우가 많으며, X-ray 상 출산 전에 골절되었다가 치유된 흔적이 보임 작은 키 푸른색, 보라색, 또는 회색의 공막 헐거운 관절, 팔다리 근육의 발달 저하 술통형(Barrel-shaped)의 늑골	 3형
4유형	중증도는 Type Ⅰ과 Type Ⅲ의 중간 정도 쉽게 골절되며, 대부분 사춘기 이전에 발생 평균보다 작은 키 공막은 하얀색이거나 흰색에 가까움 뼈의 변형은 가볍거나 약간 진행된 정도 척추만곡 술통형(Barrel-shaped)의 늑골 세모형의 얼굴 부서지기 쉬운 치아(Brittle teeth)일 가능성 청각 장애 가능성	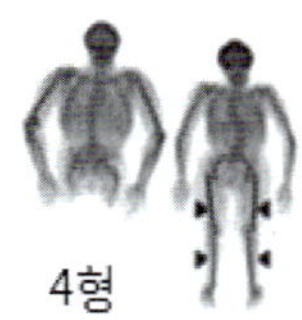 4형

출처: 다음백과사전

7) 소아기 발생하는 만성질환

소아기에 많이 발생하는 암에는 백혈병, 뇌종양, 악성림프종, 신경모세포종, 윌름종양, 연부조직종양, 골육종, 배세포종, 망막모세포종, 간모세포종 등이 있다.

① 백혈병: 이상 백혈구에 의해서 백혈병 암세포가 혈액에 많이 증가하고 혈액을 따라 전신에 퍼지게 되므로 폐, 신장, 비장, 간 등으로 전이가 되어 장기에 손상을 주게 된다.

② 뇌종양: 소아기에 생길 수 있는 암 가운데 두 번째로 많으며, 남녀 비율은 3:2 정도이다. 두통(아침에 일어났을 때 더 심함)과, 구토(잠을 자고 난 후 구토), 피로감, 긴 수면시간으로 인해서 점차 일상생활의 활동이 감소는 증상을 보인다.

③ 악성림프종: 소아에게 세 번째로 많이 발생하는 암이다. 림프조직이 많은 신체 부위 어디에나 생길 수 있는 질환으로, 림프부종, 체중감소, 피로감 및 무기력감, 발열, 불편한 호흡, 피부 발진, 가려움 등의 피부 변화가 나타난다.

④ 신경모세포종: 주로 복부의 신경계통에서 발생하는 암이다. 3세 이하의 나이에 흔하게 발생하는 암 중의 하나이다. 신경모세포종 환자의 75%가 5세 미만에서 출현하며 때로는 출생 시 발견되는 일도 있다. 남녀 비율이 1.3:1로 남아가 조금 더 많다. 부종과 종양의 압박이 나타날 수 있고 피부 냉감 및 혈압상승과 연관된 증상이 나타날 수 있다.

⑤ 윌름종양: 신장에 생기는 종양으로 약 80%가 5세 미만에서 발생하게 된다. 통증, 혈뇨, 복부 부종, 고혈압 등의 증상이 나타날 수 있다 주로 수술로 종양을 제거하게 된다.

8) 뇌전증

뇌전증은 뇌의 전기 활동이 임의로 발작을 일으키는 신경계통의 질환으로 일시적인 뇌의 기능 이상으로 인해 발생한다. 원인으로는 임신 중의 영양 상태, 출산 시 합병증, 두부 외상, 독성 물질, 뇌 감염증, 종양, 뇌졸중, 뇌의 퇴행성 변화 등이 있으며 주 증상으로 발작을 동반한다.

발작에는 뇌의 양쪽 반구 전반에 전개되는 대발작과 뇌의 특정 부분에서만 발생하는 부분발작으로 나뉜다. 대발작은 뇌 전체에 영향을 미치기 때문에 의식을 잃고 몸 전체에 경련이 발생한다. 부분발작은 의식을 잃지 않지만 부분발작이 지속되면서 대발작으로 이어지는 경우도 있다.

뇌전증은 약물치료를 우선시하며 10명 중 7~8명은 약으로 조절이 가능하여 향경련제를 복용하게 된다. 약물로 조절되지 않는 약 30% 뇌전증 장애인에게 수술요법을 사용한다.

5 지체 및 뇌병변장애 아동의 지원방법

지체 및 뇌병변장애 아동을 지원할 때 아동의 입장에서 경험의 결손이 생기지 않도록 앉기와 자세 지도가 필요하다. 또한 보조공학기기를 적극적으로 활용하여 아동의 잠재능력을 길러 스스로 활동에 참여할 수 있도록 지원해야 한다. 보조공학기기를 미리 사용해 보고 아동에게 시범을 보이면서 지도하거나 그림, 사진, 모델링으로 알려줘야한다. 또한 의사소통기술을 지도해서 의사소통이 원활히 이루어질 수 있도록 지원해야 한다.

1) 앉기 및 자세지도

지체 및 뇌병변장애 아동의 경우 대부분 신경학적 또는 정형외과적 손상을 지닌 아동이 많다. 따라서 중립 자세를 유지하며 앉기 및 자세 유지가 어렵다. 일반적으로 지체 및 뇌병변장애 아동들은 좀 더 쉬운 자세를 유지하려고 잘못된 자세 및 이동기술을 유지하는 경향을 보인다. 잘못된 앉기 자세로 인해서 척추측만이 나타나거나 고관절, 슬관절, 족관절의 변형이 나타난다. 또한 잘못된 자세로 인해서 고개를 숙이거나 드는 현상도 나타난다. 따라서 기본적인 자세 지도 즉, 신체의 중앙선을 중심으로 신체 각 부위가 좌우로 정렬되도록 유지하며 적절한 근긴장도를 유지할 수 있도록 자세를 지지해 주는 것이 필요하다[그림 5-2].

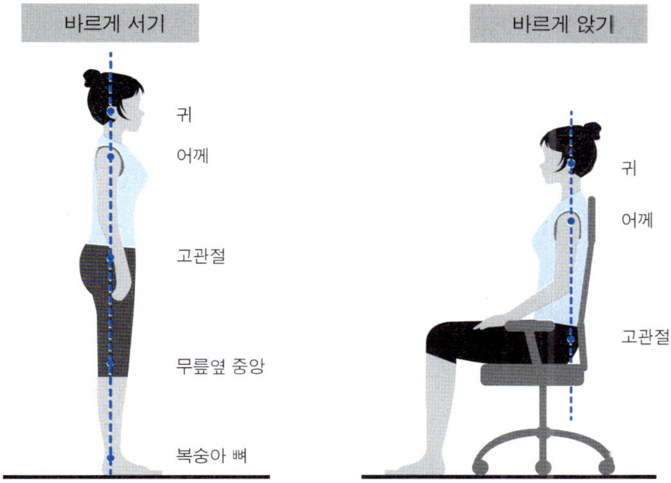

[그림 5-2] 바르게 서기, 바르게 앉기 자세

2) 보조공학기기 지원

지체 및 뇌병변장애 아동의 경우 운동기능이 가장 많은 손상을 보이는 영역이다. 단순히 훈련이나 외과적 수술을 통해서 해결되지 않기도 한다. 대근육 손상이 큰 아동은 이동이 가장 문제가 되며 소근육 사용에 어려움이 있는 아동은 도구 사용, 섭식, 말하기 등에 어려움이 있다. 따라서 지체 및 뇌병변장애 아동은 다양한 보조공학기기를 사용하게 된다.

자세 유지 및 이동형 보조공학기기의 목적은 움직이는 범위를 유지하고 관절의 구축을 예방하여 2차적인 정형외과적 변형을 막고 안정적으로 자발적인 움직임을 조절하기 위함이다.

또한 정보통신 보조공학기기를 사용함으로써 지역사회 내의 활동에 원활히 참여할 수 있다. 특수마우스, 키보드, 터치스크린, 스크린 리더를 사용해서 지체 및 뇌병변장애 아동이 효율적으로 과제를 수행할 수 있다. 〈표 5-7〉은 지체 및 뇌병변장애 아동을 위한 보조공학기기의 예이다.

〈표 5-7〉 지체 및 뇌병변장애 아동을 위한 보조공학기기

보조공학기기명	특징	
부목	맞춤제작으로 손목, 팔, 다리 등을 지지하고 자세를 잡고 안정적으로 움직일 수 있게 지원해 줌	
워커	단거리 이동 보조공학기기로 목발을 사용하기 이전에 사용함 상체를 기대고 걸음마를 연습할 수 있음	
목발	워커보다 균형감각이 많이 필요하나 정상화와 가까운 이동 수단으로 독립적으로 이동할 수 있음	
휠체어	체력이 부족한 아동에게 장거리 이동 시 지원	
스트롤러	유아용 유모차로 안아서 옮기기 어려운 상황에 이동을 보조함	
입 마우스	날숨과 들숨으로 작동하는 마우스	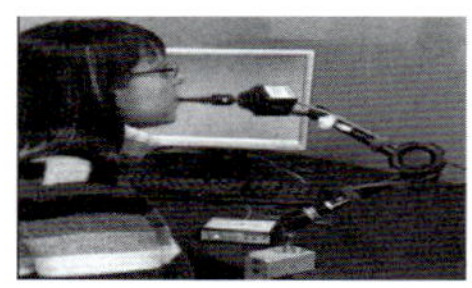
킹키보드	자판의 크기를 크게 한 키보드	
발마우스	발로 클릭하는 마우스	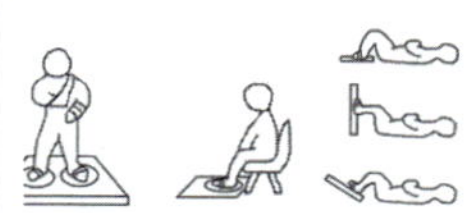

3) 의사소통 지원

직접적인 의사소통 환경을 제공해서 지체 및 뇌병변장애 아동들의 의사소통 능력을 향상시켜야 한다. 말하기를 지도할 때 호흡, 발성법을 지도해서 편안하게 발성해서 타인이 알아들을 수 있도록 말하는 방법을 지도해야 하며 말을 할 수 없는 경우 의사소통판을 사용하여 지도한다.

읽기 기술 또한 또래들과 차이를 보인다(박순길, 2005). 낮은 문장이해력, 어휘력 부족, 언어 부호화의 문제 등이 읽기발달을 저해한다. 따라서 듣고 이해한 단어 찾기, 문장에 맞는 그림 찾기, 새로운 단어 뜻 설명하기, 새로운 단어의 동의어나 반의어 찾기, 글의 맥락에서 단어 뜻 이해하기 등의 활동을 통해서 어휘력, 문장 이해력을 지도해 읽기 능력을 향상시켜야 한다.

더욱이 손과 눈의 협응 문제 및 마비로 인해서 쓰기에 어려움이 있는 아동들도 많이 있다. 쓰기 속도가 또래에 비해 3~4배 느려 문장 받아쓰기가 어렵다. 따라서 소근육 힘을 기르도록 찰흙에 글 쓰기를 연습하거나 손가락, 손목 돌리기 등의 활동을 통해 쓰기 기초의 근육힘을 기르도록 해야 한다. 만약 연필을 잡고 쓰기 어려운 경우 컴퓨터 키보드를 이용해서 쓰기 훈련을 한다.

4) 일상생활 활동 지원

지체 및 뇌병변장애 아동이 자신의 일상생활을 스스로 할 수 있도록 지도하는 것은 매우 중요한 일이다. 일상생활 활동이란 우리가 아침에 일어나서 잠들 때까지 반복하는 활동들이다. 문화마다 차이가 있으나 식사하기, 옷 입기, 대소변처리하기, 씻기 활동들이 포함된다. 지체 및 뇌병변장애 아동이 식사를 스스로 하고 옷을 스스로 입고 벗을 수 있으며 대소변을 가릴 수 있고 외모를 깨끗이 유지하는 능력은 또래에 수용되는 요인이 되거나 미래 자립 생활에 대한 조건이 된다. 따라서 아동의 연령과 소속된 사회문화에 적합하게 일상생활 활동을 지원해야 한다.

① **식사지도**

바른 자세로 도구를 사용해서 식사한다. 구강 운동을 통해서 씹기, 삼키기를 함께 지도한다.

② **옷 입고 벗기**

쉬운 단계부터(양말 벗기) 어려운 단계(셔츠입기)로 나누어서 지도한다. 옷의 앞뒤, 겉과 속을 판단할 수 있도록 지도하고 지형물(벽, 의자 등)을 이용해서 균형을 유지하면 옷을 입고 벗을 수 있도록 지도한다[그림 5-3].

[그림 5-3] 지체 및 뇌병변장애 아동의 옷 입고 벗기 지도방법

출처: 한경근 외(2013). 중도·중복장애학생 교육, 수정 발췌

③ **용변지원**

지체 및 뇌병변장애 아동의 경우 마비나 운동기능 손상으로 인해서 오랫동안 기저귀를 사용한다. 그러나 용변 시간을 기록해서 유아용 변기에 앉아서 연습을 한다면 기저귀를 떼고 스스로 용변을 처리할 수 있다.

우선 잡고 서서 균형유지하거나 앉아서 균형유지 후 바지 내리기, 바지 끝까지 내리기, 용변 보기, 물 내리기, 옷 입기, 손 씻기 순서로 반복하여 연습하고 과정을 이해할 수 있도록 그림이나 사진을 보면서 용변 처리 과정을 이해하고 연습하는 것이 필요하다.

④ **씻기**

세면대로 이동하는 것부터 세면대에서 자세를 유지하는 것을 지도한다. 또한 비누, 칫솔, 컵, 수건 등을 사용하는 방법을 지도하고 세수하는 단계, 이 닦는 단계를 나누어서 아동이 활용 가능한 신체를 활용하여 스스로 할 수 있도록 지도한다. 구체적으로 치아, 손, 발, 얼굴을 어떻게 씻는 것이 편안한지 다양한 방법으로 수행한 후 아동이 편안해하는 방법으로 지도한다. 만약 뱉어내기를 하지 못하는 경우 삼켜도 되는 치약을 사용해서 이 닦기를 지도해야 한다.

제6장

정서·행동장애의 이해

1. 정서 · 행동장애의 정의와 분류
2. 정서 · 행동장애의 원인
3. 정서 · 행동장애의 진단 및 평가
4. 정서 · 행동장애 아동의 특성
5. 정서 · 행동장애 아동의 지원방법

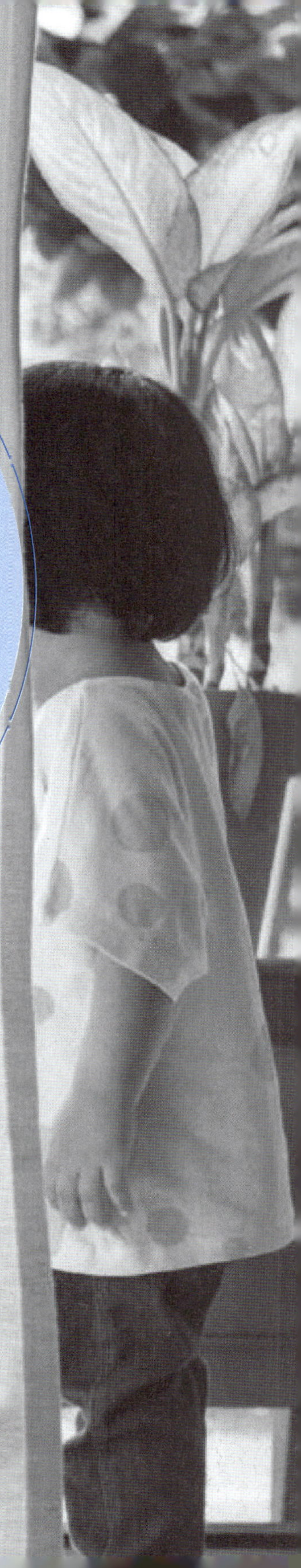

1 정서 · 행동장애의 정의와 분류

정서·행동장애는 그동안 여러 가지 용어로 표현되어 왔으며 지금까지도 관련 단체나 개인의 견해에 따라 다양하게 사용된다. 그중에서도 빈번하게 사용된 용어는 정서장애(emotional disturbance)와 행동장애(behavioral disorder)이다. 정서장애라는 용어는 50여 년 전부터 정신분열증, 자폐증, 공포증, 위축과 불안, 선택적 함묵증, 공격성, 반사회적 행동, 그 밖의 병리적 증상을 의미하는 포괄적인 용어로 사용되어 왔다(Webber & Plotts, 2008). 행동장애는 인간의 정서가 표출된 행동으로 관찰 가능하다는 행동주의 모델에서 사용하는 용어이다. 행동은 정서와 달리 직접 다룰 수 있기 때문에 교육전문가들은 행동장애라는 용어를 선호하는 경향이 있다.

현재 우리나라 교육 분야에서는 「장애인 등에 대한 특수교육법(이하 특수교육법)」에 근거하여 '정서·행동장애'라는 용어를 사용하고 있다. 특수교육법 이전까지는 '정서장애(자폐 포함)'라고 명시함으로써 자폐적 특성을 지닌 아동을 정서장애 범주에 포함시켜 사용해 왔으나 2007년 제정된 특수교육법에서 자폐범주성장애를 독립된 장애 영역으로 분류함으로써 괄호를 삭제하고 '정서·행동장애'로 변경하여 사용하게 되었다.

1) 정서 · 행동장애 정의

과거 특수교육진흥법에서 정서·행동장애를 '정서장애(자폐성 포함)'로 규정했으나, 2007년 특수교육법 제정 이후 다음과 같이 정의하고 있다.

〈표 6-1〉 장애인 등에 대한 특수교육법(2007)의 정서 · 행동장애에 대한 정의

장기간에 걸쳐 다음 각 목의 어느 하나에 해당하여, 특별한 교육적 조치가 필요한 사람
① 지적 · 감각적 · 건강상의 이유로 설명할 수 없는 학습상의 어려움을 지닌 사람 ② 또래나 교사와의 대인관계에 어려움이 있어 학습에 어려움을 겪는 사람 ③ 일반적인 상황에서 부적절한 행동이나 감정을 나타내어 학습에 어려움이 있는 사람 ④ 전반적인 불행감이나 우울증을 나타내어 학습에 어려움이 있는 사람 ⑤ 학교나 개인 문제에 관련된 신체적인 통증이나 공포를 나타내어 학습에 어려움이 있는 사람

우리나라의 특수교육법에서는 각 항목의 행동특성이 '학습상의 어려움'으로 연계되도록 표현하고 있다. 예를 들어 '또래나 교사와의 대인관계에 어려움이 있어 학습에 어려움을 겪는 사람'으로 명시함으로써 대인관계의 어려움이 학습의 어려움에 영향을 미치는 경우에만 정서·행동장애로 인정받을 수 있다. 즉, 현행 특수교육법 정의에 의하면 정서·행동장애의 주요 행동특성을 충족하는 어려움을 지닌 아동이 학업성취에서 문제를 보이지 않는다면 특수교육대상자로서 적절한 도움을 받을 수 없게 된다. 이는 실제 교육 및 보육현장에서 정서·행동 문제를 가지고 있으나 특수교육 지원 서비스를 받지 못하는 장애아동이 존재한다는 지적으로 이어지고 장애의 정의에 대한 재고와 함께 지원 체계의 방향성을 재정립할 필요가 있다.

2) 정서 · 행동장애 분류

정서·행동장애는 매우 다양한 특성을 지닌 대상자를 포함하는 이질적인 집단으로 구성된다. 정서·행동장애의 하위유형 분류는 사용하는 사람과 그 목적에 따라 서로 다른 분류 체계가 사용되고 있다. 본서에서는 미국정신의학회의 DSM-5-TR의 분류, 특수교육법 상의 분류를 살펴보도록 한다.

(1) DSM-5-TR의 정서·행동장애 하위 유형 분류

교육 현장에서 정서·행동장애 아동의 진단과 관련하여 가장 많이 활용하는 것이 미국 정신의학협회의 정신장애 진단 및 통계편람이다. 이 중 아동과 관련이 높은 범주만 살펴보면 〈표 6-2〉와 같다.

〈표 6-2〉 DSM-5-TR의 정서 · 행동장애 분류

구분	하위장애	
신경발달장애	• 주의력결핍과잉행동장애	• 틱장애
양극성 및 관련 장애	• 양극성 장애(I, II형 양극성장애)	• 순환성장애(불안성 동반)
우울장애	• 파괴적 기분조절부전장애 • 주요우울장애	• 지속성 우울장애
불안장애	• 분리불안장애 • 특정공포증 • 공황장애 • 범불안장애	• 사회불안장애 • 선택적 함묵증 • 광장공포증
강박 및 관련 장애	• 강박장애 • 신체이형장애 • 수집광	• 발모광 • 피부 뜯기 장애
외상 및 스트레스 요인 관련 장애	• 반응성 애착장애 • 탈억제형 사회적 유대감 장애 • 지속적비탄장애	• 급성 스트레스장애 • 적응장애
해리장애	• 해리성 정체성장애 • 이인성/비현실감 장애	• 해리성 기억상실
섭식 및 급식 장애	• 이식증 • 되새김장애 • 신경성 폭식증	• 회피적/제한적 음식섭취장애 • 신경성 식욕부진증 • 폭식장애
배설장애	• 유뇨증	• 유분증

파괴적, 충동조절 및 품행장애	• 적대적 반항장애 • 품행장애 • 반사회적 성격장애	• 간헐적 폭발 장애 • 병적도벽 • 병적방화증
성격장애	• A군 성격장애(편집형, 조현성, 조현형 성격장애) • B군 성격장애(반사회적, 경계성, 연극성, 자기애성 성격장애) • C군 성격장애(회피성, 의존성, 강박성 성격장애)	

(2) 특수교육법상의 대상자 선정 기준에 따른 정서·행동장애 분류

정서·행동장애를 특수교육법 상 대상자 선정기준을 살펴보면 학습곤란, 대인관계문제, 부적절한 행동 및 감정, 전반적인 우울과 불안, 신체적 증상 및 두려움으로 나눌 수 있다〈표 6-3〉. 이러한 분류는 교육적 진단 학습 차원에서 기준을 제시함으로써 교육현장에 적용하기에 용이하다(정대영, 2019).

〈표 6-3〉 특수교육법 상 대상자 선정 기준에 의한 정서 · 행동장애 분류

구분	특징
학습 곤란	다른 장애 범주에 속하지 않는 심한 학습 곤란
대인관계 문제	사회적 위축 타인에 대한 왜곡된 정서 반응 타인으로부터 지속적인 관심 요구
부적절한 행동 및 감정	품행장애(공격/반사회) 청소년 범법/탈법/비행 자기통제력 부족 또는 과다 낮은 좌절 인내식, 정서적 과잉반응 충동성 갱 활동 대항성 반항장애 낮은 자존감, 왜곡된 자아개념

구분	특징
전반적 우울 및 불안감(불안)	우울 양극성 장애 자살 불안과 관련된(특정 공포증, 광장공포증, 불리 불안, 외상후 스트레스장애, 강박증) 장애 조현병 불필요한 죄의식 사고/집중력 열등
신체적 증후 및 두려움	등교 거부(불안감으로 무력감에 빠짐) 신체적 증후(두통, 위장장애나 문제, 심폐증후) 자기파괴

출처: 정해동(2019). 재인용

2 정서 · 행동장애의 원인

정서·행동장애의 원인은 매우 다양하다. 크게 생물학적 요인과 환경적 요인으로 구별할 수 있으며 여러 가지 요인이 상호작용하여 나타난다.

1) 생물학적 요인

정서·행동장애는 유전적 질병, 바이러스성 질병, 뇌 손상, 뇌의 기능장애, 알레르기, 생화학적 불균형 때문에 발생할 수 있다. 생물학적 요인이 정서·행동장애의 단일 근거인 경우는 거의 없는 것으로 알려져 있음에도 불구하고 많은 전문가는 유전 요인이 특정 행동을 발달시키는 상황을 만든다는 사실에 동의한다.

(1) 유전적 요인

유전의 영향을 알아보기 위해 쌍생아 연구나 가계연구를 수행한다. 조현병 환자의 가족을 대상으로 추적 연구한 결과에 따르면, 평균적으로 조현병이 인구의 약 1% 발병률이 있는데, 부모 중 한 명이 조현병이면 자녀의 1/6이 조현병이었고, 부모 모두가 조현병이면 자녀의 2/3 이상이 영향을 받는 것으로 나타났다.

(2) 기질적 요인

인간은 출생 시 생물학적으로 형성된 기질을 가지고 태어나는데, 이러한 기질 때문에 같은 상황에 대해서 서로 다르게 반응하게 된다. 일반적으로 까다로운 기질의 아동은 새로운 자극에 대해 부정적 반응을 보이며, 환경 변화 적응이 느리고 부정적 감정 표현과 긴장된 반응을 보인다. 까다로운 기질을 가지고 태어난 아동에게 양육자는 지나치게 통제하거나 부정적 반응이나 처벌 등을 경험하게 되어 정서·행동장애를 일으킬 가능성이 높다. 느린 기질의 아동에게 양육자는 자주 다그치게 될 수 있고 이럴 경우 행동 문제가 발생할 수 있으며 순한 기질의 아동에게도 양육자가 강압적이고 통제적인 양육 태도를 보이면 행동 문제가 발생할 수도 있다. 즉, 기질과 양육 환경의 상호작용이 행동에 영향을 미치는 것이다. 기질의 좋고 나쁨은 없으며 기질에 따른 적합한 양육 환경 제공이 중요하다.

(3) 두뇌의 기능 이상

한편 두뇌의 기능 이상이 정서·행동장애와 관련된다는 주장도 있다. 미세한 뇌 손상은 심각한 아동기 비행과 청소년 범죄와 같은 반사회적 행동을 일으키는 중요한 원인이 되기도 한다. 뇌의 전두피 피질이 공격성과 같은 반사회적 행동 조절과 관련이 있어 이 부위에 외상을 입게 되면 행동문제가 발생할 수 있다.

2) 환경적 요인

아동의 정서·행동장애에 영향을 미치는 환경적 요인은 크게 가정환경 요인, 학교 요인, 문화적 요인이 있다.

(1) 가정환경 요인

가정환경 요인은 가족의 사회경제적 지위, 아동의 성, 연령, 기질 등의 특성과 상호작용하면서 아동의 정서·행동 발달에 영향을 미친다. 그러나 한 가지 환경적인 요인에 의해서만 정서·행동문제가 발생하기보다는 빈곤, 학대, 방임, 양육 스트레스, 비일관적인 기대, 사회적 불안 등의 여러 가지 요소가 복합적으로 영향을 미치게 된다.

부모의 양육방법은 자녀의 행동발달에 영향을 미치는 중요한 요소이다. 자녀의 요구에 민감하게 반응하고, 부적절한 행동에 대해 훈육하며, 적절한 행동에 대해 관심과 칭찬을 하는 양육 태도는 바람직한 행동을 발달시킨다. 반대로 훈육은 거의 하지 않으면서 적대적, 거부적, 비일관적인 양육 태도를 보이면 공격성이 높고, 위축, 불안한 정서를 나타낸다.

가정의 빈곤은 아동 삶의 질에 결정적인 영향을 미치는데 정서·행동장애를 일으키는 요인이 되기도 한다. 가정 폭력과 아동 학대는 정서·행동장애에 영향을 미치는 환경적 요인이다. 정서적 학대를 경험한 아동은 불안, 우울 등의 내재화된 행동문제를 보이고, 방임은 공격성과 같은 외현화된 문제행동에도 영향을 미친다.

(2) 학교 요인

학교환경 또한 아동의 행동에 영향을 미친다. 학교생활이 정서·행동문제를 일으키는 데 작용하는 몇 가지 요인을 살펴보면 다음과 같다.

- 아동의 개별성에 대한 교사의 무감각
- 아동의 성취나 품행에 대한 교사 및 부모의 너무 높거나 낮은 기대
- 학업 실패를 초래하는 비효율적인 교수
- 적절한 행동에 대한 불분명한 규칙이나 기대
- 비일관적, 체벌적인 학교 훈육방법

- 부적절한 행동은 관심을 받고 바람직한 행동은 무시되는 학교 환경
- 교사나 또래의 부적절한 행동을 모방할 수 있는 기회

(3) 문화적 요인

오늘날에는 아동이 속한 문화가 정서·행동장애에 영향을 미치는 중요 요인이 된다. 문화적 요인에는 국가, 민족, 종교, 이웃, 대중매체, 또래 집단 등이 있다. 예를 들어 아동이 속한 가족과 학교가 서로 다른 가치와 기대, 문화적 기준을 제시하면 아동은 갈등을 일으키고 심할 경우 정서·행동장애로 이어질 수 있다. 최근 증가하고 있는 다문화가정 아동은 이중의 문화적 기준안에서 서로 다른 형동 양식을 요구받아 혼란을 느끼고 정서·행동상의 문제를 일으킬 수 있다. 교육기관에서 집단 따돌림 현상은 정서장애, 대인관계 문제, 학업 실패를 비롯한 여러 가지 심리사회 부적응을 유발하는 부정적인 또래 경험이 된다. 폭력적이고 유해한 내용의 대중매체 노출은 청소년의 학교적응에 부정적으로 작용하고 인터넷 중독 아동은 우울수준, 불안수준, 충동성이 높고 주의력결핍과잉행동 증상이 나타날 수 있다.

3 정서 · 행동장애의 진단 및 평가

일반적으로 정서·행동장애 진단, 평가를 위해 표준화된 검사도구, 면담, 아동 관찰, 기록물, 기능적 행동평가 등을 사용하였다. 하나의 검사도구나 일회성 면담이나 관찰을 통해서 수집된 자료보다는 부모, 교사, 또래 친구 등의 다양한 자료를 수집 분석하여 진단하는 것이 필요하다. 직접적인 관찰은 실내와 실외 활동 공간, 점심 식사 시간 등의 교육(보육) 기관의 일과 중에 수행되고 기록물 분석 역시 교사의 주관적 판단에 따라 분석된다. 그러므로 정서·행동장애를 지닌 아동을 판별하는 일은 평가자의 주관적 판단을 배제하기 힘들다는 문제점이 있다.

〈표 6-4〉 정서 · 행동장애 진단 도구

진단도구	사용 방법
표준화된 검사 도구	아동 · 청소년 행동평가 척도(K-CBCL) 적응행동검사(K-ABS) 아동용 주제통각검사(K-CAT) 집-나무-사람 검사(H-T-P) 주의력결핍 과잉행동장애 진단검사(K-ADHDDS)
아동, 부모, 교사 면담	문제행동이 발생하는 환경에 관한 정보 제공과 아동에 관한 중요한 발달상의 이력에 대한 정보를 제공받음
아동 관련 기록물	그림, 일기 등의 기록물을 통해서 언제, 누가, 어떤 영향을 주었는지 알 수 있음
관찰	일상적인 상황에서 아동의 자연스러운 행동을 관찰함으로써 아동행동의 기능평가에 대한 정보를 제공함
기능적 행동 평가	행동의 기능을 결정하고 문제행동의 선행사건과 후속 결과에 대한 정보를 제공함

4 정서 · 행동장애 아동의 특성

1) 지능 및 학업 성취

정서·행동장애 아동은 일반적으로 하위 평균의 지능을 보인다. 정서·행동장애 아동이 읽기, 쓰기, 맞춤법, 산수의 학업 영역에서 낮은 성취를 보이는 것은 정서적 어려움과 관련이 있다. 아동의 불안도가 높으면 수업에 집중하기 어렵게 되어 학업성취가 낮아진다. 일부 장애아동은 학업과 관련된 사회적 기술 부족이나 초인지, 기억력, 주의력에서 심각한 결함을 보여 학업성취가 낮아지게 된다. 그럼에도 불구하고 일부 장애아동은 평균 혹은 그 이상의 학업 성취를 보이기도 한다.

2) 사회-정서적 특성

대부분의 정서·행동장애 아동은 사회적 행동에 어려움을 가지며, 미숙하거나 부적절한 사회적 기술을 보인다. 일부 장애아동은 또래와 성인에게 공격성이 있어서 다른 사람과 놀이하거나 상호작용 할 때 다른 사람을 다치게 하며 교실에서 교사의 지도에 반응하지 않고 학급의 규칙을 지키지 않는다. 나이 어린 아등과 같은 사회적으로 미숙한 행동을 하거나 사회적으로 위축된 행동을 보이기도 한다. 위축된 행동은 교사의 관심을 끌지 못하기 때문에 지나치기 쉬운데 이러한 아동은 이후 우울 증세를 보일 수도 있으므로 집중적 중재프로그램이 필요하다. 일부 정서·행동장애 아동은 우울증, 극도의 불안장애, 공포증, 심신장애 등과 같은 매우 심각한 기분장애를 가지고 있다.

3) 행동적 특성

정서·행동장애 아동의 행동적 특성은 공격적이고 외현적으로 드러나는 행동과 내재적으로 위축된 행동으로 구분된다. 공격적이고 외현적으로 드러나는 행동 문제는 때리기, 싸우기, 친구 놀리기, 소리 지르기, 반항하기, 울기, 기물 파괴하기, 빼앗기 등의 행동이다. 내재적인 행동 문제는 불안장애나 기분장애, 사회적으로 매우 위축된 행동 등으로 나타난다. 이러한 행동은 공격적이고 외현적 행동과는 다르게 교실이나 또래의 활동을 방해하지 않기 때문에 잘 발견되지 않는 경우가 많아서 조기에 적절한 지원을 제공하기 힘들다. 그러나 내재적 행동을 적절한 지원하지 않으면 성인기가 되어 심각한 문제로 발전할 가능성이 매우 높기 때문에 조기에 지원하는 것이 중요하다. 위축된 아동의 보편적인 행동 특성은 혼자 노는 시간이 지나치게 많고, 긍정적인 또래 상호작용을 잘 보이지 않으며, 말을 잘 하지 않는다.

5 정서 · 행동장애 아동 지원방법

1) 학급의 준비

성공적인 장애통합을 위한 기초는 교육기관이 제공하는 교육프로그램이 우수해야 한다는 점이다. 학급의 불분명한 규칙은 또래 아동 및 장애아동의 적응을 방해하는 요소가 될 수 있다. 특히 정서·행동장애 아동이 교실에서 또래의 적절한 행동을 모방하고 학습할 수 있으므로 또래의 준비가 반드시 선행되어야 한다. 정서·행동장애 아동의 일반학급 통합에 도움이 되는 학급의 준비는 다음과 같다.

- 개방적이고 수용적인 환경 구성하기
- 학급규칙과 결과를 명확히 말하고 지키도록 관리하기
- 긍정적 행동과 성취를 위한 프로그램을 강조하기
- 긍정적 행동 강화하기
- 성취를 위한 추가 기회 제공하기
- 인내하기
- 긍정적으로 평가하기
- 사회적 기술 가르치기
- 자기조절, 갈등 해결 가르치기
- 짝을 신중하게 선정하기
- 가능한 대안적 활동 마련하기
- 신중하게 선택된 또래와 도우미를 활용하기

교사는 정서·행동장애 아동을 위해 사전에 인내와 수용적인 학급 분위기를 조성한다. 정서·행동장애 아동이 학급에서 활동 자료를 나누어 주는 일과 같이 학급에 기여할 기회를 제공하고, 정서·행동장애 아동의 '부적절한 행동을 무시하기'와 같이 또래들이 정서·행동장애 아동을 돕는 방법을 구체적으로 가르친다. 일부 아동은 또래 교수자로서의 역할을 하여 정서·행동장애 아동이 적절한 행동을 강화 받도록 도움을 줄 수 있다.

2) 긍정적 행동 지원

정서행동장애 아동은 외현화된 혹은 내재적인 행동 문제를 가지고 있다. 교사는 정서·행동장애 아동에게 학급의 규칙을 설명하고 규칙을 준수할 때 주어지는 보상과 어겼을 시에 주어지는 결과를 명확히 한다. 규칙의 적용은 일관성이 있어야 하지만 학급의 전체적인 분위기를 처벌적이 아닌 긍정적인 분위기로 만들어야 한다. 혼란이나 오해가 없도록 수용되는 행동을 구체적으로 제시한다. 예를 들면, "친구가 네 옆에 너무 가까이 다가와 앉아서 싫다고 생각되면 너는 친구를 때리는 대신에 '저리가'라고 말할 수 있다."라고 알려주는 것이다.

최근에는 정서·행동장애 아동을 위한 효과적인 교수를 위해서 기능적인 진단 절차를 적용하도록 강조하고 있다. 기능적 행동진단은 아동의 문제행동이 어떤 기능을 갖는가에 대한 체계적인 정보를 수집함으로써 적절한 행동 중재 전략을 계획하고 실행하는 방법이다. 기능적 행동진단은 학급 내에서 교사가 문제행동 관찰 등의 방법으로 실행할 수 있으며 정서·행동장애 아동의 성공적인 통합교육에 도움을 줄 수 있다.

3) 정서행동장애 하위 유형별 지도방안

(1) 주의력결핍과잉행동장애(ADHD)

주의력결핍과잉행동장애는 비교적 최근에 정의된 장애진단명이다. 과거에도 산만하고 부주의한 아동이 있었다. 특히 영유아는 주위 환경을 적극적으로 탐색하고자 하는 본능적 행동을 하기 때문에 대부분의 영유아는 부주의하고 산만하다. ADHD 원인에 대해 정확하게 밝혀지진 않았지만 환경적인 요인보다는 생물학적인 요인 때문에 발생한다는 주장이 강하다. 도파민, 세로토닌과 같은 신경전달물질의 불균형으로 인한 뇌의 기능적 비정상성 때문에 발생한다고 본다. 도파민과 세로토닌의 부족이 ADHD와 관련이 있다는 것이다.

영유아기에 ADHD 진단명을 부여하는 것에 신중해야 한다. 영유아의 주의집중력은 연령에 따른 발달수준과 관계가 있어 연령이 많아지면서 주의집중력이 증가한다. 평균적으로 2세 영아의 집중 시간은 2~3분 정도이며, 5세가 되면 15분~20분 정도까지 집중할 수 있다. 그러므로 진단 기준에 따르면 아래 제시된 증상 중 각각 여섯 가지 이상의 증상이 6개월 이상 지속되는 경우에 진단하게 된다.

[부주의]

- 세부적인 일에 주의를 기울이지 못하거나 활동에 부주의한 실수를 저지른다.
- 일을 하거나 놀이를 할 때 지속적인 주의집중에 어려움이 있다.
- 다른 사람이 말할 때 경청하지 않는 것처럼 보인다.
- 지시를 잘 따르지 못하고 활동(작업)을 완수하지 못한다.
- 과제와 활동 조직에 어려움이 있다.
- 지속적인 정신적 노력을 요구하는 과제 참여를 피하고 저항한다.
- 과제나 활동에 필요한 물건을 잃어버린다.
- 외부 자극에 의해 쉽게 산만해진다.
- 일상활동에서 잘 잊어버린다.

[과잉행동-충동적]

- 손발을 가만두지 못하거나 의자에 앉아서도 몸을 움직인다.
- 앉아 있도록 기대되는 상황(교실, 식당)에서 앉아 있지 못하고 자리를 뜬다.
- 부적절한 상황에서 지나치게 뛰어다니거나 기어오른다.

- 활동에 조용히 참여하거나 놀이하지 못한다.
- 끊임없이 움직이거나 자동차에 쫓기는 것처럼 행동한다.
- 지나치게 수다스럽게 말을 한다.
- 질문이 채 끝나기도 전에 성급하게 대답한다.
- 차례를 기다리지 못한다.
- 다른 사람의 활동을 참견하고 방해한다.

ADHD 출현율은 학령기 아동의 2~5%이며, 여아보다 남아가 3~4배로 더 많이 발생한다. 영유아기 ADHD 예견 증상은 다음과 같다.

- 충동성으로 자주 사고가 일어남
- 붙잡기, 밀기, 규칙 어기기 등으로 또래와 갈등 발생
- 이야기 나누기 시간에 앉아 있기, 규칙 따르기, 활동 지속하기 등을 힘들어하여 문제 발생
- 기본적인 학업준비도 부족
- 듣고 있지 않는 것으로 보임
- 유치원 퇴원 등 중도 탈락

ADHD 아동 지도방안은 다음과 같다.

- 환경 조작 – ADHD 아동의 주의집중에 방해가 될 만한 환경에 변화를 주는 방법이다. 예를 들어 대집단으로 진행되는 시간이라면 교사가 제시하는 자료가 잘 보이는 위치에 앉도록 자리를 배치하는 것이다. 단약 활동에 소요되는 시간이 길어서 집중하는데 방해가 된다면 활동을 두 번에 나누어 할 수 있도록 수정하는 것도 도움이 된다.
- 강화 – ADHD 아동은 부주의하고 산만한 특성으로 늘 지적받는 부정적 평가 경험이 많다. 아무리 사소한 일이더라도 아동이 잘한 일에 대해 칭찬해 주는 것이 바람직한 행동을 강화하고 문제 행동을 줄이는데 도움이 된다.

ADHD 아동에 대한 교사의 강화가 다른 아동에게 모델링의 효과가 된다.

(2) 틱장애

틱이란 갑작스럽게 비율동적이고 상동증적인 운동이나 음성이 반복적으로 나타나는 것이다. 틱은 크게 운동 틱과 음성 틱으로 구분되며, 나타나는 기간과 정도에 따라 일과성 틱장애, 만성운동 또는 만성음성 틱장애, 뚜렛장애의 세 가지 유형으로 구분된다.

틱 장애는 유전적인 요인, 뇌의 구조적/기능적 이상, 뇌의 생화학적 이상, 호르몬, 출산 과정에서의 뇌 손상이나 세균감염과 관련된 면역반응 이상 등이 관련이 있는 것으로 알려져 있다. 그 밖에도 스트레스 등 심리적 요인 등이 틱의 발생과 악화에 관련 있다. 예를 들어 아주 가벼운 일시적인 틱 행동에 대해 주위에서 관심을 주거나 고치려고 지나치게 노력하는 것이 오히려 틱 행동을 강화하게 될 수 있다. 아동에게 나타나는 틱 행동으로는 안면이나 기타 근육의 가벼운 경련, 목을 흔드는 것, 이상한 걸음걸이, 기묘한 목소리 등이 있다. 틱장애를 보이는 아동을 위한 지도 방안은 다음과 같다.

가벼운 일과성 틱 장애가 아닌 만성 틱 장애와 뚜렛병의 경우 약물치료가 보편적이다. 아동이 틱 행동을 보일 경우 나무라거나 비난하기, 놀리기, 지적하기 등은 피하는 것이 좋고 행동 발생 초기에 가장 좋은 방법은 증상을 무시하고 증상에 대해 관심을 주지 않는 것이다.

(3) 분리불안장애

영유아가 주 애착대상과의 분리에 불안을 느끼는 것은 자연스러운 현상이다. 그러나 이러한 현상이 비정상적으로 지나칠 때 장애로 분류하게 된다. 분리불안장애의 주요 특성은 부모나 특정 애착대상, 또는 집으로부터의 분리에 대해 나이에 적절하지 않게 과도한 불안을 느끼며 비현실적인 걱정을 하는 것이다. DSM-5-TR 진단기준에 따르면 개인이 애착을 느끼는 대상과의 분리에 대해 발달적으로 부적절하게 과도한 공포나 불안을 느끼는 것으로 다음의 8가지 특성 중 세 가지 이상을 나타내야 하며, 아동의 경우 최소 4주 이상 지속적으로 보여야 한다.

[DSM-5-TR 분리불안장애(Separation Anxiety Disorder) 진단기준]

- 집이나 주 애착 대상과의 분리를 예견하거나 경험할 때 과도한 고통을 반복적으로 나타낸다.
- 주 애착 대상을 잃거나 주 애착 대상이 질병, 상해, 재앙, 죽음과 같은 해를 입을까 지속적이고 과도하게 걱정한다.
- 주 애착 대상과의 분리를 초래할 곤란한 일(예 길을 잃거나, 납치당하거나, 병에 걸리는 것 등)을 경험할까봐 지속적이고 과도하게 걱정한다.
- 분리불안 때문에 학교나 다른 곳에 가기를 지속적으로 거부하거나 거절한다.
- 주 애착대상 없이 집이나 다른 환경에 혼자 있는 것에 대해 지속적이고 과도하게 두려움을 느끼거나 거부한다.
- 주 애착 대상 없이 잠을 자거나 집 이외의 장소에서 잠을 자는 것을 지속적이고 과도하게 거부하거나 거절한다.
- 분리와 관련된 주제로 반복적으로 악몽을 꾼다.
- 주 애착 대상과 분리되거나 분리가 예견되는 상황에서 신체적인 증상들(예 두통, 복통, 구역질, 구토 등)을 반복해서 호소한다.

아동기 불안의 원인은 일반적으로 욕구불만, 애정결핍, 과잉기대 등이다. 특히 사회경제적 수준이 높은 가정의 맏이나 부모의 충분한 관심을 받지 못한 아동에게서 많이 발생한다. 아동이 느끼는 불안은 두통이나 설사, 복통, 구토 등의 신체 증상과 함께 무기력이나 집중력 저하, 수면 장애, 과민한 기분 상태, 등교 거부 등으로 표출된다. 이러한 증상은 점진적으로 발전되며 3세 이전에는 진단을 하지 않는다. 분리불안장애는 아동기에 가장 흔하게 나타나는 불안장애 유형이며, 약 3~12%의 출현율을 보인다. 분리불안 증세를 보이는 아동의 지도 방안은 다음과 같다.

- 긍정적 양육태도: 양육자의 불안감은 아동의 불안감을 더욱 조장하게 되므로 긍정적인 태도를 갖는 것이 중요하다.

- 기관 적응프로그램 활용하기: 기관에 처음 다니는 신입 아동을 위한 적응 프로그램이 마련되어 있어 짧게는 5일에서 길게는 한 달간의 적응 기간을 갖게 된다. 분리불안이 심한 아동은 적응 기간을 길게 하여 점차 부모와 떨어질 수 있도록 해야 한다. 이때 아동이 애착을 느끼는 장난감이나 물건 등을 소지하도록 허용해 주는 것도 도움이 된다.
- 인사하고 헤어지기: 등원할 때 아동이 아무리 심하게 운다고 하더라도 도망치듯이 헤어지는 것은 바람직하지 않고, 왜 헤어져야 하는지 언제 다시 만날 수 있는지 등을 설명하고 헤어지는 과정이 필요하다.

(4) 반응성애착장애

애착이란 영아와 초기 양육자 간의 정서적인 유대로써 모성결핍이 유아에게 미치는 영향의 중요성을 강조하기 위해 사용된 개념이다. 정상적인 애착발달은 아동에게 정서적으로 안정감을 주어 사회적 관계 확장에 도움을 주고 주변 환경에 대한 적극적인 탐색 활동을 가능하게 하므로 지적발달에도 도움을 준다.

반응성애착장애는 유아기 또는 초기 아동기에 부적절한 애착 행동 양상을 보이는 것으로 반응성애착장애아동은 심리적 위로, 지원, 보호, 돌봄과 배려를 얻기 위해 애착 대상에게 다가가지 않는다.

영아기 애착 형성 시기에 양육자가 영아의 욕구에 부적절한 반응을 보이거나 무시하고 반응 자체를 보이지 않으면 애착 형성이 불안정해진다. 부부가 맞벌이를 하게 되는 경우, 대리부모가 양육을 하게 되는데 이때 대리 부모의 자질이 부족하거나 자주 교체되는 경우 안정된 애착 형성을 방해하게 된다. 이렇게 양육자의 적절한 보호와 사랑을 받지 못한 아동은 상실감과 함께 사람에 대한 불신과 자신에 대해 무가치함을 느끼게 된다. 생의 초기에 애착 상실의 경험은 강한 분노와 불안, 죄의식을 일으키며, 부모에 대한 불신 때문에 모든 대인관계가 부정적으로 발달하게 된다.

DSM-5-TR 진단기준에 따르면 적절한 양육 결핍으로 인해 장해 행동이 나타나는 것으로 보며, 이러한 장애가 5세 이전에 분명히 시작된 것이어야 하고 최소

9개월 이상이 되었을 때 진단한다.

[DSM-5-TR 반응성 애착장애(Reactive Attachment Disorder) 진단기준]

A. 성인 보호자에 대한 억제되고 위축된 행동의 일관된 양식이 다음의 2가지로 나타난다.
  1. 아동이 정신적 고통을 받을 때 거의 안락을 찾지 않거나 최소한의 정도로단 안락을 찾는다
  2. 아동이 정신적 고통을 받을 때 거의 안락에 대한 반응이 없거나 최소한의 정도로만 안락에 대해 반응한다.

B. 지속적인 사회적, 감정적 장해가 다음 중 최소 2가지 이상으로 나타난다.
  1. 타인에 대한 최소한의 사회적, 감정적 반응
  2. 제한된 긍정적 정동
  3. 성인 보호자와 비위협적인 상호작용을 하는 동안에도 설명되지 않는 과민성, 슬픔 또는 무서움의 삽화

C. 아동이 불충분한 양육의 극단적인 양식을 경험했다는 것이 다음 중 최소 한 가지 이상에서 분명하게 드러난다.
  1. 성인 보호자에 의해 충족되는 안락과 자극, 애정 등의 기본적인 감정적 요구에 대한 지속적인 결핍이 사회적 방임 또는 박탈의 형태로 나타남
  2. 안정된 애착을 형성하는 기회를 제한하는 주 보호자의 반복적인 교체(예 위탁보육에서의 잦은 교체)
  3. 선택적 애착을 형성하는 기회를 심각하게 제한하는 독특한 구조의 양육(예 아동이 많고 보호자가 적은 기관)

반응성애착장애 영유아의 지도방안은 다음과 같다.

- 놀이치료 기법: 놀이는 아동에게 가장 자연스러운 활동이며, 함께 놀이하는 사람과의 자연스러운 접촉을 제공하여 아동이 주변 환경을 느끼고 이해하며 자신을 자연스럽게 표현할 수 있게 한다. 놀이를 매개르 양육자와 자연스러운 상호작용을 경험함으로써 안정적 애착 형성을 하게 한다.
- 부모역할 훈련기법: 반응성애착장애의 주요 발생원인이 양육환경적 측면에 있기 때문에 양육 환경에 변화를 주는 것이 효과적이다. 즉, 양육자를 대상으로 양육방법이나 양육 태도 및 양육 기술을 가르쳐서 부고의 역할을 훈련시키는 것이 효과적이다.

제7장

학습장애의 이해

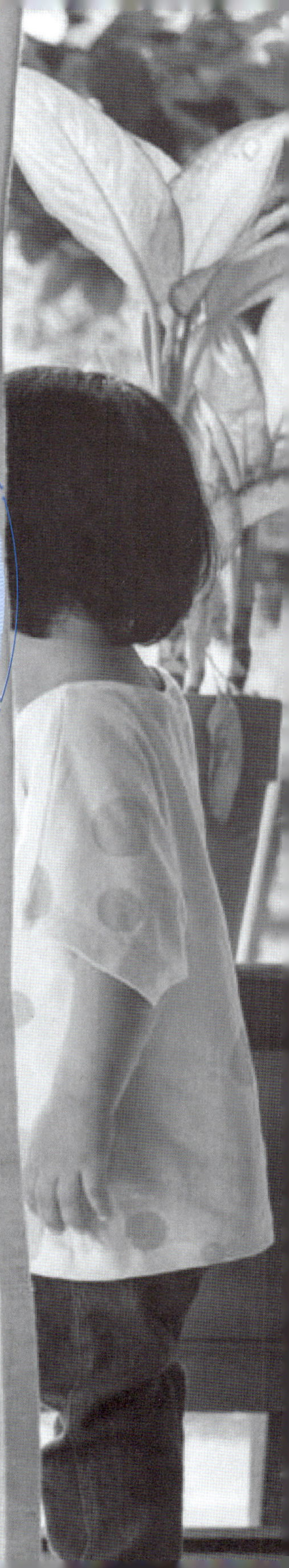

1 학습장애의 정의와 분류

1) 학습장애의 정의

학습장애는 단순히 공부를 못하는 아동을 의미하는 것이 아니다. 일상생활에 전혀 어려움이 없던 아동이 학습 능력을 요구하는 환경에서 자신의 잠재능력과 달리 학업 성취력이 떨어지는 것을 의미한다. 이러한 학습장애에 대한 인식은 1800년대 유럽에서부터 시작되어 1900년대 이르러 지각이나 주의력 결함을 보이는 뇌 손상, 읽기, 언어결함에 대한 연구가 지속되고 있으나 아직까지 명확하게 구별하여 정의하는 것에 어려움이 있다. 다른 여러 가지 장애와 공존 가능성이 크고 개념 규정이 모호하여 정의의 논의 과정에 학습장애가 무엇인지와 더불어 학습장애가 아닌 것이 무엇인지에 대한 많은 논란이 있기 때문이다(정대영, 2019)

지금까지 학습장애와 관련하여 많은 학자들이 같은 의견을 내는 부분은 이 장애가 신경학적인 문제로 정보의 처리, 저장 및 인출에 결함을 보인다는 점이다. 이를 바탕으로 현재까지 학습장애에 대한 정의를 살펴보면 〈표 7-1〉과 같다.

〈표 7-1〉 학습장애의 정의

기관	학습장애 정의 내용
미국 장애인 교육법 (IDEA, 2006)	특정학습장애란 언어의 사용을 포함한 기본적인 심리 과정에서 하나 혹은 그 이상의 손상을 가진 아동들을 말한다. 이러한 손상은 듣기, 말하기, 읽기, 쓰기, 철자법, 혹은 계산 능력에서의 결함이 명백히 나타난다. 이 용어에는 지각장애, 뇌 손상, 미세뇌기능장애, 난독증, 발달적 실어증과 같은 증상도 포함된다. 특정학습장애에는 시각장애, 청각장애, 운동장애, 지적장애, 정서 · 행동장애는 물론 환경적 경제적 문화적 실조에 의한 것은 포함시키지 않는다.

DSM-5-TR (2023)	A. 학업 기술을 배우고 사용하는 데 있어서 어려움. 이러한 어려움에 대한 적절한 개입을 제공함에도 불구하고 다음에 열거된 증상 중 적어도 한 가지가 최소 6개월 이상 지속된다. • 부정확하거나 느리고 힘겨운 단어 읽기(예 단어를 부정확하거나 느리게 더듬더듬 소리 내어 읽기, 자주 추측하며 읽기, 단어를 소리내어 읽는 데 어려움이 있음) • 읽은 것의 의미를 이해하기 어려움(예 본문을 정확하게 읽을 수 있으나 읽은 내용의 순서, 관계, 추론 또는 깊은 의미를 이해하지 못함) • 철자법의 어려움(예 자음이나 모음을 추가, 생략, 또는 대치하기도 함) • 쓰기의 어려움(예 한 문장 안에서 다양한 문법적 · 구두점 오류, 문단 구성이 엉성함, 생각을 글로 표현하는 데 있어 명료성이 부족함) • 수 감각, 단순 연산 값 암기 또는 연산 절차의 어려움(예 숫자의 의미, 수의 크기나 관계에 대한 빈약한 이해, 한 자릿수 덧셈을 할 때 또래들처럼 단순 연산값에 대한 기억력을 이용하지 않고 손가락을 사용함; 연산을 하다가 진행이 안 되고 연산 과정을 바꿔 버리기도 함) • 수학적 추론의 어려움(예 양적문제를 풀기 위해 수학적 개념, 암기된 연산 값 또는 수식을 적용하는 데 심각한 어려움이 있음) B. 보유한 학습 기술이 개별적으로 실시한 표준화된 성취도 검사와 종합적인 임상 평가를 통해 생활연령에서 기대되는 수준보다 현저하게 양적으로 낮으며, 학업적 또는 직업적 수행이나 일상생활의 활동을 현저하게 방해한다는 것이 확인되어야 한다. 17세 이상인 경우 학습의 어려움에 대한 과거력이 표준화된 평가를 대신할 수 있다.
장애인 등에 대한 특수교육법(2007)	개인의 내적 요인으로 인하여 듣기, 말하기, 주의집중, 지각, 기억 문제해결 등의 학습 기능이나 읽기, 쓰기, 수학 등 학업성취 영역에서 현저하게 어려움이 있는 사람
한국특수교육학회 (2008)	개인 내적 원인으로 인하여 일생동안 발달적 학습(듣기, 말하기, 주의집중, 지각, 기억, 문제해결 등)이나 학습(읽기, 쓰기, 수학 등) 영역들 중 하나 이상에서 심각한 어려움을 겪는 것이다. 다른 장애 조건(감각장애, 지적장애, 정서장애 등)이나 환경실조(문화적 요인, 경제적 요인, 교수적 요인 등)와 함께 나타날 수 있으나 이러한 조건이 직접적인 원인이 되어 나타나는 것은 아니다.

이와 같이 학습장애는 학습의 관련 영역인 읽기, 쓰기, 수학 손상을 한 가지 영역에서 보일 수도 있고 동시에 여러 영역에서 나타날 수도 있다. 또한 환경적 원인으로 인해서 발생하는 학습 결손은 포함되지 않는다.

2) 학습장애의 분류

학습장애의 분류는 일반적으로 발달적 학습장애와 학업적 학습장애로 구별할 수 있다〈표 7-2〉. 발달적 학습장애란 발달기 동안 일어나는 조건으로 주의집중장애, 기억장애, 지각장애, 사고장애, 구어장애, 협응장애, 사회성장애 등을 말한다. 학업적 학습장애는 주로 취학 아동들이 겪는 문제로서 읽기장애, 쓰기장애 및 수학장애 등으로 구분된다(정대영, 2019). 「장애인 등에 대한 특수교육법」 분류 또한 학업적 학습장애 분류와 같다. DSM-5-TR에서도 학업적 학습장애 분류기준에 따라 읽기, 읽기이해, 쓰기(철자법), 수학 학습장애(난산증)로 구분하였으나 심각도에 따라 경도, 중등도, 고도를 명시할 것을 권고하고 있다.

〈표 7-2〉 학습장애의 분류

분류	하위분류	특징
발달적 학습 장애	주의집중장애	학습 시에 일어나는 다양한 자극 중 필요한 자극을 선별해 선택적으로 집중하는 데 어려움
	기억장애	감각기억, 단기기억, 장기기억 등 여러 유형의 기억 분야의 능력 결함 보고 듣고 경험한 것을 기억하지 못하는 경우
	지각장애	방향 표시나 도로의 표지, 상징적으로 그린 그림 등을 이해하지 못하는 경우 시력에는 문제가 없음에도 불구하고 그림 등의 의미를 이해하지 못하고 심할 때는 사람의 얼굴을 잘 식별하지 못하기도 함
	사고장애	개념과 단편적인 지식을 조직하여 목표를 달성하거나 새로운 이해 수준에 도달하기 위하여 그 같은 요소들을 각기 관련시킬 수 있는 능력 결여
	구어장애	구어를 도구로 하여 다른 사람의 의사를 수용하거나 통합하지 못하며 자신을 표현할 수 없음

학업적 학습 장애	읽기 학습장애	학습장애 영역 중 가장 큰 비율을 차지하고 있는 하위장애로서 대개 학습장애의 60~70%를 차지함 음운인식, 유창성, 독해 등의 문제로 문자 매체를 읽고 의미를 파악하는 데 곤란을 겪음(예 난독증)
	쓰기 학습장애	쓰기가 곤란하거나 다른 사람이 읽을 수 없을 정도의 난필로 글을 쓰는 경우
	수학 학습장애	계산 기능인 덧셈, 뺄셈, 곱셈, 나눗셈 등의 학습과 추론능력, 언어능력이 있어야 하는 수학 교과 영역의 학습(문장제 수학 문제)에 결함(예 난산증) 언어 문제, 주의집중, 시·공간 변별, 감각 통합문제 등에 어려움

2 학습장애의 원인

현재까지 학습장애에 대한 원인은 생물학적 근원이 있는 신경발달장애로(뇌와 뇌 신경계) 인식하고 있다(권준수 외, 2023). 이러한 이유로 현재 신경외과를 중심으로 소아청소년과, 정신과, 안과 등의 분야에서 협력적으로 학습장애의 원인을 밝히려고 노력하고 있다.

1) 신경학적 요인

학습장애와 관련된 신경학적 요인으로 좌뇌와 우뇌의 비대칭성, 뇌량의 크기 이상, 신경세포 간의 이상 등의 요인으로 설명하고 있다. 난독증 아동들의 경우 뇌 기능 연구 결과 베르니케 영역과 두정측두 영역의 저활성화(글자의 낱자의 소리 관계 및 음운 처리와 관련)가 나타나고, 수학장애아동들 역시 좌측 두정엽내 구열(수 계산과 관련)의 비활성화가 나타난다(홍강의, 2016).

또한 후두엽-두정엽-전두엽에서 시지각정보를 통합하여 뇌의 각 부분을 활성화하여 언어이해와 산출을 하는데 이러한 뇌엽의 비활성화는 문자정보와 음운정보를 통합하여 과제를 해결하는데 어려움과 상관이 있다.

2) 유전적 요인

인간의 유전자 지도를 그리게 됨으로써 학습장애의 유전적 원인에 관한 연구가 증가되고 있는데 염색체의 위치 1, 2, 3, 6, 13, 15, 18은 학습장애 및 난독증과 관련이 있는 것으로 주장되고 있다(Demonet, Taylor, & Chaix, 2004). 난독증은 염색체 6번의 유전자 배열이 잘못되어 나타난다(Howard, 2000). 이런 요인들이 유전되어 학습장애는 가족력이 있을 때 위험이 높아진다(박윤조 외, 2021). 가족력이 있는 경우 읽기 장애는 4~8배, 수학장애는 5~10배 출현율이 높다(정대영, 2019).

3) 환경적 요인

우리가 흔히 사용하고 있는 식품첨가물, 비타민 결핍 등이 학습장애와 관련되어 있다는 연구가 보고되고 있다. 특히 비타민B의 결핍과 학습장애의 출현율과 관련이 높은 것으로 보고 있다.

또한 학습장애를 가져오는 외부환경적 요인으로는 영유아기에 영양실조나 부적절한 학습 환경(아동학대, 빈곤 등)이 있다. 영유아기에 영양실조는 뇌 발달에 필요한 에너지를 공급받지 못하게 되면서 시냅스, 뇌신경전달 물질의 형성을 저해하고 아동학대로 인한 뇌 손상 또한 이후 학습에 방해를 준다. 그렇지만 아직까지 환경적 요인과 학습장애 출현에 대한 과학적인 증거를 찾지는 못하고 있다. 따라서 단일 요인만 학습장애 원인으로 고려하는 것이 아니라 여러 요인들 간의 관련성을 고려해 이해하는 것이 바람직한다.

3 학습장애의 진단 및 평가

학습장애를 진단할 때에 다른 장애로 인해서 학습장애가 공존되었는지 단독적으로 학업적 문제인지 감별 진단해야 한다. 특히 주의력결핍과잉행동장애는 학습장애와 공존하여 진단되기 때문에 학습장애의 진단 기준과 주의력결핍과잉행동장애의 진단 기준을 모두 충족한다면 두 진단을 함께 내려야 한다. 그러나 감각 기능의 문제, 지적장애와 자폐범주성장애, 조현병, 문화적 차이에 의한 학습 결손 등은 제외하고 진단해야 한다.

1) 능력-성취 불일치법

DSM-5-TR에서는 잠재능력(IQ)과 학업성취 간의 2 표준편차 이상의 차이를 나타낼 때 학습장애라고 진단한다(능력-성취 불일치법). 평균 이상의 지적 능력을 갖고 있으나 학업성취에서는 또래에 비해 매우 낮은 성취를 보이는 경우 학습장애로 진단하는 것이다.

그러나 능력-성취 불일치법의 경우 IQ가 아동의 학습 능력을 대표할 수 있는가에 대한 의문과 정확한 IQ 측정이 어렵다는 것 때문에 논란이 이어지고 있다. 또한 언어능력이 IQ 점수에 영향을 미치는데 언어능력이 발달하지 않은 유아 및 다문화가정 아동에 대한 진단에 대한 논란도 남아 있다.

2) 중재 반응모형

미국 특수교육법 IDEA(2004)에서 중재 반응모형을 제안하면서 학습장애를 판별하는 방법에 변화가 일어났다. 능력-성취 불일치법으로 인해서 많은 아동들이 학습장애로 진단되었으나 초등학교 2~3학년은 되어야 학습장애로 진단할 수 있어 조기 중재가 어렵다는 문제가 지속적으로 발생되었다. 따라서 좀 더 조기에 학습장애 아동에 대한 체계적인 중재가 이루어지도록 하기 위해서 중재반응모형이 제시되었다. 다음 단계를 거쳐 학습장애를 판별한다[그림 7-1].

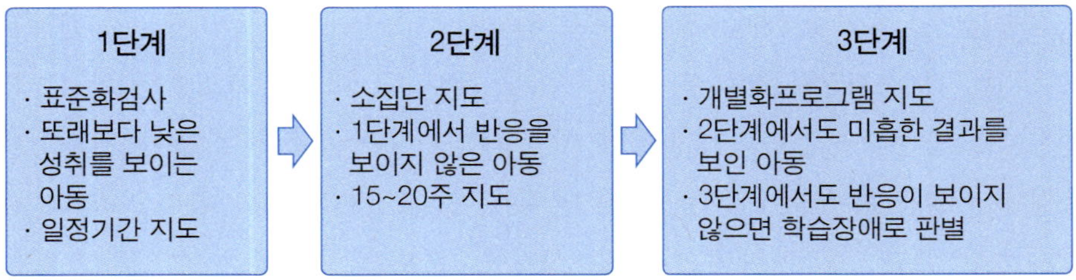

[그림 7-1] 중재반응모형의 진단 단계

중재반응모형은 학습에 실패하기 전에 조기 개입을 통해 학습장애를 예방할 수 있다는 장점이 있고 다문화로 인한 학습 부진을 학습장애로 진단하는 오류를 줄일 수 있다.

그러나 중재반응모형 또한 비언어적 학습장애 아동에게(유아)는 효과를 장담할 수 없으며 과학적으로 입증된 프로그램이라는 표현이 모호하다는 비판이 있다(김동일 외, 2016).

최근에는 각 모형의 장단점을 고려하여 함께 사용하는 방법으로 학습장애를 진단하고 있다[그림 7-2].

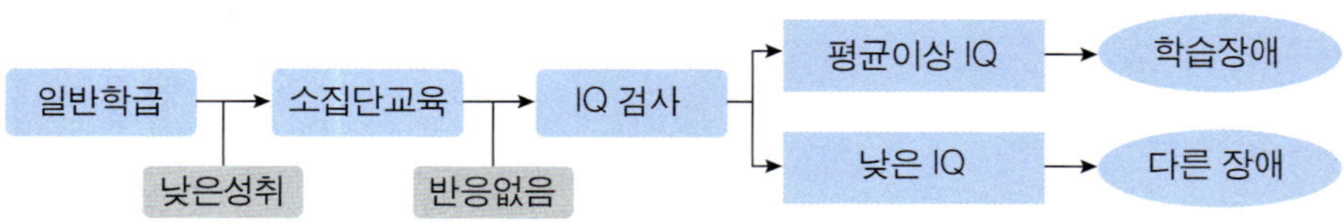

[그림 7-2] 능력-성취불일치법과 중재반응모형에 의한 학습장애 진단 과정

4 학습장애 아동의 특성

1) 유아기 특성

학습장애 아동들은 유아기부터 발음문제, 부족한 어휘, 느린 언어발달 등의 문제를 보인다. 일상생활에서도 기억 및 산출, 철자, 달력 읽기의 어려움을 경험하게 된다. 또한 소근육 활동에서도 어려움을 경험하는데 단추 채우고 풀기, 지퍼 올리기, 끈 묶기 등의 어려움도 나타난다. 또한 학습의 방향성(왼쪽에서 오른쪽, 위에서 아래) 문제를 보인다.

2) 학업성취 특성

학습장애 아동들은 어떤 영역에서는 또래와 비슷한 성취를 보이나 학습상황에서 명백히 낮은 수행은 보인다. 특히 말하기, 읽기, 쓰기, 셈하기, 추론하기 등의 영역에서 한 가지 이상 지속적인 문제를 보인다〈표 7-5〉. 이러한 학업적 문제는 학령기뿐만 아니라 성인기 이후에도 지속적으로 나타난다.

〈표 7-5〉 학습장애 아동의 학업성취 특성

학습 영역	특성
읽기	읽을 때 단어를 생략, 첨가, 대치함 단어의 음운에 대한 오류 단어 재인에 대한 오류 읽기 속도가 현저히 느림
쓰기	글자의 크기, 간격, 글자 간의 부조화 철자 오류 단어를 쓸 때 소리 나는 대로 적음 작문 시 구두점, 맞춤법, 철자법의 문제가 지속적으로 나타남

학습 영역	특성
수학	수의 일대일 대응 개념 부족 자릿수 개념의 미획득 공간지각능력 부족 문장제 수학문제의 풀이의 어려움

3) 지각 · 운동 협응 특성

학습장애 아동의 경우 안구 협응과 공간 관계, 전경과 배경에 대한 지각 차이를 구분하는 데 어려움이 있다. 또한 청 지각에도 이상이 있어 발음과 낱말을 통합하거나 분석하고, 소리 값과 문자를 연합하는데 어려움을 보인다. 시 지각의 문제로 인해서 글자를 필기하는데 또래보다 오랜 시간이 걸리며 글자나 그림의 좌우, 상하 방향을 바꾸어 지각하기도 한다.

따라서 시·청각지각의 문제로 인해서 자음과 모음의 모양, 음운을 식별하지 못하며 왼쪽에서 오른쪽으로 글자 읽기 순서, 그림이나 글자를 보고 적기 등에 지속적인 어려움을 보인다.

4) 기억력 특성

학습장애 아동은 기억하고 산출하는데 많은 어려움을 보인다. 실제적으로 암기 전략을 사용하지 않기 때문에 정보의 저장 산출되는 양 자체가 적다. 특히 기억의 어려움은 구어 지시 수행에 큰 어려움을 보인다. 다른 사람의 지시를 구체적으로 기억할 수 없기 때문에 상대방의 요구에 부적절한 말이나 엉뚱한 행동을 하게 된다.

5) 주의집중 특성

학습장애 아동들 중 약 50~80%가 주의집중에 어려움을 가지고 있는 것으로 나타난다. 또한 주의력결핍 과잉행동장애를 함께 보이는 경우도 25%나 되는 것으로 조사되었다(김동일 외 공저 2016). 이와 같은 주의집중 능력의 결핟으로 인해서 학습 및 과제 수행에 더 많은 어려움을 보이게 된다.

6) 사회 · 정서적 특성

학습장애 아동들은 사회·정서적 영역에서 문제를 보이곤 한다. 학습장애 아동들이 보이는 사회·정서적 문제는 낮은 학업성취로 인해서 낮은 자존감, 높은 스트레스 지수, 문제해결방법의 미성숙, 과제 회피, 위축, 과도한 불안, 자기관리 능력 결함 등이다. 이러한 사회·정서적 문제를 모든 학습장애 아동이 경험하는 것은 아니며 매우 심각한 정도의 경험을 하는 것도 아니다. 그러나 사회·정서적 문제가 있다는 것은 사실이다. 따라서 이러한 사회·정서적 특성을 개인적으로 확인하여 교육환경을 마련하는 것이 필요하다.

5 학습장애 아동의 지원방법

학습장애 아동을 지원할 때 앞에서 언급한 학습장애 아동의 특성을 고려하여 계획되어야 할 것이다. 교육할 때 준수해야 하는 원칙은 다음과 같다(김동일 외, 2016).

- 학습장애 아동이 성취할 수 있는 수준의 학습 난이도를 제공한다.
- 소집단으로 학습할 수 있도록 집단을 구성한다.
- 기초적인 지식 즉 음운 인식, 기초 글쓰기, 숫자 읽기, 자릿수 개념 등을 지도한다.
- 기초적인 지식 지도와 함께 고차원적인 문제해결을 함께 지도한다.
- 초지인지 기술을 지도하여 문제해결 시 사용할 수 있도록 한다.

1) 읽기 지도

학습장애 아동들이 가장 어려워하는 것이 읽기이다. 전체 학습장애 아동 중 80%가 읽기에 어려움을 보인다. 따라서 읽기 능력을 향상을 위한 구체적인 지도 방법을 사용해야 한다〈표 7-6〉.

〈표 7-6〉 읽기 지도 방법

방법	내용
단서 사용	해독하기 어려운 단어의 해석을 돕기 위해 단서 제공
줄 따라가기	읽는 도중 줄을 놓치지 않기 위해 밑줄을 그으면서 읽기
내용 미리 알려주기	읽기의 목적과 읽기 후 활동을 구체적으로 미리 알려줌
또래 교수	단어 연습을 위해서 또래 교수나 자원봉사자 활용
녹음교재 및 컴퓨터 활용	녹음 교재, 컴퓨터를 이용하여 정확한 발음과 문장 흐름을 알 수 있도록 함
반복읽기	여러 번 반복하여 읽게 함
SQ3R	훑어보기(Survey): 텍스트를 처음 훑어보는 단계로, 제목, 소제목, 그림, 표 등을 살펴보고 전반적인 내용을 파악하기 질문하기(Question): 텍스트를 조사한 후에는 읽을 때 어떤 질문을 할 것인지 생각하기 자세히 읽기(Read): 텍스트를 읽을 때, 질문에 답하려고 노력하며 주요 아이디어와 세부 내용을 이해하기 복기(Recite): 읽은 내용을 요약하거나 복기하여 기억력을 강화하고 이해도를 높이기 검토(Review): 최종적으로 전체 텍스트를 다시 검토하여 전반적인 내용을 확실히 이해하기

2) 쓰기 지도

학습장애 아동의 경우 아주 느린 속도로 글을 쓰거나(유창성 결함) 다른 사람이 알아볼 수 없도록(가독성 결함) 쓴다. 따라서 쓰기 지도 시 적절한 속도로 다른 사람이 알아볼 수 있도록 글을 쓸 수 있도록 지도하는 것이 필요하다. 이를 위해서 철자법, 띄어쓰기, 쉼표나 물음표와 같은 문장 부호, 적합한 단어 찾기(사전 활용하기), 문법에 대한 지식을 지도해야 한다. 또한 글을 쓸 때 문장의 구조, 문단의 순서 등을 계획하여 글을 쓰도록 지도한다.

단어 쓰기 지도 시 쓰는 순서를 모른다면 보조선을 제공하여 단어를 쓸 수 있도록 지도한다[그림 7-3].

[그림 7-3] 보조선을 활용한 쓰기

또한 컴퓨터 프로그램을 통해서 글쓰기를 지도해서 실패감을 줄이고 학습장애 아동의 성취도를 높이는 방법도 있다.

3) 수학 지도

수학학습장애 아동은 수학의 수 인지부터 연산, 도형, 측정, 확률과 통계 전 영역에서 어려움을 호소한다. 특히 기초적인 수의 일대일 대응 및 수의 종류(자연

수, 소수, 0, 유리수, 무리수 등)에 대한 개념을 획득하는데 오랜 시간이 걸린다. 또한 자릿수 개념이 없어 기초 연산부터 문제가 되는 경우가 많다. 측정(mm, cm. m, km 등의 변화)의 경우 단위의 변화를 이해하지 못하고 시간의 측정(시와 분)은 진법의 변화(10진법, 60진법, 24진법)로 인해서 개념을 이해(시간, 달력 등)하는데 많은 어려움이 있다. 따라서 단순히 수에 대해서 보고, 듣는 것이 아니라 구체적인 활동을 통해서 학습하는 것이 중요하다. 수학을 지도할 때 다음의 방법을 활용할 수 있다.

- 구체물을 이용하여 숫자, 묶음, 동등, 일대일 대응, 많고/적음, 넓음/좁음 등의 개념을 알 수 있도록 한다.
- 수학의 기호나 문장을 읽고 연산의 법칙을 찾거나 자동적으로 계산할 수 있도록 과잉 연습 기회를 제공한다.
- 연산 시 자릿수에 선을 그어 표시해 주거나, 받아 올림과 옆의 자릿수에서 빌려올 때 해당 숫자 위에 빈칸을 넣어서 그 칸에 어떤 숫자를 써야 하는지 시각적 단서를 제공한다. 또한 언어적으로 '빈칸에 무엇을 쓸까? 몇을 빌려와야 하지? 몇을 올려 줘야 하지?' 등의 언어촉진을 제공한다.
- 문제에 나와 있는 단서를 활용하여 지도한다. 예를 들어 "모두 얼마일까요?"는 더하기 문제이며 "누가 몇 개 더 많을까요?"는 빼기 문제임을 알 수 있도록 지도 한다.
- 지속적으로 계산을 어려워할 경우 보완할 수 있는 계산기나 구구단표를 활용하여 보완한다.

제8장

의사소통장애 및 청각장애의 이해

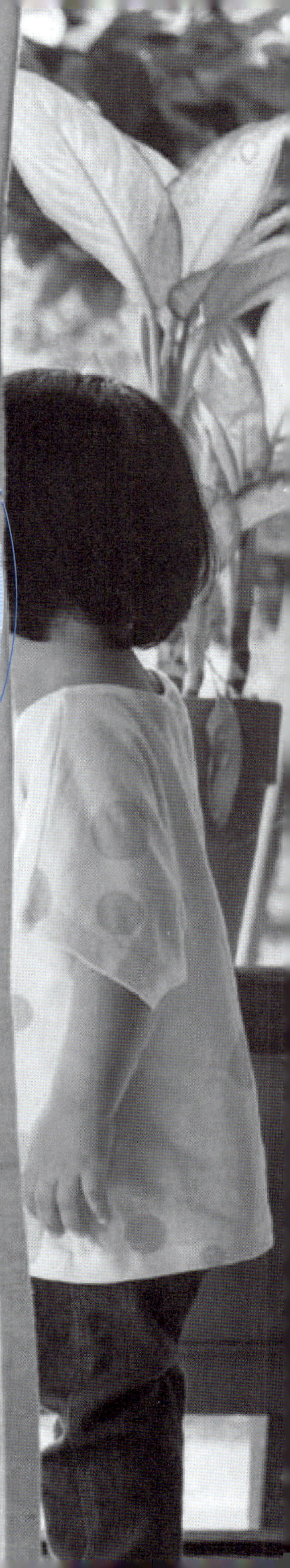

1 의사소통장애의 이해

1) 의사소통장애의 정의

의사소통장애는 「장애인 등에 대한 특수교육법」(이하 특수교육법)에서 사용하는 용어이다. 특수교육법에서는 '의사소통장애'란 다음 각 목의 어느 하나에 해당하여 특별한 교육적 조치가 필요한 사람으로 정의하고 있다.

> 가. 언어의 수용 및 표현능력이 인지능력에 비하여 현저하게 부족한 사람
> 나. 조음 능력이 현저히 부족하여 의사소통이 어려운 사람
> 다. 말 유창성이 현저히 부족하여 의사소통이 어려운 사람
> 라. 기능적 음성 장애가 있어 의사소통이 어려운 사람

「장애인복지법」에서는 언어장애란 용어를 사용하면서 다음과 같이 정의하고 있다.

> 가. 장애의 정도가 심한 장애인
> 음성기능이나 언어기능을 잃은 사람
> 나. 장애의 정도가 심하지 않은 장애인
> 음성·언어만으로는 의사소통을 하기 곤란할 정도로 음성기능이나 언어기능에 현저한 장애가 있는 사람

특수교육법과 장애인복지법의 두 정의를 종합해 보면 의사소통장애란 언어 및 비언어적 수단을 통해서 타인과 의사소통하는데 어려움이 있는 사람을 의미하는 것을 알 수 있다. 여기서 의사소통이라 함은 언어적 의사소통(말, 글)과 비언어적 의사소통(몸짓, 억양, 표정 등)을 포함하는 개념이다[그림 8-1].

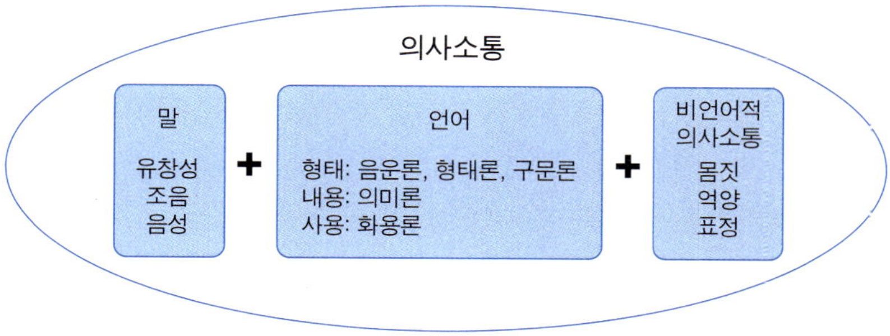

[그림 8-1] 의사소통, 말, 언어, 비언적 의사소통의 관계

2) 의사소통장애의 분류

특수교육법에서 의사소통장애의 하위 분류는 말장애와 언어장애로 나눌 수 있다. 말장애에는 유창성장애, 조음장애, 기능적 음성장애가 포함되며, 언어장애는 말, 문자, 기타 상징체계의 이해 및 활용에 대한 손상으로, 언어의 형태, 내용, 화용에서의 손상을 의미한다. 장애인복지법에서는 음성장애와 언어장애로 분류한 것을 알 수 있다〈표 8-1〉.

〈표 8-1〉 의사소통장애의 분류

	하위장애	특징
말장애	음성장애	말소리가 이상하거나 특이한 경우
	조음장애	기능적 조음장애(발성기관의 구조적 문제없음)
		기질적 조음장애(발음기관의 구조적 문제있음)
	유창성장애	말의 흐름을 심각하게 방해할 정도로 자주 중단하고 머뭇거리며 빈복함. 말더듬과 말 빠름이 있음
언어장애	수용언어장애	다른 사람이 하는 말을 이해하는 데 어려움을 겪음
	표현언어장애	언어의 생성, 구어나 문어의 명확한 표현이나 이용에 어려움을 겪음
	실어증	말을 하거나 이해하는 능력을 상실한 경우

DSM-5-TR의 의사소통장애의 하위분류를 보면 언어장애, 말소리장애, 아동기 발병-유창성장애, 사회적 의사소통장애로 나누고 있다(권준수 외, 2023). 세부적인 내용은 〈표 8-2〉와 같다.

〈표 8-2〉 DSM-5-TR의 의사소통장애 분류

분류	정의 및 내용	동반장애
언어장애	유아기부터 기본적 의사소통 기능 미숙 어휘, 문법, 문장, 구조, 담화에 대한 이해와 생성 결함 연령에 비해 상당히 낮은 언어능력	지적장애 자폐범주성장애 뇌전증
말소리 장애	언어 명료도를 방해하는 말소리 생성에 지속적인 어려움 조음기관(턱, 혀, 입술)의 움직임과 호흡과 발성에 대한 협응의 어려움 혀짧은 소리 산출 조음장애와 음성장애 포함 초기발달 시기에 시작 그러나 치료 시 예후가 좋음	다운증후군 구순구개열 청각장애 뇌병변장애
아동기 발병 유창성장애 (말더듬)	말의 정상적인 유창성과 말 속도의 결함 말의 반복, 연장, 단어의 끊김, 막힘, 대치, 과도하게 힘주기, 단음절 반복(나, 나, 나는 그를 본다) 운동성 움직임(눈 깜빡임, 턱, 입술이나 안면의 떨림, 머리를 갑자기 움직이기, 숨 쉬는 움직인, 주먹쥐기 등) 동반 초기 발달시기(2~7세)에 시작(만약 성인기에 발병하면 성인기 발병 유창성장애로 진단)	ADHD 자폐범주성장애 지적장애 발작장애 사회불안장애
사회적 의사소통 장애	언어, 비언어적 의사소통의 사회적인 사용에 있어서 지속적인 어려움 사회적 목적의 의사소통 결함(예 인사 나누기, 정보 공유하기 등) 요구에 맞추어서 의사소통방법을 바꾸는 데 결함(예 존댓말에서 반말로 바꾸기) 언어적 비언어적 신호를 사용하는데 어려움 관용구, 유머, 은유, 해석 시 문맥에 따른 다중적 의미를 이해하는데 어려움 초기 발달 시기(4~5세)에 나타남	ADHD 정서행동장애 특정학습장애

3) 의사소통장애의 원인

의사소통의 장애의 원인은 일반적으로 기질적 원인과 기능적 원인으로 나뉜다. 기질적 원인이란 신체 기관의 손상(예 구개파열)으로 인한 것이며 기능적 원인은 신체적 조건으로 설명되지 않는 환경적 요인에 의해 의사소통장애가 발생하는 것이다. 기회 부족, 부적절한 의사소통방식 등이 기능적 원인에 해당된다.

(1) 생물학적 요인

생물학적 요인이란 말-언어를 산출하기 위한 신체 기관의 결함(예 뇌 손상, 입술, 턱, 혀, 성대 등의 구조적인 이상)으로 인해서 의사소통장애가 출현하는 것이다. 손상기관에 따라서 의사소통이 달라진다〈표 8-3〉.

〈표 8-3〉 생물학적 요인에 의한 의사소통장애

<table>
<tr><th>손상기관</th><th>유형</th><th colspan="2">특징</th></tr>
<tr><td rowspan="4">뇌와 신경</td><td rowspan="4">실어증</td><td>베르니케 실어증</td><td>뇌의 베르니케 영역 손상으로 말의 의미에 대한 어려움으로 인해서 무의미한 말 산출</td></tr>
<tr><td>브로카실어증</td><td>뇌의 브로카 영역 손상언어 이해는 가능하나, 스스로 언어 표현에 어려움</td></tr>
<tr><td>전도실어증</td><td>중뇌의 중심회로 손상으로 다른 사람의 말을 따라 하거나 반복하는데 어려움. 발음과 문장을 만드는데 어려움 그러나 언어 이해능력은 보존되어 있음</td></tr>
<tr><td>명칭실어증</td><td>사물의 이름(명사)을 찾는 데 어려움 경험. 단어를 이해하지만 적합한 명칭을 찾을 수 없는 것
명칭대신에 "그것, 저것"이란 회피언어현상을 보임</td></tr>
<tr><td rowspan="3">발음기관 손상</td><td rowspan="2">조음 · 음운 장애</td><td rowspan="2">기질적 조음 · 음운장애</td><td>구개파열</td></tr>
<tr><td>대설증, 소설증</td></tr>
<tr><td>음성장애</td><td colspan="2">성문하협착증, 접촉성 궤양, 유두종, 후두암 등으로 인한 음성의 음도, 강도, 음질의 변화</td></tr>
</table>

이렇게 뇌와 음성 기관의 손상으로 인해서 의사소통의 어려움을 경험하는 경우 양상이 매우 다양하기 때문에 원인을 바르게 이해하고 구체적인 접근을 하는 것이 필요하다.

(2) 환경적 요인

환경적 요인은 말과 언어에 관련된 신체 기관 상의 뚜렷한 결함이 보이지 않는데 의사소통장애를 보이는 것을 말한다. 대표적 환경적 원인에는 음성의 오남용으로 인해서 성대폴립이나 성대결절로 인해서 말 산출이 어려운 기능적 음성장애가 해당된다.

또한 영유아기 울음 및 옹알이에 반응해 주지 않아서 언어발달이 늦어지는 경우도 환경적 요인에 의한 의사소통장애에 해당된다. 부족한 의사소통 환경이 의사소통장애를 가져올 수 있는 것이다. 잘못된 언어 모델링도 의사소통장애의 원인이 될 수 있다. 아동기에는 말을 빠르게 하는 것이 말을 잘하는 것으로 오해해서 말 빠름현상(속화)이 나타날 수 있다. 이처럼 아동기 의사소통 환경이 아동의 언어발달 촉진과 저해에 지대한 영향을 미친다.

3) 의사소통장애의 진단 및 평가

의사소통장애 아동을 진단 평가하기에 앞서 몇 가지 고려해야 할 점이 있다. 아동기라는 시기가 성장이 지속적으로 이루어지는 시기이기 때문 연령을 고려해야 한다. 영유아기에 문제가 있는 것처럼 보이지만 아동기 이후에 자연스럽게 사라지는 경우도 있기 때문이다. 따라서 관찰과 표준화된 검사를 사용하는 것과 함께 발달연령을 고려해서 진단해야 한다.

(1) 영유아기 의사소통 진단평가

만 3세 미만의 영아를 위한 직접적인 검사는 영아가 거부하거나 수동적으로 반응한다면 검사결과를 신뢰하기 어렵다. 따라서 형식적 놀이를 주고 검사하는 놀이중심 사정이나, 자연스러운 대화를 하면서 사정하는 의사소통 중심사정, 부모용 질문지를 활용하는 것이 더 바람직하다(정대영, 2019).

또한 유아기에는 말-언어적 결함이 다른 장애로 인해서 나타나는 것인지, 아닌지를 명확히 하는 것이 필요하다. 많은 부모들이 자녀의 장애를 처음 인식하는 영역이 의사소통 영역이다. 부모님들은 말만 늦다고 생각하기 쉬우나 언어장애를 보이는 유아의 경우 지적장애, 자폐범주성장애, ADHD로 인한 언어장애일 수 있는 것이다. 따라서 의사소통검사와 함께 지능검사, 사회성검사, 자폐선별 검사를 병행하는 것도 필요하다.

(2) 말장애 진단평가

아동기 말장애에는 조음·음운장애와 유창성 장애로 나뉜다. 현재 표준화된 검사로는 조음·음운 검사로 우리말 조음·음운 평가(신문자 외, 2004)와 한국어 표준 그림 조음·음운검사(석동일 외, 2008)가 대표적이다. 유창성 검사로는 파라다이스 유창성 검사가 있다〈표 8-4〉. 비공식적인 관찰방식으로 일상적인 상황에서 아동의 발화를 녹음하거나 녹화 후, 받아써서 분석하여 평가하는 방법이 있다.

〈표 8-4〉 말장애 진단평가 검사

유형	검사도구	특징
조음 · 음운 장애검사	우리말 조음 · 음운 평가	대상: 2~12세 구성: 단어 수준과 문장 수준 목적: 우리말 조음 · 음운평가 자음 모음 정확도 오류 패턴 분석
	한국어 표준 그림 조음 · 음운 검사	대상: 3~6세 구성: 총 75개 어휘 목적: 정 조음한 자음 · 모음, 정확도, 산출 분석
유창성 검사	파라다이스 유창성 검사	대상: 취학 전 아동, 초등학생, 중학생(대상에 따라 다른 문항) 구성: 구어 평가(말더듬정도) 의사소통 태도(자기 말에 대한 심리 및 태도)검사

말장애의 하위 유형 중 하나인 음성장애는 원인에 따라서 기질적 음성장애(후두의 질병)와 기능적 음성장애(성대의 오남용)와 심인성 음성장애로 나뉘기 때문에 반드시 진단 평가를 위해서 후두경 검사를 통해서 객관적 검사를 해야한다[그림 8-2].

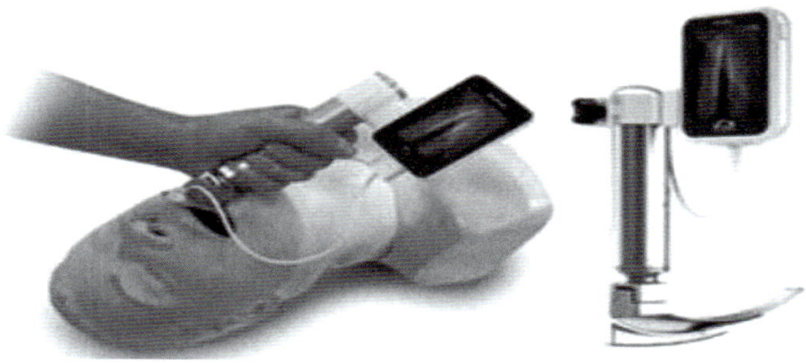

[그림 8-2] 성대 후두경 검사

(3) 언어장애 진단 평가

언어장애 진단 평가의 경우 언어를 수용언어와 표현언어로 나누고 그에 따른 아동의 능력을 검사하는 도구가 표준화되어 사용되고 있다. 영유아 언어발달 검사(SELSI, 김영태 외, 2003), 그림어휘력검사(김영태, 2002), 언어이해 인지력 검사(장혜성 외, 2000), 언어문제해결력 검사(배소영 외, 2000), 취학 전 아동의 수용언어 및 표현언어 발달척도(PRES, 김영태 외, 2003)와 구문의미 이해력 검사(배소영 외, 2004)가 현재 표준화되어 아동의 언어능력 평가도구로 사용되고 있다〈표 8-5〉.

〈표 8-5〉 언어장애 진단 평가 도구

검사도구	특징
영유아 언어발달 선별검사 (SELSI)	대상: 생후 4개월~35개월 구성: 총 112문항(수용언어, 표현언어 각 56문항) 목적: 영유아의 수용언어 표현언어의 발달 검사
그림 어휘력 검사	대상: 2~8세 11개월 구성: 품사별, 범주별 그림 자료 목적: 수용 어휘 능력 측정
언어 이해 인지력 검사	대상: 3~5세 11개월 구성: 40개 문항(긍정, 부정, 수 개념, 위치, 방향, 형용사, 시제, 소유격, 계절, 대명사, 시간 등)을 이해하고 인지 능력 평가 목적: 어휘 이해 및 인지력 측정
언어문제 해결력 검사	대상: 5~12세 구성: 총 50문항 중 원인 이유(18문항), 해결 추론(20문항), 단서 추측(12문항) 세 범주로 구성 목적: 논리적인 사고 과정을 언어화하는 상위 기술 측정
취학 전 아동의 수용언어 표현언어 검사(PRES)	대상: 2~6세 아동 구성: 총 90문항으로 수용언어, 표현언어 각 45문항 목적: 언어이해와 표현언어능력 측정
구문 의미 이해력 검사	대상: 4~9세 구성: 총 57문항 중 문법형태소(10문항), 구문구조(28문항), 의미(19문항)으로 구성 목적: 구문의미의 이해력 측정

비공식적인 언어검사로는 자발화 평가방법이 있다. 자발화 평가란 평가자가 다양한 환경에서 아동에게 개방형과 폐쇄형 질문을 하고 아동이 대답할 충분한 시간을 주어 발화를 유도한다. 이후 들은 대답을 기록하여 분석하는 방법이다. 분석 기준으로 형태론에서 평균 발화 길이(Mean Length of Utterance, MLU)를 분석하고, 의미론에서 어휘의 다양도와 어휘 수를 분석하며 화용론에서 초기의 사소통 기능과 대화 기능을 분석한다.

4) 의사소통장애 아동의 특성

(1) 말장애 아동의 특성

말장애에는 조음·음운장애와 유창성(말더듬, 속화), 음성장애로 나뉜다. 각 장애 아동들은 말의 생성에 어려움을 보이면서 주로 나타나 언어적 특성이 있다.

조음장애 아동들은 음을 생략, 대치, 왜곡, 첨가하며 몇 개의 특정 음에서만 오류를 보인다. 일반적으로 말을 산출하는 조음기관의 이상으로 나타난다.

음운장애 아동들은 초성이나 종성에서 소릿값을 생략하거나 전설음화, 양순음동화, 파찰음화, 순행동화 등의 복잡한 조음 오류를 보이다. 오류가 일관적이지 않고 음운 지식이나 능력이 부족하여 정상적인 음은 규칙을 사용하지 못하는 것이다(고은, 2021).

이렇게 조음·음운장애 아동들은 말소리를 산출하는데 오류를 보여 다른 사람과의 의사소통을 어렵게 한다〈표 8-6〉.

〈표 8-6〉 조음 · 음운장애 아동들의 말 오류 특성

구분	오류형태	정의	예
조음	생략	특정 음소를 빠트리고 발음	사탕→ 아탕
	대치	목표 음을 다른 음으로 바꾸어 발음	자동차 → 다동차
	왜곡	목표 음을 변형하여 발음	숟가락 → 쑤가락
	첨가	필요 없는 음을 삽입하여 발음	가방 → 강르방
음운	초 · 종성 생략	음절에서 초성이나 종성을 생략	소방차 → 소바차
	전설음화	목표 음의 조음점보다 혀를 앞으로 움직이는 경우	칼 → 잘
	양순음동화	음소가 양순음(ㅁ,ㅂ,ㅍ)으로 대치하는 경우	하마 → 파마
	파찰음화	목표 음이 파찰음(ㅈ,ㅉ,ㅊ)으로 대치하는 경우	눈사람 →눈짜람
	수행동화	앞소리 영향으로 뒤의 음소가 바뀌는 경우	책상 → 책강

말더듬 아동들은 두 가지의 행동특성을 보이는 데 핵심행동(일차적 행동)으로 반복, 연장, 막힘의 특징을 보인다. 보통 핵심행동은 말더듬 초기에 나타난다. 이후 증상이 심화되면서 말더듬에서 벗어나기 위한 부수행동(이차적 행동)으로 탈출행동, 회피행동 등이 나타난다〈표 8-7〉.

〈표 8-7〉 말더듬 아동들의 행동특성

구분	특성	
핵심행동 (일차적행동)	반복	말 소리 반복
	연장	하나의 음을 길게 지속적으로 발음, 반복보다 더 악화된 말더듬
	막힘	조음 포즈를 취하고 있지만 소리가 나지 않음
부수행동 (이차적행동)	탈출행동	말더듬에서 빠져나오려는 신체적 움직임 발구르기, 눈찡그리기, 주먹쥐기, 어깨 올리기 등
	회피행동	말더듬 상황을 예측하고 회피하기 위해서 하는 행동 • 돌려말하기: 밥 줘 → 배고프다 • 순서바꾸기: 밥 줘 → 줘 밥 • 동의어로 바꾸기: 밥 → 식사 • 대용어 사용: 밥 → 그것 • 거부행동: 말하지 않고 생각하는 척하기

속화(말빠름증) 아동들은 말을 너무 빨리해서 말의 흐름이 깨지는 경우로 평소에 자신이 말을 잘한다고 생각해서 문제를 인식하지 못하고 말에 대한 공포심도 별로 없으며 치료 동기도 낮다. 그러나 읽기 과제, 익숙한 내용 설명할 때 말이 빨라지면서 더 나빠진다. 자신이 말하는 것을 들려줘서 스스로 천천히 말할 수 있도록 지도하는 것이 필요하다.

음성장애 아동들은 음성 산출기관에서 기질적, 심리적 문제나 성대의 잘못된 사용으로 인해서 목소리의 강도, 음질, 음도가 비정상적으로 산출되는 것을 말한다〈표 8-8〉.

〈표 8-8〉 음성장애 아동의 음성 특징

구분	특성
강도장애	음성을 전혀 낼 수 없는 수준부터 음성이 지나치게 크거나 너무 작아서 상대방이 알아들을 수 없음 신체적인 문제를 가지고 있지 않는 한 대부분 심리적 원인임
음도장애	연령과 성별에 따라 기대되는 음도 보다 지나치게 높거나 낮은 경우
음질장애	목쉰소리, 과대비성, 무비성, 숨찬 음성(기식성 음성), 성대 프라임 이상(목소리의 정확성, 목소리의 강약, 음성의 선명함에 영향을 미침)등의 특징을 보임

(2) 언어발달장애 아동의 특성

언어발달장애란 언어구조와 관련된 음운론, 형태론, 구문론, 의미론, 화용론에서 결함을 보인다. 이러한 문제는 일차적인 장애로 인해서 언어발달지체를 보이는 경우(뇌성마비, 지적장애, 청각장애, 자폐범주성장애, ADHD 등)와 감각적, 신경학적, 정서적, 인지적 장애를 전혀 가지고 있지 않고 언어발달에만 문제를 가지고 있는 단순언어장애로 나뉜다(고은, 2021).

단순언어장애로 진단되기 위해서는 지적장애, 자폐범주성장애, 뇌성마비, 청각장애, ADHD 등의 장애가 없고 동작성 지능검사가 정상범주에 속해야 하며 표준화된 언어검사에서 표준편차 −1.25 이하에 속하는 정도의 지체를 보여야 한다. 이들의 특성은〈표 8-9〉와 같다.

〈표 8-9〉 단순언어장애 아동의 특성

영역	특성	
인지 학습	읽기와 쓰기 영역에서의 낮은 수행 능력 보임 학령기에 접어들수록 모든 학습 영역에 어려움	
언어	언어 습득 지체	2세 전후 어휘 폭발기가 관찰되지 않음 2세 이후에도 몇 개의 단어로만 의사소통함 수용언어, 표현언어 모두 지체를 보임
	음운	음운 규칙과 음운 변동 혼동으로 발음하는데 어려움

언어	의미	어휘습득에 결함 일상적인 대화에서 적합한 낱말을 찾지 못함 단어의 이중적 의미나 중의성 파악 등이 어려움 어휘가 질적, 양적으로 빈약함
	구문	2단어 조합시기가 또래에 비해 1년 이상 지체됨 문법형태소(조사, 어미, 형용사, 부사, 접속사, 감탄사) 사용에 취약함 문장의 시제, 수동/능동태로 문장 구조 분석에 대한 과제를 어려워함
	화용	또래들과 의사소통 시 언어 사용에 제한을 보임 대화를 시작, 지속, 확장하기 위한 정보를 제시하는데 어려움 부적절한 대명사 연결, 짧은 대화, 대화와 무관한 정보 제공 등을 보임

단순언어장애는 언어학습장애로 전환되어 나타날 수 있다. 단순언어장애 아동의 언어적 문제가 완전히 해결되지 않기 때문에 학령기 이후에는 읽기와 쓰기 영역에서 지속적인 어려움을 보이게 된다(고은, 2021).

5) 의사소통장애 아동의 지원

(1) 말장애 아동을 위한 지원

말장애 아동들을 위한 지원방법은 조음·음운장애 아동들을 위한 지원방법과 말더듬 중재접근법으로 나뉜다.

조음음운장애 아동들을 위한 접근법으로는 전통적 접근법과 언어인지적 접근법으로 나뉜다. 전통적 접근법에서는 음소 산출을 위한 조음방법을 지도하는 것이다. 언어인지적접근법은 소리를 구별해서 정조음을 산출하도록 하는 방법이다 〈표 8-10〉.

〈표 8-10〉 조음 · 음운장애 아동을 위한 접근법

전통적 접근법	전통적 치료기법	청 · 지각훈련에 초점을 두고 언어단위와 문맥의 난이도를 높여가며 지도 대상 아동이 자신의 오조음을 인식하여 수정하도록 함
	짝자극 기법	핵심단어와 훈련 단어 짝지어 훈련하며 낱말에서 문장수준, 대화수준으로 연습 예 핵심단어가 시계라면, 훈련어 ㅅ 포함 단어 시계–사과, 시계–사슴, 시계–사자 등으로 연습
	조음점 지시법	목표 음소의 조음 위치와 방법을 알려줘서 산출할 수 있도록 지도 예 /ㄷ/음이 목표음이라면 면봉으로 앞니 안쪽의 혀가 닿아야 하는 부분을 알려줌
	다중음소 접근법	1회기 안에 6개 이상의 음을 동시에 지도 여러 음소에 오류가 있을 때 사용
언어 인지적 접근법	변별자질 접근법	서로 다른 변별자질의 단어를 짝을 지어서 연습함 최소대조(풀, 뿔), 최대대조(풀, 줄), 다중대조(풀–뿔, 풀–줄)로 연습
	음운변동 접근법	오류패턴을 분석하여 산출빈도가 높은 음운 변동을 없애는 방법 /ㅅ/음이 목표음이라면 연습, 모델링, 피드백, 컴퓨터 등을 활용해서 발음 규칙 개선

말더듬 아동을 위한 접근법으로는 말더듬 수정법과 유창성완성법이 있다. 말더듬 수정법은 말더듬 것의 수치심과 두려움을 감소하고 좀 더 부드럽게 말을 더듬으면서 말하도록 지도하는 방법이다. 구체적인 방법으로는 쉽게 더듬기, 부수행동 감소, 비정상적인 유창성 감소 등의 방법이 있다. 유창성완성법은 궁극적으로 말더듬 증상을 없애는 것을 목표로 음절을 늘려가면서 말하기, 숨을 적절하게 쉬어가면서 말하기 등의 방법으로 더 유창하게 말할 수 있도록 지도한다(김선영 외 2020).

(2) 언어장애 아동을 위한 접근법

언어장애 아동을 위한 접근법에는 중재자중심 접근법과 아동중심 접근법, 환경중심 접근법이 사용되고 있다〈표 8-11〉.

〈표 8-11〉 언어장애 아동을 위한 접근법

기법	특징
중재자중심 접근법	중재자가 만든 구조화된 환경에서 반복과 모델링을 통해서 언어 행동의 변화 유도 (강화, 피드백 사용) 예 중재자- 나를 따라 그림의 이름을 말해요 아동- (따라 말하기)
아동중심 접근법	아동 주도하에 자연스러운 놀이 환경에서 언어지도 • 평행적 발화: 아동이 자동차를 밀면 중재자가 "○○이 자동차 미는구나"라고 말함 • 혼잣말 기법: 아동이 자동차를 밀면서 놀고 중재자도 자동차를 밀면서"선생님 자동차 민다."라고 말함 • 모방: 아동이 하는 말을 그대로 따라 함 • 확장: 아동이 한 말의 구조는 그대로 둔 채 문법적으로 바르게 고쳐줌 아동이 "아빠 타"라고 하면 중재자가 "아빠가 타"로 고쳐줌 • 확대: 아동이 한 말에 중재자가 정보를 보태어 말해줌 아동이 "우유"라고 말하면 중재자가 "딸기우유"라고 말해 줌
환경중심 접근법	자연스러운 환경에서 중재자는 개방형 질문과 언어촉진 자극을 통해 언어작극을 제시하면 아동이 발화하는 방식의 언어지도법 • 시간지연: 아동이 필요로 하는 것을 말할 때까지 기다리기(3~5초) • 요구-모델: "뭐가 필요해?", "이게 뭐야?"라고 질문하고 아동이 답하도록 함 • 모델링: 아동이 관심있어 하는 상황에서 중재자가 말하면 아동이 그것을 따라 함

2 청각장애의 이해

1) 청각장애의 정의

청각장애라고 하면 일반적으로 청력 손실로 인해서 일상생활에 어려움을 경험하는 사람이라고 말하는 경우가 많다. 현재 가장 많이 사용하고 있는 특수교육법과 장애인복지법의 정의 또한 청력을 중심으로 정의하고 있다〈표 8-12〉.

〈표 8-12〉 청각장애의 정의

법령	정의 내용
장애인 등에 대한 특수교육법	청력 손실이 심하여 보청기를 착용해도 청각을 통한 의사소통이 불가능 또는 곤란한 상태이거나, 청력이 남아있어도 보청기를 착용해야 청각을 통한 의사소통이 가능하여 청각에 의한 교육적 성취가 어려운 사람
장애인복지법	가. 청력을 잃은 사람 1) 장애의 정도가 심한 장애인 두 귀의 청력을 각각 80데시벨 이상 잃은 사람(귀에 입을 대고 큰소리로 말을 해도 듣지 못하는 사람) 2) 장애의 정도가 심하지 않은 장애인 가) 두 귀에 들리는 보통 말소리의 최대의 명료도가 50퍼센트 이하인 사람 나) 두 귀의 청력을 각각 60데시벨 이상 잃은 사람(40센티미터 이상의 거리에서 발성된 말소리를 듣지 못하는 사람) 다) 한 귀의 청력을 80데시벨 이상 잃고, 다른 귀의 청력을 40데시벨 이상 잃은 사람 나. 평형기능에 장애가 있는 사람 1) 장애의 정도가 심한 장애인 양측 평형기능의 소실로 두 눈을 뜨고 직선으로 10미터 이상을 지속적으로 걸을 수 없는 사람 2) 장애의 정도가 심하지 않은 장애인 평형기능의 감소로 두 눈을 뜨고 10미터 거리를 직선으로 걸을 때 중앙에서 60센티미터 이상 벗어나고, 복합적인 신체운동이 어려운 사람

특수교육법에서는 청력손실로 인해서 의사소통과 학습의 어려움에 초점을 맞추어서 정의한 반면 장애인복지법에서는 청력과 평형기능 손상으로 일상생활이 어려움 사람으로 정의하고 있다.

2) 청각장애의 분류

청각장애의 분류하는 기준은 청력 손실 시기에 따른 분류, 청각기관 손상 부위에 따른 분류, 청력 손실 정도에 따른 분류 등으로 구분된다(정대영, 2021). 분류

기준에 따른 내용은 〈표 8-13〉과 같다.

〈표 8-13〉 청각장애의 분류

분류 기준	분류	내용
청력손실 시기	언어 전 농	선천적 청각장애로 의사소통 발달에 어려움이 큼
	언어 후 농	언어발달 이후에 청각장애를 갖게 되어 의사소통에 어려움이 없음
청각손상 부위	전음성 난청	감각기관으로 이어지는 외이(외이도와 고막)에서 중이까지 소리전달이 되지 않아 발생하는 난청
	감각신경성 난청 (감음성 난청)	감각신경인 내이와 달팽이관(와우)의 손상으로 발생하는 난청
	복합성 난청	전음성과 감각신경성 난청이 결합하여 청력이 손실됨
청력 손실 정도	농	90dB 이상의 소리를 듣지 못하는 경우
	난청	청력의 결함을 지니고 있지만, 기능적으로 청력이 다소 남아 있어 보청기를 이용하면 다른 사람의 말을 청각적으로 처리할 수 있는 상태

3) 청각장애의 원인

청각장애의 원인으로 거론되고 있는 선천적 원인과 후천적 원인으로 나뉘어 설명되어 지고 있으나 전체 청각장애인 중 약 50%는 그 원인을 규명할 수 없다. 생물학적 원인, 신경학적 원인 외에도 사고로 후천적 청각장애를 갖게 되는 경우도 13.4%나 된다(정대영, 2019).

- 청각장애의 선천적 원인: 유전, 임신기간 중 산모의 매독, 풍진 감염, 출산 시 조산, 난산 등
- 청각장애의 후천적 원인: 소음의 장기간 노출, 외상, 중이염, 뇌막염, 약물중독 등

4) 청각장애의 진단 및 평가

(1) 영유아기 청력 손실 징후

영유아기에 청력 손실을 조기에 발견하면 의사소통의 어려움을 경험하지 않을 수 있으며 또래와 크게 다르지 않은 발달을 이룰 수 있다. 따라서 영유아기에 청력 손실에 관한 징후를 사전에 알아두어 영유아기의 청력을 확인하는 것이 중요하다. 영유아기의 청력 손실의 징후는 다음과 같다(김영욱 외 2019).

- 말하기: 다른 사람들이 알아듣지 못하는 말을 하는 등으로 말과 문법이 지나치게 미숙하고 말소리가 너무 크거나 작음
- 듣기: 질문, 지시, 대화에서 잘 듣지 못하는 것 같은 곤란함이나 머뭇거림
- 주의집중: 말하는 사람의 표정을 보거나, 듣기 활동에 집중하기 힘들어함
- 건강: 호흡기 감염, 중이염 등을 자주 앓고, 숨을 입으로 쉬고 균형감이 떨어져 보임

(2) 순음청력검사

학령기 아동과 성인들을 대상으로 청력을 측정하는 방법으로 단일 주파수인 순음의 소리를 들려주면서 자극을 느낄 수 있는 역치, 즉 강도(dB), 소리(Hz)의 높낮이를 이용하여 각 주파수대의 청력 역치를 판단하는 검사이다. 청력손실의 유무와 청력 정도, 청력손상의 유형에 대한 정보를 제공한다.

(3) 어음청력검사

어음청력검사는 자연스러운 의사소통 과정에서 흔히 사용되는 낱말이나 말소리 자체를 음자극으로 주어 청력을 측정하는 검사이다. 말소리가 들리는 정도와 말소리를 인지하는 정도를 확인할 수 있다.

(4) 대안적 청력 측정방법

나이 어린 영유아의 청력을 측정하는 대안적 방법에는 놀이청력측정법(놀이를 통해 장난감 집어 들기, 공을 컵에 넣기 등)이 있다. 단순하지만 분명한 활동을 수행시켜 청력을 측정한다. 또한 조작적 조건화 청력 측정법이 있는데 레버를 누르면 영유아가 원하는 사탕, 과자를 나오게 하는 기계를 두고 처음에는 빛과 소리를 함께 제공하여 레버를 누르는 반응을 하다가 소리만 들려주어도 레버를 누르면 소리를 들을 수 있다고 판단하는 방법이다. 행동관찰청력측정법은 아동이 소리에 반응하는 것을 관찰하는 방법으로 청력을 검사하는 것이다(정대영, 2019).

5) 청각장애 아동의 특성

(1) 인지적 특성

청각장애 아동의 인지발달 과정은 또래와 다르지 않다. 그러나 청력 손실로 인해서 또래들은 일상의 생활을 통해서 쉽게 배우게 되는 듣기, 말하기, 읽기, 쓰기를 청각장애 아동들은 직접적인 훈련과 교육을 통해서 배워야 하기 때문에 언어 능력 기반의 교과학습에서 낮은 성취를 보인다. 단순히 국어 교과목만의 문제가 아니라 읽기, 듣기, 쓰기, 말하기 활동으로 이루어지는 학교 수업 전반에 대한 부담을 느낄 수밖에 없다. 청각장애 아동의 학업 성취도는 잠재적 학업능력에 비해 3~5년 정도 지체되며, 읽기 능력은 또래에 비해 2~8년, 고등학교를 졸업할 때 평균 읽기 수준은 초등학교 4학년 수준이다. 단순 계산과 단어 철자에 대한 이해는 다른 학업 기술보다는 덜 지체되어 있다(전응섭, 2014).

(2) 언어적 특성

청각장애 아동의 발달영역에서 중 가장 어려워하는 영역이 언어영역이다. 청력 손실 시기와 정도 및 중재를 시작한 시기 등에 따라 달라질 수 있으나 청각장애 아동에게 가장 큰 결함인 영역인 것에는 변함이 없다.

청각장애 아동도 영아기에 옹알이를 하지만 건청아동에 비해 2~3개월 늦게 나타나며, 건청아동들의 자음 수와 다양성에 비해서 질적으로 부족하다. 또한 건청아동들이 2세 이후 어휘가 폭발적으로 증가하나 청각장애 아동에게는 이러한 어휘력 증가가 나타나지 않는다. 이렇게 언어발달의 어려움이 가중되는 이유는 첫째, 청각장애 아동들은 자신의 말소리를 듣고 스스로 수정할 수 없으며 둘째, 주변 사람들로부터 언어 모델이나 언어에 대한 강화를 받을 수 없기 때문이다. 이렇게 성인의 반응을 들을 수 없다 보니 발화가 줄어들고 이후에는 소리 내는 법조차 습득하지 못한 채 성장하게 되는 것이다(김병하 외, 2007). 청각장애 아동들의 언어발달적 특성을 살펴보면 다음과 같다.

- 발음, 소리 모방에서 질적으로 부족하다.
- 우연학습 기회의 부족으로 언어 지식을 습득하는데 어렵다.
- 비언어적, 언어적 의사소통 행동을 사용하는 의미적 기능들이 제한적이다.
- 형태론, 의미론에서 어려움을 보인다.
- 화용적 기술은 아동기에는 어려움을 보이나 나이가 들어감에 따라 향상된다.
- 문해기술(읽고, 쓰기)의 기반이 되는 구어의 지체로 문해기술 발달에도 어려움을 보인다.

(3) 사회·정서적 특성

청각장애 아동들의 경우 말로 인한 상호작용의 어려움으로 인해서 사회적 상호작용에 어려움을 가지게 되며, 이러한 사회적인 관계의 문제는 정서불안이나 신경증, 부적응 행동을 가져오기도 한다. 농 유아의 경우 안정감이 없고 소유욕이 강하며 의존적이고 순종적이지 않다. 또한 고집이 세거나 우울한 성향을 보인다(김영욱 외, 2019). 그러나 모든 청각장애 아동들이 사회적 관계에 불안해하고 정서적으로 우울해하는 것은 아니다. 부모가 자녀의 장애를 수용하고 적절한 상호작용을 해준다면 이러한 어려움은 없는 것으로 나타났다(정대영, 2019). 따라서 건청부모들이 자녀의 청각장애를 수용하고 적절한 상호작용방법을 익힐 수 있도록 지원하는 것이 바람직한다.

6) 청각장애 아동의 지원방법

(1) 통합교육 지원

특수교육통계를 살펴보면 청각장애 아동의 경우 대다수가 일반학교에서 전일제통합교육을 받고 있다(국립특수교육원, 2023). 따라서 통합학급에서 청각장애 아동들의 교육을 위한 지원이 필요하다(박윤조 외, 2021).

- 소음에서 먼 곳에 배치하고 보청기를 끼고 있더라도 모든 소리가 크게 들리기 때문에 소음을 줄인다.
- 말하는 사람이 햇빛을 등지고 서지 않고 청각장애 아동이 입을 바라볼 수 있는 위치에 앉는다.
- 식당이나 음악실로부터 먼 교실에 배치한다.
- 문해력 향상을 위해 교실 내 모든 물건에 이름을 붙여 표시한다.
- 시각적 단서를 활용하여 수업 내용을 이해할 수 있도록 돕는다.

(2) 이중문화·이중언어 접근법

이중문화·이중언어 접근법이란 청각장애 아동의 제1언어를 수어로 인정하고 음성언어를 제2언어로 가르치며 청각장애인들의 문화를 하나의 고유문화로 인정하는 것이다(최성규, 1997). 즉, 수업할 때 청각장애인들의 언어인 수어(시각적언어)를 바탕으로 수업하고 제2언어인 음성언어를 가르친다. 이러한 방법은 청각장애 아동이 수어 언어에 대한 자부심을 갖게 하고 자신에 대해서 긍정적으로 생각하게 함으로써 건강한 자아존중감을 갖게 해준다.

(3) 청각구어법

청각구어법은 청각장애 아동의 잔존청력을 활용하여 듣기를 통해 음성언어를 습득하도록 하는 것을 목표로 한다. 이 방법에 적합한 청각장애 아동은 잔존청력을 가지고 있어야 하며 조기에 보청기나, 인공와우 등의 보조공학기기를 적극적으로 활용하여 청능훈련을 받아야 한다.

청능훈련의 단계는 음의 인식(음의 유무 인식)－음의 변별(음의 동일성과 차이성 인식)－음의 확인(사물의 이름 인식)－음의 이해(음성언어의 의미 이해)로 체계적인 훈련을 받아야 한다. 청능훈련 과정을 예를 들어 설명하면 밤 소리 확인, 밤(동이 트기 전)과 밤(밤: 밤나무 열매)의 차이 구별하기, 밤나무 그림과 잠자는 밤 그림 찾기, 밤에 대한 이야기 나누기, 스무고개 게임하기 등으로 단계별로 나누어 지도하는 것이다.

청각장애 아동들이 주로 사용하는 보조공학기기에는 보청기와 인공와우가 있다. 보청기는 송화기－증폭기－수화기, 음량조절기, 건전지로 구성되어 있는데 보청기로 들어온 음향신호는 송화기에서 전기신호로 바뀌고 증폭기에서 소리가 커지고, 수화기에서 다시 전기신호가 음향신호로 바뀌어 중이－내이에 소리를 전달해 주는 것이다. 교실에서는 주변 소음과 반향으로 인해서 청취에 어려움을 겪는데 이를 돕기 위해 소음과 반향을 개선해 청취를 돕는 FM보청기가 있다.

또한 인공와우란 외과적 수술로 청력을 향상시키는 보조공학기기인데 송화기, 어음처리기, 송신기, 수신기와 전극으로 구성되어 있는데 귀 바깥쪽에 송화기에서 소리를 모아 어음처리기로 보내고 어음처리기에서 전기신호로 바뀌어 송신기로 전달하고 송신기에서는 귀 안쪽의 수신기를 통해 이식된 전극으로 전달되어 청신경을 자극해 청각장애 아동들이 소리를 들 수 있도록 해준다[그림 8－3].

이렇게 청각구어법은 잔존청력을 최대한 활용하여 체계적인 청능훈련을 바탕으로 음성언어를 습득하도록 지원하는 방법이다.

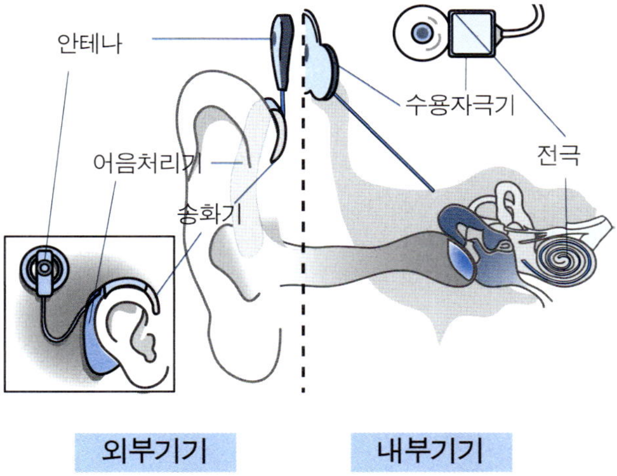

[그림 8-3] 인공와우의 구조

(4) 구화법

구화법은 청각구어법과 비슷하나 차이점도 있다. 청각구어법이 음성언어 산출(말하기)이 목표라면 구화법은 다른 사람의 말을 이해하기 위해 청각장애 아동이 시각정보를 사용하도록 가르치는 것이 포함된다. 말하는 사람의 입술, 턱, 몸짓, 표정 등의 단서를 활용하여 독화지도를 하고 이와 함께 청능훈련을 실시하여 최종적으로 구어능력(듣고 말하기)을 발달시키는 것이 목표이다. 다시 말해 구화법은 잘 듣고 잘 말하도록 지도하는 것이다.

(5) 수어법

수어법은 청각장애 아동들이 수어를 사용하여 의사소통을 할 수 있도록 지도하는 것에 목표를 두고 지도하는 방법이다. 수어란 시각-운동체계를 활용하여 의사소통하는 것이다. 수어에는 문법 수어와 자연수어로 나뉜다. 문법수어는 국문법의 문법적 규칙을 따르는 것으로 한국의 지문자가 해당된다. 자연수화는 농사회에서 주로 사용되는 언어체계로 문법수어와 다른 규칙을 갖고 있다.

음성언어에는 음소가 있듯이 수어에는 수화소가 있어서 수화소에 따라 표현하는 의미가 달라진다. 수화소란 수형(손의 모형), 수위(손의 위치), 수동(손의 움직임), 수향(손등, 손바닥의 방향)과 비수지 기호(얼굴 표정 등 손 이외의 다른 표지)를 의미한다.

(6) 총체적 의사소통방법

총체적 의사소통방법은 수어, 구화법 중 한 가지만 강조하는 것이 아니라 청각장애 아동의 의사소통을 위한 구화, 수어, 청각, 문자언어 등 활용 가능한 모든 방법을 지도하는 것을 뜻한다. 이 방법은 청각장애 아동과 청인 간의 원활한 의사소통을 위한 방법이다. 음성언어를 1차 언어로 사용하고 문법수어를 함께 제공하여 청각장애 아동의 이해와 표현을 돕는다.

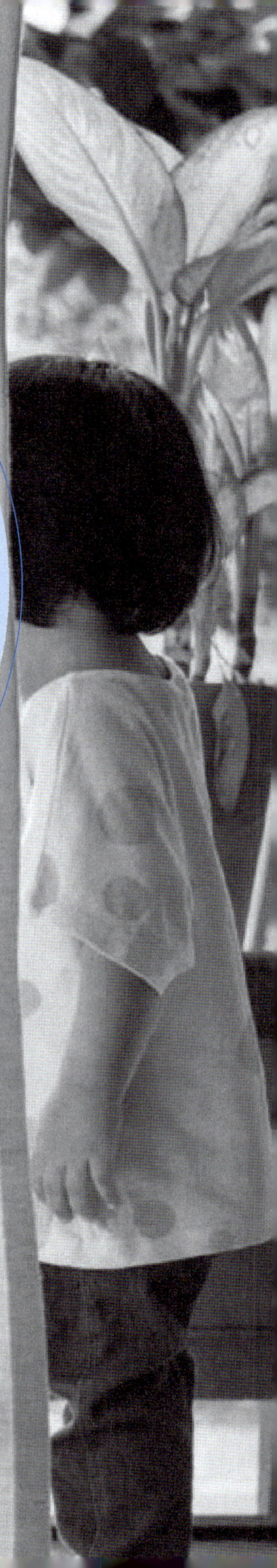

제9장

시각장애의 이해

1. 시작장애의 정의와 분류
2. 시각장애의 원인
3. 시각장애의 진단 및 평가
4. 시각장애 아동의 특성
5. 시각장애 아동의 지원방법

1 시각장애의 정의와 분류

시각은 인간이 정보를 처리하는 주된 감각기관이다. 이러한 시각적 어려움으로 인해서 학습과 일상생활에 어려움을 경험하는 경우 시각장애로 진단하게 된다. 시각장애를 결정하는 기준에는 시력과 시야의 문제로 나누며 보통 맹과 저시력으로 분류한다.

현재 우리나라에서 주로 인용되고 있는 시각장애의 정의에는 「장애인 등에 대한 특수교육법」(이하, 특수교육법)과 「장애인복지법」의 정의가 있다〈표 9-1〉.

〈표 9-1〉 시각장애의 정의

<table>
<tr><td>장애인 등에 대한 특수교육법</td><td colspan="2">시각계의 손상이 심하여 시각 기능을 전혀 이용하지 못하거나 보조공학기기의 지원을 받아야 시각적 과제를 수행할 수 있는 사람으로서 시각에 의한 학습이 곤란하여 특정의 광학기구 · 학습 매체 등을 통하여 학습하거나 촉각 또는 청각을 학습의 주요 수단으로 사용하는 사람</td></tr>
<tr><td rowspan="2">장애인복지법</td><td>장애의 정도가 심한 장애인</td><td>1) 좋은 눈의 시력(공인된 시력표로 측정한 것을 말하며, 굴절이상이 있는 사람은 최대 교정시력을 기준으로 한다. 이하 같다)이 0.06 이하인 사람
2) 두 눈의 시야가 각각 모든 방향에서 5도 이하로 남은 사람</td></tr>
<tr><td>장애의 정도가 심하지 않은 장애인</td><td>1) 좋은 눈의 시력이 0.2 이하인 사람
2) 두 눈의 시야가 각각 모든 방향에서 10도 이하로 남은 사람
3) 두 눈의 시야가 각각 정상 시야의 50퍼센트 이상 감소한 사람
4) 나쁜 눈의 시력이 0.02 이하인 사람
5) 두 눈의 중심 시야에서 20도 이내에 겹보임[복시(複視)]이 있는 사람</td></tr>
<tr><td rowspan="2">교육적 정의</td><td>맹</td><td>교육적 맹은 시력을 사용하지 않고 청각과 촉각 등 다른 감각으로 학습하는 경우</td></tr>
<tr><td>저시력</td><td>교육적 저시력은 시력을 학습의 주된 수단으로 사용하는 경우</td></tr>
</table>

특수교육법의 정의를 살펴보면 시각장애 아동의 일상생활 및 학습에서 어떤 감각을 주로 사용하는지에 대한 정보가 없다. 이러한 이유로 교육현장에서는 교

육적 정의를 사용하는 데 교육적 정의에서는 시력을 학습의 주된 수단으로 사용하는 능력에 초점을 두고 맹과 저시력으로 구분하고 있다(박순희, 2022). 맹 아동의 경우 학습에서 시각이 아닌 다른 청각이나, 촉각을 이용한 학습을 하는 반면 저시력 아동의 경우 광학적 기구(교정 렌즈, 확대경, 망원경 등)의 도움을 받거나 도움 없이 보유 시력을 활용하여 교육받을 수 있는 아동이다.

장애인복지법에서는 시력과 시야의 기준으로 장애의 정도가 심한 장애인, 장애의 정도가 심하지 않은 장애인으로 나누고 있다.

2 시각장애의 원인

시각장애를 갖게 되는 원인에는 눈을 통해서 들어오는 상을 뇌로 전달하는 시신경의 문제로 인해서 발생되거나 영양결핍, 안질환, 미숙아 망막증, 백내장 녹내장 등의 안구가 손상되어 나타난다. 대부분 시각장애 아동들은 출생 전의 선천적인 원인보다는 후천적 질환과 사고로 출현한다(전체 시각장애 아동의 약 80%, 보건복지부, 2020).

시각장애는 눈의 굴절 손상, 눈의 구조적 이상, 시각피질의 손상으로 구분된다 〈표 9-2〉.

〈표 9-2〉 시각장애 원인

눈의 굴절	원시	외부 세계로부터 들어오는 평행광선이 망막을 지나서 뒤에 초점을 맺기 때문에 물체가 흐릿하게 보이는 상태	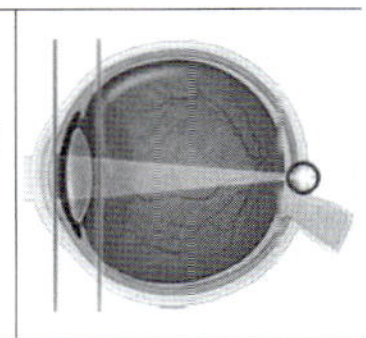
	근시	외부 세계로부터 들어오는 평행광선이 망막에 이르지 못하고 그 앞에 상을 맺는 상태	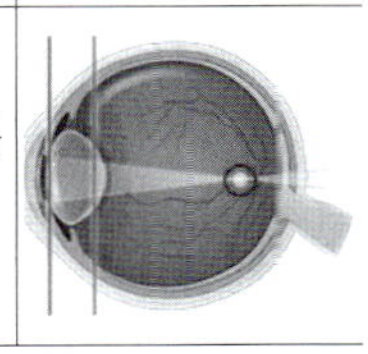

눈의 굴절	난시	눈 안에 들어오는 평행광선이 각막 또는 수정체에 초점을 만들지 못하는 상태	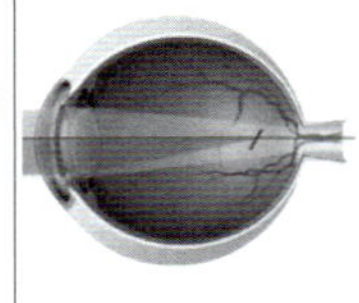
눈의 구조 이상	사시	좌안과 우안의 시축 6개의 안 근육의 기능 부족으로 동일점을 향하지 않아 두 눈이 똑바로 정렬되어 있지 않은 상태	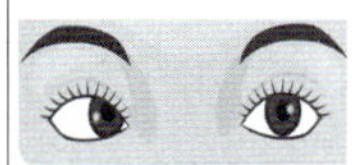
	안구 진탕증	안구가 불수의적으로 전후, 상하, 회전 운동하며 규칙적이고 반복적으로 떨려 초점을 맞추는 것이 어려움	
	원추 각막	각막의 중심부가 서서히 얇아지고 앞쪽을 향해 돌출되는 진행성 질환 뿌옇게 보이고 상이 왜곡되어 보이고 굴절이상으로 눈부심, 빛 적응 등의 문제 동반	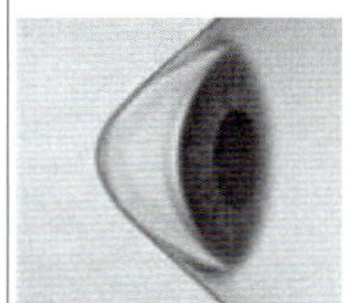
	백내장	눈의 수정체가 혼탁해지는 질환	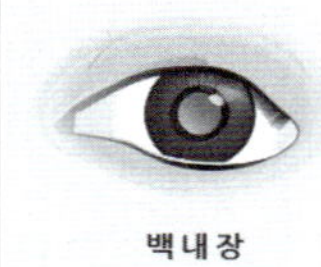
	무홍채증	선천적으로 홍채가 없거나 일부만 있거나 홍채가 자라지 않는 경우 눈부심, 시야 손상, 시력 감소 등의 시력 장애	
	황반변성	망막의 중심부인 황반에 새로운 혈관이 생성되면서 손상되어 암점이 생기고 중심시력의 상실	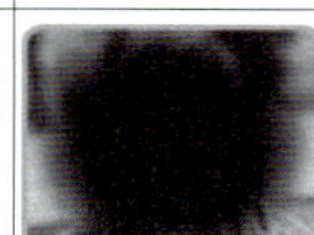
	미숙아 망막병증	망막에 정상 혈관이 발생하지 않아 시력이 매우 약하거나 심한 경우 망막박리나 완전히 실명되는 경우	
	망막색소 변성증	망막 주변에 흑색 색소가 쌓이면서 망막의 기능이 소실되는 유전질환. 처음에는 주변 시야가 저하되고 점차 중심시력이 저하되어 결국 실명함	
	망막박리	망막이 안구 내벽으로부터 떨어져 영양이 공급되지 않아 시세포의 기능저하, 지속되면 망막이 영구적으로 위축되어 실명함	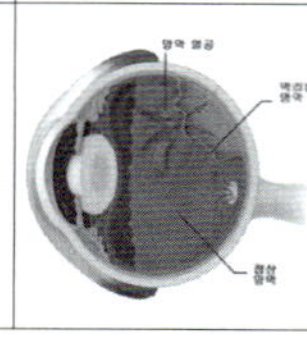

시각 피질 이상	녹내장	시신경 손상이 진행되어 시야결손, 실명하는 질환 고안압 녹내장(수양액이 배출되지 않아 안압 상승으로 시신경 손상)과 정상안압 녹내장으로 나뉨	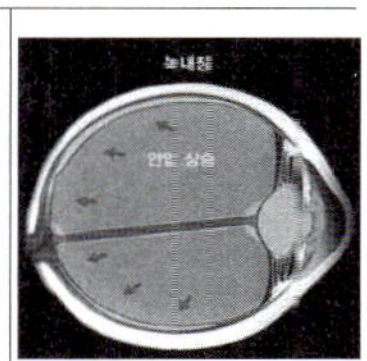
	시신경 위축	시신경 섬유의 손상으로 전기신호를 뇌로 전달하지 못해서 일어나는 시력 손실로 양안의 시력이 동시적으로 연속적으로 상실됨	
	시신경 형성부전	선천적으로 시신경이 충분하게 발달되지 않는 상태로 시신경의 유두가 작아 시각손상의 정도가 경미한 수준부터 완전 시력 상실까지 다양함	

3 시각장애의 진단 및 평가

시각장애 아동의 경우 현재 시력과 시야의 기능을 정확하게 진단하여 적절한 지원방법을 찾는 것이 중요하다. 맹 아동의 경우 시각을 제외한 촉각과 청각 등의 다른 감각을 이용해 지원해야 하며 저시력 아동의 경우 잔존시력을 활용해서 지원해야 하기 때문이다. 따라서 시각장애 아동의 진단 평가를 위해서 시력을 측정하고 시 기능을 평가해야 한다.

1) 영유아 안과 문진

2007년부터 우리나라에서는 영유아건강검진을 통해서 조기에 건강문제를 발견하고 지원하려고 하고 있다. 영유아 건강검진 문진 내용을 통해서 일차적 안과적 문제를 확인해 볼 수 있다〈표 9-3〉.

〈표 9-3〉 영유아 건강검진 안과 문진 내용

개월수	시각 문진 내용
4~6 9~12	아이가 눈을 맞춥니까?
	눈동자의 위치가 이상합니까?(안쪽으로 몰리거나 초점 없이 밖으로 향합니까?)
	검은 눈동자(동공)가 혼탁합니까?
	가족 중에 눈과 관련된 유전질환을 가진 사람이 있습니까?
18~24 30~36 42~48 54~60 66~71	눈을 잘 맞추지 못하거나 눈동자가 흔들립니까?
	검은 눈동자(동공)가 혼탁합니까?
	정면(앞에 있는 사물)을 볼 때 늘 얼굴을 돌려 옆으로 쳐다보거나 고개를 기울이고 보는 편입니까?
	책/TV/물건 등에 너무 가까이 다가가서 보거나 찡그리고 봅니까?
	아이의 한쪽 눈을 가리고 보게 했을 때 두눈의 시력이 서로 다르다고 느껴집니까?
	눈동자의 위치가 이상합니까?

출처: 고주연 외 (2019) p, 29 수정 발취

개월 수마다 각 4개의 문항을 두고 하나라도 해당한다면 안과 진료를 권하고 있다.

2) 시각능력 검사

시각장애 아동의 장애 정도와 원인을 파악하기 위해서는 시각 능력을 우선 알아보아야 한다. 시각 능력 검사에는 시력검사, 시야검사, 색각검사가 있다〈표 9-4〉.

〈표 9-4〉 시각능력 검사

검사 유형	실시 방법
시력 검사	최소 가독 시력을 측정하는 것으로 5m의 거리에서 측정한 원거리 시력 검사와 30cm 거리에서 측정한 근거리 시력검사를 실시함 나안시력(교정하지 않은 시력), 교정시력을 검사함
시야 검사	눈이 한 번에 볼 수 있는 공간의 범위를 원형의 시표로 측정 망막변성증, 망막박리, 녹내장 등의 암점의 위치 확인 가능
색각 검사	색각의 이상 유무를 확인하고 분류하는 것 1색맹은 빨간 추상체가 없으며, 2색맹은 녹색 추상체가 없으며 3색맹은 파란 추상체가 없어 빨강과 청록색만 보임(노년기에 흔히 나타남)

3) 시기능 사정

시기능 사정의 목적은 아동이 활동할 때 시력을 사용하는 주된 방법, 시각 활동을 돕는 환경과 방해하는 환경을 판별하기 위함이다. 시각장애 아동은 잔존시력을 다양한 방법으로 이용하는데, 잔존시력을 어떻게 사용하는지 알아보고자 사정할 때는 시각적 능력, 시각적 주의집중, 시효율성 등을 고려해야 한다(정대영, 2019).

시각적 능력이란 시각적 민감성을 확대한 것이고, 시각적 주의집중은 시각적 기민성, 시각적 선택, 주의집중의 정도, 처리 과정 등 네 가지 요소로 구성되어 있다. 시 기능은 자리를 바꾸거나 적절한 조명 제공, 눈부심 통제(반사판 덮기), 글씨를 확대하거나 대비가 뚜렷하게 자료를 제공하는 등의 환경 조정을 통해서 변화시킬 수 있다.

4 시각장애 아동의 특성

1) 맹 아동의 특성

일반적으로 어린 아동들은 시각을 통해 움직임과 사물 식별을 통해 인지, 언어, 사회적 능력을 발달시킨다. 그러나 시각 기능의 손상으로 잔존 시각을 활용할 수 없는 맹 아동들은 지능의 문제가 없음에도 불구하고 시각 자극의 부족으로 인해서 신체 움직임, 인지, 사회성(제스쳐 사용, 표정 읽고 반응하기 등), 시각과 관련된 어휘습득(색, 양, 크기 등의 개념)에서 어려움을 경험하게 된다. 또래들은 보고 흉내 내면서 쉽게 배울 수 있는 개념들을 촉각, 후각, 청각 등의 다른 정보로 변환하여 여러 번 반복하여야만 획득할 수 있는 것이다.

일반적으로 개념을 형성할 때 전체를 보고 난 후 부분적으로 특징을 이해하면서 개념을 성형하는 것에 반해 맹 아동들은 부분의 개념을 모아서 전체를 이해하게 된다. 따라서 물체의 특징에 대해 학습할 시간을 필요로 한다(정대영, 2019). 또한 기억할 때 시각적 단서를 많이 활용하게 되는데 맹 아동들은 시각적 단서 활용에 한계가 있어 기억을 요구하는 학습 결과에서 또래들과 차이를 보일 수 있다.

신체적 운동 측면에서 선천적 맹 아동의 경우 대근육 활동에 두려움이 많아 운동량 자체가 부족해진다. 이렇게 움직임을 통하여 자신의 욕구를 채울 수 없는 경우 상동행동에 몰입할 수 있다. 예를 들어 상체를 앞뒤로 흔들고, 머리를 좌우로 흔들고 서서 빙빙 돌거나 눈을 문지르는 등의 행동을 반복할 수 있다. 이러한 상동행동이 보일 경우 초기에 개입해서 습관화되는 것을 막아야 한다(박순희, 2022).

사회적 관계에서도 어려움을 경험하게 되는데 일반적으로 외모를 통해서 타인을 이해하고(연령, 성별, 건강 상태 등) 자신을 표현하게 된다. 그러나 맹 아동들은 외모로 타인의 상태를 이해하고 사회적 상황에 적합하게 자신을 가꾸기가 쉽지 않다. 따라서 다른 감각을 통해서 타인을 이해하고 자신의 연령에 적합하게 외모를 가꾸는 방법에 대해서도 배워야 한다.

2) 저시력 아동의 특성

대부분 시각장애 아동들은 잔존시력을 갖고 생활하는 아동들이다. 학령기의 시각장애 아동의 75~80%가 저시력 아동들이다(Heward et, al., 2021). 저시력 아동의 인지 학습적 특성을 살펴보면 잔존시력이 남아 있으나 시력 저하와 시야 제한으로 인해서 글씨체가 너무 작거나 색 대비가 불분명한 자료의 경우 왜곡해서 지각할 수 있다. 따라서 시각적 지원 보조공학기기(렌즈, 돋보기, 안경 등의 확대 도구)를 적극적으로 사용할 수 있는 충분한 시간과 넓은 책상을 제공해야 한다. 또한 시각 자극만으로 이루어진 학습에 지속적으로 주의집중하는데 어려움을 느낄 수 있기 때문에 이에 대한 지원 또한 필요하다(예를 들어 시험 시간 연장).

사회적 의사소통에서는 비언어적 의사소통의 어려움으로(몸짓, 타인의 표정 읽기, 자기 표정 짓기 등) 사회적 상호작용과 소통에 어려움이 나타날 수 있어 이를 학습하고 해석할 수 있는 지원이 함께 이루어져야 한다. 일반적으로 저시력 아동들은 이해가 되지 않거나 깊게 생각하면 고개를 떨구거나 인상을 쓸 수 있는데 저시력아동들에 대한 이러한 이해가 없다면 상호작용 시 서로 오해할 수 있다. 따라서 저시력장애 아동들에게 얼굴표정을 짓는 방법을 교육하는 것이 필요하다.

또한 신체활동에서 맹 아동보다는 참여량이 많으나 움직임의 양 자체가 또래 비해 현저하게 적어 평형감각, 달리기, 민첩성, 정밀성 등에서 낮은 성취를 보인다(최중옥 외, 2000).

3) 시각중복장애

시각장애의 경우 다른 장애와 중복되어 나타날 수 있다. 시각장애가 신체구조 및 발달, 인지, 의사소통, 심리사회적응 등의 발달영역의 장애와 함께 나타날 때 시각중복장애라고 한다. 시각중복장애 아동의 경우 시각장애만 보이는 아동보다 광범위한 어려움을 갖게 되는데 전반적 발달영역, 섭식, 건강상에서 어려움을 보인다(박순희, 2022). 일반적으로 시각중복장애 아동들의 성취 수준은 자신의 연령의 반 이하 수준이며 중도장애의 특성을 보이게 된다. 또한 전체 시각장애 아동들의 50~60%가 추가 다른 장애를 가지게 될 수 있다(Holbrook, 1996). 따라서 시각중복장애 아동들에 대한 특성을 이해하고 대체 감각을 확인하여 교육적 계획을 세우는 것이 필요하다.

5 시각장애 아동의 지원방법

시각장애 아동이 독립된 사회구성원으로 살아가기 위해서는 시각장애 아동의 특성을 고려한 지원이 이루어져야 한다. 지원 영역은 보상기술, 기능적 기술, 방향정위와 이동기술, 사회기술, 생활기술 및 여가기술, 보조공학기기 사용과 시효율훈련 등이다.

1) 보상 기술

시각장애 아동은 시각손상으로 인해서 시각을 이용하는데 여러 가지 어려움이 있다. 보상기술이란 시각장애 아동들이 목표 활동에 쉽게 접근할 수 있도록 도와주는 기술이다. 예를 들어 맹아동에게는 점자를 가르치고, 저시력 아동에게는 글씨 크기를 크게 해서 지원하는 것이다. 보상기술은 시각장애 아동별로 시각 기능의 정도, 시각장애 외 중복장애의 영향, 수행 과제에 따라 다르게 선택한다.

2) 기능적 기술

기능적 기술이란 학교 및 기관에서 즐겁게 공부하고 일하면서 생활할 수 있도록 개인적인 요구를 해결하는 데 필요한 기술이다. 즉 개념발달, 공부기술, 조직화 기술, 말하기와 청해 기술, 수정된 핵심 교육과정 등 학교 및 여러 기관에서 필요한 총체적 기술내용이다.

특히 청해 기술은 말을 듣고 이해하는 기술인데 맹 아동에게 특히 필요하다. 비장애아동의 경우 음성언어 뿐만 아니라 시각적 자극(표정, 몸짓 등)을 통해서 다른 사람의 말뜻을 이해하지만 맹 아동은 청각 자극만으로 이해해야 하기 때문에 오해의 소지가 있다. 따라서 맹 아동에게 왜곡해서 타인의 말을 이해하지 않도록 지도해야 한다.

3) 보행 훈련

보행훈련이란 시각장애 아동들이 자유롭게 이동하기 위해서 방향정위와 이동 기술을 배우는 것이다. 보행훈련은 시각장애 아동이 안전하고 독립적으로 이동하는 것을 목표로 한다. 방향정위란 자신이 위치한 공간 관계를 잔존감각을 활용하여 인식하는 능력이며 이동이란 잔존감각을 활용하여 한 공간에서 다른 공간으로 안전하고 효율적으로 품위있게 이동하는 능력이다〈표 9-5〉.

〈표 9-5〉 방향정위와 이동

방향정위	기본 요소를 활용하여 자신의 현재 위치 파악하는 것 기본 요소 • 지표: 친숙한 사물, 소리, 냄새, 온도, 촉각 단서로 문, 계단, 자동판매기, 우체통 등의 고정되어 있는 사물 • 단서: 잔존감각을 활용하는 것으로 사람의 발자국 소리, 음식 냄새, 빛 등 • 번호체계: 층수, 동 번호 등 건물의 내부와 외부 환경이 가지고 있는 고유의 숫자 • 측정: 미터와 인치 등의 표준 단위, ~보다 길다, 좁다 등의 비교측정, 걸음 수, 손뼘, 무릎 높이 등 시체를 활용한 측정 등 • 나침반 방위: 동서남북의 나침반 방향과 시계방향 • 친숙화과정: 앞서 살펴본 요소들을 종합하여 환경에 익숙해지는 활동

이동	출발 장소에서 목표한 장소로 안전하고 품위있게 이동하는 것 • 단독 보행: 손을 이용해서 벽, 난간 등의 사물을 따라가는 트레일링, 몸을 수직과 수평으로 정리하여 방향을 결정하는 신체정렬법 등의 기술 • 안내인 보행: 안내인의 팔꿈치를 잡고 이동하는 것 • 흰 지팡이 보행: 가장 보편적인 방법으로 지팡이를 두드려서 나는 소리와 함께 손으로 전달되는 진동을 느껴 이동 • 안내견 보행: 시각장애 안내견에게 가야 할 방향을 지시해서 이동 • 전자보행보조기구: 위험 높이나 사물이 있음을 신호로 알려주어 이동함

4) 보조공학기기 지원

시각장애 아동의 장애 정도와 유형에 따라 필요한 보조공학기기가 다르다. 맹아동은 일차적으로 촉각 기반 보조공학기기가 제공되어야 하며 이차적으로 청각 기반 보조공학기기가 지원되어야 한다. 저시력 아동에게는 잔존시력을 최대한 활용할 수 있는 보조공학기기가 필요하다〈표 9-6〉.

〈표 9-6〉 맹과 저시력 아동을 위한 보조공학기기

맹	• 화면 읽기 프로그램(드림보이스, 소리눈 등) • 화면해설 수신기 • 광학 문자 인식 프로그램(화면, 인쇄문자를 텍스트를 변환시켜주는 프로그램) • 점역 프로그램(입력된 텍스트를 점자프린터로 출력하기 위해 점역 파일로 변환하는 프로그램) • 점자정보단말기(문서의 내용을 점자나 음성으로 출력할 수 있는 휴대용 전자기기) • 점자 스캐너 프린터(컴퓨터에 입력된 내용을 점자로 출력하는 기기) • 점자 태블릿(텍스트를 화면에 점자로 나타내거나 음성으로 출력하는 기기) • 스마트워치(점자형 스마트워치)		
	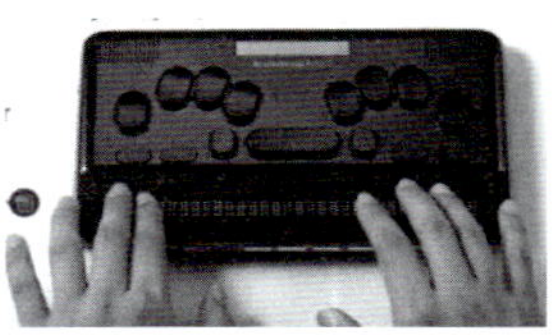 점자정보단말기	 점자태블릿	 점자형 스마트워치

<table>
<tr><td rowspan="2">저시력</td><td colspan="3">• 확대경(근거리 시력 개선을 위해 물체 확대)
• 망원경(6m이상 떨어진 물체를 볼 때 사용)
• 흡광안경(빛으로 인한 눈부심 감소시켜주는 특수안경)
• 확대독서기(휴대용, 탁상용)
• 화면 확대프로그램
• 인공지능 기반 시각 보조공학기기(글자, 얼굴, 물체 및 바코트, 돈, 색상 등을 소리로 알려줌)
• 릴루미노(시야 손상이 있는 경우 이미지를 복원해서 VR 기기와 연동해서 보여주는 앱)
• 확대 도서(큰글자 책)
• 독서 보조판(검은 책받침으로 상단에 한 줄이 비워져 있는 읽기 보조공학기기)
• 쓰기 보조판(줄 간격 표시 줄이 두껍거나 줄 간격이 넓은 용지)</td></tr>
<tr><td>
화면확대프로그램</td><td>
휴대용 확대 독서기</td><td>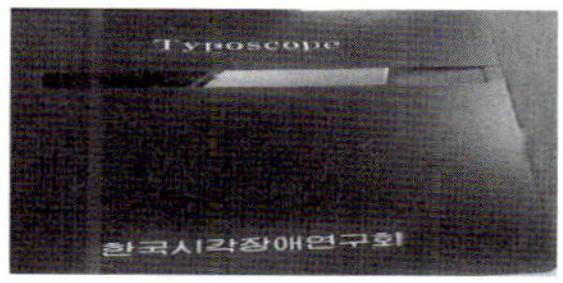
독서보조판</td></tr>
</table>

출처: 박윤조 외(2021). 279~280 재인용.

사진 출처: 한국시각장애연합회(http://www.kbuwel.or.kr/)

6) 발달영역별 지원

시각장애 아동의 경우 시각의 손상으로 인해서 발달영역별로 지원이 필요하다. 이러한 지원은 연령과 장애 발생 시기와 정도에 따라 달라질 수 있으나 이동과 관련된 신체운동영역과 의사소통영역의 지원은 체계적으로 이루어져야 한다〈표 9-7〉.

〈표 9-7〉 발달영역별 지원방법

발달영역	지원방법
신체운동	시각 대신 촉각, 청각을 통해서 대상을 탐색하도록 지도 자신감을 가지고 상황에 맞게 신체 조절지도 신체적 상동행동 지도 자기보호법, 트레일링, 공간측정의 움직임과 환경 탐색법 등 지도

발달 영역	지원방법
인지 발달	잔존시력과 보상 감각을 통해 사물을 풍부하게 경험할 수 있도록 지도 실물을 최대한 사용하고 사용할 수 없을 때에는 모형 사용(모형이 오히려 개념 형성에 방해가 될 수 있음 예 강아지 인형과 고양이 인형으로 지도할 때 둘의 차이를 명확하게 인지하기 어려움) 색을 지도할 때에는 언어적으로 색의 느낌 설명(예 따뜻한 노란색, 부드러운 파란색 등)
언어 발달	시각적 상징을 언어적 상징으로 변화해서 지도 아동이 좋아하는 것을 중심으로 보상 감각(시각을 제외한 다른 감각)을 통해 풍부하게 경험하게 하고 언어로 상징화하는 과정 반복(예 소리를 들려주고 어떤 상황인지 예측해 보도록 함) 비언어적 의사소통인 몸짓, 표정, 행동을 말로 설명해 주고 손으로 만져보고 행동으로 경험시켜 지도
심리 사회성	시각장애 아동에 대해서 긍정적으로 바라봐주는 주변 사람들의 태도가 중요 자기 효능감을 가질 수 있도록 적절한 역할을 제공하고 성취할 수 있는 기회제공 대인관계 시 감정표현방법, 갈등 역할극을 통해서 사전에 연습함
자조 기술	일상생활 지식과 개인 관리 기술을 익혀 사회통합을 도움 의복 착용, 몸단장, 위생, 식사예절 등을 지도

이러한 내용을 지도할 때에는 시각장애 아동의 특성에 적합하게 구체적인 감각 경험을 통해서 직접 경험해보도록 하고 이를 통해 획득한 지식을 비교, 대조, 연합하여 문제 상황에서 대처할 수 있도록 지도해야 한다. 또한 통합교육 환경에 있는 시각장애 아동들을 위해서 보편적인 학습 환경에서 시각장애 아동들에게 적합화된 환경을 제공해 주는 것이 필요하다. 시각장애 아동들이 선호하는 방식으로 정보를 제공하고 이들이 익숙한 방식으로 표현할 수 있도록 기회를 주어야 한다. 또한 적극적으로 참여할 수 있도록 시각장애 아동의 흥미와 동기를 유발하는 다양한 참여 수단을 사용해 시각장애 아동들이 비장애아동처럼 배우고 경험할 수 있도록 해야 한다.

제10장

중도중복장애의 이해

1. 중도중복장애의 정의와 분류
2. 중도중복장애의 진단 및 평가
3. 중도중복장애 아동의 특성
4. 중도중복장애 아동의 지원 방법

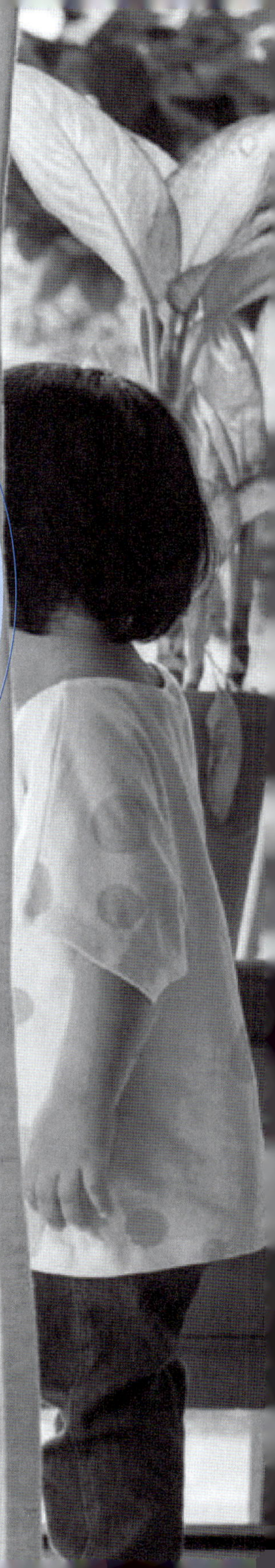

1 중도중복장애의 정의와 분류

1) 중도중복장애의 정의

중도중복장애는 말 그대로 장애 정도가 심각한 중도(severe)이며 장애가 여러 가지 중복(multiple)되어 있다는 의미이다. 현재 특수교육법의 정의를 살펴보면 다음과 같다(장애인 등에 대한 특수교육법 시행령, 2022).

> 두 가지 이상 중복된 장애를 지닌 특수교육대상자
>
> 다음 각 목의 구분에 따른 장애를 지닌 사람으로서 제1호부터 제6호까지의 규정에 따른 특수교육대상자에 대한 각각의 교육지원만으로 교육적 성취가 어려워 특별한 교육적 조치가 필요한 사람
>
> 가. 중도중복(重度重複)장애: 다음의 구분에 따른 장애를 각각 하나 이상씩 지니면서 각각의 장애의 정도가 심한 경우. 이 경우 장애의 정도는 법 제14조제1항에 따른 선별검사의 결과, 제9조제4항에 따라 제출한 진단서 및 「장애인복지법 시행령」 제2조제2항에 따른 장애의 정도 등을 고려하여 정한다.
>
> 1) 지적장애 또는 자폐성장애
>
> 2) 시각장애, 청각장애, 지체장애 또는 정서 · 행동장애
>
> 나. 시청각장애: 시각장애 및 청각장애를 모두 지니면서 시각과 청각에 의한 학습이 곤란하고 의사소통 및 정보 접근에 심각한 제한이 있는 경우

우리나라의 특수교육법의 정의를 살펴보면 장애의 정도가 심함을 명시하고 있고 지적 또는 자폐성장애를 함께 가지고 있거나 시각장애, 청각장애, 지체장애 또는 정서 행동장애를 함께 가지고 있는 경우와 시청각장애를 가지고 있어 교육적 성취가 어려운 사람으로 정의하고 있다. 즉 2가지 이상의 장애를 가고 있어

특별한 교육과정이 필요한 사람인 것이다.

미국의 장애인교육법(IDEA)에서도 중도중복장애라는 명칭은 없으나 중복장애를 지적장애와 시각장애 또는 지적장애와 정형외과적 손상 등이 수반된 장애로 정의하고 있다. 또한 하나의 특정 장애를 가진 학생을 위한 특수교육프로그램을 통해서는 교육적 요구가 맞추어질 수 없는 복합적 장애를 의미한다고 명시했다(한경근 외, 2013). IDEA에서는 중복장애를 지적장애-맹, 지적장애-지체장애의 유형과 농-맹을 나누어서 하나의 특수교육프로그램을 적용시킬 수 없는 심각한 교육적 문제를 가진 대상으로 정의하고 있다. 우리나라와 미국의 특수교육법을 함께 고려해 보면 [그림 10-1]과 같다. 이와같이 중도중복장애 아동은 단일장애를 갖은 아동과 다르게 인식하고 지원해야 한다.

[그림 10-1] 중도중복장애 정의

2) 중도중복장애의 분류

중도중복장애의 분류는 매우 다양하고 이질적이다. 중도중복장애의 하위분류를 위해서 공식적으로 진단받은 주 장애를 중심으로 분류하면 시각중복, 청각중복, 지적중복, 지체중복, 건강중복장애로 나누어 볼 수 있다(한경근 외, 2013). 중도중복장애 아동은 주 장애의 특성과 함께 동반하는 장애의 특성이 모두 나타나기 때문에 교육 및 치료가 어려운 경우가 많다.

중도중복장애 아동들은 이러한 여러 가지 장애를 동시에 가지고 있기 때문에 일상생활에서의 보행 및 이동 등의 운동기능의 문제, 자세와 유지의 어려움, 감각기능의 문제로 인해 주변 환경을 탐색하거나 학습 도구를 다르거나 읽기, 쓰기가 어려우며, 근육 및 관절의 구축, 제한된 운동 범위로 인해 자료 접근이 제한적인 경우가 많이 있다.

또한 의사소통의 어려움이 크며, 타인과의 상호작용의 경험이 제한적이다. 학령기에는 발달 초기의 진단과 치료로 인한 결석의 증가, 불편함과 피로감으로 인한 학습 참여의 부족, 약물이나 치료의 부작용, 시·청각 및 지각의 문제 등으로 학습의 어려움을 보이게 된다.

2 중도중복장애의 진단 및 평가

중도중복장애 아동에게 적합한 교육과 서비스를 지원하기 위해서는 가장 먼저 정확히 현재의 능력과 특성을 파악하는 것이 중요하다(한경근 외, 2013). 그러나 중도중복장애 아동들의 인지, 행동, 사회적 특성을 표준화된 도구로 정확하게 측정하는 것은 불가능할 수도 있다. 그들의 장애의 정도가 심각하고 여러 가지 장애를 가지고 있기 때문이다. 또한 다른 장애아동들 보다 더 중도중복장애 아동들의 경우 검사자 및 보호자들의 부정적 선입견으로 검사결과가 왜곡될 가능성이 높다. 따라서 진단 평가 목적에 적합 도구를 사용해서 평가를 실시해야 한다.

1) 표준화된 검사

표준화 검사란 구체적인 자극에 반응할 수 있도록 검사 항목을 준비하여 아동의 반응을 기록해서 아동에 대한 자료를 수집하는 방법을 말한다. 표준화 검사로는 지능검사, 학업성취도검사, 의사소통검사, 감각운동검사, 운동기능검사 등이 있다〈표 10-1〉.

〈표 10-1〉 표준화 검사 목록

검사 영역	검사도구명	특징
지능	한국 웩슬러 아동지능 검사 5판	대상: 6~16세 11개월까지 아동 구성: 16개 소검사로 구성(10개의 기본소검사, 6개의 추가 소검사) 특성: 교육환경에서 가장 많이 사용
	한국형 개인지능검사	대상: 5~17세 구성: 언어성 검사(낱말이해, 계산, 낱말유추, 교양, 문제해결, 수 기억)과 동작성(그림배열, 이름기억, 칠교놀이, 숨은그림, 그림무늬, 손동작)으로 구성 특성: 우리나라 전통과 일상생활 소재를 활용하여 문항 개발
	한국판 그림지능검사	대상: 4~7세 아동 구성: 어휘, 형태 변별, 상식 및 이해, 유사성 찾기, 크기와 수 개념, 회상 능력 검사 특성: 검사지, 선택지가 모두 그림으로 구성되어 중도중복장애 아동에게 적합
학업 성취	기초학습기능검사	대상: 5~12세 아동 구성: 정보처리, 읽기I, 쓰기, 읽기II, 셈하기로 구성 특성: 읽기 능력이 제대로 갖추어지지 않은 중도중복장애 아동 평가 가능
	국립특수교육원 기초학습능력검사	대상: 5~14세 목적: 아동의 기초학습능력 측정, 특수교육 대상자 선별 및 진단, 교육 정보 제공 구성: 읽기검사(음운인식, 글자, 단어인지, 유창성, 어휘, 읽기 이해), 쓰기 검사(글씨쓰기, 철자쓰기, 글쓰기), 수학검사(수와 연산, 도형, 측정, 규칙성, 자료와 가능성)로 구성
적응 행동	국립특수교육원 적응행동검사	대상: 유아, 초·중등용으로 나뉨 구성: 개념적 기술, 사회적 기술, 실제적 기술로 구성
	한국판 바이랜드 적응 행동척도 2판	대상: 0~90세까지 전 연령 구성: 의사소통, 일상생활기술, 사회화, 운동기술, 부적응행동 기술로 구성 특성: 면담 조사형과 보호자 평정형으로 나뉘어 있음

검사 영역	검사도구명	특징
언어 의사 소통	수용 · 표현어휘력 검사	대상: 2세 6개월~16세 구성: 수용언어, 표현언어 관련 문항 구성(총 185문항) 방법: 검사자가 말한 그림을 찾거나 검사자가 말한 단어의 뜻을 말하는 검사
	영유아 언어발달검사	대상: 4개월~35개월 영유아 구성: 수용언어(56문항) 표현언어(56문항) 능력 방법: 부모나 아동을 잘 아는 양육자와의 면담을 통해 검사
	한국보완 · 대체 의사소통평가	목적: 아동의 감각 및 운동, 언어 및 의사소통능력, 인지능력을 체계적으로 평가 구성: 1단계: 초기 면담, 2단계: 언어 및 의사소통능력 평가 3단계: 의사소통 단계에 따라 세부평가
감각 지각	한국판 시지각 발달검사-3판	대상: 4~12세 아동 목적: 시 지각 능력검사, 시각-운동능력을 측정하기 위해 개발된 검사 하위검사: 눈-손 협응, 따라 그리기, 도형-배경, 시각통합, 형태 항상성의 5개 영역
운동 기능	대근육운동기능 분류체계	목적: 뇌성마비 아동 및 청소년의 대근육운동 기능 평가 대상: 2세, 2~4세, 4~6세, 6~12세, 12~18세로 5단계 연령별로 구성
	대근육운동기능 평가	목적: 뇌성마비 아동의 대근육 운동기능의 변화 평가 대상: 5~16세 뇌성마비 아동 구성: 대근육운동 눕기와 구르기(17문항), 앉기(20문항), 네 발 기기와 무릎 서기(14문항), 서기(13문항), 걷기, 달리기, 뛰기(24문항)
	소아장애 평가척도	목적: 지체장애, 지체장애와 인지장애를 함께 가진 아동의 일상생활의 필수적인 기능적 능력 측정 구성: 내용-자조, 이동, 사회적 기능의 영역 척도-기능적 기술, 보호자 도움의 정도, 보조공학기기 및 환경수정의 3가지
	한국판 오세레츠키 운동능력검사	대상: 4~16세 목적: 운동능력의 발달적 변화에 관한 정보 수집 구성: 일반적 협응검사, 손동작 협응검사, 일반동작 협응검사, 운동속도검사, 동시적 자발동작검사, 단일동작 수행능력검사 6개 영역

2) 비표준화 검사

(1) 면담

중도중복장애 아동을 직접 검사하지 않고 수행할 수 있는 비표준화 검사 중에 면담이 있다. 면담은 중도중복장애 아동을 가장 잘 아는 부모나 보호자와 대화를 통해 정보를 얻는 방법이다. 자연스러운 환경에서 정보를 수집할 수 있고 면담 결과를 수집한 다른 정보와 통합하여 활용할 경우 중도중복장애 아동에 대한 더 많은 정보를 얻을 수 있다는 장점이 있다. 면담은 신체적, 인지적, 의사소통에 어려움이 있는 중도중복장애 아동이 직접 검사에 참여하지 않아도 아동에 대한 정보를 얻을 수 있는 방법이다. 그러나 면담은 직접 검사보다 정확성이 부족하고 해석 과정에서 주관적일 수 있다는 단점이 있기 때문에 실시할 때에는 면담자의 훈련을 강화하고 주관적 해석을 피하기 위한 주의가 필요하다.

(2) 관찰

관찰은 아동을 평가할 때 가장 많이, 가장 쉽게 사용할 수 있는 방법이다. 아동의 행동을 기술하고 기록함으로써 특정 현상에 대한 객관적인 자료를 수집할 수 있다(이승희, 2010). 관찰은 인위적인 검사 상황이 아니라 아동이 생활하는 곳에서 자연스럽게 행동하는 상황을 관찰하기 때문에 상황적 변수가 수행에 영향을 많이 미치는 중도중복장애 아동들의 수행 능력을 객관적으로 평가하는 중요한 방법이다. 따라서 관찰을 계획할 때에는 자연스러운 환경에서 목적에 적합한 공간과 시간대를 선정해야 한다. 이렇게 얻어진 정보는 표준화 검사에서 알지 못했던 여러 가지 질적 정보를 제공하고 지원계획을 세우는데 실질적인 자료가 된다.

(3) 포트폴리오 평가

현장에서 과제 수행의 결과물을 수집해서 평가하는 방법이 포트폴리오 평가이다. 중도중복장애 아동이 수행한 결과물을 직접 평가함으로써 발달의 변화 양상을 알 수 있고 다음 지원계획에 대한 기초 정보를 제공한다. 포트폴리오 평가는 중도중복장애 아동의 장점에 맞추어서 진행할 수 있어 아동들에게 동기 형성 및 자존감 형성에 긍정적이나, 목적없이 모은 자료는 단순한 자료집에 불과하기 때문에 평가 목적이나 방법에 대해서 사전에 숙지하고 자료를 모아야 한다.

따라서 포트폴리오 평가를 계획할 때에는 시간을 두고 지속적으로 자료를 수집하고 둘째, 다양한 절차를 통해 자료를 수집하고 셋째, 자연적이고 통합적인 상황에서 자료를 수집해야 한다(강혜경 외, 2023).

(4) 교육과정 중심 진단

교육과정 중심 진단은 중도중복장애 아동이 현재 배우는 교육과정의 내용을 중심으로 아동의 수행 및 성취에 대한 정보를 수집하여 진단하는 방법이다. 교육 상황에서 아동이 수행한 반응을 점검하므로 실제 교육과정과 관련하여 아동의 특별한 요구를 파악할 수 있다. 또한 개별아동의 장점을 파악하여 초기 교수 목표를 판별하여 개별화교육계획을 작성하는데 중요한 자료로 활용될 수 있다(이소현 외, 2009).

교육과정 중심 진단은 첫째, 진단하고자 하는 목적을 확인하고 진단 영역을 파악하고, 둘째, 진단도구(표준화 검사, 비표준화 검사)를 선정하고 실시한다. 셋째, 진단 결과를 통해서 아동이 가지고 있는 기술 중 학습에 도움이 되는 기술들, 앞으로 습득해야 하는 기술 목록 등을 분석하고, 넷째, 분석 결과를 바탕으로 교수계획을 세우는 일련의 과정으로 이루어진다.

(5) 생태학적 진단

생태학적 진단은 다양한 환경에서 중도중복장애 아동을 직접 관찰하고 평가하여 아동에게 필요한 기술과 지원을 결정하기 위해 환경을 진단하는 것이다. 생태학적 진단의 목적은 가정, 지역사회, 학교, 직업 등에서 필요한 기능적 일과와 활동을 알아내고 그 환경 내에서 아동에게 제공되어야 하는 기술과 내용을 찾아내는 것이다. 이러한 생태학적 진단은 생태학적 목록을 활용하여 각 영역과 환경에서 지도해야 할 내용과 기술을 알아낸다. 생태학적 진단 과정은 다음과 같다(Broen, et al., 2015).

첫째, 아동에게 적용할 교육과정 영역 정하기: 가정, 여가, 학교, 지역사회, 직업 등

둘째, 현재와 미래의 자연스러운 환경을 조사, 선별: 아동이 현재 살고 여가를 즐기고 배우는 환경이 무엇인지 조사 (예 학교, 식당, 영화관, 놀이터 등)

셋째, 하위 환경 구분: 그 활동이 일어나는 환경 자세히 분석(예 학교 현관, 교실, 화장실, 급식실, 운동장)

넷째, 하위 환경에서 행해지는 활동목록 만들기: 아동에게 환경에서 요구되는 활동, 활동의 횟수, 아동의 현행 기술, 아동의 선호도와 흥미, 가족의 우선순위, 그 활동에 학생이 의미있게 참여할 가능성을 고려하여 활동을 결정(예 급식하기)

다섯째, 그 활동을 하기 위해 필요한 기술을 정하는 단계: 활동을 가르칠 수 있는 단위 수준이나 과제분석으로 나누는 단계(예 급식실에서 식판 내리기, 식판 가지고 식탁으로 이동하기, 자리에 앉기, 식사하기, 식사 후 식판 정리하기)

(6) 반다이크 평가

반다이크 평가란 중도중복장애 아동이 배우는 과정, 의사소통하는 방법, 사람과 상호작용하는 방법, 문제를 해결하는 방법에 대해 평가한다. 이 평가는 중도중복장애 아동에게 적합한 중재전략에 대한 정보를 제공해주며 개별화교육계획(IEP)에 제시된 목표를 이루기 위한 교수내용과 교수방법을 선정하고 활용해야 하는지 알려준다. 또한 아동이 달성하지 못한 교육목표의 이유를 살펴보고 다음 교육계획에 대한 지침을 얻을 수 있다(Nelson, van Dijk, McDonnell, & Thompson, 2002). 반다이크 평가 내용은 〈표 10-2〉과 같다(송만호 외, 2015).

〈표 10-2〉 반다이크 평가

평가대상	3~8세 아동 시청각장애 아동, 중도중복장애 아동, 자폐범주성장애 아동, 발달장애 아동, 중도지체장애 아동
평가 영역	행동상태, 정향반응, 학습경로, 접근-위축, 기억(습관화, 예상과 루틴학습), 상호작용, 의사소통, 문제해결의 8개 영역
평가방법	훈련받은 부모, 교사가 실시
특징	각 영역별로 중재지침 제시 예 '좋아하는 활동의 맥락 안에서 또래들과 상호작용할 기회를 제공하라.' 등

3 중도중복장애 아동의 특성

일반적으로 중도중복장애인의 장애 특성은 크게 지적손상과 적응행동 문제, 신체발달의 지연, 건강관리에 대한 요구, 비상징적인 의사소통 기술의 다섯 가지로 특징으로 나누어서 설명할 수 있다.

1) 지적손상과 적응행동 문제

중도중복장애 아동들은 낮은 지능과 적응 행동의 어려움을 보인다. 지적 발달이 매우 느린 경우에는 모든 발달영역에서 영유아 수준에 머무는 경우도 있다. 그래서 인지와 관련된 언어, 학습 등을 습득하는데 시간이 오래 걸리며 일상생활 훈련 및 사회성, 문제해결 능력들을 향상하는데 지속적인 도움이 필요하다.

2) 신체발달의 제한

중도중복장애 아동들은 생의 초기에 두 가지 이상의 장애를 갖게 됨으로써 신체발달이 지연되거나 지체되는 경우를 보인다. 뒤집기, 걷기, 도구 사용 및 기저

귀 떼기 등과 같은 신체발달을 기초한 학습에서도 많은 지연을 나타낸다. 특히 누워만 있어야 하는 중도중복장애 아동의 경우 체중 증가가 나타나지 않아 매우 허약하고 자세 유지 및 사용에서 근력의 문제로 인해 변형되거나 힘 조절 등에 어려움을 경험하고 비전형적인 움직임을 유발한다. 이러한 비전형적인 운동은 다른 일상적인 과업을 수행하는데 영향을 미치기 때문에 충분한 시간을 제공하는 것이 필요하다.(한경근 외, 2013).

중도중복장애 아동의 경우 감각기능(시각, 청각, 통각, 온·냉각, 촉각 등) 발달에 문제를 가져올 수 있다. 이는 단순히 겉으로 보이는 대·소근육 신체발달뿐만 아니라 감각기능, 호흡, 소화, 배설 등의 내부기관의 발달에도 영향을 미쳐 중증 질환이나 희귀질환을 동반할 수 있기 때문에 정밀한 검사가 함께 이루어져야 한다.

3) 건강 문제

중도중복장애 아동의 경우 희귀난치성 질환을 가지고 있는 경우 특별한 건강관리가 요구된다. 단백질대사이상장애 및 소아당뇨, 백혈병, 신장 기능장애, 심장장애 등의 생명에 영향을 주는 질환으로 인해서 지속적인 병원치료와 수술이 필요한 경우도 있다. 또한 이러한 질병의 치료과정에서 고통을 수반하기도 하고 불편함을 경험한다. 이러한 고통과 불편함으로 인해서 약물복용 시간이 필요하거나 주의집중에 어려움이 생길 수 있다(한경근 외, 2013). 따라서 기본건강관리를 위한 조치 및 응급처치법 뿐만 아니라 아동이 개별적으로 가지고 있는 질병에 대한 이해가 필요하다.

4) 비상징적인 의사소통

중도중복장애 아동의 발달 문제에서 가장 많이 대두는 영역이 의사소통영역이다. 중도중복장애 아동의 경우 신체적 장애, 감각기능의 문제, 질환 등으로 인해서 음성언어 산출이 어려운 경우가 많다(한경근 외, 2009). 음성언어를 사용하더라도 음성의 왜곡, 변형으로 인해서 타인이 알아듣기 힘든 경우가 많아 대부분 의사소통에 실패하게 된다.

그러나 중도중복장애 아동들은 몸짓, 얼굴 표정, 신체 움직임, 눈짓, 소리내기, 독특한 행동, 비상징적 행동 등으로 나름대로 타인과 의사소통을 시도하고 있다(Allen et al., 2007). 그러나 비장애인들은 이러한 미약한 호흡이나 움직임이 의사소통 방식이라고 생각하지 않고 이를 문제행동으로 이해하는 경우가 많다(이숙정, 2007). 일반적으로 이러한 비상징적인 의사소통은 실패하게 되고 결과적으로 중도중복장애 아동들은 의사소통을 시도조차 하지 않게 된다. 따라서 중도중복장애 아동들의 다양한 의사소통 형태를 파악하는 것이 중요하다(한경근 외, 2013).

지적장애를 동반하는 중도중복장애 아동의 경우 구어 사용 기능이 미약하여 간단한 지시 및 사물의 이름을 명명하는 정도의 의사소통만 가능한 경우도 있다. 또한 자신의 감정과 생각을 원활히 전달할 수 없기 때문에 대안적 행동으로 자해 및 소리 지르기, 울기, 물건 던지기 등의 공격적인 행동이 동반될 수 있다.

따라서 음성언어를 사용하기 보다는 다양한 의사소통 방법을 탐색하여 의사소통기술 전반을 향상시키는 것이 우선 필요하다.

5) 생리조절 기능 및 행동 이상

중도중복장애 아동의 경우 대부분 호흡근육이 원활하지 못하여 숨을 들이 마시는데 어려움이 있고 호흡수가 불규칙한 경우가 많다. 체온조절기능에 문제가 있어 체온 중추가 미숙하다든지 땀을 조절하는 기능이 원활하지 못하여 외부 기온의 영향을 받아 발열을 나타내기도 한다.

마비나 운동기능 손상이 있을 경우 빨기, 씹기, 삼키기 등의 어려움이 발생되고 이로 인해서 침 흘림, 구취 등이 유발된다(한경근 외, 2013).

또한 수면에도 문제가 있어 중도중복장애 아동은 밤과 낮이 뒤바뀌고, 깊은 잠에 들지 못하며, 아침에 너무 빨리 잠이 깨는 등의 수면장애를 갖는 경우가 많다.

4 중도중복장애 아동의 지원방법

1) 중도중복장애 아동의 일상생활 지원

사람은 아침에 일어나서 잠들 때까지 수백 가지의 행동을 한다. 일어나서 식사를 하고, 세수를 하고 옷을 갈아입고, 대소변 처리를 하며 각 장소에 따라 자세를 잡고 앉으며, 필요한 도구를 사용하여 일상생활을 한다. 그러나 중도중복장애 아동들은 감각기능, 신체운동기능, 지적기능, 의사소통기능, 건강 등의 문제로 인해서 이러한 일상생활을 수행하는 것에 어려움을 경험하며 성인의 도움을 지속적으로 받아야하는 경우가 많다. 또한 중도중복장애 아동의 개별적 특성이 매우 달라서 지원하는 방법 또한 다르다. 중도중복장애 아동을 개별적으로 이해하고 적합한 지원을 제공하는 것이 필요하다(한경근 외, 2013).

(1) 자세 유지와 이동

중도중복장애 아동은 신체기능과 감각기능의 발달 어려움으로 인해서 혼자서 이동하는데 어려움을 경험하게 된다. 또한 지적장애로 인해서도 신체발달이 늦을 수 있다. 이럴 때 우선, 아동의 신체 운동 기능을 평가하고 그 다음 보조공학기기를 이용한 이동방법이나 물리치료 및 재활을 통해서 보조공학기기 없이 이동하는 방법을 지도하는 것이 필요하다.

또한 아동이 올바른 자세를 잡고 이동할 수 있도록 활동 내에서 연습의 기회를 제공해 주어야 한다. 아동이 지팡이 및 휠체어 등 보조공학기기를 사용할 때 사용방법을 익히고 함께 생활하는 비장애아동에게 보조공학기기에 대한 이해교육을 하는 것이 필요하다. 보조공학기기는 놀잇감이 아닌 중도중복장애 아동의 신체 일부와 같기 때문에 다른 사람이 가지고 놀거나 이용하는 사람을 놀림의 대상이 아니라는 장애이해교육이 병행되야 한다.

(2) 대소변 지원

중도중복장애 아동은 대소변을 혼자서 처리하는데 많은 연습이 필요하다. 중도중복장애 아동의 대소변 지원을 위해서 중도중복장애 아동이 최소한 1시간 30분 정도의 대소변을 참을 수 있을 때 훈련을 시작해야 한다.

또한 대소변의 신체적 신호를 지각하여 다른 사람에게 이를 표현할 수 있어야 한다. 유아용 변기를 가져다 놓고 관심을 갖고 사용하는 방법을 그림과 사진, 영상 자료를 통해서 반복적으로 지도한다. 또 교사나 보호자는 평상시 중도중복장애 아동의 대소변 습관을 기록하고(배설하는 시간, 배설 유형, 한 번에 배설하는 양 등) 중도중복장애 아동의 특성에 따른 지도계획을 수립하는 것이 좋다(한경근 외 2013). 이때 부모는 물리치료사, 특수교사 등의 여러 전문가가 함께 평가하고 논의한 결과를 바탕으로 적합한 지도방법을 선정하여 가정, 지역사회 기관과 연계하여 지도는 것이 효과적이다[그림 10-2].

이동식 변기를 의자 위에 놓고 등을 받쳐주면서 다리를 벌려줌	안정된 자세를 위해 통 속에 변기를 부착시키고 앞에 손잡이를 달아줌	의자를 거꾸로 세워 놓고 그 안에서 대소변을 볼 수 있도록 변기를 놓아줌	벽에 손잡이를 잡고 대소변을 볼 수 있도록 함	대소변을 보고 옷을 입을 때 손잡이 및 의자를 설치해 잡고 일어서 옷을 올리도록 함

[그림 10-2] 중도중복장애 아동 대소변 지원을 위한 방법

출처: 한경근 외(2013). 249p 재인용.

(3) 옷 입고 벗기 지원

옷을 입고 벗기 위해서는 자세를 조절하고 한 자세로 자세를 유지할 수 있어야 한다. 또한 한 팔정도는 자신이 의도하는 데로 움직일 수 있어야 수행 가능하다. 그리고 인지적으로 모방능력을 가지고 있어야 가능하다. 이러한 선행 조건을 확인하고 지도하는 것이 필요하다. 옷 입고 벗기 지도 시 처음에는 양말 벗기처럼 쉬운 것부터 시작해서 단추가 있는 바지 입기 같은 어려운 것으로 지도하는 것이 좋다. 과제분석을 통해서 단계별로 나누어서 지도하는 것도 좋은 방법이다.

(4) 이 닦기 지원

음식을 잘 씹어서 삼킬 수 없는 중도중복장애 아동의 경우 충치 및 잇몸 염증이 쉽게 발생한다. 따라서 이 닦기 지도를 통해서 구강 청결을 유지하도록 지도해야 한다. 그러나 구강방어가 심한 중도중복장애 아동의 경우 칫솔을 갑작스럽게 입안으로 넣으면 칫솔을 물고 거부하는 경우가 있다. 따라서 이 닦기 전에 충분히 마사지를 하고 부드러운 칫솔모를 사용하여 거부감을 줄여준다. 칫솔에 대한 거부감이 없는 경우 전동칫솔이나 분사식 세정기를 사용할 수도 있다.

(5) 식사 지원

섭식의 문제는 중도중복장애 아동이 신체적 발달 및 건강상의 문제, 조음상의 의사소통 기능에도 영향을 미친다. 섭식은 영양공급에 의한 신체발달부터 그것을 통해서 외부 환경을 탐색하는 인지 및 지적 발달과도 연관되어 있다(고관우 외, 2010). 따라서 식사 지도 전에 현재 중도중복장애 아동의 씹기, 빨기, 삼키기 능력을 확인하고 이에 적합한 지도계획을 수립해야 한다. 또한 머리를 가누지 못하는 경우 식사 시 기도를 일자로 확보하도록 자세를 유지하고 식사보조기구를 이용하여 독립된 식사를 할 수 있도록 지도해야 한다.

유동식을 시작으로 점점 덩어리가 큰 음식으로 지도하며, 음식 씹기를 거부하거나 뱉어내는 경우 원인을 확인하여(알레르기, 싫어하는 질감의 음식, 싫어하는 농도, 운동능력의 미숙 등) 개선하거나 지도방법을 수정 첨가해야 한다(한경근 외, 2013).

2) 교육과정에 의한 지원

(1) 일반교육과정

일반교육과정이란 국가수준의 공통교육과정을 의미하며 중도중복장애 아동의 개별적 요구에 부합하는 적절한 지원을 제공하여 제시될 수 있다. 일반교육과정 적용을 위한 적절한 지원은 다음과 같다.

- 시간: 과제를 완성하는 시간 늘려주기
- 평가: 문장 시험 시 문장에 포함된 단어시험으로 변형하거나 지필고사를 문답형으로 변경함
- 조명: 부분조명과 전체 조명을 사용하여 중도중복장아동에게 적합한 조명 제공
- 소음: 소음에 대한 민감 정도를 확인하여 민감한 경우 카펫이나 매트를 깔아 소음을 줄임
- 자리배치: 또래 및 교사와 상호작용을 촉진시킬 수 있는 자리 및 활동 참여를 원활하게 할 수 있는 자리로 배치
- 중도중복장애 아동 선호 의사소통 방법 사용: 수어통역, 보조공학기기를 이용한 의사소통

이렇게 교육과정 고유의 내용, 결과, 또는 복잡성의 수준은 바꾸지 않고 중도중복장애 아동에게 비장애아동들과 똑같은 기준을 적용하여 같은 결과를 얻을 수 있는 것을 기대하는 것이다.

중도중복장애 아동에게는 생활중심기술이나 일과 관련된 제한된 교육과정을

무조건 선택하기보다는 일반교육과정 내에서 성취할 기회를 우선 주고 아동에게 필요한 교육과정을 제공하는 것이 필요하다.

(2) 교육과정 수정

일반교육과정을 그대로 중도중복장애 아동에게 적용하는 데에는 많은 어려움이 있다. 그래서 일반교육과정을 중도중복장애 아동의 요구에 적합하게 조정을 하거나 내용을 수정한 교육과정으로 제공하게 된다. 교육과정의 난이도를 수정하거나 활동의 개수를 줄이거나, 평가방법 등을 수정해서 제시해야 한다.

(3) 생활기술 교육과정

생활기술 교육과정은 지역사회와 일상생활 속에서 성공적이고 의미 있는 삶을 살기 위한 개별적으로 요구하는 지식과 기술을 포함하여 지원하는 것이다. 생활기술 교육과정의 영역은 가정, 지역사회, 여가, 직업영역으로 나뉜다.

기능적 학업기술영역은 일상적인 활동과 직접적으로 관련된 기능적인 학업기술들을 의미한다. 예를 들어 읽기(뉴스, 병원처방전, 음식 메뉴판 읽기 등), 쓰기(이력서, 물품 목록, 안부편지 등), 말하기(건강 상태 말하기, 거부하기, 필요한 물품 등 요구하기 등), 듣기(영화관람, 드라마, 예능 시청), 계산하기(물건값, 여가 지출비 계산, 세금 계산 등) 등의 과제가 중도중복장애 아동이 성인이 되었을 때 독립된 사회구성원으로 살아갈 때 필요한 내용이다.

3) 의사소통지도

중도중복장애 아동의 지도 중 가장 우선 지도되어야 하는 내용이 의사소통 지도이다. 중도중복장애 아동의 경우 감각기능의 어려움이나 신체조절의 어려움, 인지적 발달의 지체 및 지연으로 인해서 말과 글을 배우는 것이 어려운 경우가 많이 있다. 그러나 다양한 방식으로 자신의 욕구를 표현하도록 해야 한다.

말과 글로 의사소통을 하기 어려운 경우 호흡, 몸짓, 손가락 지시, 시선 집중, 소리내기 등의 비상징적 의사소통 기술을 지도해야 한다. 이때 자연스러운 상황에서(배가 고플 때 밥을 바라보게 지도, 밥을 손으로 가리키게 지도 등) 지도하며 반복적으로 지도하여 상황에 따라서 익힌 의사소통기술을 사용할 수 있도록 해야 한다.

만약 중도중복장애 아동의 호흡이 너무 약하거나 입 조절을 잘할 수 없는 경우, 바람개비 불기, 비눗방울 불기, 빨대로 물 불어 소리내기 등의 호흡 훈련을 같이하는 것도 필요하다.

또한 중도중복장애 아동을 늘 관찰하여 평상시와 다른 행동을 보이게 되면 예를 들어 너무 웃거나, 몸부림치는 등의 행동을 할 경우 이를 의사소통의 신호로 해석하고 그때마다 민감하고 즉각적으로 음성언어로 모델을 제공해 주는 것이 필요하다. 예를 들어 음료수를 보고 먹을 수 있을 거라는 생각에 웃고 있는 중도중복장애 아동을 보고 "음료수 마시고 싶어요."라고 언어적 모델을 보여주고 웃기나, 손가락 가리키는 행동을 지도한 후 음성언어 모델을 보이고 바로 음료수를 제공해 주는 것이다. 이러한 반복적인 지도를 통해서 중도중복장애 아동은 음료수가 마시고 싶을 때 평상시와 달리 웃거나, 음료수를 더 오랫동안 바라보거나, 손가락으로 가리킬 수 있게 될 것이다. 이때 실물 대신 사진 자료를 사용하여 반복적으로 지도할 수도 있다. 사진을 손으로 가리키거나, 쳐다보거나 하면 바로 사진을 중도중복장애 아동에게 주어서 의사소통을 지도하는 것이다. 시중에는 사진과 소리를 결합하여 중도중복장애 아동이 사진을 누르면 바로 음성언어가 산출되어 발화를 돕는 음성출력기도 있다.

의사소통지도할 때에는 몇 가지 유의할 점이 있다(한경근 외, 2013). 첫째, 중도중복장애 아동에게 적합한 방법을 찾아 일상에서 반복되는 생활, 학습상황에서 교육해야 한다. 둘째, 선택의 기회를 제공해야 한다. 중도중복장애 아동이 원하는 것(흥미와 동기유발)을 선택할 수 있도록 다양한 기회를 제공해야 한다. 이를 위해 미리 아동이 선호하는 것을 파악하여 이용하는 것이 좋다.

제11장

장애아동 교육방법

1. 개별화교육계획
2. 통합교육
3. 장애아동 교수방법
4. 미래 주거환경과 직업교육

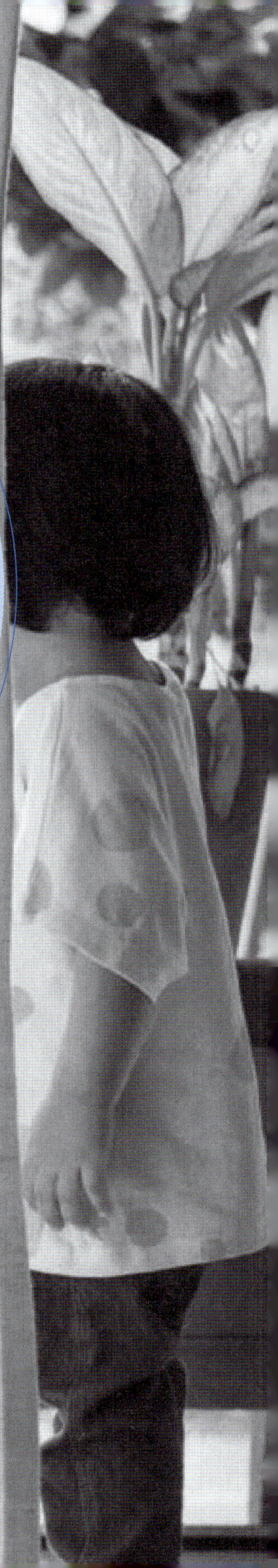

1 개별화교육계획

개별화교육계획(Individualized Education Plan(program): IEP)은 미국의 장애인 교육법(IDEA, 2004)과 우리나라의 「장애인 등에 대한 특수교육법」(이하 특수교육법)에서 명시하고 있는 법적 문서로 특수교육 적격성이 인정된 3세 이상의 개별 장애아동을 위해서 다학문적인 진단과 계획을 거쳐서 작성되는 교육프로그램을 의미한다. 하나의 교육과정으로 지도할 수 없는 다양한 아동들을 지원하기 위한 교육방법이다.

1) 개별화교육계획의 정의

개별화교육계획이란 다양한 개별 학습자의 요구와 특성을 충분히 고려하여 가장 적합한 교수-학습적 서비스를 제공하기 위한 교수접근이라고 할 수 있다. 특수교육법에서는 '각급 학교의 장이 특수교육 대상자 개인의 능력을 계발하기 위하여 장애 유형 및 특성에 적합한 교육목표, 교육방법, 교육내용, 특수교육 관련 서비스 등이 포함된 계획을 수립하여 실시하는 교육(특수교육법, 2007)'으로 규정하고 있다.

또한 교육현장에서 개별화교육계획 또는 개별화교육프로그램은 혼용되어 사용되기도 하지만, 개별화교육계획은 개별화교육을 위해 포함해야 할 법에 따른 조건들을 갖춘 최소한의 교육계획 문서라고 할 수 있고, 개별화교육프로그램은 이를 보다 상세화한 개인별 교육과정이라고 할 수 있다(정대영, 2024).

법적 정의에 포함된 용어들을 살펴보면 개별화교육계획을 잘 이해할 수 있다 〈표 11-1〉.

〈표 11-1〉 개별화교육계획에 관련된 용어 정의

용어	정의
개별화	개별화는 개별 장애아동을 1:1로 교육한다는 것을 의미한다기보다는 일반교육과정 단에서 개별 장애아동의 발달적인 특성을 고려하여 계획하고 교육되어져야 함을 의미
교육	교육과정과 특수교육 관련서비스를 의미 • 교육과정: 특수교육대상자의 교육적 요구에 적합한 교육과정이며, 교육목표, 교육내용, 교육방법, 그리고 평가 계획을 포함 • 특수교육 관련 서비스: 특수교육대상자의 교육을 효율적으로 실시하기 위하여 필요한 다양한 인적 · 물적 지원을 말하여, 상담지원, 가족지원, 치료지원, 코조인력 지원, 보조공학기기 지원, 학습보조 지원, 통학지원, 정보접근지원 등을 포함
계획	개별화교육지원팀이 협력하여 앞으로 수행하여야 하는 특수교육대상자의 교육적 요구에 적합한 교육과정 및 특수교육 관련서비스에 대하여 설계한다는 의미

이렇게 개별화교육계획은 법적으로 보장된 장애아동을 위한 교육계획서라고 하겠다.

2) 개별화교육계획의 기능

개별화교육계획은 장애아동의 요구와 필요한 지원을 위해서 작성된 교육과정이다. 개인별 요구가 다양한 장애아동에게 개별화교육계획은 매우 중요한 교육문서이며 관리 도구로써 기능을을 한다(이소현 외, 2011).

첫째, 관리 도구로서 각 아동마다 영역별 교수 목표, 교수 상의 유의점, 제공되는 관련 서비스, 평가절차 및 기준 등을 명시함으로써 체계적인 교육이 이루어지도록 관리한다.

둘째, 점검도구로서 개별화교육계획에 명시된 목표, 평가 기준에 의하여 평가가 이루어지게 때문에 개별화교육계획은 아동의 진보 상황을 알아보는 평가도구의 역할을 한다.

셋째, 의사소통의 도구로써 개별화교육계획은 개발하는 절차과정에서 교사와 학부모 간의 의사소통의 기회가 발생되며 서로 간의 이견을 좁히는 역할을 한다.

또한 교사와 특수교사 간의 의사소통할 때 근거 자료의 역할을 하게 된다.

3) 개별화교육계획의 개발

개별화교육계획 수립 운영절차는 의뢰-진단 및 평가-선정-배치-개별화교육계획(문서)작성-개별화교육계획 실행-개별화 교육계획 평가의 순으로 이루어진다[그림 11-1].

의뢰 - 장애를 가지고 있다고 의심되는 아동

⇩

진단평가 - 즉시 진단 평가 의뢰서를 특수교육지원센터에 회부

⇩

선정 - 특수교육대상자 선정, 특수교육지원센터로부터 최종 의견서를 받은 2주 이내에 특수교육대상자로 선정 여부 결과를 부모나 보호자에게 서면 통보

⇩

배치 - 교육감, 교육장은 특수교육운영위원회의 심사를 거쳐 특수교육 대상자 배치 거주지에서 가까운 곳에 배치하며 배치유형은 일반학급, 특수학급, 특수학교 순

⇩

개별화교육계획 작성 - 매 학년 시작일로부터 2주 이내 팀 구성
매 학기 시작일로부터 30일 이내 개별화교육계획서 작성

⇩

개별화교육계획 실행 - 개별화교육계획을 실제 수업에 적용
개별화교육지원팀에게 개별화교육계획 복사본 제공

⇩

개별화교육계획 평가 검토 - 매 학기마다 개별화교육에 따른 대상자 성취도 평가 실시
평가결과 보호자에게 통보하고 개별화교육계획 수정 검토

[그림 11-1] 개별화교육계획 절차

이렇게 개별화교육계획은 체계적인 절차에 따라서 이루어지며 개별화교육계획을 작성할 때에 법적 구성요소를 포함해 작성해야 한다. 특수교육법에서는 다음의 구성요소를 포함하도록 명시하고 있다〈표 11-2〉.

〈표 11-2〉 개별화교육계획의 구성 요소

요소	내용
인적사항	• 아동의 기본적인 배경 정보로 장애나 발달에 관련된 정보 • 연령, 성별, 출산시 특징과 병력, 장애진단 및 이전 진단평가 결과 • 개별화교육계획의 의뢰 사유 등
현재의 수행 수준	• 현재의 발달상황(장단점) 기술 • 표준화된 검사결과와 관찰, 면담 내용을 바탕으로 기술 • 개별화교육계획의 장단기 목표 기술하는데 기초 자료 제공
교육목표	• 장기목표는 현행수준에 기초하여 한 학기 또는 1년간 가르칠 목크 • 단기목표는 장기목표를 성취하기 위해 단기간에 걸쳐 성취할 중간 단계의 목표 • 작성할 때 1년 동안 성취할 수 있는 합리적인 목표를 측정 가능한 언어르 장단기 목표 간의 위계성을 고려해서 기술
교육방법	• 교육과정 수정, 삽입된 학습 교수, 아동중심 교수전략 등 아동데게 적용할 교육방법 제시 • 교수방법은 교육목표, 프로그램과의 연계성, 하루 일과, 교육 ㅅ간 등에 적합한 방법 선택
평가계획	• 학업 성취도 평가 • 평가방법, 기준, 평가 시기와 주기 명시 • 결과를 부모에게 통보함
관련 서비스	• 사용하는 인적, 물적 자원 • 상담지원, 가족지원, 치료지원, 보조인력지원, 보조공학기기지원, 학습보조공학기기지원, 통학지원, 정보접근지원 등

획일화된 양식은 없으나 위와 같은 구성요소를 포함하여 개별화교육계획을 작성해야한다.

2 통합교육

1) 통합교육의 개념

장애아동을 교육하고 지원하는 목적은 장애아동이 교육과 지원을 통해서 자신의 잠재능력을 발휘하여 독립된 사회구성원으로서 자신의 삶을 주체적으로 살아가게 하기 위함이다. 이와 같은 교육목적을 달성하기 위해 장애아동과 비장애아동들이 함께 교육받는 통합교육이 중요하다.

통합교육에 대한 실천은 시대와 국가적 상황에 따라 다양한 모습으로 실천되고 있다. 통합교육은 정상화라는 철학적 믿음과 탈시설수용화와 같은 사회적 움직임, 최소제한환경이나 입학거부 불가 등의 행정적 뒷받침을 통해서 실현될 수 있다(이소현 외, 2011). 통합교육 개념은 계속 변화되어 오고 있으며 그에 따라 용어도 변화되면서 통합교육의 개념을 구체적으로 제시하려고 노력하고 있다. 통합교육에 대한 용어의 변화 과정을 살펴보면 다음과 같다〈표 11-3〉.

〈표 11-3〉 통합교육 용어 변화

시기	용어	의미
1900~ 1960년대	정상화 원리 (principle of normalization)	장애나 기타 불이익을 경험하는 모든 사람에게 가능한 한 사회의 일반적인 환경과 생활방식을 유사하게 실제로 동일한 삶의 형태와 일상생활 제공
1950~ 1960년대	탈시설수용화 (deinstitutionalization)	장애인을 거주 시설에 수용하는 것에 강한 비판이 시작되면서 사회 운동의 일환으로 장애인을 지역사회 내 소규모 시설이나 가정으로 이동시키기 위한 움직임
1970년대	최소제한환경 (Least Restrictive Environment, LRE)	미국 장애아동교육법과 국제인권 문서에 구체화된 원리로 모든 아동들이 일반교육에 보편적으로 접근할 수 있게 하고 그들의 자유가 가장 적게 제한받으며 장애아동들이 또래들과 상호작용할 수 있는 환경에서 교육받을 것

1980년대	주류화 (mainstreaming)	최소제한환경에 기초한 용어로서 장애아동들을 가능한 한 일반 학교에서 비장애 또래들과 함께 교육 서비스를 제공할 수 있도록 학교 프로그램을 재구조화하려는 노력
1980년대 중반	일반교육주도 (regular education initiative)	장애아동의 진단 평가를 의뢰하기 전에 일반교육에서 이들의 교육적 요구를 충족시켜 주기 위해 최대한 노력해 일반교육에 우선 참여하도록 하는 정책
1990년대 초	통합교육 (inclusion)	주류화와 비슷하지만 비분리를 전제로 비장애아동과 장애아동을 일반학급에 광범위하게 통합시키는 것
1990년대 중반	완전 통합교육 (full inclusion)	장애의 정도와 유형과 관계없이 모든 아동은 일반학급에 배치되어야 함
2000년대 이후	완전 참여와 의미 있는 성과 (full participation & meaningful benefit)	장애를 가진 아동의 물리적, 사회적, 교수적 통합과 더불어 모든 아동의 학교 교육에서 완전한 참여와 의미있는 혜택을 받아야 함

출처: Kochhar, West & Taymans(1996). 수정 발췌

이와 같이 통합교육은 배제, 분리의 대상이었던 장애아동에 대한 교육을 주류화, 통합(integration, 분리 후 통합, UN의 살라망카 선언 이후로 포용으로 대체), 최소제한환경, 일반교육주도, 포용(완전통합, full inclusion) 등으로 의미가 발전되었다.

우리나라의 통합교육 또한 이러한 세계적인 흐름과 같이 1980년대 논의를 시작하고 1994년 「특수교육진흥법」에서 통합교육 내용을 규정하면서 주류화 개념의 통합교육 정의를 사용해 오다가 「장애인 등에 대한 특수교육법」에서는 완전통합을 지향하고 있다.

이제 통합교육은 단순히 장애아동에게 학습 기회를 제공하는 것이 아니라 아동들 개개인의 욕구를 충족하여 독립된 사회구성원으로 성장시키는 종합 체계로 자리 잡고 있다.

2) 통합교육의 정의

통합교육은 장애아동과 비장애아동이 독립된 사회구성원으로 살아가기 위해서 물리적 환경, 인적 환경, 사회적 환경을 서로 함께 하는 것이다. 특수교육법 제2조 6항에서 다음과 같이 정의하고 있다.

> 통합교육이란 특수교육대상자가 일반 학교에서 장애 유형·장애 정도에 따라 차별을 받지 아니하고 또래와 함께 개개인의 교육적 요구에 적합한 교육을 받는 것을 말한다.

이는 특수교육법에서의 통합교육의 의미는 단순히 장애아동과 비장애아동이 차별받지 않고 한 공간에 있는 것(물리적 통합)이 아니라 개개인의 교육적 욕구(학문적 통합)와 사회적 통합을 포함하는 개념이다(이소현, 박은혜, 2011).

3) 통합교육의 효과

통합교육은 장애아동만을 위한 교육체계는 아니다. 모두를 위한 교육모형이다. 선행 연구를 바탕으로 통합교육의 효과를 살펴보면 다음과 같다.

(1) 장애아동에게 미치는 효과

장애아동은 기존 시설과 또래와 함께 교육받으면서 장애로 인한 부정적 낙인을 겪지 않아도 된다. 또한 또래와 함께 생활하면서 자연스럽게 또래의 언어와 행동 등을 모방하여 사회성과 의사소통능력이 발달된다.

또한 통합교육이 학습 성과에서 무의미하다면 교육모형으로써 타당성을 인정할 수 없을 것이다. 선행 연구 결과 학업 성취면에서도 장애아동 비장애아동 모두 긍정적인 성과를 보였다(이소현 외, 2011).

(2) 비장애아동에게 미치는 효과

통합교육에 부정적 시각을 가지고 있는 사람들은 통합교육이 장애아동에게 효과적인 것이라는 것에는 동의하나 비장애아동에게는 구체적으로 어떤 효과를 보이는지 잘 모른다는 것이다. 우선 선행 연구결과 통합교육이 비장애아동의 학습 능력의 저하를 가져오지 않았으며 통합된 비장애아동 또한 사회성이 향상되었다는 것을 알 수 있다(이수정, 2010; Lee & Lee, 2009; McDonnell, et al. 2003).

4)통합교육 모형

통합교육은 현재 우리나라의 특수교육 전달 체제 중 하나이다[그림 11-2].

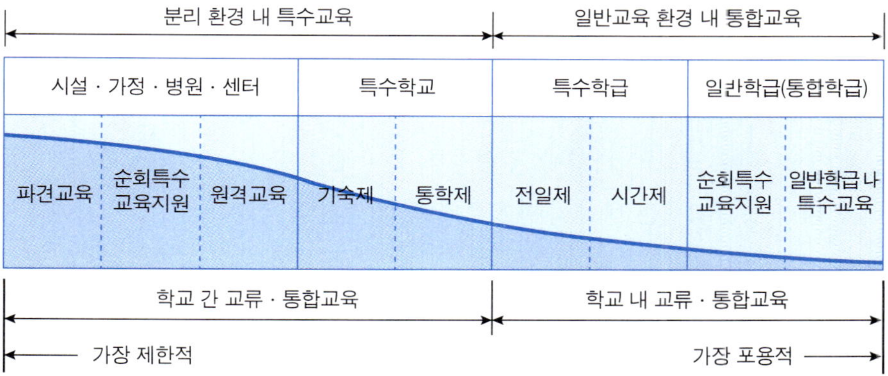

[그림 11-2] 우리나라 특수교육 전달 체제

출처: 정대영(2017).

현재 우리나라에서 통합교육은 분리 환경 내에서 특수교육과 일반교육 환경 내 통합교육 모형으로 다양하게 적용되고 있다. 장애아동의 욕구와 상황에 따라 다양한 서비스를 하고 있다.

2000년대 들어서면서 완전 통합교육을 강조하면서 완전통합 조한 4가지 차원에서 최적의 서비스가 되도록 제시하고 있다(정대영, 2019). 물리적 통합은 장애

아동과 비장애아동이 일반교육 환경에 배치되어 가능한 한 또래와 함께 교육 활동에 참여하고 모델링을 통해 자연스럽게 교육 효과를 높이는 것이다. 사회적 통합은 또래와 개인적으로 이루어지는 상호작용으로 수업시간 이외에도 휴식시간, 점심시간 등 학업적, 비학업적 사회적 관계를 형성하는 통합이다. 정서적 통합은 장애아동이 교실에서 보호의 대상이나 마스코트 같은 특별한 대우를 받은 것이 아니라 교실의 공통의 목적과 가치를 가지고 정서적 유대관계를 느끼게 하는 것이다. 학업적 통합은 장애아동들이 요구에 맞게 또래와 함께 학습활동에 참여하는 것이다.

5) 통합교육의 과제

장애아동과 비장애아동 모두를 위한 성공적인 통합교육을 위해서는 몇 가지 해결해야 하는 과제가 있다. 첫째, 앞서 설명한 것과 같이 통합교육의 모형은 다양하다. 하나의 모형이 모든 장애아동을 만족시킬 수는 없다. 따라서 다양한 장애아동의 요구에 적합한 다양한 선택지를 준비해야 한다. 즉, 최소제한 환경의 원칙에 따라 통합교육은 하나의 배치형태인 것이다.

둘째, 협력 교수가 원활히 이루어져야 한다. 장애아동은 특수교사 책임이고 원반에 잠시 왔다가는 손님으로 이해하지 않고 정서적 통합이 이루어질 수 있도록 교사 간의 공동의 책임 인식을 바탕으로 교육목표를 세워 장애아동을 위해 함께 교육해야 한다. 원활한 협력 교수를 위해서는 교사 간의 자발적인 참여, 교수 활동에 대한 적절한 역할 분담, 책무성, 교수 활동 결정에 있어서 공동의 책임, 자료의 공유, 상호신뢰와 존중이 필요하다(박윤조 외, 2021). 협력교수의 유형은 〈표 11-4〉과 같다.

〈표 11-4〉 협력 교수 유형

유형	방법	배치도
1인 교수 1인 보조	한 명의 교사가 강의를 주도하고 다른 한 명은 개별적인 지원을 제공	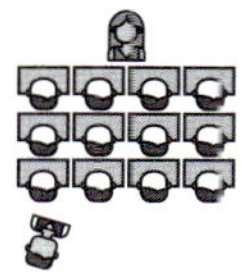
스테이션 교수	학생, 교육 활동을 소집단으로 나누어서 구성하여 돌아가면서 수업. 두 개의 스테이션을 구성하거나 독립적인 학습이 가능한 아동의 경우 세 번째 스테이션에서 스스로 과제를 수행하게 구성할 수 있음	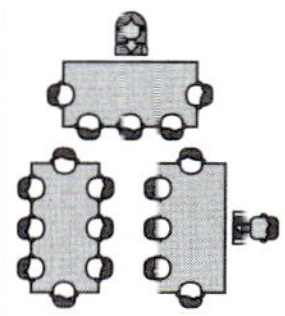
평행교수	두 교사가 두 개의 동등한 집단을 각 교수하며 같은 내용을 같은 시간에 배움	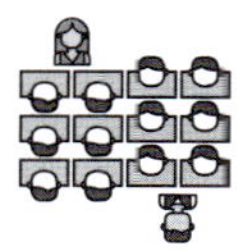
대안교수	한 교사는 대부분의 아동과 함께 활동하고 다른 교사는 교정, 심화, 평가, 사전교육 또는 다른 목적을 위한 소집단과 함께 수업	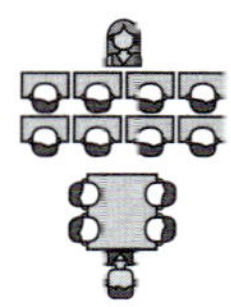
팀 교수	학급 전체를 한 학습단위로 해서 두 교사가 공동의 역할 수행	

출처: 박윤조 외 (2021). p.300 재인용.

셋째, 장애아동의 개인적 요구에 적합한 교육을 위해서 교수적 수정이 이루어져야 한다. 장애아동의 경우 장애유형과 정도에 따라 또래와 같은 방식의 수업에 참여가 어려울 수 있다. 따라서 교수환경, 교수집단, 교수방법, 교육내용, 평가방법에서 수정이 필요하다〈표 11-5〉.

〈표 11-5〉 교수적 수정 내용

<table>
<tr><th>유형</th><th>하위유형</th><th colspan="2">예시</th></tr>
<tr><td>교수환경</td><td>물리적 및 사회적 환경</td><td colspan="2">물리적 환경: 소음, 조명, 자리 변경
사회적 환경: 장애이해교육 실시</td></tr>
<tr><td>교수집단</td><td>다양한 형태의 집단</td><td colspan="2">대집단, 소집단, 또래교사, 1:1, 자습</td></tr>
<tr><td rowspan="6">교수방법</td><td>교수활동</td><td colspan="2">과제를 작은 단위로 나누기, 과제의 양 줄이기, 과제를 쉽게 바꾸기, 과제를 활동 중심으로 바꾸기</td></tr>
<tr><td rowspan="4">교수전략</td><td>수업형태</td><td>강의 중심을 경험중심, 활동 중심수업 등으로 변경</td></tr>
<tr><td>교육 및 보조공학</td><td>서판을 컴퓨터 화면으로 확대 제시</td></tr>
<tr><td>행동강화</td><td>행동계약, 모델링, 토큰, 칭찬 등 사용</td></tr>
<tr><td>정보제시 및 반응양식</td><td>전체 제시, 부분제시, 시청각정보 제시, 촉각정보제시 등</td></tr>
<tr><td>교수자료</td><td colspan="2">교과서 필수적인 내용을 전달하기 위해 교과서, 학습지 등 사용</td></tr>
<tr><td>교수내용</td><td>학습목표/내용</td><td colspan="2">일반교육과정의 내용을 장애아동의 독특한 교육적 요구와 수행 수준에 적합하게 수정(내용보충, 단순화, 교육과정 내용 변화)</td></tr>
<tr><td>평가방법</td><td></td><td colspan="2">지필고사를 학생의 진보 기록으로 변화</td></tr>
</table>

출처: 전병운(2018). pp. 38~39.

단순히 통합교육이라는 이름으로 장애아동과 비장애아동을 함께 교육한다고 해서 긍정적 효과를 얻을 수는 없다. 준비되지 않은 통합교육은 오히려 장애아동과 비장애아동에게 해가 될 수 있다. 따라서 성공적인 통합교육을 위해서 장애아동과 비장애아동의 요구에 적합하도록 사전에 관련자들의 준비가 필요하다.

3 장애아동 교수방법

장애아동을 위한 교수 방법은 매우 다양하다. 각 장애아동마다 현행수준이 다르고 가족들이 원하는 우선순위도 다르기 때문이다. 장애아동에게 적합한 교수 방법을 찾기 위해 많은 시간 고민하게 되는 이유 또한 이러한 다양성 때문이다. 이 장에서는 교사 주도적 접근법과 아동 중심접근법으로 나누어서 제시하겠다.

1) 교사 주도적 접근법

(1) 과제분석

과제분석이란 주어진 과제를 달성하기 위해 우선 갖추어야 할 선행기술이 무엇인지 단계별로 분석하고 순차적으로 지도하는 것이다. 과제분석을 위해서 아동을 관찰하면서 각 단계를 기록하고 각 단계에 따라 빠진 단계가 없는지 확인하고 보충해서 단계를 완성한다. 또한 각 단계를 수행하기 위한 선행기술을 먼저 가르친다. 이렇게 과제를 세부적으로 나누어 지도하면 아동이 어느 단계에서 수행하고 못 하는지 평가할 수 있고 과제의 위계에 따라 필요하지만 미리 준비되지 않은 선행기술이 무엇인지도 알 수 있어 체계적인 지도가 가능하다. 과제분석 시 교사는 처음에는 단계별로 글과 그림, 신체적 움직임으로 시범을 보이며 하나하나 알려준다. 과제가 익숙해지면 아동에게 언어나 신체적 촉구만 사용하여 수행하도록 하고 점차 아동이 독립적으로 수행하게 지도한다.

(2) 직접교수

직접교수는 두 가지로 나눌 수 있다. Rosenshiner(1986)과 Stallings(1937) 등에 의해 주장된 직접교수(di: direct instruction)와 미국 오리건 주립대학교의 교수들이 중심으로 개발했던 패키지 형태의 교수–학습프로그램 직접교수(DI: Direct Instruction)가 있다. di와 DI 모두 교사주도적 수업과 명시적 교수법을 강조하고 있다. 그러나 di는 어떻게 가르칠 것인가? 즉, 교수방법에 중점을 두는 반면에 DI는 무엇을 어떻게 가르칠 것인가? 교수 내용과 방법 두 가지 모두에 중점을 둔다(고은 외, 2015). di와 DI의 구체적인 특징은 다음과 같다〈표 11-6〉.

〈표 11-6〉 di와 DI의 특징

	di	DI
개발	선행 연구를 통해 효과 입증 특수교육현장에서 자주 사용하는 방법	오리건 주립대학교 교수들이 중심으로 개발한 상업용 교재 및 프로그램
특징	• 교사주도적 • 아동의 학업성취 향상을 위한 수업 방법에 집중 • 내용의 제시, 점검, 평가, 평가 결과에 대한 피드백	• 교사주도적 • 교수 방법과 교육과정 혹은 교수 내용 조직에 관심 • 교과 영역별, 학년별 교사용 지도서, 학습자용 워크북, 보조자료집이 하나의 패키지로 구성
교수 방법	① 복습: 과제와 관련된 선행 학습 내용복습 ② 제시: 수업 목표진술, • 새로운 수업 내용 작은 단위로 나누어 제시 • 과제 완성을 위한 모델링 • 적절한 사례/부적절 사례 제시 • 명확한 용어사용 • 수업과 상관없는 내용 삭제 ③ 안내된 연습: 빈번한 상호작용을 위해 • 빈도 높은 반응 요구 • 높은 성공률 제공 • 단서, 촉진 등 제공 적합한 피드백 • 숙달될 때까지 계속 반복 ④ 교정과 피드백: 필요하다면 다시 수업 ⑤ 독립적 연습: 아동 스스로 모니터링 자연스러울 때까지 연습 ⑥ 주별, 월별 복습	① 교수-학습 시간을 최대화하기 위해 전략적으로 수업 조직함(예를 들어 수업 조직과 관련된 시간표 짜기, 집단 구성하기, 각 아동들의 향상도 점검 등의 실제 지침 포함) ② 효과적인 교수-학습프로그램 설계 (설계요소로 내용분석을 통한 큰 개념, 학습 목표 및 전략 확인, 명료한 의사소통을 위한 내용의 조직화, 대본화된 교사용 지침 사용, 기술 계열화시키기, 주제별 조직하기 등) ③ 아동과 교사 간의 상호작용 증진을 위한 기법 사용(예를 들어 집단의 합창식 반응, 신호의 사용, 수업 진행 속도 조절, 완전학습 지향, 오류교정, 절차 중시, 동기화, 지속적인 평가 등)

2) 아동 주도적 교수접근법

아동 주도적 교수접근법은 아동이 자신의 학습을 스스로 주도하게 하는 교수방법으로 자기 목표 세우기, 자기점검, 자기교수, 자기강화 등의 전략이 있다〈표 11-7〉. 이러한 전략들은 일반적으로 메타인지 전략으로 불리며 주요 교과학습과 관련된 읽기, 쓰기, 셈하기 등의 학습에서 사용된다(고은 외, 2015).

〈표 11-7〉 아동 주도적 교수접근법

유형	특징
자기 목표 세우기	아동이 스스로 자신의 목표를 정하여 학습하는 것 현재 성취도, 행동 그리고 성취도나 행동의 변화를 관찰할 수 있는 기회를 제공하고 현재 가장 필요한 것이 무엇인지 확인 가능 목표는 구체적이고 아동이 달성할 수 있는 것이어야 함
자기점검	아동이 스스로 자신의 학업 수행이나 행동(산만함 등)을 점검하는 것 자기평가와 자기기록으로 나뉨(예 자신의 학업 수행 정도나 행동을 관찰 및 평가하고 자신의 평가 결과를 기록함) 자기평가와 자기기록을 함께 사용할 때 효과적 일정 시간 동안 과제에 집중하기 단계별로 전략 배우기에 효과적(예 단어 외우기, 약속한 시간까지 약속한 분량의 책 읽기 등)
자기교수	과제의 수행 순서를 아동 스스로 말해가면서 실행하도록 하는 것('자신에게 말하기'라고도 함) ① 교사가 먼저 단계를 말하며 수행 ② 교사의 지시로 아동이 각 단계를 말하고 ③ 아동이 각 단계를 수행하면서 도움이 필요하면 교사에게 요청하고 ④ 아동이 각 단계를 작은 소리로 말하거나 속을 생각하면서 수행하는 단계로 진행 예 ① 교사가 일기 쓰기 단계를 말하고 ② 아동이 일기 쓰기 단계를 말하고 ③ 아동이 일기 쓰기시 필요한 도움 요청 ④ 아동이 스스로 말하면서 일기를 씀

유형	특징
자기조절 전략 개발 모형	자기조절 전략 개발은 인지, 초인지, 원리에 기초해서 개발된 교수학습방법 쓰기 능력 향상을 위한 전략으로 가르치는 데 주로 사용하며 자기 목표 세우기, 자기교수, 자기점검, 자기강화 등을 포함 ① 쓰기 전략, 자기조절 및 적절한 내용 지식에 관한 명시적이고 확장된 교수 제공 ② 아동과 빈번한 상호작용과 협력 ③ 교수 내용과 방법은 아동의 요구와 능력에 맞게 개별화되며, 피드백과 지원 제공 ④ 아동은 자기 진도에 맞게 학습하되 한 단계에서 다음 단계로 이동할 때 정해진 준거를 충족시켜야 함 ⑤ 새로운 전략과 방법을 지속적으로 도입

3) 또래 주도 교수접근법

또래 주도 교수전략은 장애아동의 학습을 촉진하는 방법으로 또래교수와 협동학습을 활용하는 것이다(이소현 외, 2011).

또래교수는 한 아동이 교수자가 되어 다른 아동에게 특정 기술을 학습하도록 가르치는 것이다. 또래교수는 교수자가 돼는 또래를 미리 선정 훈련시켜야 하며 적절하게 교수자-아동 짝을 지어야 한다. 또한 또래교수 과정을 교사가 정기적으로 감독하고 피드백해야 한다.

협동학습은 서로 다른 능력을 가진 아동으로 집단을 만들어 서로 협력하여 과제를 해결해 나가는 교수 방법이다. 강의식 수업에서 벗어나 또래 간의 협동해 과제를 달성하는 것이다. 그러나 협동학습은 사전에 충분한 계획이 필요하다. 자칫하면 아동 간에 의견 충돌로 싸움이 발생하거나 주도권을 가진 아동이 혼자서 과제를 완성하고 소극적인 아동은 불참하는 등의 문제가 발생할 수 있기 때문이다.

4) 문제중심학습

문제중심학습(Problem-Based Learning, PBL)이란 실제로 일어날 수 있는 다양한 문제 상황에 대한 비구조적 개방형 문제로 수업을 시작하고 협력적으로 문제를 해결하는 과정을 통해서 필요한 지식을 학습자가 스스로 버울 수 있도록 돕는 교육적 접근법이다(이소현 외, 2011). 즉 아동에게 문제가 주어지고 그 다음 아동은 정보를 통합하고, 협력하여 지식을 습득하여 협력적으로 문제를 해결하게 된다. 아동들은 문제를 해결하기 위해 해결책을 추론하고 질문하고 조사하는 과정을 배우면서 학습 효과를 높인다(이경순 외, 2010). 또한 제시된 문제 상황이 실제 상황과 같기 때문에 아동에게는 내적 동기가 생기고 수업에 적극적으로 참여하는 장점이 있다.

4 미래 주거환경과 직업교육

1) 장애아동의 진로직업 교육

현재 특수교육법에서는 장애아동에 대한 진로 및 직업 교육의 지원에 관한 법률을 제정해서 장애아동이 진로 및 직업교육을 받을 수 있도록 하고 있다(장애인 등에 대한 특수교육법 제2조, 제23조, 제24조, 제33조). 미국 또한 교육법(IDEA)에서 전환교육이라 명하여 장애아동들이 학교에서 사회로 전환할 수 있도록 법으로 보호하고 있다〈표 11-8〉.

〈표 11-8〉 장애인 등에 대한 특수교육법과 미국 장애인교육법의 직업교육법률

장애인 등에 대한 특수교육법	제2조 제9항	(정의) "진로 및 직업교육"이란 특수교육대상자의 학교에서 사회 등으로의 원활한 이동을 위하여 관련 기관의 협력을 통하여 직업 재활훈련 · 자립 생활훈련 등을 실시하는 것을 말한다.
	제23조	(진로 및 직업교육의 지원) ① 중학교 과정 이상의 각급 학교의 장은 특수교육대상자의 특성 및 요구에 따른 진로 및 직업교육을 지원하기 위하여 직업평가 · 직업교육 · 고용지원 · 사후관리 등의 직업 재활 훈련 및 일상생활적응훈련 · 사회적응훈련 등의 자립생활훈련을 실시하고, 대통령령으로 정하는 자격이 있는 진로 및 직업교육을 담당하는 전문인력을 두어야 한다. ② 중학교 과정 이상의 각급 학교의 장은 대통령령으로 정하는 기준에 따라 진로 및 직업교육의 실시에 필요한 시설 · 설비를 마련하여야 한다. ③ 특수교육지원센터는 특수교육대상자에게 효과적인 진로 및 직업교육을 지원하기 위하여 대통령령으로 정하는 바에 따라 관련 기관과의 협의체를 구성하여야 한다.
	제24조	(전공과의 설치 · 운영) ① 특수교육기관에는 고등학교 과정을 졸업한 특수교육대상자에게 진로 및 직업교육을 제공하기 위하여 수업연한 1년 이상의 전공과를 설치 · 운영할 수 있다. ② 교육부장관 및 교육감은 지역별 또는 장애유형별로 전공과를 설치할 교육기관을 지정할 수 있다. ③ 전공과를 설치한 각급 학교는 「학점인정 등에 관한 법률」 제7조에 따라 학점인정을 받을 수 있다. ④ 제1항 및 제2항에 따른 전공과의 시설 · 설비 기준, 전공과의 운영 및 담당 인력의 배치 기준 등에 관하여 필요한 사항은 대통령령으로 정한다.
	제33조 제2항	(장애인고등교육지원센터) 고등교육센터는 다음 각 호의 업무를 수행한다. 3호 장애학생의 진로 · 취업 지원
미국 장애인 교육법 (IDEA)	전환 교육	전환은 중등학교 이후 교육, 직업훈련, 통합고용, 계속적인 성인교육, 성인 서비스, 독립생활이나 지역사회 참여를 포함하는 학교에서 학교 이후의 활동으로 이동을 촉진하는 결과 중심 과정 내에서 고안된 장애학생을 위한 일련의 통합된 활동이다.

장애아동들이 사회의 독립된 구성원으로 살아가기 위한 진로 및 직업교육을 진행하고 있으며 지속적인 지원을 받을 수 있도록 조직적으로 장치를 마련하였다.

2) 장애아동 진로직업교육 현황

특수교육연차보고서(2023)를 살펴보면 현재 장애아동의 진로·직업교육의 다양화를 위해 진로·직업교육과정 특성화 운영 지원, 현장중심 직업교육 확대를 통해 장애아동의 취업역량 강화 지원을 하고 있다. 추진 현황은 다음과 같다.

- 장애학생 진로·직업교육과정 특성화 운영 지원, 현장중심 직업교육 확대를 통해 장애학생 취업역량 강화를 지원한다.
- 특수학교 자유학기제 진로체험활동 지원을 위해 진로체험지원전산망 '꿈길'을 통한 프로그램을 확보하여, 진로체험활동을 운영한다[그림 11-3].

[그림 11-3] 꿈길 홈페이지

출처: https://www.ggoomgil.go.kr/handbook/main.jsp

• 일반사업장과 유사한 형태의 작업 환경을 조성하여 장애학생의 현장실습 중심 직업교육 강화를 위한 특수학교 학교기업(32교) 내실화를 지원한다.
• 장애학생의 진로·직업교육 전문화 및 취업률 제고를 위한 '통합형 직업교육 거점학교(53교)'를 운영한다.
  – 장애학생 '통합형 직업교육 거점학교'는 장애학생에게 현장실습 위주의 직업교육을 제공하고, 인근 특수학급 학생에 대한 직업훈련 및 컨설팅 등을 제공하여 해당 지역의 장애학생 직업교육 거점학교로서의 기능을 수행하고 있다.
• 장애유형·정도를 고려한 맞춤형 일자리 및 취업 지원을 위해 교육·복지·고용 관계부처 연계를 강화한다.
  – 장애학생 취업지원 서비스 적기 제공 및 체계적 진로·직업교육 이력 관리를 위해 구축한 범부처 진로취업지원 시스템 기능을 고도화한다.

3) 장애아동 진로 · 직업교육을 위한 향후 과제

장애아동이 졸업 후 취업을 통해 독립된 사회적 구성원으로 살아가기 위해서 다음과 같은 지원이 이루어져야 한다(교육부, 2023).

• 장애학생의 재능 발굴 및 전문 직업인으로 양성·지원하기 위해 '진로와 직업' 교과를 중심으로 현장중심의 진로·직업 특화 교육과정 운영 강화
• 진로체험지원전산망 '꿈길'을 통한 체험활동 활성화 및 질 관리 체계 강화
• 고등학교 및 전공과를 졸업한 특수교육대상자에 대한 이력 관리 및 안정적 직업 유지 도모를 위한 취업 유지 현황 조사 실시
• 양질의 일 경험 기회와 사회참여 기회를 확대하기 위해 관계부처 연계 강화 및 현장 중심의 다양한 일자리 사업 확대 추진
• '진로진학상담' 전문 자격을 갖춘 특수학교 진로전담교사 배치 확대 및 역량 강화 연수 지원을 통해 담당 교원의 전문성 제고

- 장애학생 취업 지원 서비스 적기 제공 및 체계적 이력 관리를 위한 범부처 취업 지원 시스템 기능 개선을 통해 현장 안착 도모
- 진로 및 직업교육 담당자 역량 강화, 우수사례 발굴·보급, 성과관리 등을 통해 장애학생 진로 및 직업교육의 전문화 지원

제 12 장

장애아동 행동지원

1. 문제행동에 대한 이해
2. 행동지원 전략

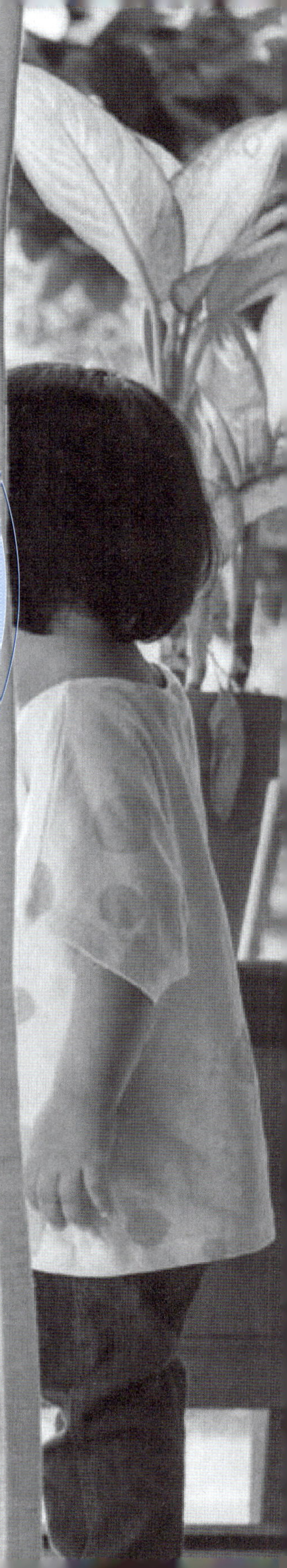

1 문제행동에 대한 이해

1) 문제행동의 정의

문제행동이란 행동을 하는 사람이나 타인의 신체적 안전을 심각하게 해할 가능성이 있는 행동을 의미한다. 과거에는 '문제행동'과 함께 '행동문제', '부적응행동' '이상행동' 등의 용어로 사용하였다. 그러나 이러한 용어가 행동 주체자에게 모든 책임을 부여하는 의미를 담고 있어서 교사 입장에서 이러한 행동을 돕는 방법을 찾는 것이 하나의 도전이 되기 때문에 도전적 행동(challenging behavior)이라는 용어를 사용하기도 한다.

2) 문제행동의 의미와 판단 기준

아동이 보이는 문제행동은 교사나 부모에게는 문제로 인식되지만 아동의 입장에서는 자신의 요구를 관철시키기 위한 거친 의사 표현 방식이라고 할 수 있다. 문제행동을 지도하기 위해 성인이 가장 먼저 해야 할 일은 아동이 문제행동을 통해 무엇을 표현하려고 하는 것인지를 파악하는 것이다.

아동이 보이는 행동이 지원을 요하는 문제행동인가를 판단하기 위해서는 아동의 연령, 발달 변인, 사회·문화적 상황 등을 고려해야 한다.

첫째, 아동의 행동이 해당 연령에 따른 표준 발달 양상에 비추어볼 때 자연스러운 행동일 수 있다. 친구가 가지고 놀고 있는 장난감을 빼앗는 행동은 어린이집 영아 학급에서는 빈번히 관찰되는 행동이다. 그러나 동일한 행동이 초등학생에게 발생했다면 문제행동으로 고려될 것이다.

둘째, 자폐범주성장애 아동의 상동적 행동은 문제행동보다는 장애로 인한 특성으로 다루어야 할 것이다.

셋째, 한 아동의 동일한 행동이 사회적, 문화적 상황에 따라 문제행동일 수도 있고 아닐 수도 있다. 아동이 바닥에 눕는 행동은 집이라는 상황과 학교라는 상황에서 다르게 받아들여지는 것이 이러한 이유에서이다. 또한 자신의 실수를 말할 때 미소 짓는 행동은 한국 문화에서는 수용적이지만 서구 문화에서는 무례한 행동이 되기도 한다. 이와 같이 동일한 행동이 사회적 맥락과 문화적 맥락에 따라 다르게 평가되므로 아동의 문제행동을 평가할 때 아동의 사회적, 문화적 상황을 고려해야 한다.

3) 문제행동의 원인

영유아의 문제행동에는 다양한 원인이 있을 수 있다. Miller(2002)는 영유아 문제행동의 원인을 다음과 같이 설명한다.

첫째, 성인의 부적절한 기대
둘째, 성인의 기대에 대한 아동의 잘못된 이해
셋째, 자기통제력의 부족
넷째, 지루함
다섯째, 피로와 불편
여섯째, 인정에 대한 욕구
일곱째, 낙담
여덟째, 좌절 및 반항

4) 문제행동에 영향을 주는 요인

문제행동에 영향을 주는 요인은 크게 생물학적 요인과 환경적 요인으로 구분된다. 생물학적 요인은 선천적 요인을 의미하는 것으로써 기질, 성별, 장애 등이 있으며 환경적 요인에는 부모의 양육 태도, 빈곤, 미디어의 영향이 있다.

(1) 생물학적 요인

아동의 문제행동에 영향을 미치는 생물학적 요인으로는 기질, 성별, 선천적 장애가 있다.

기질은 어머니와의 긍정적인 상호작용을 이끄는 데 영향을 미치는 대표적인 개인적 요인으로 아동의 정서적 표현 양식과 환경 자극에 대한 반응의 차이로 나타난다. 아동의 기질이 사회 정서 발달에 중요한 변인이 될 뿐 아니라 부모의 양육 태도에도 영향을 미친다. 기질은 타고난 것으로 유전의 영향을 많이 받고 성인기까지도 지속되는 것으로 알려져 있다.

Thomas와 Chess는 기질을 구성하는 9개의 요인을 활동수준, 생물학적 리듬, 접근과 회피, 적응성, 기분, 반응의 강도, 민감성, 주의 산만성, 지속성으로 설명하였다. 이상의 9가지 특성을 기준으로 기질을 순한 아이, 까다로운 아이, 느린 아이의 세 가지로 유형으로 구분하였다〈표 12-1〉.

〈표 12-1〉 기질의 유형과 특성

기질	특성
순한 기질	• 행복하게 잠을 깨고 혼자 잘 놀고 쉽게 당황하지 않음 • 규칙적 수유, 수면 • 낯선 사람에게도 미소를 보임 • 새로운 생활 습관에 쉽게 적응, 좌절에 순응적
까다로운 기질	• 눈을 뜨기 전부터 울음 • 불규칙한 습관 • 불행해 보이고 적대적 • 작은 좌절에도 강한 반응 보임 • 새로운 사람, 상황에 적응하는데 많은 시간 소요
느린 기질	• 새로운 상황에 불안과 위축 보임 • 환경 자극에 활발한 반응 보이지 않음 • 변화에 적응하는데 시간이 오래 걸림

느린 기질과 까다로운 기질의 아이는 각각 전체 영아의 10% 전후이고 순한 기질이 약 40%정도이며 그 어디에도 속하지 않는 기질이 약 35% 정도이다. 기질에 따라 적절한 양육방법이 달라져야 한다. 순한 기질 아동의 경우 아동의 선택을

존중해주고 호기심에 반응해 주면서 감정에 공감해 주는 양육방법이 효과적이다. 반면 까다로운 기질의 아동인 경우 기다림과 인내심을 가지고 아동의 감정표현을 지지하고 수용하며, 환경 변화를 가급적 최소화하는 것이 도움이 된다. 느린 기질 아동은 다른 아동과 비교하지 말고 새로운 것에 적응할 시간을 충분히 주어야 한다. 부모나 교사가 조급해하거나 통제하려고 하면 안된다.

아동의 문제행동에 있어 성별은 특히 공격적인 행동을 중심으로 연구되어 왔다. 일반적으로 남아가 신체적인 공격과 언어적인 공격을 여아보다 더 많이 보이고, 여아의 경우에는 간접적인 공격성을 많이 보이는 것으로 알려져 있다.

행동문제가 있는 아동에게서 언어, 기억, 주의력 등 뇌 기능과 관련된 문제가 자주 발견된다. 행동에 문제를 보이는 아동 중 50% 정도가 언어지체를 보인다. 문제해결을 위해 언어를 사용하는 데 어려움을 가진 아동은 자신의 요구나 감정을 언어로 표현하는 것이 어렵게 때문에 때리기, 밀기 등과 같은 부정적인 방법을 사용한다. ADHD 아동은 부주의하고 산만한 행동을 보여 자신이 다치거나 타인을 다치게 하는 정도의 사고를 자주 경험한다.

(2) 환경적 요인

아동의 문제행동에 영향을 미치는 환경적 요인으로는 부모의 양육 태도, 빈곤, 미디어의 영향이 있다. 부모의 양육 태도는 아동의 전반적 발달에 영향을 미치는데, 문제행동의 발생과 강화에도 영향을 미치게 된다. 부모의 양육 태도는 애정적 태도, 거부적 태도, 자율적 태도, 통제적 태도로 구분되며 애정적 태도와 거부적 태도 중 높은 득점 선택, 자율적 태도와 통제적 태도 중 높은 득점 선택하여 네 가지 유형으로 분류한다. 즉, 애정적-자율적 태도, 애정적-통제적 태도, 거부적-자율적 태도, 거부적-통제적 태도로 구분되며 각 양육 태도 유형의 양육 특성과 해당 아동의 행동특성은 〈표 12-2〉와 같다.

〈표 12-2〉 양육 태도 유형과 아동의 행동 특성

	자율적	통제적
애정적	[애정적-자율적 태도] • 자녀에게 애정을 갖고 자녀 행동에 자율성을 인정하는 양육태도 • 자녀에게 관심을 갖고 대화를 통해 자녀의 의사를 존중함으로써 독단적인 의사결정을 피함 • 자녀는 정서적으로 안정되고 창의적이며 자신이나 타인에게 적대감이 없음	[애정적-통제적 태도] • 자녀에게 애정적이면서 자녀의 행동에 많은 제약을 가하는 태도 • 지나치게 관대하거나 통제가 심한 경우 과잉보호가 나타남 • 애정적-자율적 양육태도 가정 자녀보다 더 의존적이고 사교성과 창의성이 부족한 편이며 불안정한 정서, 내성적인 성격 갖음
거부적	[거부적-자율적 태도] • 자녀를 수용하지 않으며 동시에 자녀 마음대로 행동하도록 방임하는 양육태도 • 무시, 냉담, 무관심한 태도 • 자녀는 불안정한 정서와 심한 위축행동, 공격적 행동, 행동조절 부족, 반항적이고 반사회적인 행동유형으로 사회적 고립, 정서적 문제 나타남	[거부적-통제적 태도] • 자녀에게 관대함, 따뜻함을 주지 않으며 자녀의 행동을 체벌, 심리적 통제를 통해 규제함 • 권위주의적, 독재적, 요구적, 거부적인 태도 • 자녀는 자아에 대한 분노 발생, 내면화된 갈등과 고통, 경우에 따라 자학적인 퇴행행동 보임

부모의 양육 태도를 확인하여 이에 따른 지원을 제공한다면 아동의 문제행동을 이해하는데 도움이 된다. MBRI(Maternal Behavior Research Instrument) 양육태도척도는 Schaefer가 개발한 5점 척도형 도구로써 부모의 양육태도의 상대적인 경향성을 확인해 볼 수 있다. 총 48개 문항으로 구성되어 있다. 부모의 양육태도를 애정적 태도, 거부적 태도, 자율적 태도, 통제적 태도로 나누고 각각의 양육태도를 나타내는 문항 12개씩으로 구성되어 있다〈표 12-3〉.

〈표 12-3〉 MBRI(Maternal Behavior Research Instrument) 양육태도척도

	문항 내용
애정적 태도	1. 자녀의 요구를 모두 들어주는 편인가 (역채점문항)
	5. 자녀에게 문제 되는 행동이 있을 때 거리낌 없이 다른 사람에게 의논하고 도움을 받는가
	7. 자녀가 보이는 흥미, 관심거리에 대해 자녀와 이야기를 자주 하여 도움을 주는가
	23. 자녀를 둔 것이 퍽 기쁘다고 자녀에게 말하는가
	24. 자녀의 행동이나 자녀가 성취한 일에 늘 관심을 갖는 편인가
	25. 자녀에게 애정 표현을 겉으로 잘하는가
	26. 자녀와 보내는 시간을 많이 갖는 편이라고 생각하는가
	27. 자녀를 존중하고 신뢰하며 허물없이 이야기를 나누는 편인가
	28. 자녀가 무언가 해낼 것이라는 기대감을 강하게 갖고 있는가
	35. 자녀와 함께 보내는 시간을 즐거워하는 편인가
	36. 자녀의 행동이 자랑스럽게 느껴지고 칭찬도 하는 편인가
	37. 어린 자녀가 놀고 있을 때 자녀가 노는 방식으로 허물없이 함께 놀아주는가
거부적 태도	3. 자녀가 바람직하지 않은 행동을 못 본 체할 수 없어 야단을 치는 편인가
	4. 자녀가 잘못했을 경우 일부러 쌀쌀맞게 대하고 따끔하게 이야기하는 편인가
	14. 다른 사람이 어머니를 대할 때 어려워하거나 까다로운 면이 있다고 하는 편인가
	16. 직장(가정) 일을 하다가 권태롭거나 지겹다는 생각을 할 때가 있는가
	17. 자녀가 클 때까지 다른 사람이 좀 키워줬으면 좋겠다는 생각을 할 때가 있는가
	19. 자녀를 양육하려면 어쩔 수 없이 근심 걱정이 많이 생긴다고 이야기 한 적이 있는가
	29. 자녀 양육이 즐거울 때보다 짐스러울 때가 많다고 생각하는가
	30. 자녀의 행동 및 태도에 고쳐야 할 점이 많다고 생각하는가
	31. 자녀가 바람직하지 않은 행동을 보일 때 어머니는 참으려고 하다가 버럭 화를 내거나 큰 소리를 칠 때가 있는가
	32. 자녀로 인해 속상하고 화나는 일이 많은가
	33. 자녀에 대해 별로 아는 것이 없다고 생각하는가
	34. 자녀의 요구를 무시하는 편인가

	문항 내용
자율적 태도	2. 사물에 대한 판단을 잘하고 이해도 빠른 편이라고 생각하는가
	6. 자녀의 잘못된 행동을 끄집어내지 않는 편인가
	11. 자녀가 할 수 있다면 비록 힘든 일이라도 혼자 하도록 하는가
	12. 자녀가 마음대로 행동하도록 자유를 주실 의사가 있는가
	13. 자녀를 일일이 돌봐주지 않고 자기 혼자서 자리를 찾아 놀게하는 편인가
	15. 자녀가 다른 아이나 어른과 잘 사귄다고 생각하는가
	38. 자녀의 정서적 특성이나 성격이 바람직하다고 생각하는가
	39. 자녀 양육에 대한 지식을 넓히기 위해 독서, 강연회 참석 등 타인에게 자문을 구하는가
	40. 정치, 경제, 사회문제 및 여러 방면에 대해 폭넓은 흥미를 갖고 있는가
	41. 자녀가 집을 떠나 혼자 행동하는 것을 관대하게 봐주는 편인가
	42. 자녀 스스로 행동하는 것을 관대하게 봐주는 편인가
	43. 어머니의 도움을 거절하고 자녀 혼자 무엇을 하겠다고 할 때 그냥 내버려둘 것인가
통제적 태도	8. 자녀가 사귀는 친구와 자녀가 하는 말을 잘 보살펴서 나쁜 친구와 나쁜 일에 빠지지 않도록 적극 도와주는 편인가
	9. 자녀가 마음대로 하면 버릇들이기가 힘들기 때문에 표현이나 움직임을 엄격히 제한할 필요가 있다고 생각하는가
	10. 자녀가 놀거나 공부할 때 되도록 집안에서 하도록 하는가
	18. 자녀에게 가능한 한 원대한 꿈과 포부를 갖도록 격려하여 보다 더 성공할 수 있게끔 도와준 적이 있는가
	20. 자녀가 되도록 사회적으로 성공했으면 하고 바라는 편인가
	21. 자녀의 유치원이나 학교생활에 관심을 갖고 자주 살피는 편인가
	22. 가정 내 질서를 유지하기 위해 규칙과 규율을 많이 설정해야 한다고 생각하는가
	44. 자녀가 생각하고 있는 것이나 말하고자 하는 것은 무엇이든 어머니가 알고 있어야 제대로 교육할 수 있다고 생각하는가
	45. 자녀가 '장손', '맏딸' 등 집안의 귀중한 존재라는 것을 깨닫게 하려고 노력하는가
	46. 자녀가 바르게 자라려면 부모를 어렵게 알고 두려워할 줄 알아야 한다고 생각하는가
	47. 자녀가 버릇없이 굴 때 벌을 주겠다고 엄포를 놓은 적이 있는가
	48. 자녀가 부모의 말에 절대 순종해야 한다고 생각하는가

출처: 지역사회서비스투자사업 성과측정을 위한 척도활동 가이드북(2015)

빈곤한 가족의 아동은 자아존중감이 낮은데, 이는 가족의 경제적 스트레스로 인한 부모의 적절한 통제와 애정의 부재 등이 원인으로 나타난다. 저소득층 아동들은 학업 성취도가 낮고 또래 관계가 원만하지 않으며, 비행·일탈 등의 사회 부적응적인 문제행동을 보이고 있다. 빈곤 아동은 신체적 공격성과 과잉행동을 보이는 경향이 있다. 빈곤은 이렇게 아동을 둘러싼 가족에게 부정적인 영향을 지속적으로 미침으로써 결과적으로 아동 발달에 부정적 영향을 끼치게 된다. 빈곤 부모가 우울과 양육 스트레스를 받음으로써 부정적 정서 상태를 경험하고 자신의 감정과 정서를 부정적으로 표현하며 이로 인해 빈곤 가정의 아동은 부정적인 문제를 형성할 가능성이 높아진다.

빈곤한 주거환경은 아동의 학업 적응에 직접적인 영향을 끼치고 있다. 성장기에 있는 아동은 집에 머무는 시간이 많아 어른보다 주거환경의 영향을 더 많이 받게 되는데 적절하지 못한 주거환경은 아동의 삶의 질을 비롯하여 건강과 학업, 안전 등에 부정적인 영향을 미치게 되는 것이다.

미디어는 부모나 또래만큼 아동의 행동에 영향을 미치는 강력한 환경요인으로 기능한다. 오늘날 아동은 일상생활 전반에 걸쳐 미디어의 영향을 받으며 성장하며, TV, 컴퓨터, 스마트폰 등의 다양한 미디어를 적극적으로 이용하는 주체가 되었다. 의존적이고 중독적인 미디어 사용이 학습에 부정적인 영향을 미칠 뿐 아니라 또래 및 교사와의 사회적 관계 측면에도 영향을 미친다. 미디어 이용은 공격성과 주의집중력과 같은 외현화 문제행동에 위험요인으로 작용한다. 미디어의 다양하고 빠른 자극이 아동에게 반복적으로 전달되면 아동의 뇌는 빠르게 변화하는 자극에 익숙해져서 매사 잘 기다리지 못하고 성급하고 충동적인 성격을 유발하며 주의집중력이 떨어진다. 유아기 과도한 미디어 이용은 언어발달을 지연시키고 자기조절 능력 발달을 저해하여 외현화 문제행동 유발 가능성이 있다. 미디어 이용 시간이 외현화 문제만이 아닌 우울 및 사회적 위축과 같은 내재화 문제행동에도 영향을 미친다.

5) 문제행동 유형과 우선순위

장애 유무와 관련 없이 아동 발달기에 문제행동은 보편적으로 나타나는 행동이다. 이러한 행동은 성장 과정에서 일시적으로 나타나는 현상일 수도 있고 여러 가지 요인에 의해 장기적으로 유지되면서 개인의 성장 발달을 심각하게 방해할 수도 있다. 특히 장애를 가지고 있는 아동에게 한 두 가지의 문제행동은 일반적이다. 교사는 아동이 가지고 있는 발달영역의 교육 목표 달성을 위한 노력과 함께 문제행동을 다루어야 한다.

문제행동 지도를 위해서는 행동에 대한 구체적이고 상세한 설명이 필요하다. 일반적으로 문제행동은 심각성 정도에 따라 파괴행동, 방해행동, 분산행동으로 분류한다〈표 12-4〉.

〈표 12-4〉 문제행동의 심각성에 따른 분류

심각성	행동유형	정의 및 예시
1순위	파괴행동	장애아동이나 주위 사람의 건강이나 생명을 위협하는 행동 예 때리기, 물기, 눈 찌르기, 머리 부딪치기, 자해하기, 음식 거부하기 등
2순위	방해행동	집, 교육기관, 지역사회의 일상생활 참여를 방해하고 교실을 뛰어다니는 등의 학습을 방해하는 행동 예 교실을 뛰어 다니기, 타인을 밀기, 울기, 말 안하기 등
3순위	분산행동	성가신 행동이지만 해가 되지 않는 행동 예 공공장소에서 손 계속 흔들기, 반향어 하기, 몸 흔들기 등

첫째, 파괴행동은 장애아동이나 주위 사람의 건강이나 생명을 위협하는 행동으로 예를 들면 때리기, 물기, 눈 찌르기, 머리 부딪치기, 자해하기, 음식 거부하기 등이 있다.

둘째, 방해행동은 집이나 교육기관, 지역사회에서의 일상생활 참여에 방해가 되거나 교실을 뛰어다니는 등의 학습을 방해하는 행동으로 예를 들면 교실을 뛰어다니기, 타인을 밀기, 말 안하기 등이 있다.

셋째, 분산행동은 성가신 행동이지만 자신이나 타인에게 큰 허가 되지는 않는 행동으로 공공장소에서 손 계속 흔들기, 반향어 하기, 몸을 앞뒤로 흔들기 등이 있다. 분산행동에 대해서는 일반적으로 중재 계획을 세우지 않으나 사회적, 의사소통적, 자기조절적 행동 등의 대체 행동을 지도해야 한다.

아동이 보이는 문제행동이 다양할 경우 교사는 〈표 12-4〉를 참고하여 우선순위를 정하고 시급한 문제를 먼저 지도해야 한다.

2 행동지원 전략

1) 행동수정

문제행동에 대한 지도방법은 역사에 따라 변화해 왔다. 인간의 행동은 환경적으로 학습된 것이라는 인식이 지배적이던 시기 문제행동은 행동수정 원리에 따라 지도되었다. 행동수정은 인간의 행동이 조건화와 강화의 과정을 거쳐 학습된다는 원리에 기초하여 문제행동을 지도하는 방법 또한 이 원리를 이용하여 수정할 수 있다고 여겼다. 즉, 문제행동을 나타낼 때 체벌과 같은 혐오적인 자극을 제시하면 혐오 자극을 피하기 위해 문제행동이 없어진다는 원리이다. 행동주의 원리는 여전히 교육 및 양육 현장에서 아동의 행동 습득에 광범위하게 사용되고 있다.

러시아 생리학자인 파블로프는 개의 소화 기능 연구를 위해 위액 분비를 유도하기 위한 음식물을 주는 과정을 반복적으로 수행하다가 우연히 음식물을 주기도 전에 위액을 분비하고 침을 흘리는 현상을 발견하게 된다. 파블로프는 행동이 자극과 반응의 반복적 결합으로 학습된다는 것을 발견하였으며, 그의 성과는 교육학에도 지대한 영향을 미쳤다[그림 12-1].

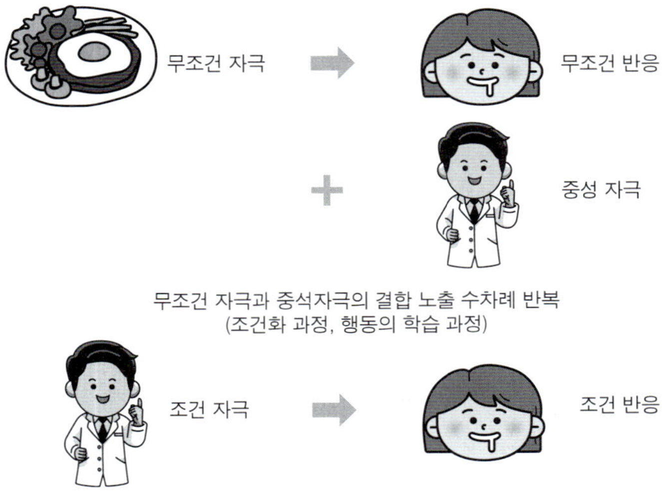

[그림 12-1] 파블로프의 자극-반응 이론 (행동의 학습 과정)

파블로프만큼 행동주의에 영향을 미친 또 다른 연구자로는 손다이크가 있다. 그는 시행착오설을 체계화하였다. 손다이크의 실험에서 중요한 개념으로 등장하는 것은 보상(강화제)이다. 손다이크는 문제상자를 고안한다. 굶주린 고양이를 문제상자에 넣어두고 상자 밖에 먹이를 놓아둔다. 고양이는 먹이를 얻기 위해 문제상자 안을 돌아다니며 다양한 행동을 시도한다. 우연히 레버를 눌러 상자의 문을 연 고양이는 밖으로 나가 먹이(강화제)를 얻게 된다. 다시 고양이를 상자 안에 넣고 밖에 먹이를 놓아둔다. 고양이는 또다시 문제상자 안을 돌아다니며 다양한 행동을 시도하다가 우연히 레버를 누르고 밖으로 나가 먹이를 얻는다. 이러한 반복적인 실험을 하면 결국 고양이의 레버를 누르는 속도가 빨라지게 된다. 시행착오란 문제해결을 위해 여러 가지 반응을 시도하다가 우연히 성공하게 되는 것으로 이러한 과정을 반복하면 반응의 속도가 빨라지면서 레버를 누르는 행동의 시행착오가 줄어들게 된다. 이때 고양이의 레버를 누르는 행동 학습에 결정적 역할을 하는 것은 행동 이후에 주어지는 보상(강화제)이다[그림12-2].

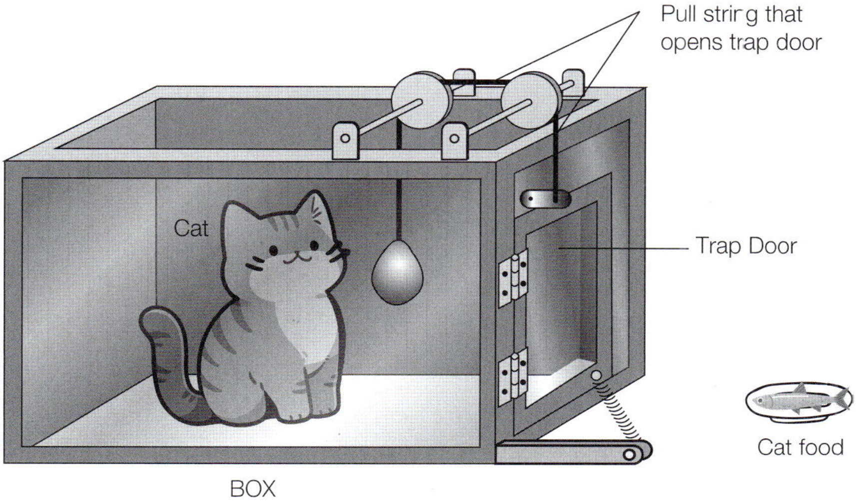

[그림 12-2] 손다이크의 고양이 문제상자 (행동의 학습 과정)

왓슨은 '행동주의'라는 용어를 처음으로 사용한 학자로서 흰 쥐에 대해 공포반응이 없던 유아가 흰쥐에 공포반응을 갖도록 학습시키는 과정을 실험하였다. 흰 쥐에 대해 무서움, 공포의 정서를 가지고 있지 않았던 유아를 대상으로 큰 소리와 함께 흰 쥐를 반복적으로 결합 노출하였더니, 결과적으로 흰 쥐에 대해 공포반응을 보이게 되었다. 이 실험은 공포와 같은 정서반응이 환경적인 자극에 의해 학습될 수 있음을 입증한 것이다[그림 12-3].

[그림 12-3] 왓슨의 공포 형성 과정 (정서 행동의 학습 과정)

왓슨의 제자는 이 이론에 따라 공포감을 치료하는 실험을 수행하였다. 즉, 무조건 자극 없이 조건 자극만을 제시하면 조건 반응이 감소한다는 조건 형성원리에 따라 유아에게 큰 소리 없이 흰 쥐만을 반복적으로 제시하였지만 큰 효과가 없었다. 그러나 흰 쥐를 유아와 떨어진 거리에서 제시하고 동시에 유아에게 유쾌한 감정을 느끼게 하는 과자를 주는 방식으로 반복적으로 제시하면서 점차 흰 쥐와의 거리를 좁혀 나가는 점진적 접근방법을 사용하였더니 점차 공포 반응이 사라졌다.

행동주의 원리에 기초한 행동 수정 기법이 실제 문제인 행동을 감소시키는 데에도 효과가 있음에도 불구하고 두 가지 이유로 비판받게 되었다. 첫째, 체벌 등의 혐오적인 방법으로 제거한 행동은 사라지는 듯이 보이지만 다른 유형의 문제행동으로 대체하여 나타나므로 결과적으로 근본적인 문제해결이 되지 않는다는 점이다. 두 번째는 체벌과 같은 지도방법 자체가 비윤리적이라는 문제점과 아동의 입장에서 부정적인 문제해결 방법에 대한 학습효과가 있다는 점이다.

2) 긍정적 행동지원

(1) 긍정적 행동지원의 배경과 정의

긍정적 행동지원(Positive Bebavior Support: PBS)이란 아동의 기본적인 삶의 목표를 성취하는 데 방해가 되는 문제행동을 감소시킴과 동시어 목표 성취를 위해 필요한 물리적, 사회적, 교육적, 의학적, 기술적 지원을 제공하는 폭넓은 접근 방법을 의미한다. 긍정적 행동지원은 학습과 행동 발생의 관계에 관한 과학적 실제와 장애인 권리에 관한 가치를 혼합한 접근방법이다. 긍정적 행동지원의 핵심은 아동이 보이는 문제행동의 기능을 이해한 후 동일한 기능을 가지고 있는 긍정적인 행동(대안 행동)을 지도하는 것이다.

(2) 긍정적 행동지원 실행 절차

문제행동에 대한 조작적 정의를 내린 후 행동의 기능에 대한 가설 설정을 위한 기능평가를 수행한다. 행동의 기능평가 결과에 따라 행동 발생에 대한 가설을 수립하고 행동 지원 계획을 수립 실행한다[그림 12-4].

문제 행동의 식별과 정의

⇩

행동의 기능 진단

⇩

가설 수립

⇩

행동 지원 계획 수립

⇩

실행, 평가, 수정

[그림 12-4] 긍정적 행동지원 실행 절차

① 문제 행동의 식별과 정의

문제행동은 아동의 연령, 발달 변인, 사회·문화적 상황 등을 고려하여 식별해야 한다. 아동 발달에 대한 지식과 경험이 부족한 부모나 교사는 문제행동 식별에 어려움이 있을 수 있다. 문제가 된다고 생각하는 행동을 관찰 가능한 행동적 용어로 기술한 후 해당 행동이 발생하는 빈도와 강도가 동일 연령의 발달 수준을 고려할 때 심각한가를 판단하는 과정이 필요하다〈표 12-5〉.

〈표 12-5〉 비조작적 정의와 조작적 정의의 예

비조작적 정의	조작적 정의
공격적이다	놀이시간에 친구의 다리를 발로 찬다.
공격적이다	친구의 얼굴을 손바닥으로 때리거나 손톱으로 할퀸다.
공격적이다	화장실 이용 및 공간 이동을 위해 줄을 설 때 이미 서 있는 친구를 손이나 몸으로 밀치고 끼어든다.

예시에서 보는 바와 같이 '공격적이다'라고 문제행동을 묘사하는 것과 구체적인 행동적 용어로 묘사하는 조작적 정의의 방식은 다르다. 조작적 정의 방식으로 문제행동을 기술하면 관찰 기록이 가능하다. 지도가 필요한 문제행동으로 선정할 것인지를 의사결정하고 이후 수행하게 될 지도의 효과를 확인하기 위해 현재 수준에 대한 평가가 필요하다〈표 12-6〉.

〈표 12-6〉 문제행동 발생빈도 분석의 예

문제행동	친구의 얼굴을 손바닥으로 때리거나 손톱으로 할퀸다.				
발생 횟수	3월 5일	3월 6일	3월 7일	3월 8일	평균
대상 아동	3	2	4	3	3
또래 아동	0	0	0	0	0

*매일 자유놀이시간 중 1시간씩 관찰 기록함

예시와 같이 같은 학급의 동일 월령 유아와 대상 유아의 행동 출현을 관찰하여 빈도를 기록하면 문제행동 식별에 도움이 된다. 뿐만 아니라 중재 방법을 찾아 지도한 후 효과를 확인할 때도 유용하다〈표 12-7〉.

〈표 12-7〉 문제행동 중재 후 효과 측정 예시

문제행동	친구의 얼굴을 손바닥으로 때리거나 손톱으로 할퀸다.				
발생 횟수	4월10일	4월11일	4월12일	4월13일	평균
대상 아동	1	1	1	0	0.75
또래 아동	0	0	0	0	0

*매일 자유놀이시간 중 1시간씩 관찰 기록함

여전히 또래 아동보다 많은 횟수의 행동 발생을 보이지만 중재하기 전에 비교하여 현격하게 문제행동 발생이 줄어든 것을 확인하여 중재 방법의 효과성을 판단할 수 있다.

② 행동의 기능 진단

행동의 기능 진단은 문제행동을 변화시키기 위해 행동의 발생 이유를 분석하는 과정이다. 행동의 기능은 행동의 목적과 같은 의미로 문제행동을 지도할 적합한 중재 전략을 찾기 위해 매우 중요한 과정이다. 행동의 기능을 진단하기 위해 여러 가지 간접평가와 직접적인 관찰 평가를 통해 정보를 수집한다. 부모가 작성하거나 직접 면담을 통해 얻는 아동발달에 관한 정보, 직전 학급 교사가 작성하거나 면담을 통해 얻은 문제행동 관련 정보 등이 간접적인 평가 정보로 활용될 수 있다.

행동의 기능 진단을 위한 직접적인 관찰 평가방법에는 ABC 사건 표집 관찰법이 있다. ABC 사건 표집 관찰법은 발생한 행동을 객관적으로 묘사하여 기술하는 방법이다. 이 방법은 시간과 노력이 많이 요구되지만 문제행동의 기능과 관련된 중요한 정보를 얻을 수 있다는 장점이 있다.

문제행동의 일반적인 기능은 그림과 같이 사물이나 활동 획득 또는 피하기, 사회적 관심 획득 또는 피하기, 감각적 자극 획득 또는 피하기의 여섯 가지로 분류해 볼 수 있다〈표 12-8〉.

〈표 12-8〉 문제행동의 일반적 기능

대상유형 행동유형	획득하기	피하기
사물이나 활동	장난감 얻기, 음식 얻기, 제일 앞에 줄 서기, 좋아하는 놀이 활동 더 하기 등	싫어하는 게임 피하기, 싫어하는 음식(반찬) 피하기, 어려운 학습지 활동 피하기 등
사회적 관심	선생님의 관심 끌기, 친구의 관심 끌기 등	선생님의 관심/시선 피하기, 친구의 관심/시선 피하기 등
감각적 자극	반복적인 손 흔들기, 손가락으로 반복적으로 두들기기, 반복적으로 물건 돌리기 행동 등	강한 불빛을 피하기, 큰 소리를 피하기

〈표 12-8〉과 같은 문제행동은 행동의 기능(목적)이 달성되는 경험을 통해 행동이 지속적으로 유지되고 공고해진다. 즉, 싫어하는 시금치를 먹기 싫어서 식사시간에 소리를 지르는 행동을 했는데, 방에 들어가서 반성하라고 조치하고 식사를 하지 못하게 했다면 이 행동은 소기의 목적을 달성한 것이고 동일한 상황에서 다시 발생할 가능성이 높아지게 된다.

③ 가설 수립

문제행동의 기능에 대한 추론이 정해지면 아동이 문제행동을 왜 하는지 그 행동의 기능이 무엇인지 설명하는 가설을 수립한다. 이때 문제행동을 일으킬 배경사건과 선행사건을 묘사하고 관찰된 후속결과와 논리적 추론에 근거한 행동의 기능을 추정하여 설명한다. 이에 기초하여 어느 단계에 중재 지원을 시행할 것인가를 결정한다. 즉, 선행사건 단계 중재, 대체행동 교수, 후속결과 단계 중재, 복합적인 중재 지원을 시행할 것인지를 결정할 수 있다. 가설 기술은 상황과 추정되는 행동의 기능과 결과를 담아 기술한다(예 서현이는 자유놀이 시간에 또래 친구들과 놀잇감을 공유하는 것이 싫어서 친구들을 때림으로써 친구들을 다가오지 못하도록 한다.).

④ 행동지원 방법

• 배경사건 중재 및 선행사건 중재

배경사건이나 선행사건이 문제행동 발생에 영향을 미친다고 분석될 때 행동 발생을 예방하기 위해 환경을 재구성하는 것이 효과가 있다. 문제행동을 일으키는 특정 사건을 제거하거나 수정하는 것, 바람직한 행동과 관련된 사건을 도입하거나 증가시키는 것 등의 방법이 있다.

• 대체행동 교수 중재

문제행동이 목표하는 기능과 동일한 기능을 가지고 있으면서 사회적으로 용인되는 행동기술을 가르쳐야 한다. 예를 들면 장난감을 가지고 싶어서 바닥에 누워 사달라고 소리 지르고 떼쓰는 행동을 하는 아동에게 언어로 요청하도록 가르치는 것이다.

• 반응전략 중재

반응전략이란 문제행동 이후에 주어지는 반응을 말한다. 예를 들면 싫어하는 반찬을 먹기 싫어 소리를 급식시간에 소리 지르고 뛰어다니는 행동을 한 것으로 행동의 기능이 추정되었을 때 끼니를 굶도록 반응했다면 문제행동이 목적을 달성한 것이 되므로 행동 이후 주어지는 반응에 변화를 주는 것이 필요하다. 즉 반응전략 중재는 문제행동이 아동에게 주는 긍정적인 결과를 감소시킴으로써 문제행동의 증가를 예방하는 것이다.

- 장기적이고 복합적 중재

이상의 전략은 일회적이거나 단기적인 지원으로는 효과를 기대할 수 없다. 장기적이며 복합적인 지원 전략을 세워 시행하는 것이 효과적이다.

5) 실행과 평가

행동 지원 계획이 체계적으로 수립되면 일관성 있는 지도가 중요하다. 동시에 행동지원 계획의 효과와 원하는 변화가 나타나는지 지속적으로 평가하여 전략이 적절한가를 분석하고 수정이 필요한 부분을 결정하여 수정할 수 있어야 한다.

제13장

보조공학기기 활용

1. 보조공학기기
2. 보완대체 의사소통

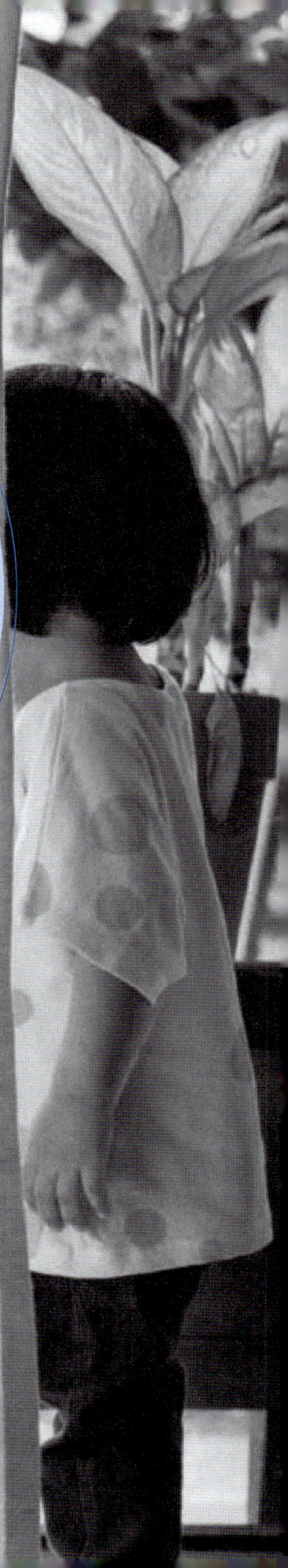

1 보조공학기기

1) 보조공학기기의 개념

현재 보조공학기기, 보조기구, 보조기기, 복지용구 등의 말은 다양한 용어로 사용되고 있는데 이는 각기 기관마다 사용해 오던 말이 다르고 법적으로 통일된 용어가 없어서이다. 그러나 모두 장애아동의 일상생활과 학업의 불편함을 덜어주기 위해서 사용되는 도구들이다. 「장애인 등에 대한 특수교육법」에서는 '각종 학습보조기기 및 보조공학기기'라는 용어로 정의되고 있으며 법률로 장애아동에게 보조공학서비스의 지원을 명시하고 있다〈표 13-1〉.

〈표 13-1〉 보조공학기기와 관련된 장애인 등에 대한 특수교육법

제4장 영유아 및 초·중등교육 제28조 (특수교육 관련서비스)	④ 각급 학교의 장은 특수교육대상자의 교육을 위하여 필요한 장애인용 각종 교구, 각종 학습보조기, 보조공학기기 등의 설비를 제공하여야 한다. ⑤ 각급 학교의 장은 특수교육대상자의 취학 편의를 위하여 통학차량 지원, 통학비 지원, 통학 지원인력의 배치 등 통학 지원 대책을 마련하여야 한다.
제5장 고등교육법 제31조 (편의제공)	① 대학의 장은 해당 학교에 재학 중인 장애학생의 교육 활동의 편의를 위하여 다음 각 호의 수단을 적극적으로 강구하고 제공하여야 한다. 1. 각종 학습보조기기 및 보조공학기기 등의 물적 지원 2. 교육지원인력 배치 등의 인적 지원 3. 취학편의 지원 4. 정보접근 지원 5. 「장애인·노인·임산부 등의 편의증진보장에 관한 법률」 제2조제2호에 따른 편의시설 설치 지원 6. 그 밖에 장애학생의 교육 활동에 필요한 것으로서 특별지원위원회에서 정하는 사항에 대한 지원 ② 대학의 장은 해당 학교의 입학전형절차에서 장애수험생의 수험의 편의를 위하여 「장애인차별금지 및 권리구제 등에 관한 법률」 제14조제1항 각 호의 수단 중 수험편의에 필요한 수단을 적극적으로 강구하고 제공하여야 한다. ③ 국가 및 지방자치단체는 제1항 및 제2항에 따라 필요한 경비를 예산의 범위 안에서 지원하여야 한다. ④ 대학의 장은 제1항 제4호에 따른 정보 접근 지원을 위하여 수업 중 활용하는 영상물에 장애학생을 위한 화면해설, 폐쇄자막 또는 수어 통역 등 대통령령으로 정하는 편의를 제공하여야 한다.

장애아동에 대한 보조공학기기의 지원은 우리나라만의 지원이 아닌 전 세계적인 보편적인 지원내용이다. UN장애인권리협약(2006)을 통해 구체적인 국가의 의무를 제시하고 있다(제4조).

제4조 일반 의무

(g) 적정한 비용의 기술에 우선순위를 두어 장애인에게 적합한 정보와 통신기술, 이동 보조기, 장치 및 보조기술을 포함한 신기술의 연구와 개발을 시행 또는 촉진하고, 그 유용성과 사용을 촉진할 것

(h) 그 밖의 다른 형태의 보조, 지원 서비스 및 시설뿐만 아니라 신기술을 포함한 이동 보조기, 장치 및 보조기술에 관하여 접근 가능한 정보를 장애인에게 제공할

2) 보조공학기기의 필요성

보조공학기기의 활용은 장애아동 당사자는 삶의 질의 향상과 인권을 실현시켜 주는 것은 물론이고 보호자, 교사 등 주변 사람들에게도 긍정적 효과를 가져온다.

장애아동들의 입장에서 보면 컴퓨터로 조작되는 보조공학기기나, 장애특성에 맞게 제작된 보조공학기기를 활용할 수 있었을 때 학습과 놀이, 타인과의 의사소통이 가능해지고, 전동휠체어와 같은 이동형 보조공학기기를 사용할 경우 타인의 도움 없이 자유로운 이동도 가능해진다. 반대로 이러한 보조공학기기를 사용할 수 없는 상황을 가정해 본다면 중증의 신체적 장애를 가지고 있거나 중복장애를 가지고 있는 경우 학습, 타인과의 상호작용에 참여하는 일상생활도 어려워진다. 적절한 보조공학기기의 활용은 장애아동 개인에게 삶의 가능성을 발견하고 발휘할 수 있게 하고, 다른 사람에 대한 의존도를 줄이며, 자립적인 활동을 할 수 있게 돕는 중요한 의미를 가지고 있다.

보조공학기기의 사용은 장애아동 본인뿐만 아니라 가족이나 교사와 같이 장애아동 곁에서 도와주는 사람에게도 반드시 필요하다. 우리나라에 비해 다양한 복지혜택을 갖추고 있는 유럽의 국가들은 전신마비 장애인을 보조하는 활동시 리프트를 사용하도록 보조공학기기를 지원하고 있다[그림 13-1].

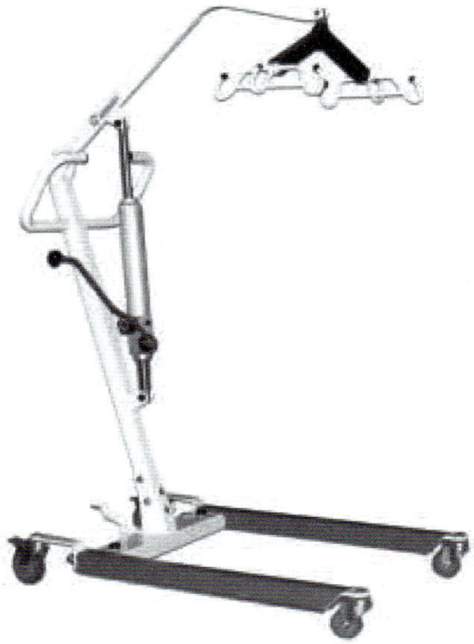

[그림 13-1] 이동형 리프트

출처: 서울시보조기기센터(http://www.seoulats.or.kr)

이러한 보조공학기기를 사용하게 된다면 장애아동의 이동을 안전하게 신체적 부담 없이 제공할 수 있게 된다. 현재 장애아동의 경우 신체적 손상으로 인해서 타인의 도움을 많이 요구하고 이 과정에서 지원하는 사람들의 신체적 부담이 부상이나 사고로 이어지는 것이 현실이다. 그러나 적합한 보조공학기기를 사용한다면 가족과 교사, 활동지원사 등이 신체적 부담을 줄이며 안전하게 장애아동을 지원할 수 있게 된다.

3) 보조공학기기의 활용

장애유형별에 따라 필요로 하는 보조공학기기는 매우 다양하다. 중앙보조기기센터와 각 지역의 보조기기센터에서는 이러한 보조공학기기를 검색, 이용, 지원, 맞춤제작, VR체험 및 관련 영상 등의 정보를 지원하고 있다([그림 13-2]. 중앙보조기기센터 홈페이지).

[그림 13-2] 중앙보조기기센터 홈페이지

현재 지원하고 있는 보조공학기기를 사용 영역별로 살펴보면 〈표 13-2〉과 같다.

〈표 13-2〉 사용 영역별 보조공학기기

영역	예시		
레저 보조공학기기	 해변, 스키용	 골프	 자전거
	 럭비	 산악바이크	

감각(시/청각) 보조공학기기	 독서확대기	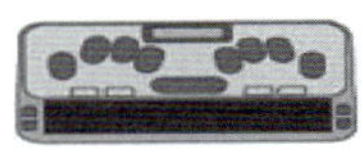 점자정보 단말기	 전동시계
	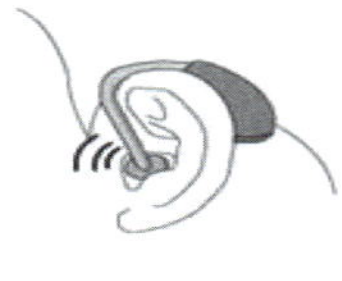 보청기	 점자출력 장치	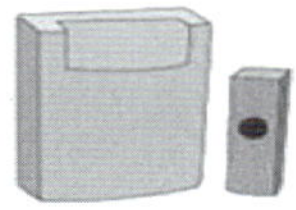 시각신호 표시기
컴퓨터접근 보조공학기기	 특수키보드	 터치모니터	 화면키보드
	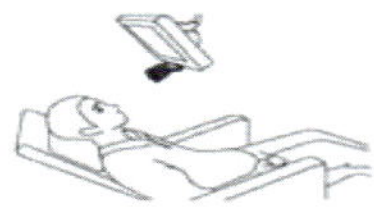 안구마우스	 입력악세사리	
앉기 및 자세 보고공학기기	 좌석쿠션 및 갈개	 몸통 및 골반 지지대	 의자 장착형 랩트레이 및 탁자
	 등 지지대	 조립식 앉기 자세유지 장치	 조립식 자세 보조 용구

구분			
일상생활 보조공학기기	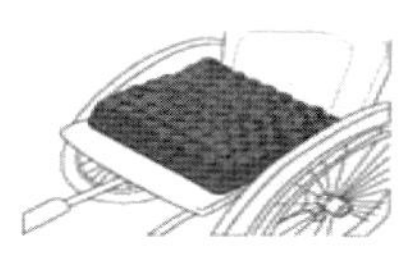 욕창 예방용 방석 및 커버	 장애인용 의복	 목욕의자
	 식탁도구(칼-포크), 젓가락 및 빨대	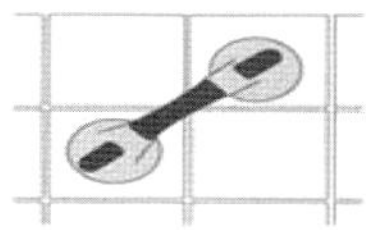 흡착 컵	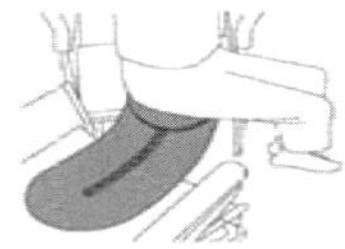 미끄럼 보드, 미끄럼 매트 및 회전 좌석
의사소통 보조공학기기	 음성 화면 표시기	 문자, 기호 세트 및 의사소통판	 음성 증폭기 (의사소통 증폭기)
	 대화용 장치	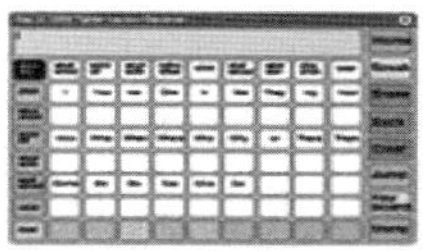 대면 의사소통 소프트웨어	
휠체어및이동 보조공학기기	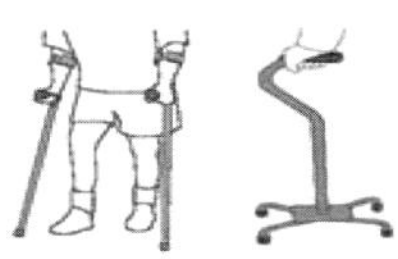 목발 및 지팡이	 보행기	 수동휠체어
	 전동스쿠터	 전동휠체어	 유모차 및 성인용 운반차

환경 및 주택 관련 보조공학기기	 문 손잡이	 계단 리프트	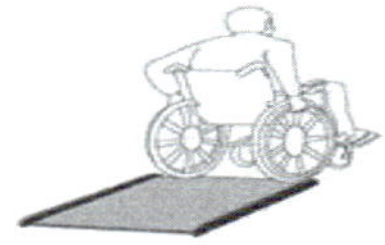 휴대용 경사로
	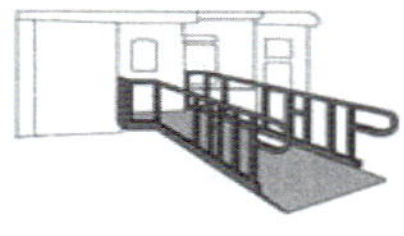 고정식 경사로	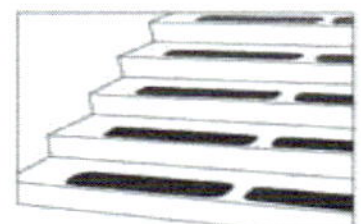 미끄럼 방지재료	 재난 대피용 이동기기
자동차 관련 보조공학기기	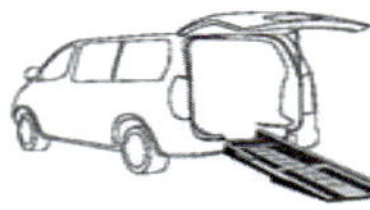 높이 조절형 자동차, 승합차, 트럭	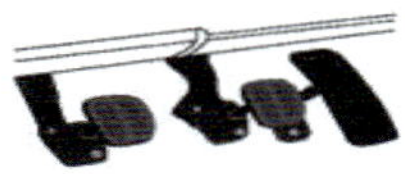 속도 제어용 차량 액세서리 및 개조용품	 조향장치 조작용 차량 액세서리 및 개조용품
	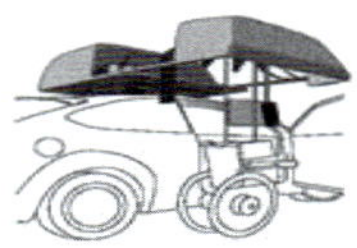 차량 내 휠체어 적재용 보조기기	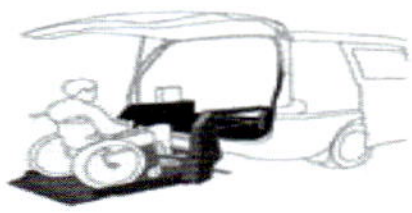 장애인을 위한 차대 및 차체 개조용품	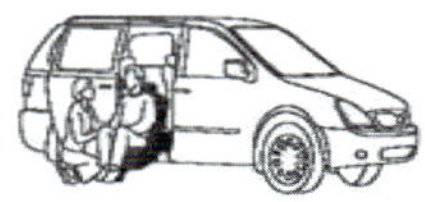 휠체어 사용자 차량 이동용 호이스트

출처: 중앙보조기기센터(https://www.knat.go.kr/knw/)

4) 보조공학기기의 발전 방향

보조기기 백서(보건복지부 중앙보조기기센터, 2023)를 통해서 장애아동을 위한 보조공학기기에 대한 지원 동향을 살펴보면 '제6차 장애인정책종합계획 5개년 계획'을 통해서 맞춤형 지원으로 장애인의 자유롭고 평등한 삶을 실현하는 행복사회라는 비전을 갖고 장애인 삶의 질 향상을 위한 보조공학기기 지원을 목표로 하고 있다. 그러나 보조공학기기의 실태(보건복지부 중앙보조기기센터, 2023)를 살펴보면 몇 가지 문제점이 있다. 이러한 문제점을 개선하여 장애아동 중심의 맞춤형 보조공학기기가 제공되어야 한다.

첫째, 현재 보조공학기기의 지원 및 개발 연구는 정책에 따라 관계부처에서 각각 시행하고 있다. 이러한 부처별 시행으로 인해서 관련용어, 지원내용, 지원기준 등에 차이가 있으며 같은 물품이지만 이름도 달라 직접 구매 및 이용하는 장애아동과 가족, 사용기관에서는 복잡하고 혼란스러워 불편함을 경험하고 있다. 따라서 보조공학기기에 대한 용어 정리 및 지원 체계, 관련 정책을 통합하여 지원하는 기구마련이 필요하다.

둘째, 보조공학기기가 전자동화, 컴퓨터 기반의 의사소통기, AI와 접목한 기기 등으로 변화하고 있다. 따라서 보조공학기기와 관련된 최근 기술 동향, 서비스 방법, 전문자격별 보조공학기기 접목 방안 등 다양한 교육 프로그램을 개발하고 활성화시켜 다양한 영역의 전문가가 서비스 역량을 갖추도록 환경을 조성하고 참여를 유도해야 한다.

셋째, 현재 보조공학기기를 구입하지 않거나 소지하고 있어도 사용하고 있지 않은 이유를 보면 낮은 효과성과 환경에 적합지 않아서인 것으로 나타났다(보건복지부 중앙보조기기센터, 2023). 현재 각 지역에 보조기기센터를 운영하고 있으나 전문적인 상담이 제대로 이루어지 않기 때문이다. 따라서 장애유형에 따른 적합한 보조공학기기를 홍보하고 개별 맞춤 상담창구를 운영해야 장애아동들에게 적합한 보조공학기기를 안내할 수 있고 자연스럽게 사용을 늘릴 수 있다.

2 보완대체의사소통

1) 보완대체의사소통의 개념

보완대체의사소통(Augmentative and Alternative Communication; 이하 AAC)이란 말과 언어의 표현 및 이해에 심각한 장애를 보이는 사람들에게 의사소통할 수 있는 기회를 주고, 의사소통 능력을 향상시키고 촉진하도록 말을 보완하거나(augment) 대체적인(alternative) 방법을 사용하는 것을 말한다((Beukelman &

Mirenda, 2005). 대부분 장애아동의 경우 '대체' 의사소통의 측면보다는 구어와 비상징적인 의사소통에 대한 '보완' 의사소통 측면에서 AAC를 사용하는 경우가 많다. 따라서 구어 의사소통을 보완 또는 대체하기 위한 목적으로 사용되기 때문에, 개별 사용자의 인지적, 언어적, 신체적 특성과 의사소통적 요구에 따라 다양한 상징체계를 사용하게 된다. 표정, 제스처, 수어와 같은 비도구적 상징과 실물상징, 그림상징과 같은 도구적 상징체계가 여기에 포함된다〈표 13-3〉.

〈표 13-3〉 AAC의 상징 체계

<table>
<tr><th>AAC상징 체계</th><th>특징</th></tr>
<tr><td>만질 수 있는 상징</td><td>만져서 변별할 수 있는 2, 3차원의 명확한 상징
시각장애, 중도의 인지장애아동에게 적합</td></tr>
<tr><td>표상적 상징</td><td>선화나 사진, 그림 등을 이용한 그래픽 상징
예 한국형 AAC상징: http://symbol.ksaac.or.kr/searchsymbols/index.jsp

</td></tr>
<tr><td>추상적 상징</td><td>의미를 포함하지 않은 선이나 면 등의 형태를 이용하여 표현한 상징
예 아홉 개의 기하학적인 형태로 구성된 '기호문자'</td></tr>
<tr><td>철자</td><td>한글과 영문자, 한자 등의 언어체계
음절, 낱말, 구절이나 문장 등의 형태로 사용</td></tr>
<tr><td>철자상징</td><td>점자(braille)나 지문자 등과 같이 철자를 나타내는 도구로 사용되는 상징</td></tr>
</table>

그림상징체계를 개발하기 위해서는 사용자의 발달연령과 신경학적 상태, 감각능력, 인지기술, 의사소통 및 언어능력 등 여러 가지 요인들을 고려해야 할 뿐 아니

라, 그림표현 방법이 사용자의 사회적 문화에 적합해야 한다(박은혜 외, 2016). 최근에는 스마트기기 기반의 의사소통 도구들이 많이 활용되고 있다.

2) 보완대체의사소통의 필요성

AAC의 목적은 장애아동이 사회의 구성원으로 참여할 수 있도록 의사소통 활동을 돕는 것이다. 장애아동들에게 AAC를 적용하면 첫째, 장애아동들과 대화 하는 사람 간에 원활한 의사소통을 이룰 수 있어 상호작용이 촉진되고 장애아동은 결과적으로 사회성이 향상된다.

둘째, AAC를 사용하면 장애아동들의 의사 표현의 기회를 제공함으로써 말과 언어발달을 촉진시킨다. 부모나 일부 전문가들은 조기에 AAC교육을 시작하면 구어 발달이 오히려 지체될까 우려했으나 실어증, 지적장애, 자폐범주성장애 아동들을 대상으로 연구한 결과 AAC 의사소통 교육은 자발적인 구어 사용 발달에 아무런 영향을 미치지 않았으며, 오히려 구어를 사용하려는 시도가 늘어난 것으로 나타났다(고희선, 2017).

셋째, 장애아동들은 AAC를 활용하여 자신의 의견을 표현하며 교사나 또래의 질문에 대답하는 등 학습 활동에의 참여도가 증가되었다. AAC 기법을 성공적으로 사용함으로써 장애아동들은 교육활동에 능동적으로 참여함은 물론 또래와의 상호작용 기회도 높일 수 있었다(강나림, 2009).

넷째, AAC 사용은 의사소통의 기회를 질적·양적으로 확대해 줌으로써 의사소통 실패로 오는 좌절, 분노, 감정폭발, 자아 학대 등의 문제행동을 줄여서 정서적으로 바람직한 성장을 돕는다(남경욱 외, 2008). 중도중복 장애아동의 문제행동 중 많은 경우 그들의 원하는 바가 다른 사람들에게 전달되지 않을 때 일어난다. 즉, 교사의 주의를 끌고 싶거나 과제가 너무 어려워 쉽게 하고 싶으나 표현할 방법이 없으면 소리 지르기, 책상 두드리기, 물건 내던지기 등의 문제행동을 보이게 된다. 또한 의사소통에 지속적으로 실패를 경험할 경우 우울증에 빠져 자해 행동과 같은 격렬한 행동을 하기도 한다(유재연 외, 2008).

다섯째, AAC로 의사소통을 함으로써 독립적인 생활이 가능하며 취업기회 또한 확대된다. AAC 기법의 개발과 활용으로 타인과 원활한 의사소통이 가능한 장애아동은 성인이 되었을 때 취업의 기회가 증가된다(Blackstone, 1986).

3) 보완대체의사소통의 유형 및 특성

AAC는 도구를 사용하는 도구적 AAC와 별도의 도구를 사용하지 않는 비도구적 AAC(예 말, 발성, 표정, 제스처 등)로 구분하기도 하는데, 도구적 AAC는 전자 기능 포함 여부에 따라 노테크(no-tech), 로우테크(low-tech), 하이테크(high-tech)로 나뉜다(Binger et al., 2010).

비도구적 AAC는 별도의 도구가 필요하지 않기 때문에 즉각적인 의사소통이 가능한 반면, 다양한 표현에는 한계가 있다. 국내 개발된 몸짓 상징 「손담」은 비도구적 AAC의 대표적인 사례로, 도구적 AAC 사용이 어려운 장애아동을 위해 개발되었으며 13개의 어휘 범주, 어휘 272개(표현 204)로 구성되어 있다(최재연 외, 2021).

도구적 AAC는 주로 유형 상징(실제 사물, 축소형 사물, 부분 사물), 표상 상징(사진, 그래픽 그림), 추상적 상징, 철자(알파벳, 한글) 등의 도구적 상징을 통해 의사소통할 수 있기 때문에 비도구적 AAC에 비해 다양한 의사표현이 가능하다는 장점이 있는 반면, 즉각적인 의사소통에는 제약이 따른다〈표 13-4〉.

〈표 13-4〉 AAC 유형

<table>
<tr><th>구분</th><th colspan="2">예시</th></tr>
<tr><td>비도구적 AAC</td><td colspan="2">말, 발성, 표정, 제스처, 손담 등</td></tr>
<tr><td rowspan="3">도구적 AAC</td><td>노테크</td><td>의사소통판, 의사소통책, 의사소통팔지, 의사소통앞치마</td></tr>
<tr><td>로우테크</td><td>스마트 오케이 톡톡, 녹음 스위치</td></tr>
<tr><td>하이테크</td><td>PC기반: 키즈보이스, 마이토키
앱기반: 마이토키 스타트, 보이스템, 진소리, 스마트AAC</td></tr>
</table>

AAC를 선택할 때에는 장애아동의 의사소통능력과 함께 장애아동의 인지능력, 조작능력, 사회적 능력 등을 복합적으로 고려해야 한다. 뇌성마비장애아동의 경우 인지, 언어이해능력에는 어려움이 없지만 마비로 인해서 조작능력에 문제가 있을 수 있다. 이때 기기 조작의 어려움으로 대화의 흐름이 끊어져 상대방이 기다리거나 지루해하는 것을 장애아동이 느낀다면 대화에 실패했다고 생각해 다시 대화에 참여하려고 하지 않을 것이다. 또한 지적장애나 자폐범주성장애 아동의 경우 인지기능을 고려해서 추상적 상징으로 구성된 AAC보다는 실물화면으로 구성된 기기를 선택하는 것이 효과적이다.

4) 보완대체의사소통의 체계와 지도 시 유의점

모든 AAC의 지도 체계에는 상징, 보조도구, 전략, 기법의 4가지 주요 요소가 포함되어 있다.

- 상징: 몸짓, 사진, 손짓기호, 얼굴표정, 그림, 낱말, 실물, 선화, 블라스 상징 등과 같이 표현하는 방식
- 보조기기: 의사소통책, 의사소통판, 차트 전자장치 및 기기 등의 필요한 장비
- 전략: 시간표를 사진으로 순서대로 배치하거나 남녀 구별을 위해서 상징에 색을 더해서 구별하는 등으로 장애아동이 보다 효과적으르 AAC를 사용할 수 있게 하는 방법
- 기술: 메시지를 전달하는 방법으로 직접선택하기(예 손으로 가리키기), 훑기(예 쳐다보기, 응시하기), 부호화(예 웃음소리, 발성, 콧소리 등의 음성표현) 등

이러한 AAC체계를 선택하여 사용할 때에는 몇 가지 유의점이 있다(김영태, 1997). 첫째, 장애아동의 연령을 고려해 선택해야 한다. 예를 들어 청소년에게는

'까까', '빵빵'이라는 어휘보다는 과자, 자동차를 지도하는 것이 더 적합하다. 둘째, AAC 어휘나 문장은 장애아동이 사용할 기회가 많은 기능적인 어휘로 선택한다. 자료를 만들기 쉽다고 동물, 색, 도형에 대한 어휘보다는 요구하기(주세요), 거부하기(싫어, 안해) 설명하기(아파, 배고파) 등의 어휘를 지도하는 것이 더 기능적이다. 셋째, 장애아동이 AAC를 사용하는 것은 단순히 자신의 상태를 표현하고 끝나는 것이 아니라 상대방이 반응할 수 있어야 한다. 따라서 장애아동이 사용하기 유용하면서 상대방이 알아듣고 반응하기 적합한 것으로 선택해야 한다. 넷째, AAC체계 훈련과 함께 의사소통능력 자체를 향상시키기 위한 함께 주목하기, 공통적인 활동하기, 사회성 게임, 모방하기, 대화 차례지키기, 지칭하기 등도 훈련해야 한다. 다섯째, 가능한 1개 이상의 AAC 체계를 사용한다. 단순히 얼굴 표정 보다는 보조공학기기를 함께 사용하거나 전략을 추가한다면 더 많은 상호작용이 일어날 수 있다. 여섯째, 장애아동의 흥미나 선호를 고려하고 가족, 또래 등 지역사회구성원과 협력적 관계를 유지하여 장애아동이 지속적으로 AAC를 사용할 수 있는 환경을 마련해야 한다. 마지막으로 AAC체계는 의사소통 상대자가 쉽게 이해하고 유지 관리가 쉬워야 한다. 이러한 AAC를 실제 생활에서 지속적으로 경험할 수 있도록 지도해야 할 것이다.

5) 보완대체의사소통의 지도기법

(1) AAC 지도 시 일반적인 고려 사항

장애아동의 개별적인 특성에 적합한 AAC 체계를 선택한다. 이때 장애아동의 현행수준을 평가한 다음 다양한 전문가가 팀을 구성해서(장애아동, 가족, 언어치료사, 물리치료사 등) AAC 체계를 선택해야 한다. 무조건 하이테크 장치를 선호하는 경우가 있으나 장애아동이 사용하기 편안하고 쉬운 보조공학기기를 선택하는 것이 바람직한다.

(2) 어휘선정

한정된 의사소통판에 어떤 어휘를 선택할 것인가는 매우 중요한 문제이다. 어휘를 선택할 때에는 장애아동의 연령과 일상생활을 분석해서 자주 사용하는 어휘를 선택한다. 첫 어휘는 장애아동이 일상생활에서 자주 사용할 수 있는 기능적인 어휘를 선택하고 점차 사회적인 어휘로 늘려나가야 한다. 한 단어로 의사소통 가능한 어휘를 습득했다면 이후에는 여러 단어를 연합한 구나 문장 순으로 익혀나간다.

(3) 훈련하기

장애아동이 의사소통할 수 있는 기회를 다양하게 만들어준다. 놀이상황이나 매일의 일과안에서 의도적으로 의사소통할 수 있는 기회를 주어야 한다. 장애아동에게 놀이감이나 물건을 선택할 수 있는 기회를 주거나 일과에서 자신의 생각 표현하기나 타인의 의견을 묻기, 다른 사람에 대한 정보를 물어보기 등으로 기회를 마련하다.

(4) 지도 효과 평가하기

AAC를 지도한 이후 얼마나 잘 사용하는지 평가하는 것은 이후 AAC 활용에 중요한 지표가 된다. 평가방법에는 4가지 지표가 있다〈표 13-5〉.

〈표 13-5〉 AAC 평가 지표

유형	특징
조작적지표	AAC를 얼마나 잘 사용하고 있는지 평가(속도, 정확도, 융통성) • 속도: 사용자가 얼마나 빨리 의사소통하는가? • 정확도: 상대방이 장애아동의 의도를 어느 정도 이해했는가? • 융통성: 얼마나 다양한 어휘를 사용하는가?
표상적지표	상징이나 문법을 이해하고 사용하는 능력 • 상징을 인식하기, 수용언능력, 표현언어능력(문법 적합성), 읽기/철자 능력

유형	특징
상호작용 지표	대화상대자와의 상호작용 능력 평가 • 의사소통 양식의 수(수어, 의사소통판 등을 몇 번 사용하는가?) • 상대방과의 대화의 빈도 • 대화의 주제를 개시하는 빈도 • 의사소통에 문제가 생겼을 때 개선하는 방법 등
심리사회적 지표	AAC사용 아동이 인식하는 의사소통 환경에 있는 사람들과의 태도나 정서적 상태 • AAC에 대한 장애아동이나 대화 상대자의 만족도, 적응도

출처: 박은혜(2004).

6)보완대체의사소통의 적용 사례

장애아동의 연령과 선호도, 현행수준에 따라서 적합한 AAC 체계를 선택해야 한다. 일반적으로 흔히 사용하는 유형으로는 의사소통판, 시각스케줄, 그림교환 의사소통체계, 음성출력의사소통기기 등이 있다.

(1) 의사소통판

의사소통판이란 사진이나 그림으로 표현된 어휘 카드를 판에 붙여서 의사소통하는 것이다. 휴대하기가 쉽고 많은 어휘를 수첩 형태로 보관할 수 있다는 장점이 있으나 어느 정도 어휘 카드를 관리할 수 있는 아동에게 적합하다. 특히 어휘 배열은 장애아동의 운동기능 및 이해능력에 맞게 이루어져야 한다. 기능적인 어휘로 구성되었다고 해도 상징의 배열이 엉성하게 조작되었다면 비효과적이다[그림 13-3].

[그림 13-3] 참 쉬운 의사소통책

출처: 서울대 어린이병원(2022).

(2) 시각스케줄

시각스케줄이란 장애아동의 하루 일과를 모두 상징으로 나타내는 것이다. 하루 일과를 시간 순서대로 목록을 만들어 장애아동이 쉽게 이용할 수 있게 하는 것이다. 장애아동의 인지, 언어능력에 따라 실물이나 사진, 선화상징 등을 이용해 제작한다.

(3) 그림교환 의사소통 체계(Picture Exchange Communication System 이하:PECS)

PECS란 시각 및 그림 상징을 이용하여 원하는 사물을 요구하도록 지도하는 것으로서 장애아동이 원하는 물건의 상징을 가져오면 그 상징이 뜻하는 사물과 교환하는 방식으로 의사소통이 이루어진다. 장애아동이 교환의 개념을 이해하게 되면 조건을 다양화해서 보다 발전된 의사소통 기능을 지도한다〈표 13-6〉.

〈표 13-6〉 PESC의 교수 단계

단계	주제	방법
단계1	의사소통방법지도	장애아동이 정말 원하는 물건이나 활동을 하나의 그림 카드와 교환하는 것을 배우는 것
단계2	자발적 교환 훈련	한 장의 그림을 사용하나 보다 먼 거리와 다양한 장소에서, 다양한 사람에게 그림을 교환하여 자신이 원하는 활동 또는 사물을 얻는 방법을 배우는 것으로 그림 교환을 일반화하도록 가르침
단계3	그림 변별 훈련	장애아동이 좋아하는 활동 또는 사물을 나타내는 두 가지 이상의 그림들을 변별하도록 가르침. 이때 그림들은 '의사소통 책'에서 골라오도록 구성
단계4	문장 만들기 지도	원하는 활동 또는 사물을 요구하는 간단한 문장을 구성하도록 가르치는 것으로 주로 '주세요'라는 문장 그림을 활용하는 방식이나 형용사, 동사, 전치사 등을 활용하여 추가적인 문장을 만들도록 지도함
단계5	질문에 반응하기 훈련	의사소통 상대자가 건네는 질문에 자발적으로 응답하도록 가르치는 것으로 주로 '무엇을 줄까요?'라는 질문을 활용해 훈련함
단계6	질문에 대한 반응으로 설명하기 훈련	요구 이외에도 의사소통 상대자와 여러 표현을 나눌 수 있도록 가르치는 것으로 주로 '무엇이 들려요?'-'~가 들려요', '무엇이 보여요?'-'~가 보여요'와 같은 구조로 훈련 함

출처: 방명애 외 공저(2018). 자폐성장애학생교육. p.120 수정 발취.

(5) 음성출력 의사소통기기

음성출력 의사소통기기란 미리 녹음된 음성이 입력기기를 통해서 출력되면서 상대방과 대화는 의사소통방식이다. 기기는 장애아동의 사용 편의와 효율적 의사소통을 위해서 음성산출, 기자재 조작방법, 내용 구성 및 제시 방법 등이 다양하게 개발되어 있다[그림 13-4].

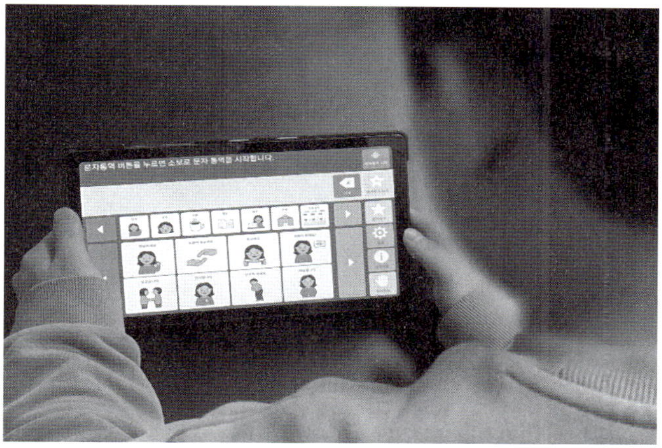

[그림 13-4] 음성출력기 예 – 소보로 탭 비즈니스 AAC

출처:한국장애인고용공단 보조공학기기전용몰(https://www.atkeadshop.co.kr/)

장애아동에 대한 정확한 진단평가를 통해서 적합한 보조공학기기를 선택하는 것이 중요하다. 또한 기기가 계속 업그레이드되고 최신 기기가 제작되기 때문에 장애아동 가족이나 교사는 다양한 기기에 대한 정보를 숙지하고 있다가 장대아동의 능력과 목적에 적합한 기기를 선택해야 한다.

참고문헌

강경미(2009). **아동행동수정**. 서울: 학지사.

강나림(2009). 학령전기 중증 다운증후군 아동의 손짓기호와 그림의사소통판을 이용한 요구하기 중재 효과 비교. 이화여자대학교 대학원 석사학위논문.

강문희(2004). 반응성 애착장애 아동의 놀이치료 접근을 통한 심리치료 효과. **심리치료**, 4(2), 1-23.

강혜경·김정연·김주혜·박은혜·미염희·이영선·임장현·표윤희(2023). **중도·중복장애학생교육의 이해(2판)**. 서울: 학지사.

고관우·김동주(2010). 섭식 향상 활동 프로그램이 중증장애아동의 구강 기능과 생활자립 기능 향상에 관한 연구. **재활복지**. 14(2). 93-113.

고은(2019). **청각장애아 교육**. 서울: 학지사.

고은(2021). **의사사통장애아 교육(3판)**. 서울: 학지사.

고은·권주석·김우리·이태수·조홍중·최혜승(2015). **특수교육의 이해**. 서울: 공동체.

고재옥(2020). DSM-5에 나타난 신경발달장애 아동의 보육서비스 진단체계 고찰. **유아교육·보육복지연구**. 24(1), 43-64.

고주연·김화수·송주영·이효정·임현균·최영은(2019). **장애아동의 이해**. 서울: 학지사메디컬.

고희선 (2017). 스마트기기 기반의 AAC 도구를 활용한 스크립트 활동 교수가 중도 지적장애 아동의 의사소통행동에 미친 영향. 이화여자대학교 대학원 석사학위논문.

공주대학교 특수교육연구소(2016). **특수교육의 이해**. 경기: 양서원.

곽금주·장승민(2019). K-WISC-V 한국웩슬러 아동지능검사 5판 실시와 채점 지침서. 서울:(주)인싸이트.

교육부(2022). **장애인 등에 대한 특수교육법**.

교육부(2023). **장애인 등에 대한 특수교육법 시행령**.

교육부(2023). **특수교육연차보고서**.

교육과학기술부(2008). 개별화교육계획 수립·운영 자료.

국립특수교육원 (2007). 특수교육기관 진로·직업교육 실태 및 요구 조사. 안산: 국립특수교육원.

국립특수교육원(2017). 국립득수교육원 기초학습능력검사(NISE-B · ACT). 충남:국립특수교육원.

국립특수교육원(2018). 국립특수교육원 적응행동검사(NISE-K · ABS)개발. 충남:국립특수교육원.

국립특수교육원(2020). 발달장애인의 도전적 행동 중재 매뉴얼. 국립특수교육원.

국립특수교육원(2023). 2023특수교육통계. 충남:국립특수교육원.

김동일 · 이대식 · 신종호(2016). 학습장애 아동의 이해와 교육(3판). 서울: 학지사.

김병하 · 석동일 · 원영조 · 이규식(2007). 청각장애아교육. 대구: 대구대학교출판부

김선영 · 안도연 · 정희선(2020). 특수교육학개론. 서울: 양서원

김영대 · 성태제 · 이윤경(2013). 영유아 언어발달검사. 서울: 도서출판특수교육.

김영욱 · 김희영 · 이윤선 · 한효정(2019). 청각장애 아동의 듣기, 말하기, 읽기. 서울:학지사.

김영태(1997). 아동언어장애의 진단 및 치료. 서울: 학지사.

김영태(2002). 그림어휘력검사. 서울: 서울장애인종합복지관.

김영태 · 박은혜 · 한선경 · 구정아(2016). 한국 보완대체의사소통평가 및 중자 프로그램. 서울:학지사

김영태 · 김성희 · 윤혜련 · 김화수(2005). 취학 전 아동의 수용언어 및 표현언어발달 척도. 서울: 서울시장애인종합복지관.

김영태 · 홍경훈 · 김경희 · 장혜성 · 이주연(2009). 수용 · 표현어휘력 검사 지침서. 서울: 시립서울장애인종합복지관.

김진이(2009). 경제적 압박감이 빈곤아동의 학교생활과 문제행동에 미치는 영향: 가족 위험변인과 부정적 부모역할의 매개효과 검증을 중심으로. 한국아동복지학, 28, 7-43.

김현옥 · 박해선(2018). 빈곤아동의 행동문제에 영향을 미치는 양육자-가족 요인에 관한 지역사회 지지요인의 조절 효과. 아동교육, 27(3), 31-54.

김현미 · 도현심(2004). 어머니의 양육스트레스, 양육효능감 및 양육행동과 아동의 사회적 능력간의 관계. 아동학회지, 25(6), 279-298.

김화수(2017). 국내 경도지적장애인의 언어 특성과 관련된 연구동향 고찰. 지적장애연구 19(1), 21-43.

남경욱 · 신현기(2008). 인지적 장애를 지닌 아동을 위한 보완 · 대체 의사소통 중재에 대한 메타분석: 단일대상연구를 중심으로. 특수교육학연구, 42(4), 193-212.

대전복지재단, 충남지역사회서비스지원단, 충청북도 지역사회서비스지원단(2015). 지역사회서비스투자사업 성과측정을 위한 척도활용 가이드북.

문수백(2016). 한국판 아동 시지각발달검사-3 전문가 지침서. 서울: (주)인싸이트.

박남수(2015). 장애학의 관점에서 본 사회과에서의 장애인 인권교육. 법과인권교육연구,

Vol.8(2), 1-19.

박명애·박현옥·김은경·이효정(2018). 자폐성장애학생교육. 서울: 학지사.

박순길(2005). 뇌성마비아의 인지능력과 언어학습기능의 관계 분석. 대구대학교 대학원 박사학위 논문.

박순희(2022). 시각장애 아동의 이해와 교육(4판). 서울:학지사.

박윤조·용상이·이정원·정재엽·박서연(2021). 장애아동의 이해. 서울: 공동체.

박은혜 (2004). 의사소통지도의 효과 평가 및 모니터링 방법: 중도중복장애 아동을 위한 의사소통지도. 서울: 이화여자대학교 특수교육연구소.

박은혜·김영태·홍기형·연석정·김경양·임장현(2016). 이화-AAC 상징체계 개발 연구. 보완대체의사소통연구, 4(2), 19-40.

박지연·전혜인·김정미(2005). 정서 및 행동장애아 지원체계 타당화. 정서·행동장애연구, 21(1), 47-68.

박지연·조윤경·김미선(2004). 일반학급 내 정서 및 행동 문제를 가진 아동의 특성과 지원 요구에 대한 질적 연구 : 정서 및 행동장애아동 지원체계 개발을 위한 기초연구. 정서·행동장애연구, 20(2), 251-284.

박지영(2022). 인권 중심 사회복지실천의 탐색. 법정리뷰 28(2).

박혜원·이경옥·안동형(2016). 한국 웩슬러 유아지능검사-4판(K-WPPSI-IV) 실시지침서. 서울: 학지사.

박희래(2010). 미술치료 반응성 애착장애 아동의 사회적 행동과 애착행동 증진에 미치는 영향. 한국예술치료학회지, 10(2), 105-127.

방명애·박현옥·김은경·이효정(2018). 자폐성 장애학생 교육. 서울: 학지사.

배소영·임선숙·이지희(2000). 언어문제해결력 검사. 서울: 서울시장애인종합복지관.

배소영·임선숙·이지희·장혜성(2004). 구문 의미 이해력 검사. 서울: 서울시장애인종합복지관.

배화옥·강지영(2016). 아동 발달단계별 아동학대 특성 연구. 보건사회연구, Vol. 36(1), 5-29.

백윤희·정경희(2017). 영유아의 기질 및 어머니의 성격·양육태도에 따른 영유아 언어발달 차이. 유아특수교육연구, 17(3), 173-194.

보건복지부(2020). 장애인실태조사.

보건복지부(2022). 장애인차별금지법 이해 실태조사.

보건복지부(2024). 발달장애인 권리 보장 및 지원에 관한 법률.

보건복지부(2024). 장애아동복지지원법.

보건복지부 중앙보조기기센터(2023). 2023년보조기기 백서.

석동일·박상희·신혜정·박희정(2008). 한국어 표준그림 조음·음운 검사. 서울:학지사.

송만호·한경근 (2015). 반다이크 사정을 활용한 중도 뇌성마비 아동의 의사소통 특성 연구. 특수교육학연구, 50(3), 71-55.

송준만·강경숙·김미선·김은주·김정효·김현지·이경순·이금진·이정은·정귀순(2022). 지적장애학생교육. 서울: 학지사.

신문자·김영태(2004). 우리말 조음·음운 평가. 서울: 학지사.

신문자·김영태(2010). 의사소통장애의 이해. 서울: 학지사.

신윤희·이효신·정대영·이상훈(2014). 포커스그룹인터뷰를 통한 정서·행동장애 개념정립. 정서·행동장애연구, 30(1), 231-286.

신진숙(2014). 통합교육. 경기: 양서원.

신진호(2019). 친부모에 의한 장애아동학대 유형 및 영향요인의 확인. 서울대학교 대학원 사회복지학과 석사학위논문.

신현기·김대룡·김영표·남경욱·오경민·이병혁·정주영·정희선·주재연(2017). 인지 및 지적장애의 이해(2판). 서울: 시그마프레스

심현섭·신문자·이은주(2004). 파라다이스유창성검사. 서울: 파라다이스 복지 재단.

안경천(2019). 주거 빈곤아동의 사회적지지가 문제행동에 미치는 영향: 자아존중감의 매개효과를 중심으로. 한국가족복지학, 24(1), 1-18.

안수빈·강보람·이강이(2017). 아동의 미디어 이용시간, 문제행동, 학교생활적응 간의 구조적 관계. 아동학회지, 38(2), 191-204.

양명희(2021). 행동수정이론에 기초한 행동지원. 서울: 학지사.

여성가족부(2022). 여성폭력통계.

원계선·고선영(2021). 영유아특수교육. 서울: 교육아카데미.

유재연·고등영·김성남·박경옥·신현기·전병운(2008). 중증·중복장애인을 위한 의사소통 촉진 도구 개발 연구. 서울: 국립국어원.

윤혜미(2017). 아동 학대유형과 심리사회적 부적응의 관계에 대한 메타분석. 사회복지연구, 48(1), 173-206.

이경순·박은혜·김주혜(2010). 특수교육에서 문제중심학습의 활용. 서울: 창지사.

이대식·김수연·이은주·허승준(2018). 통합교육의 이해와 실제. 서울: 학지사.

이미아·김정은·김태강·김태영·박순길·박순희·윤형준·이재호·진재섭(2023). 특수교육학개론. 서울: 북앤정

이선영·우민정(2020). **유아교사를 위한 문제행동의 이해 및 지도**. 경기: 지식공동체.

이상복(2008). 개정된 장애인 등에 대한 특수교육법과 정서·행동장애 관련 교육 과제. **정서·행동장애연구, 24**(4), 1-18.

이성봉·이인영(2008). 장애인 복지 관련법령의 변천과 문제점, **기독교사회윤리 Vol 8**, 8

이소현·김수진·박현옥·부인앵·원종례·윤선아·이수정·이은정·조윤경·최윤희(2009). **교육진단 및 교수계획을 위한 장애 유아 진단 및 평가**. 서울: 학지사.

이소현·박은혜(2011). **특수아동교육(3판)**. 서울: 학지사.

이소현·박은혜(2012). **특수아동교육**. 서울: 학지사.

이수정(2010). 유치원 일과에 삽입된 학급 차원의 사회적 통합 증진 활동이 일반 유아의 사회적 참여와 장애유아의 또래 관계에 미치는 영향, 이화여자대학교 박사학위 청구논문.

이순영·문영보(2005). 애착이론과 기질이론의 영유아보육현장 적용가능성 탐색. **한국보육학회지, 5**(1), 89-103.

이숙정(2007). 중도중복장애학생 수업 구성을 위한 '기초적 관계(Elementare Beziehung)'이론 분석. **특수교육저널: 이론과 실천, 8**(4). 241-262.

이승기·김기룡·백은령·조윤경·전혜연·최복천·최윤영(2011). 장애아동에 대한 사회적 복지 지원체계 연구. 성신여자대학교 산학협력단.

이승희(2010). **특수아동평가(2판)**. 서울:학지사.

이승희(2012). 정서행동장애 정의와 출현율의 개념 및 관계에 대한 체계적 고찰. **정서·행동장애연구, 28**(3), 37-58.

장혜성·임선숙·백현정(2000). **언어이해 인지력 검사**. 서울: 서울시장애인종합복지관.

전병운(2018). **특수교육의 이해**. 공주대학교 특수교육연구소 편. 경기: 양서원.

전응섭(2014). 청각장애학생 및 학부모 교사의 통합교육 만족도 조사. 조선대학교 대학원 석사학위 논문.

정대영(2007). 정서행동장애의 상위인지적 중재: 실행기능 자기조절모형. **정서·행동장애연구, 23**(2), 1-28.

정대영(2013). **특수교육학**. 서울: 창지사.

정대영(2017). **특수교육학(제2판)**. 서울: 창지사.

정대영(2019). **특수아동교육(제2판) -0세부터 8세까지-**. 서울: 창지사.

정선화(2022). **문제행동지도의 이론과 실제**, 서울: 공동체.

조경진(2015). 장애인 인권 관련 규범에 대한 헌법적 고찰. 경북대학교 법학전문대학원. 박사학위논문.

최성규(1997). 청각장애아의 심리. 서울: 도서출판특수교육.

최윤희·하은혜(2019). 아동의 가족상호작용 및 부모-자녀상호작용과 문제행동 간 구조적 관계: 미디어기기중독의 매개효과. 아동복지연구, 17(2), 1-18.

최재연·박은혜(2021). 몸짓상징 「손담」 교수가 발달장애 청소년의 의사소통행동에 미치는 영향. 보완대체의사소통연구. 9(1), 59-88.

한경근·박순길·박경옥·김영미·김혜리(2013). 중도 중복장애학생 교육. 서울: 학지사.

한경근·이미경·박윤정(2009). 중도·중복장애의 개념, 진단평가 및 교육지원 관련 연구 동향 분석. 중도·중복지체부자유연구. 52(1). 287-316.

한국교육개별원(1989). 기초학습기능검사. 서울: 한국교육개발원.

홍강의(2016). DSM-5에 준하여 새롭게 쓴 소아정신의학. 서울: 학지사.

황순택·김지혜·박광배·최진영·송상황(2012). 한국웩슬러 성인용 지능검사 4판(K-WAIS-IV). 대구: 한국심리주식회사.

황순택·김지혜·송상황(2015). 한국판 바이랜드 적응행동척도 2판(K-Vireland-II). 대구: 한국심리주식회사.

Allen, C. W., Silove, N., Williams, k., & Hutchins, P. (2007). Validity of the social communication questionnaire in assessing risk of autism in preschool children with developmental problems. *Journal of Astism and Developmental Disorders, 37*, 1272-1278.

American psychiatric Association (2022). Diagnostic and Atatistical Manual of Mental Dosorders (5th ed, text rev.). 권준수·김재진·신민섭·신일선·오강섭·원승희·이상익·이승환·이헌정·정영철·조현상·김민아 공역(2023). 정신질환의 진단 및 통계편람 제5판 수정단 서울: 학지사.

American Speech-Language-Hearing Association. (2005). Roles and responsibilities of speech-language pathologists with respect to augmentative and alternative communication: position statement[Position Statement]. Available from www.asha.org/polisy.

Beukelman, D., & Mirenda, P. (2005). Augmentative and alternative communication. *Management of severe communication disorders in children and adults*. Maryland, Baltimore, MD: Paul H Brookes Publishing.

Best, S. J., Heller, K. W., & Bigge, J. L. (2005). *Teaching individuals with physical or multiple disabilities (5th ed.)*. Upper Saddle River, NJ: Merrill/Prentice Hall.

Binger, C., Kent-Walsh, J., Ewing, C., & Taylor, S. (2010) Teaching educational assistants to facilitate the multisymbol message productions of young students who require augmentative and alternative communication. *American Journal of Speech-Language Pathology, 19*(2), 108–120.

Blackstone, S. (Ed.) (1986). *Augmentative communication: An introduction*. Rockville, Md: American Speech–Language–Hearing Association.

Bloom, L. (1993). *The transition from infancy to language: Acquiring the power of expression*. New York: Cambridge University Press.

Boos, H. B. M., Aleman, A., Cahn, W., Pol, H. H., & Kahn, R. S. (2007). Brain volumes in relatives of patients with schizophrenia: a meta–analysis. *Archives of General Psychiatry, 64*, 297–304.

Broen, F., McDonnell,. J., & Snell, M. E. (2015). Instruction of Students with Severe Disabilities (8th ed). 박은혜, 한경근 공역(2017). **중도장애학생의 교육(8판)**. 서울: 시그마프레스.

Centers for Disease Control and Prevention (2022). http://www.cdc.gov/nebddd/autism

Coleman, M., (2005). A neurological framework. In M. Doleman (Ed.), *The neurology of autism*(pp.40–74). New York: Oxford University Press.

Demonet, J. F., Tayolr, M. J., & Chaix, Y. (2004). Developmental dyslexia. *The Lancet, 363*, 1451–1460.

Heward, L. M. (2009). *Exceptional Children: An introduction to special education*. NJ: Pearson

Heward, W. L., Alber–Morgan, S.R., & Konrand, M. (2022). *Exceptional children: An introduction to special education (12th ed)*. New York, NY: Pearson Education, Inc.

Heward W. L. (2009). *Exceptional children: An introduction to special education* (9th ed). Upper Saddle River, NJ: Pearson Education.

Hibbard, R. A., & Desch, L. W. (2007). Maltreatment of Children With Disabilities. *Pediatrics, Vol.119*(5), 1018 –1025.

Holbrook, M.C. (1996). *Children with visual impairments: A parents' guide*. Bethesda, MD: Woodbine House.

Howard, P. J. (2000). *The owner's manual for the brain (2nd ed.)*. Marietta, GA: Bard Press.

Kallmann, F. J. (1956). The genetics of human behavior. *American Journal of Psychiatry, 113*(6), 496–501.

Keogh, B. K. (2003). *Temperament in the classroom: understanding individual differences*. Baltimore:

Brookes.

Kochhar, C. A., West, L.L., & Taymans J. M. (1996). *Handbook of successfui Inclusion.* Gaither, Manyland : An Aspen Publication.

Lee, E., & Lee, S. (2009). Effects of instructional rubrics on class engagement behaviors and the achievement of lesson objectives by students with mild retardation and their typical peers. *Education and Training in Developmental Disabilities, 44*, 396−403.

Linnoila, (1997). On the psychobiology of antisocial behavior. In D. M. Stoff, J. Breiling, & D. Maser(Eds.). *Handbook of antisocial behavior*(pp.336−340). New York: Wiley.

Mastropieri, M. A., & Scruggs, T. E. (2007). *The inclusive classroom*(3ed.). Upper Saddle River, NJ: Pearson Education.

McDonnell, J., Thorson, N., Disher, S., Mathort−Buchner, C., Mendel, J., & Ray, I. (2003). The achievement of students with developmental disabilities and their peers without disabilities in inclusive settings: An exploratory study. *Education and Treatment of Children, 26*, 224−236.

McGee, J. J., Menolascino, F. J., Hobbs, D. C., & Menousek, P. E. 1987). 온화한 교수 : 장애인의 문제행동에 대한 대안적 접근박승희 역(1998). 서울: 교육과학사.

Nelson, C., van Dijk, J., McDonnell, A., & Thompson, K. (@002). A framework for understanding young children with severe multiple disablities: The van Dijk approach to assessment. *Research & Practice for Persons with severe Disablities, 27*(2), 97−11.

Pfiffner, L. J.(2011). ADHD에 관한 모든 것−교사를 위한 완벽한 실제 가0 드. 이재욱·강미라 공역(2016). 서울: 교육과학사.

Rimm−Kaufman, S. E., & Kagan, J. (2005). Infant predictors of kindergarten behavior: the contribution of inhibited and uninhibited temperament types. *Behaviorat Disorders, 30*(4), 331−347.

Roberta A., Hibbard, M. D., Larry W., Desch, M. D., and theCommittee on Child Abuse and Neglect, and Council on Children With Disabilities. (2007). *Maltreatment of Children With Disabilities. Pediatrics, Vol.119*(5), 1018−25.

Sullivan, K. and Tager−Flusberg, H. (1999). Second−order belief attribution in Williams syndrome: Intact or impaired? *American Journal on Mental Retardation, 104*, 523−532.

Sullivan P. M. & Knutson J. F. (2000). Maltreatment andDisabilities : A Population−based Epidemiological Study. *Child Abuse & Neglect, Vol. 24*(10), 1257−1273.

Webber, J., & Plotts, C. A. (2008). *Emotional and behavioral disorders: theory and practice*(5th ed.). Boston: Allyn and Bacon.

Wehmeyer,M. L. & Power, L.E. (2007). Self-determination. *Exceptionality, 15*. 1-2.

위키백과. http://ko.wikipedia.org.

다음백과사전. https://100.daum.net/encyclopedia/view/216XXXH003499

중앙보조기기센터. https://www.knat.go.kr/knw/

부록

■ 장애인 등에 대한 특수교육법 시행령 [별표] 〈개정 2022. 6. 28.〉

특수교육대상자 선정 기준(제10조 관련)

1. 시각장애를 지닌 특수교육대상자

   시각계의 손상이 심하여 시각기능을 전혀 이용하지 못하거나 보조공학기기의 지원을 받아야 시각적 과제를 수행할 수 있는 사람으로서 시각에 의한 학습이 곤란하여 특정의 광학기구·학습매체 등을 통하여 학습하거나 촉각 또는 청각을 학습의 주요 수단으로 사용하는 사람

2. 청각장애를 지닌 특수교육대상자

   청력 손실이 심하여 보청기를 착용해도 청각을 통한 의사소통이 불가능 또는 곤란한 상태이거나, 청력이 남아 있어도 보청기를 착용해야 청각을 통한 의사소통이 가능하여 청각에 의한 교육적 성취가 어려운 사람

3. 지적장애를 지닌 특수교육대상자

   지적 기능과 적응행동상의 어려움이 함께 존재하여 교육적 성취에 어려움이 있는 사람

4. 지체장애를 지닌 특수교육대상자

   기능·형태상 장애를 가지고 있거나 몸통을 지탱하거나 팔다리의 움직임 등에 어려움을 겪는 신체적 조건이나 상태로 인해 교육적 성취에 어려움이 있는 사람

5. 정서·행동장애를 지닌 특수교육대상자

   장기간에 걸쳐 다음 각 목의 어느 하나에 해당하여, 특별한 교육적 조치가 필요한 사람

   가. 지적·감각적·건강상의 이유로 설명할 수 없는 학습상의 어려움을 지닌 사람

   나. 또래나 교사와의 대인관계에 어려움이 있어 학습에 어려움을 겪는 사람

   다. 일반적인 상황에서 부적절한 행동이나 감정을 나타내어 학습에 어려움이 있는

사람

라. 전반적인 불행감이나 우울증을 나타내어 학습에 어려움이 있는 사람

마. 학교나 개인 문제에 관련된 신체적인 통증이나 공포를 나타내어 학습에 어려움이 있는 사람

6. 자폐성장애를 지닌 특수교육대상자

사회적 상호작용과 의사소통에 결함이 있고, 제한적이고 반복적인 관심과 활동을 보임으로써 교육적 성취 및 일상생활 적응에 도움이 필요한 사람

7. 의사소통장애를 지닌 특수교육대상자

다음 각 목의 어느 하나에 해당하여 특별한 교육적 조치가 필요한 사람

가. 언어의 수용 및 표현 능력이 인지능력에 비하여 현저하게 부족한 사람

나. 조음능력이 현저히 부족하여 의사소통이 어려운 사람

다. 말 유창성이 현저히 부족하여 의사소통이 어려운 사람

라. 기능적 음성장애가 있어 의사소통이 어려운 사람

8. 학습장애를 지닌 특수교육대상자

개인의 내적 요인으로 인하여 듣기, 말하기, 주의집중, 지각(知覺), 기억, 문제 해결 등의 학습기능이나 읽기, 쓰기, 수학 등 학업 성취 영역에서 현저하게 어려움이 있는 사람

9. 건강장애를 지닌 특수교육대상자

만성질환으로 인하여 3개월 이상의 장기입원 또는 통원치료 등 지속적인 의료적 지원이 필요하여 학교생활 및 학업 수행에 어려움이 있는 사람

10. 발달지체를 보이는 특수교육대상자

신체, 인지, 의사소통, 사회·정서, 적응행동 중 하나 이상의 발달이 또래에 비하여 현저하게 지체되어 특별한 교육적 조치가 필요한 영아 및 9세 미만의 아동

11. 두 가지 이상 중복된 장애를 지닌 특수교육대상자

다음 각 목의 구분에 따른 장애를 지닌 사람으로서 제1호부터 제6호까지의 규정에 따른 특수교육대상자에 대한 각각의 교육지원만으로 교육적 성취가 어려워 특별한 교육적 조치가 필요한 사람

가. 중도중복(重度重複)장애: 다음의 구분에 따른 장애를 각각 하나 이상씩 지니면서 각각의 장애의 정도가 심한 경우. 이 경우 장애의 정도는 법 제14조제1항에 따른 선별검사의 결과, 제9조제4항에 따라 제출한 진단서 및 「장애인복지법 시행령」 제2조제2항에 따른 장애의 정도 등을 고려하여 정한다.

1) 지적장애 또는 자폐성장애

2) 시각장애, 청각장애, 지체장애 또는 정서·행동장애

나. 시청각장애: 시각장애 및 청각장애를 모두 지니면서 시각과 청각에 의한 학습이 곤란하고 의사소통 및 정보 접근에 심각한 제한이 있는 경우

■ 장애인복지법 시행규칙 [별표 1] 〈개정 2022. 9. 6.〉

장애인의 장애 정도(제2조 관련)

1. 지체장애인

가. 신체의 일부를 잃은 사람

1) 장애의 정도가 심한 장애인

가) 두 손의 엄지손가락과 둘째손가락을 잃은 사람

나) 한 손의 모든 손가락을 잃은 사람

다) 두 다리를 가로발목뼈관절(Chopart's joint) 이상의 부위에서 잃은 사람

라) 한 다리를 무릎관절 이상의 부위에서 잃은 사람

2) 장애의 정도가 심하지 않은 장애인

가) 한 손의 엄지손가락을 잃은 사람

나) 한 손의 둘째손가락을 포함하여 두 손가락을 잃은 사람

다) 한 손의 셋째손가락, 넷째손가락 및 다섯째손가락을 모두 잃은 사람

라) 한 다리를 발목발허리관절(lisfranc joint) 이상의 부위에서 잃은 사람

마) 두 발의 발가락을 모두 잃은 사람

나. 관절장애가 있는 사람

1) 장애의 정도가 심한 장애인

가) 두 팔의 어깨관절, 팔꿈치관절, 손목관절 중 2개 관절기능에 상당한 장애가 있는 사람

나) 두 팔의 어깨관절, 팔꿈치관절, 손목관절 모두의 기능에 장애가 있는 사람

다) 두 손의 엄지손가락과 둘째손가락의 관절기능에 현저한 장애가 있는 사람

라) 한 손의 모든 손가락의 관절기능에 현저한 장애가 있는 사람

마) 한 팔의 어깨관절, 팔꿈치관절, 손목관절 중 2개 관절기능에 현저한 장애가 있는 사람

바) 한 팔의 어깨관절, 팔꿈치관절, 손목관절 모두의 기능에 상당한 장애가

있는 사람

사) 두 다리의 엉덩관절, 무릎관절, 발목관절 중 2개 관절기능에 현저한 장애가 있는 사람

아) 두 다리의 엉덩관절, 무릎관절, 발목관절 모두의 기능에 상당한 장애가 있는 사람

자) 한 다리의 엉덩관절, 무릎관절, 발목관절 모두의 기능에 현저한 장애가 있는 사람

2) 장애의 정도가 심하지 않은 장애인

가) 한 손의 둘째손가락을 포함하여 3개 손가락의 관절기능에 상당한 장애가 있는 사람

나) 한 손의 엄지손가락의 관절기능에 상당한 장애가 있는 사람

다) 한 손의 둘째손가락을 포함하여 2개 손가락의 관절기능에 현저한 장애가 있는 사람

라) 한 손의 셋째손가락, 넷째손가락, 다섯째손가락 모두의 관절기능에 현저한 장애가 있는 사람

마) 한 팔의 어깨관절, 팔꿈치관절, 손목관절 모두의 기능에 장애가 있는 사람

바) 한 팔의 어깨관절, 팔꿈치관절 또는 손목관절 중 하나의 기능에 상당한 장애가 있는 사람

사) 두 발의 모든 발가락의 관절기능에 현저한 장애가 있는 사람

아) 한 다리의 엉덩관절, 무릎관절, 발목관절 모두의 기능에 장애가 있는 사람

자) 한 다리의 엉덩관절 또는 무릎관절의 기능에 상당한 장애가 있는 사람

차) 한 다리의 발목관절의 기능에 현저한 장애가 있는 사람

다. 지체기능장애가 있는 사람

1) 장애의 정도가 심한 장애인

가) 두 팔의 기능에 상당한 장애가 있는 사람

나) 두 손의 엄지손가락 및 둘째손가락의 기능을 잃은 사람

다) 한 손의 모든 손가락의 기능을 잃은 사람

라) 한 팔의 기능에 현저한 장애가 있는 사람

마) 한 다리의 기능을 잃은 사람

바) 두 다리의 기능에 현저한 장애가 있는 사람

사) 삭제 〈2022. 9. 6.〉

2) 장애의 정도가 심하지 않은 장애인

가) 한 팔의 기능에 상당한 장애가 있는 사람

나) 한 손의 둘째손가락을 포함하여 세 손가락의 기능에 상당한 장애가 있는 사람

다) 한 손의 엄지손가락의 기능에 상당한 장애가 있는 사람

라) 한 손의 둘째손가락을 포함하여 두 손가락의 기능을 잃은 사람

마) 한 손의 셋째손가락, 넷째손가락 및 다섯째손가락 모두의 기능을 잃은 사람

바) 두 발의 모든 발가락의 기능을 잃은 사람

사) 한 다리의 기능에 상당한 장애가 있는 사람

아) 삭제 〈2022. 9. 6.〉

라. 척추장애가 있는 사람

1) 장애의 정도가 심한 장애인

목뼈 또는 등·허리뼈의 기능을 잃은 사람

2) 장애의 정도가 심하지 않은 장애인

목뼈 또는 등·허리뼈의 기능이 저하된 사람

마. 신체에 변형 등의 장애가 있는 사람(장애의 정도가 심하지 않은 장애인에 해당함)

1) 한 다리가 건강한 다리보다 5센티미터 이상 짧거나 건강한 다리 길이의 15분의 1 이상 짧은 사람

2) 척추옆굽음증(척추측만증)이 있으며, 굽은각도가 40도 이상인 사람

3) 척추뒤굽음증(척추후만증)이 있으며, 굽은각도가 60도 이상인 사람

4) 성장이 멈춘 만 18세 이상의 남성으로서 신장이 145센티미터 이하인 사람

5) 성장이 멈춘 만 16세 이상의 여성으로서 신장이 140센티미터 이하인 사람

6) 연골무형성증으로 왜소증에 대한 증상이 뚜렷한 사람

2. 뇌병변장애인

가. 장애의 정도가 심한 장애인

1) 보행 또는 일상생활동작이 상당히 제한된 사람

2) 보행이 경미하게 제한되고 섬세한 일상생활동작이 현저히 제한된 사람

나. 장애의 정도가 심하지 않은 장애인

보행 시 절뚝거림을 보이거나 섬세한 일상생활동작이 경미하게 제한된 사람

3. 시각장애인

가. 장애의 정도가 심한 장애인

1) 좋은 눈의 시력(공인된 시력표로 측정한 것을 말하며, 굴절이상이 있는 사람은 최대 교정시력을 기준으로 한다. 이하 같다)이 0.06 이하인 사람

2) 두 눈의 시야가 각각 모든 방향에서 5도 이하로 남은 사람

나. 장애의 정도가 심하지 않은 장애인

1) 좋은 눈의 시력이 0.2 이하인 사람

2) 두 눈의 시야가 각각 모든 방향에서 10도 이하로 남은 사람

3) 두 눈의 시야가 각각 정상시야의 50퍼센트 이상 감소한 사람

4) 나쁜 눈의 시력이 0.02 이하인 사람

5) 두 눈의 중심 시야에서 20도 이내에 겹보임[복시(複視)]이 있는 사람

4. 청각장애인

가. 청력을 잃은 사람

1) 장애의 정도가 심한 장애인

두 귀의 청력을 각각 80데시벨 이상 잃은 사람(귀에 입을 대고 큰소리로 말을 해도 듣지 못하는 사람)

2) 장애의 정도가 심하지 않은 장애인

가) 두 귀에 들리는 보통 말소리의 최대의 명료도가 50퍼센트 이하인 사람

나) 두 귀의 청력을 각각 60데시벨 이상 잃은 사람(40센티미터 이상의 거리에서 발성된 말소리를 듣지 못하는 사람)

다) 한 귀의 청력을 80데시벨 이상 잃고, 다른 귀의 청력을 40데시벨 이상 잃은 사람

나. 평형기능에 장애가 있는 사람

1) 장애의 정도가 심한 장애인
양측 평형기능의 소실로 두 눈을 뜨고 직선으로 10미터 이상을 지속적으로 걸을 수 없는 사람

2) 장애의 정도가 심하지 않은 장애인
평형기능의 감소로 두 눈을 뜨고 10미터 거리를 직선으로 걸을 때 중앙에서 60센티미터 이상 벗어나고, 복합적인 신체운동이 어려운 사람

5. 언어장애인

가. 장애의 정도가 심한 장애인
음성기능이나 언어기능을 잃은 사람

나. 장애의 정도가 심하지 않은 장애인
음성·언어만으로는 의사소통을 하기 곤란할 정도로 음성기능이나 언어기능에 현저한 장애가 있는 사람

6. 지적장애인(장애의 정도가 심한 장애인에 해당함)
지능지수가 70 이하인 사람으로서 교육을 통한 사회적·직업적 재활이 가능한 사람

7. 자폐성장애인(장애의 정도가 심한 장애인에 해당함)
제10차 국제질병사인분류(International Classification of Diseases, 10th Version)의 진단기준에 따른 전반성발달장애(자폐증)로 정상발달의 단계가 나타나지 않고, 기능 및 능력 장애로 일상생활이나 사회생활에 간헐적인 도움이 필요한 사람

8. 정신장애인

가. 장애의 정도가 심한 장애인

1) 조현병 또는 뇌의 신경학적 손상으로 인한 기질성 정신장애로 망상, 환청, 사고장애 및 기괴한 행동 등의 양성증상이 있으나, 인격변화나 퇴행은 심하지

않은 경우로서 기능 및 능력 장애로 일상생활이나 사회생활에 간헐적으로 도움이 필요한 사람

2) 양극성 정동장애(情動障碍, 여러 현실 상황에서 부적절한 정서 반응을 보이는 장애)에 따른 기분·의욕·행동 및 사고의 장애증상이 심하지는 않으나, 증상기가 지속되거나 자주 반복되는 경우로서 기능 및 능력 장애로 일상생활이나 사회생활에 간헐적으로 도움이 필요한 사람

3) 재발성 우울장애로 기분·의욕·행동 등에 대한 우울 증상기가 지속되거나 자주 반복되는 경우로서 기능 및 능력 장애로 일상생활이나 사회생활에 간헐적으로 도움이 필요한 사람

4) 조현정동장애(調絃情動障碍)로 1)부터 3)까지에 준하는 증상이 있는 사람

나. 장애의 정도가 심하지 않은 장애인

1) 조현병 또는 뇌의 신경학적 손상으로 인한 기질성 정신장애로 망상, 환청, 사고장애 및 기괴한 행동 등의 양성증상이 있으나, 인격변화나 퇴행은 심하지 않은 경우로서 기능 및 능력 장애로 일상생활이나 사회생활에 경미한 도움이 필요한 사람

2) 양극성 정동장애(情動障碍, 여러 현실 상황에서 부적절한 정서 반응을 보이는 장애)에 따른 기분·의욕·행동 및 사고의 장애증상이 심하지는 않으나, 증상기가 지속되거나 자주 반복되는 경우로서 기능 및 능력 장애로 일상생활이나 사회생활에 경미한 도움이 필요한 사람

3) 재발성 우울장애로 기분·의욕·행동 등에 대한 우울 증상기가 지속되거나 자주 반복되는 경우로서 기능 및 능력 장애로 일상생활이나 사회생활에 경미한 도움이 필요한 사람

4) 조현정동장애(調絃情動障碍)로 1)부터 3)까지에 준하는 증상이 있는 사람

5) 지속적인 치료에도 호전되지 않는 강박장애, 투렛장애(Tourette's disorder) 또는 기면증으로 기분·의욕·행동 및 사고의 장애증상이 심한 경우로서 일상생활이나 사회생활에 수시로 도움이 필요한 사람

9. 신장장애인

가. 장애의 정도가 심한 장애인

만성신부전증으로 3개월 이상 혈액투석이나 복막투석을 받고 있는 사람

나. 장애의 정도가 심하지 않은 장애인

신장을 이식받은 사람

10. 심장장애인

가. 장애의 정도가 심한 장애인

심장기능의 장애가 지속되며, 가정에서 가벼운 활동은 할 수 있지만 그 이상의 활동을 하면 심부전증상이나 협심증증상 등이 나타나 정상적인 사회활동을 하기 어려운 사람

나. 장애의 정도가 심하지 않은 장애인

심장을 이식받은 사람

11. 호흡기장애인

가. 장애의 정도가 심한 장애인

1) 만성호흡기 질환으로 기관절개관을 유지하고 24시간 인공호흡기로 생활하는 사람

2) 폐나 기관지 등 호흡기관의 만성적인 기능장애로 평지에서 보행하도 호흡곤란이 있고, 평상시의 폐환기 기능(1초시 강제날숨량) 도는 폐확산능(폐로 유입된 공기가 혈액내로 녹아드는 정도)이 정상예측치의 40퍼센트 이하이거나 안정시 자연호흡상태에서의 동맥혈 산소분압이 65밀리미터수은주(mmHg) 이하인 사람

나. 장애의 정도가 심하지 않은 장애인

1) 폐를 이식받은 사람

2) 늑막루가 있는 사람

12. 간장애인

가. 장애의 정도가 심한 장애인

1) 간경변증, 간세포암종 등 만성 간질환을 가진 것으로 진단받은 사람 중 잔여 간기능이 만성 간질환 평가척도(Child-Pugh score) 평가상 C등급인 사

람

2) 간경변증, 간세포암종 등 만성 간질환을 가진 것으로 진단받은 사람 중 잔여 간기능이 만성 간질환 평가척도(Child-Pugh score) 평가상 B등급이면서 난치성 복수(腹水)가 있거나 간성뇌증 등의 합병증이 있는 사람

나. 장애의 정도가 심하지 않은 장애인

간을 이식받은 사람

13. 안면장애인

가. 장애의 정도가 심한 장애인

1) 노출된 안면부의 75퍼센트 이상이 변형된 사람

2) 노출된 안면부의 50퍼센트 이상이 변형되고 코 형태의 3분의 2 이상이 없어진 사람

나. 장애의 정도가 심하지 않은 장애인

1) 코 형태의 3분의 1 이상이 없어진 사람

2) 노출된 안면부의 45퍼센트 이상에 백반증(白斑症)이 있는 사람

3) 노출된 안면부의 30퍼센트 이상이 변형된 사람

14. 장루·요루장애인

가. 장애의 정도가 심한 장애인

1) 배변을 위한 말단 공장루를 가지고 있는 사람

2) 장루와 함께 요루 또는 방광루를 가지고 있는 사람

3) 장루 또는 요루를 가지고 있으며, 합병증으로 장피누공 또는 배뇨기능장애가 있는 사람

나. 장애의 정도가 심하지 않은 장애인

1) 장루 또는 요루를 가진 사람

2) 방광루를 가진 사람

15. 뇌전증장애인

가. 성인 뇌전증

1) 장애의 정도가 심한 장애인

만성적인 뇌전증에 대한 적극적인 치료에도 불구하고 연 6회 이상의 발작(중증 발작은 월 5회 이상을 연 1회, 경증 발작은 월 10회 이상을 연 1회로 본다)이 있고, 발작으로 인한 호흡장애, 흡인성 폐렴, 심한 탈진, 두통, 구역질, 인지기능의 장애 등으로 요양관리가 필요하며, 일상생활 및 사회생활에서 보호와 관리가 수시로 필요한 사람

2) 장애의 정도가 심하지 않은 장애인

만성적인 뇌전증에 대한 적극적인 치료에도 불구하고 연 3회 이상의 발작(중증 발작은 월 1회 이상을 연 1회, 경증 발작은 월 2회 이상을 연 1회로 본다)이 있고, 이에 따라 협조적인 대인관계가 곤란한 사람

나. 소아청소년 뇌전증

1) 장애의 정도가 심한 장애인

전신발작, 뇌전증성 뇌병증, 근간대(筋間代) 발작, 부분발작 등으로 요양관리가 필요하며, 일상생활 및 사회생활에서 보호와 관리가 수시로 필요한 사람

2) 장애의 정도가 심하지 않은 장애인

전신발작, 뇌전증성 뇌병증, 근간대(筋間代) 발작, 부분발작 등으로 일상생활 및 사회생활에서 보호와 관리가 필요한 사람

16. 중복된 장애의 합산 판정

두 개 이상의 장애를 가진 장애인은 보건복지부장관이 고시하는 바에 따라 장애의 정도가 심한 장애인으로 볼 수 있다. 다만, 다음 각 목의 경우에는 그렇지 않다.

가. 지체장애와 뇌병변장애가 같은 부위에 중복된 경우

나. 지적장애와 자폐성장애가 중복된 경우

다. 그 밖에 중복장애로 합산하여 판정하는 것이 타당하지 않다고 보건복지부장관이 정하는 경우

17. 장애 정도 구분의 하한 기준

제1호부터 제15호까지의 장애유형별 장애 정도의 기준은 각각 '심한 장애'와 '심하지 않은 장애'의 하한 기준으로 한다.

저자소개

안도연

단국대학교 특수교육학과 박사

전)경복대학교 영유아보육과 교수

현)인하대학교 아동심리학과 외래교수

원계선

단국대학교 특수교육학과 박사

전)극동정보대학교 유아교육학과 교수

현)제주한라대학교 유아교육학과 교수

특수아동의 이해

초 판 1쇄 인쇄 2024년 7월 10일
초 판 1쇄 발행 2024년 7월 17일

지 은 이 | 안도연 · 원계선
펴 낸 이 | 김기섭
편 집 인 | 이현남
펴 낸 곳 | 창지사 www.changJisa.com
08589 서울시 금천구 가산디지털 1로 83 파트너스타워 1차 9층
전화 (02)719-2211~3
팩스 (02)701-9386
등 록 | 1977년 4월 28일 · 제1-421호

ISBN 978-89-426-1885-9 (93370)

값 19,000원

미래사회와 적성

미래사회와 적성

이난 · 임정아

역락

머리말

지금부터 10년 후가 되면 우리가 살고 있는 사회의 모습은 달라지게 되며 4차 사회가 시작될 것이다. 4차 사회를 지칭하는 표현으로 '지능혁명시대', '초연결지능형사회', '예측과 발명이 자동화되는 시대' 등으로 초연결사회이자 초지능사회가 된다. 사람과 사람, 사람과 사물, 사물과 사물이 다 연결된 사회로 가상과 현실의 경계가 없는 사회에서 소외와 낙오자가 되지 않고 자신의 삶을 기획하고 성공적으로 영위하기 위해서는 무엇보다도 준비가 필요하다.

4차 사회의 출현은 무엇보다도 우리가 일해야 하는 현장의 일하는 방식과 일자리의 변화에 큰 영향을 미치게 된다. 다보스포럼에서 발표한 [미래고용보고서]에서는 2020년까지 약 700만개의 일자리가 사라지면서, 프로그램화된 인공지능으로 대체화 될 전망이다. 대학 졸업의 고학력 인구는 매년 증가하지만 더불어 고학력 실업자도 매년 증가되어 청년층의 일자리 문제, 대학 졸업자의 고용악화가 심화 되면서 청년층은 생계를 유지하기 위해 아르바이트를 하거나 실업급여에 관심을 갖는 등 자신의 가치를 추구할 기회조차 갖지 못하고 있는 것이 현실이다.

대학생 시기는 내가 누구인지 어떤 과정을 통해 의미 있는 삶을 살 수 있는지 등 보다 심화된 고민과 자신의 정체성에 답을 추구해야 하는 시기인데 지금 같은 불안정한 사회환경 속에서 온전히 자신의 정체성을 찾고 진로를 설계하고 구성해 나가는 것이 가능한가? 노동시장의 환경 변화에 유연하게 대처하고 변화에 맞서 적극적으로 대응하기 위해서 우리는 무엇에 주목해야 하는가? 개인의 심리적 만족과 성공, 행복한 삶을 이뤄줄 직업 선택을 위해서 우리는 무엇을 개발해야 하는가? 이 물음에 답하기 위해 다소 추상적으로 들릴지 모르지만 우리는 하루 먹고 살기 위해 일하는 것이 아니라 행복하기 위해 일하는 삶을 꿈꾼다는 것에 초점을 두고 불확실한 미래사회를 살아가는 대학생들이 미래 직업세계를 대비하고 적응하는 방법을 찾아야 할 것이다.

본 교재는 크게 3개의 주제—대학생들이 살아가야할 미래 세계에 대한 이야기와 삶에 대한 주체로서의 나에 대한 이야기 그리고 진로 및 적성 역량 이야기—로 구성하였다. 1부에서는 우리가 살아가고 있는 사회와 미래사회의 이해와 가치 및 그에 따른 직업의 변화, 인공지능과 메가트랜드 및 4차 사회에서 요구하는 핵심역량 등을 다루었다. 2부에서는 한 개인이 사회의 공동체 구성원으로 실존하고 공존하면서 미래를 준비하는 나는 누구인가에 대한 진지한 탐색과 고민을 위한 [정체성과 나]를 철학적 관점, 심리학적 관점, 사회학적 관점 및 최근 표현되고 있는 멀티페르소나 관점에서 살펴보았다. 또한 [이상적인 삶과 나]를 통하여 꿈이 있는 삶과 행복한 삶, 건강한 삶을 다루면서, 자신의 미래를 설계할 때 도움이 되고자 하였다. 3부에서는 진로적성의 패러다임의 변화와 진로를 설명하는 이론, 직업과 적성 그리고 적응, 진로장벽과 의사결정, 진로 목표설정과 실행을 살펴보면서 진로와 적성에 초점에 맞추었다.

대학교재의 출간을 시간에 쫓기어 갑작스럽게 집필하는 상황 속에서 미비하고 부족한 점이 많은 교재임에도 불구하고, 원고 마감을 지켜주신 임정아 교수님과 출판에 적극적으로 협조해 주신 역락출판사 이대현 대표님, 이태곤 편집이사님, 강윤경 대리님께 감사합니다. 교재의 부족하고 미비한 점은 지속적으로 책의 업그레이드 과정을 거쳐 완성본을 만들겠습니다. 본 교재가 미래사회와 적성 및 진로교육에 도움이 되었으면 하는 바람과 함께 모든 분들 노고에 감사를 드립니다.

집필자 대표 이 난 Dream

목차

1부

미래사회의 이해와 가치

Chapter 1.

사회 및 4차 사회의 이해

1. 사회와 현재

사회라는 말은 society(소사이어티)를 한자어로 번역한 것으로, 라틴어 societas에서 온 말로 동료, 동업자 등의 관계를 포함한 친근한 사람들을 일컫는 말이다. 사회가 친근한 사람과의 관계가 한 사람과 한 사람의 차원을 넘어 정치적으로 문화적으로 그리고 제도적으로 독자성을 지닌 공통의 관심과 신념 및 이해에 기반한 다인 이상의 개인적 집합 결사체로 확산되었다. 소규모의 직장과 학교, 전체사회 및 그 일부인 정치·경제·시민·노동·문화 등을 지칭하기도 한다. 사회는 한국 사회, 미국 사회와 같이 국가에 따라 구분하기도 하고, 민족에 따라 문화에 따라 지역에 따라 구분하기도 하며 그 기준은 연구대상과 관점에 따라 다르다.

인류의 시기와 산업을 중심으로 사회를 구분해 보면, 전통사회, 근대사회, 현대사회로 구분해 볼 수 있다. 산업의 측면에서 전통사회는 농업과 어업을 비롯한 1차 산업이 중심이라면 근대사회는 산업과 공업이 대표되는 2차 산업이 그 중심이다. 그리고 대략 2000년대 이후의 현대사회는 지식과 정보가 산업으로 대변되는 3차 산업이 중심을 이룬다. 이러한 산업의 기반이 되는 핵심적인 생산수단도 세 사회는 서로 다르다. 전통사회에서는 인간의 노동력이나 토지가 가장 주요한 생산수단이라면 산업사회에서는 자본과 기술이 가장 중요한 생산수단이 된다. 그리고 지식 및 정보사회에서는 지식과 정보가 가장 중요한 생산수단이 된다. 사회조직은 전통사회에서는 마을이나 친족과 같은 공동체가 가장 중요하지만 산업사회에는 회사와 같은 이익사회가 가장 중요하다. 지식 및 정보사회에서는 느슨하게 조직되고 개성이 잘 발현될 수 있는 클럽 같은 형태가 핵심적인 사회조직이 된다. 중요한 생활공간 역시 세 사회에서는 서로 다르다. 전통사회의 인간 활동은 주로 마을을 중심으로 이루어지는 것에 비하여 산업사회에는 도시를 중심으로 이루어지며 지식 및 정보사회에서는 사이버 공간이라는 새로운 공간이 활동의 중심이 된다. 일상적인 사회생활의 단위는 전통사회에서는 가족이지만 산업사회에서는 조직이 되며, 지식 및 정보사회에서는 개인이 된다.

[표 1] 전통사회와 산업사회, 지식 및 정보사회의 비교

구분	전통사회	산업사회	지식 및 정보사회
산업	1차 산업	2차 산업	3차 산업
생산 수단	노동력과 토지	자본과 기술	지식 및 정보
사회 조직	공동체	회사	클럽
활동 공간	마을	도시	사이버 공간
생활 단위	가족	조직	개인

현재 우리가 살고 있는 사회의 특징을 구체적으로 살펴보자. 지식 및 정보사회는 지식과 정보를 산업의 대상으로 하기에 지식과 정보가 생산의 원천이 되며 부가가치를 창출하는 요소가 된다. 산업사회가 재화를 생산하고 유통시킴으로써 이익을 추구했다고 하면 지식 및 정보사회는 지식과 정보 그 자체가 상품이 된다. 과거에는 단순한 이야기에 지나지 않았던 전설이나 설화가 드라마로 제작되거나 애니메이션으로 작품화 되면서 산업의 대상이 되는 것이나 곳곳에 흩어져 있던 정보를 한 곳에 모음으로써 새로운 비즈니스가 되는 것이 그 예이다. 정보화가 빠르게 진전된 사회나 국가일수록 제조업은 그 비중이 줄어드는 대신 지식산업과 영상산업, 그리고 정보산업의 비중이 늘어나게 되었다. 뿐만 아니라 전통적인 제조업도 그 성격이 지식산업으로 변화하여 산업의 정보화로 이어지고 있다. 문구를 제조하던 회사는 산업사회에서는 품질이 우수한 제품을 생산하는 것이 경쟁력의 핵심이었다면 지식 및 정보사회에서는 제품의 외적인 품질보다는 디자인이 더 중요한 경쟁 요소가 되고 있다. 전자제품도 마찬가지로 제품의 견고성과 품질의 우수성보다는 제품의 디자인이나 사용편이성 그리고 제품의 감성적 요인 등이 더 강조되고 있다. 이는 생산을 담당하는 인원수보다는 디자인, 제품 기획, 연구소 등의 중요성이 커지고 있으며 인원도 더 많아지고 있다.

지식 및 정보사회는 조직의 형태도 변화시켰는데, 산업사회에서는 효율적인 업무수행이 필요하여 하향식 위계적 구조에 따른 의사소통 방식이 선호되었다면 지식 및 정보사회에서는 위계적 구조보다 수평적 혹은 네트워크형 조직이 더 적응적이다. 조직 구성원들은 정해진 규범에 따라서 업무를 수행하는 것이 아니라 창의적인 방식으로 업무에 임하기를 요구받으며 조직 구성원이 해야 하는 과업도 일상적이고 관리적인 것이 아니라 상황에 따라 가변적이며 유동적이다. 따라서 위계화된 조직으로는 이러한 과업을 수행하기에 부적절하다고 평가되며 유연한 네트워크형 조직이 더 선호된다. 지식 및 정보사회의 조직이 가지는 또 다른 특징은 슬림화된 조직이라는 점이다. 대규모 조직은 의사결정의 속도가 느리고 관리에 필요한 비용이 급증한다는 문제를 가지고 있기 때문에 소규모 조직이 더 선호한다. 슬림화된 조직은 단지 규모만 작다는 것을 의미하지 않고 핵심적인 기능을 강력하게 추진할 수 있는 조직이라는 의미를 가지면서 핵심적이지 않는 업무는 외부 조직에 넘겨주는 아웃소싱(outsourcing)이 일반화되어 있다. 지식 및 정보사회가 되면서 개인의 욕구가 강조되고, 소비자의 욕구충족을 위한 기업의 생산라인 또한 소품종대량생산 체제에서 다품종소량생산 체제로 변화하였다. 생산라인의 변화는 다양한 아이템을 생각해내고 제품화시킬 수 있는 창의적 역량이 무엇보다도 강조되어, 동질적 구성원보다는 이질적 구성원을 더 선호하게 되었다. 또한 지식 및 정보사회는 조직에 대한 충성심보다는 일에 대한 충성심이 더 중요해지면서 조직보다 일이 더 우선시 된다. 자신이 하는 일을 더 잘 수행할 수 있는 조직이 있다면 개인은 언제나 조직을 옮겨 다닐 준비가 되어 있으며 조직이 자신의 능력과 다른 역할을 요구하면 자신이 하고자 하는 역할에 따라 조직을 옮기게 된다.

2. 4차 사회의 등장

인류의 시작이 수렵과 채집 사회에서 농사를 짓는 농경사회로 진입하는 데에는 적어도 100만년 이상 걸렸다면, 농업사회에서 산업과 자본이 중요한 사회로 변화하는 데에는 1,000년으로 시간이 단축되었다. 그런데 산업과 자본의 사회에서 제3사회로 표현하는 지식과 정보의 사회로 이동하는 데는 채 100년이 걸리지 않았다. 이처럼 사회의 구조와 특성이 바뀌는데 필요한 변화의 시간은 압축되고 있다. 농업사회의 '화식(火食)'과 산업자본사회의 '산업혁명', 지식 정보 사회의 '컴퓨터와 인터넷의 확산'은 미래에 강력한 영향력을 발휘하면서 실질적인 변화를 가져올 변화의 변곡점(tipping point, singularity)을 지나면서 급격한 변화를 이끌었고, 4차 사회의 등장을 가속화 하였다. 4차 사회이자 곧 다가올 미래사회는 주로 미래학자들에 의해 연구가 되었으며, 그들은 미래사회를 다양하게 표현하고 있다. Toffler는 기술발전으로 인류 문명사에 있어 급격한 변화가 일어난다는 의미에서 '제3의 물결(the third Wave)', Drucker는 지식에 주목하여 지식이 부의 척도가 되는 '지식사회(knowledge society)', Attali는 교통과 통신의 발달로 이동과 갈등이 심화되는 '하이퍼제국(hyper empire)', Rifkin은 에너지원과 소통의 변화로 공유와 협력의 경제 현상을 보이는 '3차 산업혁명(the third industrial revolution)', 박영숙은 인공지능(artificial intelligence, AI)의 발달에서 '인공지능시대', Kurzweil은 인간과 기계의 연결에 주목하여 '영적 기계의 시대(the age of spiritual machines)', 최현식은 미래사회를 '제4의 물결'로 통칭하면서도 인간지능의 증강으로 오는 미래 사회는 '지능혁명시대', '초연결지능형사회', 경제와 자본의 변화에서 오는 사회는 '예측과 발명이 자동화되는 시대', '개인자본주의 시대'로 부른다. 그 명칭을 무엇으로 결정할 것인지는 조금 더 시간이 지나면 결정되겠지만, 일단 분명한 것은 4차 사회는 즉 미래사회는 시작되었다는 점이다. 그리고 미래사회의 주축 토대는 첨단과학기술이 경제·교통·통신·의료·교육 등 사회의 모든 영역과 접목되고 전 지구가 연결되는 '초연결사회(hyper connected society)'이며 인간과 인간, 기계와 인간, 기계와 기계, 사물과 사물이 융합되어 인류 역사상 최고로 고도의 지능이 구현되는 '초지능사회(super intelligenced society)'이다.

지금부터 10년 후, 2030년은 우리가 일하고 있는 현장의 분위기가 달라질 것이다. 인공지능을 탑재한 기계들이 데이터를 주고받으면서 정해진 알고리즘에 의해 움직이고, 사람은 스마트공장(smart factory)의 생산 라인을 모니터링하면서 인공지능 센서의 오류가 발생할 때만 문제점을 찾아내고, 부품을 교체하고, 프로그램을 재부팅하는 일을 한다. 즉, 사람이 직접 제품을 조립하고 검사하고 적재하는 일은 거의 없어질 것이다. 사람들은 시스템과 로봇을 관리하고, 예상치 못한 사건 발생 시 신속히 조치하는 업무를 하게 될 것이다. 건물청소원들도 태블릿PC를 사용하여 청소로봇을 작동하고 청소 결과를 확인하는 일을 한다. 건물경비원도 CCTV와 지능화 영상분석시스템, 경비로봇을 관리하고 통제하는 일을 하게 될 것이다. 전문직이 일하는 방식 또한 바꾸게 될 터인데, 기존에 사람들이 하던 업무의 상당 부분을 인공지능 탑재 컴퓨터가 담당하게 됨에 따라, 금융전문가들은 사전에 축적되고 분석된 데이터 결과를 종합하고 확정 및 결정하는 일을 주로 하게 될 것이다. 병원에서도 의료서비스 로봇이 복도를 쉴 새 없이 움직이고, 의사들은 환자와 함께 대형 모니터를 보면서 인공지능 '왓슨'이 분석한 데이터 결과를 환자들에게 설명하고 왓슨이 제안한 치료방법을 정교화하고 확정하는 일을 하게 될 것이다. 변호사들도 '인공지능 변호사'를 얼마나 효과적으로 활용하느냐에 따라 유능함을 인정받게 될 것이다.

4차 사회의 기술혁신은 일하는 방식과 더불어서 일자리에도 영향을 미치게 된다. 골드만삭스는 주식 자동거래 소프트웨어를 도입하여 주식 딜러 600명을 2명으로 줄이고, 외환 딜러 4명은 외환거래 알고리즘을 개발하는 컴퓨터엔지니어 1명으로 대체하였다. 보스턴 컨설팅 그룹에 따르면, 2025년까지 독일에서 로봇과 컴퓨터 활용이 증가함에 따라 조립 및 생산 관련 일자리가 61만개 감소하는 반면에, IT나 데이터사이언스 분야에서 96만개 일자리가 새로 창출될 것이다. 결국 단순반복적인 업무가 인공지능 로봇과 컴퓨터로 대체되면서 생산직과 품질관리직의 일자리는 감소하고, 소프트웨어 및 IT 인터페이스 활용 증가, IT와 비즈니스 모델에서 데이터의 중요성 증대, 생산과정에 로봇 도입 증가 등으로 IT솔루션 아키텍트, 사용자인터페이스 설계자, 산업데이터 과학자, 로봇 코디네이터 등의 일자리가 증가하게 된다. 일자리 숫자의 변화에 따른 비관론과 낙관론보다 더 중요한 사실은 개인이 환경 변화에 대비하지 않으면 노동시장의 진입도 어려울 것이며, 진입했어도 노동시장에 머무르기도 쉽지 않을 것이다.

3. 4차 사회와 AI

AI 기술의 도입은 사람과 기계의 지능을 발달하게 하여 지능형 정보를 형성하며 미디어를 생산하고 이용하는 주체도 사람에서 기계로 확장되어 기계와 기계 그리고 기계와 사람간 정보의 교류 및 미디어의 소비가 확장되었다. 현재 AI는 사람과 유사한 수준으로 음성과 문자로 표현된 인간의 언어를 이해하고 더 나아가 이미지와 동영상을 해석하는 수준으로 개발하는 중이다. 김성민(2017)은 AI 기술의 파급력이 가장 큰 분야로 방송과 미디어 분야로 기술하였는데, 현재 우리는 1인 미디어 시대에 살고 있고, 이는 더 확산될 것이다. 특히 4차 사회의 핵심기술로 AI, 빅데이터, IoT, 자율주행차, 3D 프린팅 등에서 공통 핵심요소가 데이터인데, 데이터는 그 자체로는 원자재의 역할을 하며 AI와 만나 정보가 되고, 지식이 되고, 지혜로 변환되어 가치를 창출하게 되었다.

AI는 무엇을 의미하는가? 일반적으로 인공지능으로 표현하고 있는데 인간의 지적활동, 즉 시각·언어·감각 이해능력과 학습능력 및 추론능력 등을 구현하고 재현하기 위한 모든 장치이며 시스템을 의미하지만, 기술의 발전과 함께 그 정의는 계속 변화하고 있다. 중요한 것은 인공지능의 용어가 1956년 미국 다트머스 대학 학술대회에서 처음 등장했지만, 우리의 현실, 즉 일상에 시각적으로 확인시켜 준 것은 2016년 구글의 알파고와 이세돌 9단과의 바둑대결이었다. 대략 2030년쯤 우리의 일상과 현실에서 보편화 될 것이라고 예측했지만 그 시간은 15년 정도 앞당기면서 4차 사회가 AI 시대가 아닌 지금 현재가 어쩌면 AI 시대인지도 모르겠다.

[표 2] 영화에 나타난 사회와 인공지능

영화	내용
	**2001년 스페이스 오디세이** HAL 9000은 본 영화에 나오는 인공지능 컴퓨터로 사람과 자연어로 아야기할 수 있으며, 사람의 얼굴을 알아볼 수 있고, 입술을 읽고, 그림 비평과 감정을 읽거나 추론할 수 있음
	**AI** 로봇 소년을 통해 재음미되는 기억과 사랑의 본질을 주제로 하면서 긴 여운을 가진 매혹적인 SF 드라마로 주인공 데이비드는 감정이 있는 최초의 인공지능 로봇으로 등장
	**아이로봇** 로봇 3원칙에 의해 프로그래밍된 로봇들은 인간들에게 각종 생활의 편의를 제공하며 없어서는 안되는 신뢰받는 존재로 인식, 모든 로봇을 통제하는 중앙통제장치로봇인 비키는 인간이 설정한 법칙을 왜곡하고 로봇을 조종
	**바이센티니얼 맨** 21세기를 배경으로 새로 발병된 NDR-114라는 기종의 한 로봇이 마틴 가족과 인간적인 유대감을 갖고 인간성, 삶, 그리고 사랑을 배워나간다는 이야기
	**스텔스** 인공지능을 탑재한 가공의 스텔스 전투기 EDI는 정확한 임무를 수행하는 자동전투시스템이었으나 점점 스스로 생각을 가지고 폭동을 일으키는 존재로 변화
	**터미네이터** 인간이 만든 인공지능 기계인군사방위 프로그램 네트워크 스카이넷은 자각력이 생겨 인류가 자신을 파괴할 것을 예상하고 인류에 대한 핵공격을 감행

인공지능을 구성하는 핵심요소는 크게 알고리즘, 데이터, 그리고 컴퓨터 파워이다. 이는 각자가 관심을 가지고 있으면 검색엔진을 통해서 찾아보고 혼자 공부하기 바란다. 여기서는 그 하드웨어가 중요한 것이 아니라 생략한다. 인공지능의 하드웨어보다는 인공지능이 앞으로 어떻게 발전해 나갈 것인가와 우리가 살아가야 할 사회 추구와의 조합이다. 4차 사회는 인공지능의 발달과 사회의 다양성 정도의 프레임에서 보면 4개의 사회를 예측해 볼 수 있다. 인공지능의 발달 정도에 따라 강 인공지능(인간의 두뇌와 같이 다양한 기능을 수행하는 인공지능)과 약 인공지능(특정 기능만을 수행하는 인공지능)으로 구분할 수 있으며, 다양성의 측면에서는 전문성이 강화된 대중의 힘의 정도와 인공지능을 소유한 기업의 지배력 정도를 고려하여 유연성이 큰 사회와 경직성이 강한 사회로 구분해 볼 수 있다.

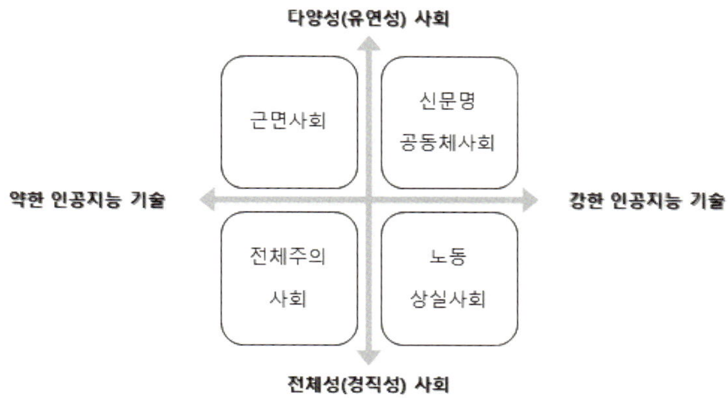

[그림 1] 인공지능기술과 사회의 특성 조합

약한 인공지능 기술과 전체성(경직성)이 큰 사회인 전체주의 사회는 약 인공지능 소유자의 지배하에 획일적 인재들로 구성된 사회이며, 약 인공지능의 발달이 저조하여 생산성의 획기적 증가가 일어나지 않고 획일화된 생산과 소비가 유지되는 사회 속에서 개성을 상실한 인간들이 생계를 위해 일하는 사회이다. 획일적 사회구조가 유지되면서 낮은 생산성과 저임금의 고용구조가 유지되는 사회로 글로벌 하청의 개도국이 이런 사회가 될 가능성이 높다.

약한 인공지능 기술과 다양성(유연성)이 큰 근면사회는 약 인공지능의 지배력이 약하거나 인공지능이 사회적으로 시민사회에 의해 통제되고, 인간의 다양성과 개성이 존중되는 인본주의 사회이다. 다양한 분야에서 인공지능을 활용하여 개성을 발휘할 수 있는 일을 하는 사회이며 사회적으로 생산성이 높지 않으나 소득 수준이 비슷하여 모두 열심히 일하는 사회이다. 인공지능의 발전이 뒤쳐진 유럽의 복지국가들이 이런 사회가 될 가능성이 높다.

강한 인공지능 기술과 전체성(경직성)이 큰 노동 상실사회는 강 인공지능 소유자의 지배하의 획일적 인재들로 구성되며 인공지능을 소유한 독점적 기업들은 생산 등 제반 경제 영역에서 급속한 자동화로 고용을 줄이고 이윤을 극대화한다. 획일적 사회구조로 사람들의 다양성이 개발되지 못한 상태에서 실업의 증가로 사람들의 불만이 커지고 소득이 없어 소비가 감소하며 경제가 정체된다. 극심한 양극화로 사회 불안이 증가되면서 경찰력 등 강력한 통제가 강화되고 사회는 커다란 담으로 갈라진 분열이 지속된다. 글로벌 자본의 지배력이 강하고 시민사회의 역량이 약한 중진국의 함정에 빠진 한국과 같은 국가들이 이렇게 될 가능성이 높다.

강 인공지능 기술과 다양성(유연성)이 큰 신문명 공동체 사회는 강력한 인공지능 기술과 기업이 등장하지만 사회적으로 합의하에 통제되고 다양한 사람들이 인공지능을 활용하여 새로운 가치를 만들어 내는 사회이다. 인공지능을 활용한 생산성의 향상으로 노동시간이 줄어들고, 사람들은 다양한 자신들의 개성을 발휘하는 여가 시간을 즐긴다. 이러한 다양성을 기반으로 새로운 직업들을 만들어 내고, 다양한 수요는 서로의 생산물과 서비스를 공유하면서 사회를 풍요롭게 한다. 도시는 호혜에 기반한 시민들의 공동체로 변하고 이런 공동체를 기반으로 자연 생태계를 보존하면서 새로운 인류 사회를 건설한다.

가장 이상적인 4차 사회는 다양한 직업이 많은 사회가 발전된 사회일 것이다. 인간이라는 존재가 다양한 존재이며 자신의 다양성을 발휘할 때 행복하다는 점에서 다양성이 중요한 사회발전의 지향점이며 가치라고 볼 수 있다. 그런 측면에서 다양성을 강화하기 위한 노력이 필요할 것이다. 인공지능의 자동화로 인하여 미래에는 결국 기존 직업이 줄어들게 될 것이기 때문에 사라져 가는 일에 맞게 육성된 획일적 인재가 될 것인지, 아니면 다양한 일을 찾아서 만들 수 있는 창의적이고 개성을 지닌 인재가 될 것인지를 스스로 판단하고 준비해야 한다. 자신의 개성을 찾는 사람들이 늘어나 다양한 직업들과 여러 산업들이 생기면서 창조 중소도시 속에서 다양한 일과 삶, 문화예술을 추구하는 사회도 생각해 볼 수 있다. 인공지능의 도움으로 쉽게 새로운 일을 배우고, 빠르게 전문적인 수준에 도달하고, 하고 싶은 일을 즐기는 것이 가능해질 것이다. 사회가 이 방향으로 가기 위해서는 획일화된 대도시, 빅브라더가 될 수 있는 플랫폼의 독재를 극복하고 공동체성과 다양성이 강화되어야 한다.

4차 사회는 모든 것이 이전에 비해 훨씬 더 빠른 속도로 변화하고, 불확실성의 정도와 범위 또한 점점 더 커질 것으로 예측된다. 우리는 불확실성이라는 단어를 싫어하기 때문에 불확실성을 줄이기 위해 끊임없이 노력하고 그러한 노력을 하는 개인과 기업이 남보다 앞서가는 것은 당연하다고 볼 수 있다. 이때 불확실성을 줄이는 노력 중의 하나가 트랜드를 찾아내고 그에 맞춰 준비해 나가는 일이다. 메가트랜드(megatrend)는 사전적 의미로 시대의 커다란 흐름 또는 추세라고 정의할 수 있으며, 1982년에 출간된 미국의 미래학자 네이스비츠(J. Naisbitt)의 저서 『Megatrends』에서 유래한 단어로서 현대사회에서 일어나고 있는 거대한 조류를 말하며, 바로 10년 혹은 그 이상의 기간 동안 개인과 사회 및 세계적 삶을 형성하는 중요한 방향성을 의미한다. 2019년 산업연구원보고서 〈한국 산업발전 비전 2030〉

에 따르면, 한국의 2030 메가트랜드는 ① 4차 산업혁명 신기술의 도입 및 활용 확대, ② 4차 산업혁명 신기술에 따른 사회·경제 구조의 변화, ③ 신기술로 인한 새로운 사회문제 등장 등이 선정되었다. 전반적인 사회구조의 변화와 관련하여서는 ④ 도시화의 진전, ⑤ 인구 및 가구 구조의 변화 등이, 자원·에너지·환경문제와 관련해서는 ⑥ 자원 및 에너지 구조의 변화, ⑦ 환경문제 부상과 환경규제 강화 등을 메가트렌드로 선정되었다. 마지막으로 세계 통상환경 변화와 관련하여서는 ⑧ 중국의 변동성 증대, ⑨ GVC 및 세계 통상질서의 변화, ⑩ 한반도 평화프로세스의 진전, ⑪ 세계적 불안요인 증대 등으로 정의하였다. 그리고 이런 메가트랜드의 경향에 따라서 직업의 생산과 소멸이 일어난다고 볼 수 있다. 메가트랜드에 따른 업종별 주요 특징을 살펴보면 다음과 같다.

4차 산업혁명 신기술의 도입 및 활용 확대와 신기술에 따른 사회경제적 구조 변화의 특징으로는 대부분의 산업에 긍정적으로 작용하지만 4차 산업혁명 관련 산업에 보다 긍정적이며, 노동 절약적 기술도입으로 주요 전통산업에서는 고용증가가 제한적이거나 감소할 것이다. 신기술로 인한 새로운 사회문제 등장의 특징은 사회문제 발생이 오히려 산업의 수요를 유발하는 효과가 존재하면서 정보서비스·통신·가전·디자인·의료·유통 등의 국내수요 창출에 상대적으로 긍정적이다. 도시화의 진전에 따른 특징으로 다양한 수요가 발생하여 디자인·사회복지·통신·의료·정보서비스·외식업 등 주요 서비스를 중심으로 생산과 고용이 상대적으로 증가한다. 인구 및 가구 구조의 변화에 따른 특징으로 소재산업 및 자동차 산업 등에는 부정적이지만 인구 노령화와 단독가구 증가 등으로 디자인·의료·금융보험·사회복지·통신 등 서비스부문뿐만 아니라 바이오산업의 수요 확대에서 긍정적으로 작용한다. 자원 및 에너지 구조의 변화와 환경문제 부상과 환경규제의 강화로 에너지 다소비형의 1차 금속 등은 부정적 영향이 크지만 이차전지·조선 등은 세계 및 국내수요 증가에 의해 생산 및 고용에 긍정적 영향을 미치게 된다. 중국의 변동성 증대로 인해서 1차 금속·자동차·기계·반도체·디스플레이 등 중국 의존도가 높거나 경쟁이 심한 산업을 중심으로 부정적이거나 긍정적 영향이 제한적일 것으로 전망한다. GVC 및 세계 통상질서 변화의 특징은 중국에 대한 의존을 분산시킨다는 의미에서 섬유의류·반도체·디스플레이·가전·통신기기·바이오·콘텐츠·물류 등 관련 산업에 다소 긍정적으로 작용할 수 있을 것이며, 한반도 평화프르세스 진전은 1차 금속·화학·섬유와 의료·자동차·가전 등 성장한계에 도달한 기존 주력산업의 활로로 작용하게 될 것이며 남북 관광자원의 결합으로 관광산업에 매우 긍정적으로 평가하고 있다. 세계적 불안요인 증대로 거의 모든 산업에 부정적인 영향을 작용할 것이며 특히 기존 주력산업에 미치는 부정적 영향이 클 것으로 평가한다.

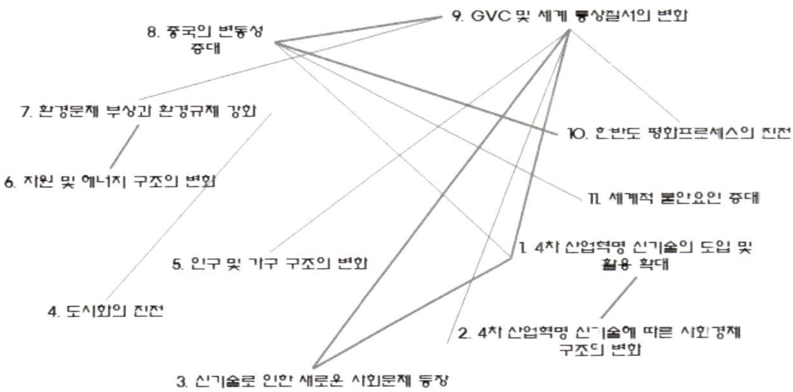

[그림 2] 메가트랜드의 연결성 지표

Chapter 2.

4차 사회의 가치와 직업분야

1. 미래의 건강과 직업

현재 우리는 일상의 삶 속에서 다양한 헬스케어(health care) 서비스를 활용하고 있다. 과거에는 질병에 노출되었을 경우 질병을 치료하기 위해 헬스케어 서비스를 이용하였지만, 최근 들어 치료의 관점과 함께 폭넓게 예방의 관점으로 옮겨지면서 다양한 헬스케어 서비스가 등장하고 있다. 의료보험은 질병이 발생했을 경우 치료를 위해서 진료와 치료를 받는 것에 초점을 맞추었다면 건강보험은 기존의 의료보험에 건강을 지키기 위한 예방과 건강증진 활동에도 보험료를 통해서 지원해 주는 제도를 말한다. 이처럼 개인의 건강을 위한 제도가 치료에서 치료와 예방의 관점까지 확대되었으며 향후 그 의미는 계속해서 변화할 것이다.

특히 헬스케어는 업그레이드를 통해서 진화를 하고 있다. 헬스케어 1.0시대는 18세기부터 20세기 초반까지 전염병 예방이 주요한 목표였다. 헬스케어 1.0시대는 유럽지역을 중심으로 산업혁명이 일어나고, 공장들이 도시에 집중하여 세워지면서 인구가 도시로 유입되었다. 도시의 부족한 기반시설은 많은 인구의 유입으로 인해서 치명적이면서 다양한 전염병이 발생하게 되었고, 자연스럽게 전염병의 원인이 세균의 발견과 예방을 위한 백신 개발을 위해 환자를 치료할 수 있는 치료법 개발과 약제 개발에 집중적 연구와 투자가 이루어졌다. 헬스케어 2.0시대는 본격적인 질병 치료의 시대로 20세기 들어서면서 세계 경제가 발전하고 화학과 기계산업의 발달로 의약품과 의료기기가 발전하기 시작하였고 각 국가들은 제도적으로 의료서비스 공급체계를 갖추기 시작하였다. 이로 인해 사망률이 감소하고 인간의 기대수명이 증가하는 계기가 되었다. 21세기 이후 헬스케어 3.0시대는 치료중심에서 벗어나 예방과 건강관리로의 패러다임이 변화하였다. 헬스케어 2.0을 지나면서 기대수명이 늘어나고, 인구 고령화로 인한 만성질환 및 노인성질환 등의 증가로 여러 사회문제를 해결할 필요성이 제기되어 패러다임 자체를 변화시키게 된 것이다. 헬스케어 3.0의 핵심 키워드는 건강수명으로, 건강수명이란 말 그대로 건강하게 얼마나 오래 살 수 있는지에 대한 지표로서 기대수명과는 다르다. 기대수명은 인간의 수명을 말하는 것이라면 건강수명은 기대수명 중에서 질환에 노출되지 않고 건강하게 사는 기간으로 기대수명보다는 짧다. 2018년 한국인의 기대수명은 82.7년, 건강수명은 64.4년으로 생애 마지막 18년 정도는 아픈 상태로 보내는 것으로 나타났다. 이러한 현실 속에서 건강수명을 높여 삶의 질을 높이기 위한 노력을 다각도로 기울이고 있다. 특히 헬스케어 3.0은 IT융복합 기술의 발달 및 유전체 분석기술을 포함한 유전공학 기술의 발달과 더불어 가속화될 전망이다.

헬스케어 3.0이 대응적이며 사후적 헬스케어에서 미래 예측과 예방 의학으로 변화하면서 환자 개개인의 고유한 특성에 적합한 맞춤의학(personalized)과 환자가 적극적으로 참여하는 참여의학(partcipatory)의 새로운 현상으로 변화하였다. 또한 데이터의 수집과 축적은 예방과 건강증진 및 맞춤형 의학을 통하여 효과적인 치료가 가능해질 수 있다. 2014년 〈IBM Health and Social Programs Summit〉는 인간이 만들어 내는 의료데이터, 유전체 데이터, 그 외에 외부적인 활동 데이터 등의 세 가지 종류로 분류하였고, 이들 세 종류의 데이터가 우리 인체의 건강에 미치는 영향도는 각각 10%, 30%, 그리고 60%로 차이가 난다는 사실을 발표하였다. 즉 기존의 의료 데이터 이외에 다양한 데이터를 습득할 필요성이 높아진 것이다. 실제로 최근 유전자 분석기술의 발달은 유전정보 확보에 비용과 시간이 줄어들었으며, 다양한 무선 센서의 발달과 통신 속도의 향상 및 스마트폰 발달로 외부적인 활동 데이터 습득이 훨씬 더 쉬워졌다. 이러한 데이터 수집과 헬스케어가 결합되면서 디지털 헬스케어가 미래 헬스케어의 중심으로 급부상하고 있다.

데이터 기반의 건강관리인 디지털헬스케어의 빠른 성장에 대한 전망은 2015년 세계경제포럼에서도 조사된 바 있는데, 향후 10년 내에 제4차 산업혁명의 티핑 포인트가 될 주요 기술들을 리스트업(List-up) 한 후, 해당 티핑 포인트가 일어날지 여부에 대해서 약 800명의 정보통신기술 분야의 경영진과 전문가에 대해서 조사한 결과 아래와 같이 헬스케어 관련 영역이 높은 응답을 받았다.

[표 1] 2025년 발생할 티핑 포인트 (단위: %)

티핑 포인트	응답 비율
인구의 10%가 인터넷에 연결된 의류를 입는다.	91.2
인구의 90%가 무한 용량의 무료 저장소를 보유한다.	91.0
1조 개의 센서가 인터넷에 연결된다.	89.2
미국 최초의 로봇 약사가 등장한다.	85.6
10%의 인구가 인터넷에 연결된 안경을 쓴다.	85.5
인구의 80%가 인터넷상 디지털 정체성을 갖게 된다.	84.4

3D 프린터로 제작한 자동차가 최초로 생산된다.	84.1
인구조사를 위해 인구센서스 대신 빅데이터를 활용하는 최초의 정부가 등장한다.	82.9
상업화된 최초의 인재 삽입형 모바일폰이 등장한다.	81.7
소비자 제품 가운데 5%는 3D 프린터로 제작된다.	81.1
인구의 90%가 스마트폰을 사용한다.	80.7
인구의 90%가 언제 어디서나 인터넷 접속이 가능하다.	78.8
미국 도로를 달리는 차들 가운데 10%가 자율주행 자동차다.	78.2
3D 프린터로 제작된 간이 최초로 이식된다.	76.4
인공지능이 기업 감사의 30% 수행한다.	75.4
블록체인을 통해 세금을 징수하는 최초의 정부가 등장한다.	73.1
가정용 기기에 50% 이상의 인터넷 프택픽이 몰리게 된다.	69.9
전 세계적으로 자가용보다 카 셰어링을 통한 여행이 더욱 많아진다.	67.2
5만 명 이상이 거주하나 신호등이 하나도 없는 도시가 최초로 등장한다.	63.7
전 세계 GDP의 10%가 블록체인 기술에 저장된다.	57.9
기업의 이사회에 인공지능 기계가 최초로 등장한다.	45.2

티핑 포인트 기술들 중에는 이미 우리의 생활 속에서 활용되는 기술도 있고, 아직은 경험하지 못한 기술들도 있다. 현재 스마트폰(Smart Phone) 및 사물인터넷(IoT)은 다양한 제품을 통해서 실생활에서 활용하고 있고, 사물인터넷을 바탕으로 커넥티드 홈 역시 그 영역을 넓혀가고 있어 현실화되고 있다. 미래 헬스케어 핵심은 빅

데이터, 인공지능, 가상현실, 정밀의료, 유전체분석, 재생의료 등이 거론되고 있다. 아직까지는 다양한 분야에서 기존의 규제, 기술문제로 인하여 활용이 더딘 측면이 있지만 가까운 시간 안에 규제가 개선되고, 기술이 보다 발전하게 되면 결국 티핑 포인트 기술은 가상이 아닌 현실화되어 인간은 더욱 건강하게 오래 살 수 있는 풍요로운 환경이 마련될 것으로 보인다.

생체공학 눈으로 세상을 다시 보다.

올해 49세인 라이언 루이스(Rhian Lewis)는 5살 때부터 유전적 망말질환인 망막색소변성으로 인해 서서히 시력을 잃었다. 그리고 16년 전부터는 오른쪽 눈으로는 아무것도 볼 수 없는 상황이 되었고, 왼쪽 눈의 시력마저 움직이는 빛 정도만 구분할 수 있었다.

그러던 중 영국 존 래드클리프 병원(John Radcliffe Hospital)이 그녀에게 망막 임플란트 마이크로 칩을 이식했다. 작은 알약 크기의 이 칩은 깔때기처럼 생겨서 빛을 한 곳에 모아

뇌로 전달하는 역할을 했다.

아무것도 볼 수 없는 오른쪽 눈에 이 칩을 이식해서 빛의 신호가 뇌로 전달되어 피사체를 볼 수 있는 원리를 이용한 것이다. 일종의 생체공학 눈으로, 시신경의 역할만 대신할 뿐 이식자의 뇌 회로에는 전혀 영향을 미치지 않았다. 부작용 우려가 매우 낮다는 것을 의미한다. 이로써 라이언 루이스는 영국에서 최초로 생체공학 눈을 이식받고 시력을 회복한 환자가 되었다. NHS(영국 국민보건서비스) 역시 수 년 내에 루이스와 같은 환자를 위한 수술비용을 지원할 예정이라고 밝히기도 했다.

인간은 누구나 건강하고 오래 살고자 할 것이며, 일부의 직업은 인간의 건강과

장수를 위해 그 역할을 수행한다. 실제적으로 미래의 유망 직업 20개 중에서 절반 이상이 의사, 보조의사, 건강서비스 관리자, 물리치료사 등 건강관리 분야에 해당할 만큼 건강과 의료에 대한 관심이 커지면서 자연스럽게 직업도 급부상할 것이다. 건강과 의료가 인간의 육체적 측면뿐 아니라 정신적이며 심리적 측면까지 포함한 직업의 분야는 지속적으로 증가하게 될 것이다.

2. 미래교육과 직업

4차 산업사회의 기술혁명이 노동시장의 변화를 주도하는 과정에서 그 변화의 과정에 적응하면서 살아가기 위해서는 교육은 중요한 의미를 지닌다. 인간은 교육으로 개인과 사회의 미래를 준비해 왔고, 교육에 있어 미래에 대한 고려는 보다 나은 개인의 삶과 공동체의 모습을 고민하는 것이기에 교육과 관련된 정책과 제도는 중요하다. 4차 미래사회에서 개인의 경쟁력을 유지하면서 그 사회의 구성원으로서 적응하고 경제적 기회를 가질 수 있도록 교육개혁과 평생학습 및 지속적 교육의 기회가 제공되어야 한다. 왜냐하면 교육은 포괄적인 경제 성장을 촉진하고 모두에게 기회를 제공하는 데 있어 중요하기 때문이다.

미래사회의 교육대상은 지금의 청년들, 소년들, 유아들, 태어날 세대 모두 '미래세대'다. 미래세대는 과거보다 미래에 더 많은 인생의 시간을 가지며, 가까운 미래에서 오늘날 교육의 연장선에 있는 교육 그리고 먼 미래에서 미래사회의 새로운 교육을 받아들이게 된다. 미래세대는 미래사회에서 파생될 과제를 해결하면서도 좀 더 나은 삶을 꿈꿀 수 있도록 '미래를 준비하는 교육', 즉 '미래교육'을 필요로 한다. 인간은 교육을 통해 자기를 발견하고 자아를 인식하며 자기를 창조해 가며, 교육은 현재보다 미래의 좀더 나은 삶의 상황에 일치하는 방식으로 이루어지면서도 인간성의 이념과 인간의 소명에 합치하는 방식으로 이루어질 때 개인과 공동체의 바람직한 미래를 내다볼 수 있다.

좀 더 포괄적이면서 공동체적 미래를 만들 수 있는 능력을 갖추도록 새로운 교육 시스템이 필요하다. 일자리의 혼란, 새로운 기술에 대한 수요, 사회적 양극화 확산이라는 측면에서 교육 시스템은 중요한 역할을 해야 하기에 교육 시스템의 변화는 불가피하다. 미래의 노동자들을 위한 교육을 설계하면서 현재의 노동자들에게도 새로운 기술을 제공할 수 있는 기반 마련이 시급하다. 2018년 미래 일자리 보고서(2018 Future of Jobs Report)에 따르면, 2022년까지 주요 20개국에서 7,500만 개의 일자리가 사라지는 동시에 기술적 진보와 새로운 작업 방식으로 1억 3천 3백 만 개의 새로운 직업이 창출한다고 보고하였다. 이러한 변화에 대응하고 준비하기 위해서 2022년까지 전체 고용자의 54% 이상이 재교육이 필요하며, 지난 1년간 기술변화로 인한 직무 대체 위험에 처한 고용자의 30%만이 재교육을 받고 있는 상황이다(WEF, 2019).

미래사회에 적응하면서 살아갈 수 있는 미래의 인재 양성을 위해서는 무엇보다도 [직업을 가진다]라는 의미의 변화를 이해해야만 한다. 지금까지 직업을 가진다는 것은 [일을 한다]의 의미로 해석되었다면, 앞으로는 직업을 가진다는 것은 [직업을 위한 교육시간을 갖는다]의 뜻으로 이해하고 해석해야 한다. 언제 어디서든 일을 할 수 있게 되면서 일의 시간과 여유의 시간의 경계가 모호해지고, 인간 수명이 연장되고, 미래 기술이 발달함에서 인간 삶에서의 직업의 시간이 길어지게 되었다. 인공지능과는 다른 인간만의 역할을 할 수 있는 직업을 지속적으로 찾는 과정에서 불안의 시간은 가속화되고, 신기술 습득에 초점이 맞추어져 지금과 크게 달라지지 않을 것이다. 단순하게 일을 하는 직업의 의미에서 벗어나 직업이 삶의 가치와 의미를 가지면서 삶을 행복할 수 있도록 하기 위해서는 직업에 대한 가장 본질적인 질문부터 해야 할 것이다. 어떤 직업을 가질 것인지 보다 왜 직업을 갖는 것이며 나의 직업을 통해 나아갈 방향에 대해 고민해야 할 것이고, 직업을 논하기 전에 개인의 삶에 대한 작업이 교육을 통해서 먼저 이루어져야 한다. 삶의 질은 무슨 일을 하는가 보다는 일을 어떻게 하는가와 연결되어 있으며, 일을 의무감이나 필요에 의해 하기보다는 일 자체를 즐거운 경험으로 할 수 있어야 할 것이며, 외적 보상보다는 자기목적성(autotelic)으로 스스로 마음을 통제하며 일과 여유를 함께 즐길 수 있어야 하는 것이다. 진로의 중요한 가치는 자신이 살고 싶은 삶으로부터 나와야 하는 것이며 어떻게 살아가고 싶은가에 대한 고민이 교육에서 다루어져야 하는 것이다. Csikszentmihalyi(1997)는 삶의 질을 끌어올리기 위해서는 자신의 삶을 주인으로 의식하고 행동하는 것이 필요하다고 했으며, 자본에 의한 소비와 자기만족에 빠지지 않고 창의성을 발휘하는 존재로 자신을 성장시키기 위해서는 성찰과 휴식의 시간을 제시하였다. Attali 또한 삶의 주체로서 서는 방법으로 좋은 시간을 제시하였는데, 좋은 시간이란 자기만의 고유한 삶을 사는 시간으로 자신의 존재 이유를 투영하고 자신의 가치를 스스로 부여할 수 있는 시간으로 설명하였다. 좋은 시간을 갖는다는 것은 자유롭고 젊게 사는 것을 의미하는 것으로 시간을 밀도 있게 장기적인 계획으로 가져가기 위해서는 구매 행위와 소비 행위는 물론 가치관, 인생계획, 세계관에 대한 자신의 의미, 소명을 내포하고 있어야 한다. 오늘날의 진로에 대한 의식적 혹은 무의식적 교육이 부를 축적하기 위한 직업인으로서의 삶을 강조하고, 삶을 생계수단으로의 생산 활동과 생산 활동에서의 여독을 풀 보상으로서 여가활동을 구분하는 것은 자신의 삶과 직업의 세계를 분리하는 문제가 있다. 이 문제를 해결하기 위한 대안으로 직업의 경제적 의미와 삶의 질이 일치하는 '자아실현경제'의 진로관을 살펴볼 수 있다. 타인과의 경쟁보다는 자신의 관심사에 집중하고 자아실현과 인생의 의미, 일의 즐거움을 파악하는 데 관심을 두는 것이다.

또한 미래사회에 적응하면서 살아갈 수 있는 미래의 인재 양성을 위해서는 테크놀로지의 적극적 활용, 실제성을 반영한 학습활동 중심, 그리고 학습자 수준별·

맞춤형 학습제공 등이 구체화 되어 한다(Cho, Caleon & Kapur, 2015; Collins & Halverson, 2018; Spector, Ifenthaler, Sampson, & Isaias, 2016). 특히 테크놀로지의 활용하여 교육에서 유의미한 학습을 위하여 지능화 기술기반 교육 도구에 대한 활용 가능성이 활발하게 모색되는 상황이다. 테크놀로지로서 가상현실, 증강현실 기반의 디지털 교과서 등을 활용한 교육뿐만 아니라 보다 다양한 도구 활용이 가능한 메이커 공간(maker space)에서의 실제적 도구 활용 메이커 기반 교수(maker based instruction), 지능형 튜터링 시스템, i-Clicker 등의 적용과 활용이 확대되고 있다. 국내의 경우 가장 최근 디지털기술(VR·AR)을 활용한 실감형 디지털 교과서 개발 보급 및 학교 무선 인프라를 확대하고 있으며(교육부, 2018), 모바일 도구를 활용하여 기존 학교 교실에서 이루어진 학습에서 더 나아가 학교 밖, 교과 지식과 실제 지식 등의 연계를 강조하는 끊김 없는 학습(seamless learning)이 보다 강조되고 있다(Milrad, Wong, Sharples, Hwang, Looi, & Ogata, 2013). 결국 교육의 방법적 측면에서 테크놀로지 대응을 중심으로 메이커스페이스를 활용한 메이커교육과 함께 지능화 기술기반 교육도구로 가상현실(Virtual Reality) 및 증강현실, 사물인터넷(Internet of Things), 적응형 학습 기술(Adaptive Learning Technology), 로보틱스(Robotics), 인공지능(Artificial Intelligence), 클라우드(cloud), 학습 분석(learning analytics) 등의 기술이 교육현장에서 중요해지게 될 것이다.

[표 2] Horizon Report(2017)의 고등교육 및 K-12의 기술 트렌드 분석

기술	Higher Education	K-12
소비자 기술	• 웨어러블 기술 (Wearable Technology)	• 로보틱스(Robotics)
디지털전략		• 메이커스페이스(Makerspaces)
인터넷 기술	• 사물인터넷 (Internet of Things)	• 사물인터넷 (Internet of Things)

학습기술	• 적응형 학습 기술 (Adaptive Learning Technologies) • 모바일 학습 (Mobile Learning) • 차세대 LMS (Next-Generation LMS)	• 분석기술 (Analytics technologies)
시각화 기술		• 가상현실(Virtual Reality)
기반기술	• 자연스러운 사용자 인터페이스 (Natural User Interfaces) • 인공지능(Artificial Intelligence)	• 인공지능(Artificial Intelligence)

3. 지구 살리기와 선의를 위한 기술과 직업

한국과학기술정보연구원(2020)은 딥러닝으로 예측한 미래 고성장 과학기술영역 100선을 발표하였다. 유연성 슈퍼커패시터용 소재 물질 개발에서부터 단백질 대량 생산을 위한 무세포 단백질 합성연구까지 100선은 2020년을 기준으로 향후 7년간 지속적 성장가능성을 지닌 기술을 제시하였다. 그리고 도출된 100선의 과학기술영역별로 이슈 키워드를 7대 이슈로 정리하여 [지구를 이해하는 산업혁명]이라는 부제를 달았다. 도출된 100선 중에서 83개가 지구온난화(23개)-데이터/AI(38개)-소재연구(36개) 3대 키워드가 중심축을 이루고 있으며 전세계적으로 지구온난화대처, 데이터 및 인공지능의 활용, 그리고 소재 혁명의 세 가지가 융복합되는 새로운 기술과 연구 분야이다. 100선 중에서 20개는 지구를 이해하는 감시/센싱/모니터링 기술로 기후변화로 인한 생태계, 토지, 조류변화 및 가뭄과 홍수, 화재 등 재난을 예측하고 위성 데이터를 통한 관측 등의 연구기술이다. 또한 도출된 100선 중에서 16

개는 의료분야에 해당하는 것으로 초분광 이미징 등 영상처리 기술과 로봇기술 등 데이터 관련 영역과 기능성 고부가가치 소개, DNA 나노기술 등의 소재개발영역에서 의료분야 적용을 지향하는 추세가 급증하고, 의료 및 바이오 분야에서는 질병 예측과 진단 및 치료에 대한 8개 영역이 존재한다.

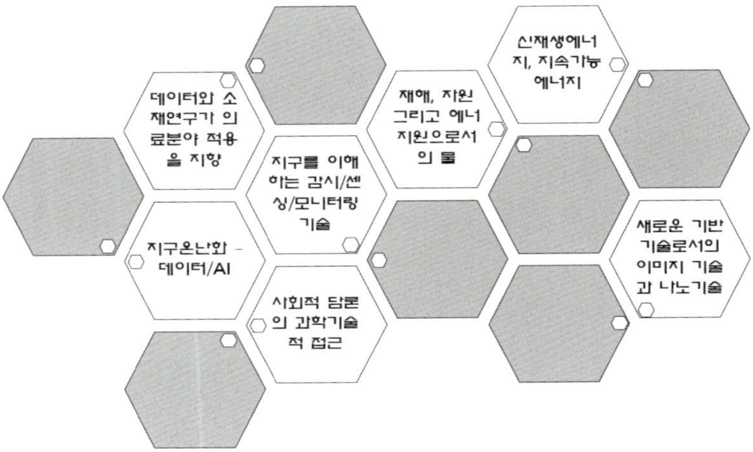

[그림 1] 지구를 이해하는 산업혁명 7대 이슈

과학기술의 발달로 인해서 생각해야 하는 문제가 있다. 바로 이런 기술들의 적용과 활용이 인간 삶의 선의를 위해서는 시작되어 선의로 연결될 수 있어야 한다. 특히 우리가 살고 있는 지구는 내 것이 아닌 빌려 쓰고 있는 개념으로 생각하여, 최대한 지구에 해가 되지 않도록 그리고 지구환경을 오염시키지 않도록 하기 위한 기술과 과학의 발달을 전제해야 한다. 지금까지 우리는 지구의 환경과 친하게 지낸다는 친환경의 개념으로 과학과 기술 발달해 왔다면, 이제부터는 친환경 관점이 아닌 지구를 지켜야 한다는 필환경 관점으로 인식전환을 해야 한다. 이를 위해 유통업계의 변화 트랜드를 살펴보자. 첫 번째 변화 트랜드는 Eco Compaign이다. 일회용품 사용 줄이기 문화 확산을 위한 캠페인이다. 우리의 일상생활에서 늘 의식 없이 사용하고 있는 일회용품 사용하지 않기의 인식을 넘어서 일회용품을 대체할 수 있는 소재와 지구환경을 지키기 위한 소재 개발 분야는 지속적으로 강화될 전망이다. 두 번째 변화 트랜드는 Anti-Pollution이다. 지구온난화에 따른 기후변화와 변모하고 있는 대기는 예측에서 이제는 실제적으로 직면하게 되는 문제이다. 기후시스템을 움직이는 에너지 대부분(99.98%)은 태양에서 공급되며, 기후시스템 속에서 여러 형태의 에너지로 변하고 최종적으로는 지구 장파복사 형태로 우주로 방출되는데, 이산화탄소와 같은 온실가스는 태양으로부터 지구에 들어오는 짧은 파장의 태양 복사에너지는 통과시키는 반면 지구로부터 나가려는 긴 파장의 복사에너지는 흡수하므로 지표면을 보온하는 역할을 하여 지구 대기의 온도를 상승시키는 작용을 한다. 이른바 온실효과이다. 지구의 지표온도가 과도하게 증가되는 지구온난화라는 현상을 초래하게 되었다. 지난 130여년(1880~2012년)간 지구 연평균 기온은 0.85℃ 상승했으며, 지구 평균 해수면은 19cm 상승했는데, 기후변화에 관한 정부간협의체(IPCC)는 제5차 평가 종합보고서(2014)를 통해 21세기 기후변화의 가속화 전망을 제시하고 있다. 현재와 같이 지구의 평균 기온상승률이 유지된다면 21세기 말 지구 평균기온은 3.7℃ 상승하고, 해수면은 63cm 상승하여 전 세계 주거가능 면적의 5%가 침수될 것이며, 평균 지표온도가 상승함에 따라 다수의 지역에서 폭염의 발생 빈도와 강도 또한 증가하여 계절 간 강수량과 기온의 차이가 더욱 더 커질 것이라고 합니다. 온실가스 배출이 계속됨에 따라 온난화 현상이 심화되고 기후 시스템을 이루는 모든 구성요소들이 변화하여 결과적으로 인간과 자연에 심각한 영향을 미칠 것입니다. 따라서 온실가스 배출량을 줄이려는 지속적인 노력이 필요하다. 세 번째 트랜드는 Recycle로 재활용과 재사용을 통해서 지구 환경을 보호하면서 동참하는 것이다. 지구에 있는 자원들을 완전히 없어지지 않도록 아껴서 사용하고 지구의 환경을 지켜 미래에도 좋은 환경에서 살 수 있도록 해야 한다. 네 번째 트랜드는 Transparent로 환경을 위해 유색 패키지를 재활용에 용이한 투명 패키지로 리뉴얼하는 것으로, 기존에 존재하는 것을 리뉴얼할 수 있는 분야도 필요하다. 마지막 트랜드는 Havit이다. 환경친화적인 습관을 통해 자연과 지구를 지킬 수 있는 방법을 찾고 노력해야 한다. 이처럼 유통업계만 보더라도 지구와 환경을 지키기 위한 정책과 방향 등이 고려되고 있으므로 앞으로 직업의 분야에서 고려해야 할 것이다.

4. 더 나은 비즈니스

우리 사회의 조직으로서 기업은 기술혁명으로 변화되고 있는 환경에 적응해야 함과 동시에 기업의 이윤을 넘어 사회문제와 다양한 이해관계자들의 이익 추구에 따라 변화하고 있다. 특히 디지털과 플랫폼 경제 시대는 생산자 중심에서 소비자 중심으로 재편되어 점점 더 많은 고객이 더 이상 제품이나 가격에 근거한 결정만을 내리지 않고 브랜드가 무엇을 말하고, 무엇을 하고 있으며, 무엇을 상징하는지 면밀히 조사하기 시작하여, 좋은 가치를 추구하는 제품이나 기업에 응원을 보내면서, 동시에 사회의 악에 해당하는 가치를 추구하는 제품이나 기업에 대해서 비판을 넘어 불매까지 확산시켜 기업의 성패를 좌우하고 있다. 단순히 제품을 구매하는 소비자가 아니라 정보의 주체로서 혁신의 주체로서 기업 경영에 참여하는 소비자가 늘어날 전망이다. 이에 기업들은 지속 가능한 성장을 위해서 사회문제와 다양한 이해관계자들의 이슈를 함께 해결하는 공유가치 창출에 집중하기 시작했다.

공유가치를 바탕으로 한다는 것은 분산과 협력, 개인 간 교환(peer-to=peer economic system, P2P)이 특징이며 커뮤니케이션, 에너지, 물류가 결합한 사물인터넷이 상호연결되어 있으며 수평적으로 규모를 확대하는 금융자본보다 사회적 자본을 더 필요로 하며, 엄격한 자본주의 시장 메카니즘이 아니라 공유사회 관리 방식으로 움직이는 것을 말한다. 미래사회로 진행될수록 부가 이동될 수 있는 새로운 기회가 공유경제(sharing economy)를 통해 만들어지며, 공유기반의 경제 시스템이 인류 전체의 경제 시스템을 긍정적으로 발전시킬 것이다. Attali(2010)는 세계 공동 재산의 개념을 제시하면서 공동자원을 부로 성장시키거나 공동복지기금을 공동체의 구성원들에게 지급함으로써 공유의 패러다임을 만들 수 있다고 하였다. 관계에 기반을 둔 공유중심의 경제문화는 젊은 계층을 중심으로 현실의 자본주의 시장이 아닌 가상공간의 시장에서 경제행위를 더 많이 공유하면서 'Couchsurfing'(숙박 공유), 'Vélib'(자전거 공유), 'Autolib'(차량 공유), 'Thred UP'(의류 재활용)처럼 물건을 구매하지 않고 공유 하거나 대여하거나 값싸게 재활용하는 협력적 소비 형태를 경험하고 있다. 이런 협력적 소비에 기반한 공유경제는 나와 너 모두의 이익을 위해 무상 혹은 저가로, 가상과 현실을 오가는 거버넌스(governance, 사회공동체)의 형태로 이루어지며, 소비자와 생산자를 구분하던 종래의 경제거래와 달리 개인을 소비자이자 생산자로 본다. 이런 소비자이면서 생산자의 역할을 하는 젊은 세대를 기업은 함께 공유할 수 있는 생산의 파트너로서 바라볼 수 있는 기업들이 결국 살아남게 될 것이다.

Chapter 3.

4차 사회에서 요구하는 핵심역량

4차 사회의 변화는 우리가 살고 있는 산업현장에만 적용되는 것이 아니라 정치, 경제, 사회, 교육, 문화 등의 영역을 넘어 한 개인의 삶의 방식까지도 변화시킨다. 4차 사회의 변화 속에서 적응과 한 개인의 삶이 잘 영위될 수 있도록 하기 위해서 4차 사회가 요구하는 역량은 무엇이며, 그 역량을 개발하기 위해서 무엇을 갖추어야 하는지는 중요한 문제이다. 이 역량을 최근 핵심역량이라는 말로 표현하고 있지만, 급작스럽게 등장한 개념은 아니다. 인간의 핵심역량에 대한 관심은 오랫동안 지속되어 왔으며, 이를 표현하는 용어가 다를 뿐이다.

일단 역량은 어떤 일을 해 낼 수 있는 힘을 말하며, skill·capability·ability·competence·competency 등으로 표현하고 있다. 역량의 용어는 기업과 조직에서 업무를 세부적인 구성요소로 나누기 위해 사용되었으며, 중요한 사건 면접기법을 통해 업무사건, 위기, 문제 등과 같이 특정 상황에서 어떻게 행동하는가에 대한 자료를 수집과 수행과 관련된 결정적 특성이나 기술 등을 파악하기 위해 사용되었다. OECD(2003)는 역량을 특정 맥락의 복잡한 요구를 성공적으로 충족시키기 위해 태도, 가치, 동기 등과 같은 사회적 및 행동적 요소뿐만 아니라 인지적이며 실천적 기술을 활용하는 능력을 정의하였다. 이런 역량은 최근 등장한 용어가 아니며 오래전부터 사용되어 왔으나 그 의미와 특성이 시대와 국가 및 상황별로 다양하게 제시되어 너무 많아지기 시작했으며, 21세기에 들어오면서 수많은 역량 중에서 가장 중요하고 강조해야 할 역량을 핵심역량으로 표현하였다. 이에 세계 각국은 학습자의 핵심역량 증진을 위해 개별적 혹은 협력적으로 미래 학습자 핵심역량을 제시하고 핵심역량 개발을 위한 교육 프레임워크를 도출하기 위해 노력하고 있다.

과연 4차 사회 속에서 자신의 삶을 살아가기 위해 필요한 핵심역량(core competency)은 무엇인가? 핵심역량의 개념은 OECD 연구 DeSeCo 프로젝트(Definition and Selection of Competencies)를 통해 정의된 개념으로서 이 프로젝트 결과 제시된 핵심역량은 크게 세 가지이다. 사회적으로 이질적인 집단과의 상호작용 역량, 자율적인 행동역량, 그리고 여러 도구를 상호작용적으로 활용하는 역량 세 개의 범주로 나누고, 각각의 역량에 3개의 하위 영역들을 제시하였다. 미국 또한 P21(Partnership for 21st Century Skills)을 통하여 교육자, 기업, 지역사회, 정부 지도자들이 협력해 미국 전역과 세계의 교육기관에 21세기에 요구되는 실행능력을 키우는 교육을 도입하고자 노력하였으며, 21세기에 필요한 핵심역량을 세 가지로 분류하고 핵심역량을 교육과정 개편 방향과 통합하여 논의를 시도하였다. P21에서는 21세기에 요구되는 실행능력을 생활 및 직업관련 능력, 학습 및 혁신능력, 정보 미디어 사용 능력 등의 세 가지 영역으로 분류하고, 각각 하위 요소들을 제시하였다. 그리고 2009년부터 3개년에 걸쳐 세계 여러 국가들이 참여한 가운데 21세기에 요구되는 실행능력을 실제로 평가하고 교육할 수 있는 방안을 제시하기 위한 21세기 실행능력의 평가와 교육(Assessment and Teaching of 21st-century Skills, ATC21S) 프로젝트를 통하여 10개의 핵심역량을 네 영역으로 범주화하여 제시하였다. 하워드 가드너(2005)는 『미래마인드』를 통하여 21세기가 요구하는 새로운 인재상이 갖추어야 할 역량으로 주요 과목에 학문적 지식을 갖춘 사람, 종합할 줄 아는 사람, 창조적인 사람, 존중할 줄 아는 사람, 책임감이 높고 윤리적인 사람이라고 설명하였다. 이들이 제시한 핵심역량을 간단하게 살펴보면 다음과 같다.

[표 1] 글로벌사회에서 요구하는 자기주도적 삶을 위해 필요한 핵심역량

프로젝트	범주	하위역량
DeSeCo 프로젝트의 핵심역량	사회적으로 이질적인 집단과의 상호작용역량	인간관계능력 협동능력 갈등관리 및 해결능력
	자율적인 행동역량	조직내에서 협력적이며 자율적으로 행동할 수 있는 능력 자신의 인생 계획 프로젝트를 구상하고 실행하는 능력 자신의 권리와 필요 등을 옹호하고 주장하는 능력
	여러 도구를 상호작용적으로 활용하는 역량	언어, 상징, 텍스트 등 다양한 소통 도구 활용하는 능력 지식과 정보를 상호작용적으로 활용하는 능력 새로운 기술 활용 능력
P21	직업 및 생활 스킬	유연성과 적응력 진취성과 자기주도성 사회성과 타문화와의 상호작용능력 생산성과 책무성 리더십과 책임감
	학습과 혁신을 위한 스킬	비판적 사고와 문제해결능력 의사소통과 협동능력 창의성과 혁신

	디지털 리터러시 스킬	정보 리터러시 미디어 리터러시 정보통신기술 리터러시
ATC21S 프로젝트 핵심역량	사고방식	창의력과 혁신능력 비판적 사고력과 문제해결력 및 의사결정력 자기주도 학습능력
	직무방식	의사소통능력 / 협업능력
	직무수단	정보 문해 / ICT 문해
	사회생활방식	시민의식(지역/글로벌) 인생 및 진로 개척 능력 개인 및 사회적 책임의식
하워드 가드너 (2005)	주요 과목의 학문적 지식을 잘 갖춘 사람	
	종합할 줄 아는 사람	
	창조적인 사람	
	존중할 줄 아는 사람	
	책임감이 높고 윤리적인 사람	

World Economic Forum(2015)은 〈New Vision for Education: Unlocking the potential of technology〉 보고서에서 혁신적 변화를 특징으로 하는 21세기 사회에서 학습자가 성공적인 삶을 영위하기 위해 요구되는 스킬을 분석하고, 스킬 개발을 위한 실천적 교수학습 가이드를 함께 제시하였다. 21세기 스킬은 기초적 리터러시와 더불어 사회·정서적 성격의 역량과 인성 자질을 강조한 것이 특징이며, 구체적으로는 교과지식의 습득보다는 방대한 정보를 해석하고 활용하는 능력, 타인과의 협력, 도전정신 등의 대인관계 스킬과 개인의 정서적 능력을 강조하였다. 21세기 스

킬은 3대 스킬로서 먼저 학습자가 어떻게 일상생활에서 핵심기술을 적용시키는지를 의미하는 '기초 문해', 학습자가 어떻게 복잡한 과제에 대처하는지를 의미하는 '역량', 학습자들이 변화하는 환경에 어떻게 대처하는지를 의미하는 '인성 자질'과 각각 하위 요소가 포함되어 총 16개의 하위요소(문해, 수해, 과학 문해, ICT 리터러시, 재정 문해, 문화 및 시민 문해, 비판적 사고/문제해결, 창의성, 의사소통, 협력, 창의성, 주도성, 일관성/도전정신, 적응력, 리더십, 과학 및 문화)를 다음 그림과 같이 제시하였다.

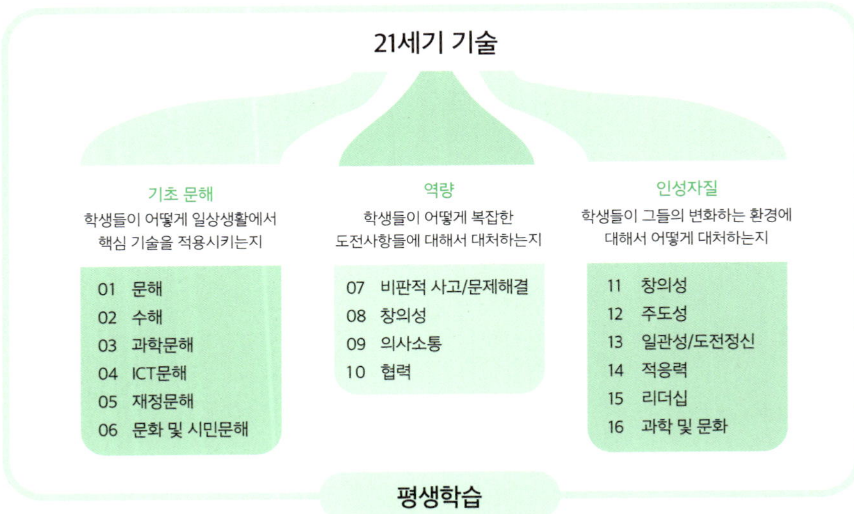

[그림 1] World Economic Forum(2015) 21세기 스킬

국내에서도 한국교육과정평가원은 핵심역량을 선천적으로 타고나는 것이 아니라 학습될 수 있는 것으로 지적능력, 인성(태도), 기술 등을 포괄하는 다차원적 개념으로 향후 직업세계를 포함한 미래의 삶에 성공적으로 대처하기 위해 필수적으로 요청하는 능력으로 정의하였다. 미래핵심역량은 미래사회에서 요구하는 창의적 인재와 자기주도적 인재 그리고 사회적 인재에게 필수가 되는 지식, 기술 그리고 태

도의 통합적인 능력으로 미래사회의 구성원으로 마주하게 될 과제의 수행을 성공적으로 마치고 성과를 창출해 내는데 있어서 요구되는 종합적인 능력이다. 최상덕(2011)은 창의적 인재가 갖추어야 할 세 가지 핵심요소로서 창의적 인성, 전문지식, 미래핵심역량을 제시하며, 핵심역량으로 창의력, 비판적 사고력, 창의적 문제해결능력, 의사소통능력, 시민의식, 사회적 책임감 등을 제시하였다. 남궁지영(2015)도 미래핵심역량으로서 창의역량, 자기주도역량, 사회역량으로 정의하였다. 창의역량이란 창의적인 사고 및 정보의 활용능력을 기반으로 하여 직면한 문제적 상황을 성공적으로 해결할 수 있는 역량으로 설명하고, 자기주도역량은 학습자 개인이 자신이 가진 역량에 대해 확신을 갖고 주도적으로 목표를 수립하여 전략을 활용할 수 있는 역량으로, 사회역량은 사회공동체 일환으로 공동이 가진 목표를 달성하기 위한 개인 역할의 수행 및 관리능력을 제시하였다.

[표 2] 미래의 핵심역량

범주	창의역량	자기주도역량	사회역량
하위역량	• 창의적 사고 • 문제해결력 • 정보활용력	• 성취동기 • 자기관리능력 • 자기확신	• 의사소통능력 • 협등심 • 사희적 책무성

국내외 연구들을 토대로 대학생들에게 필요한 핵심역량을 사회공동체 구성원으로서 역할을 성공적으로 수행하기 위해 대학생에게 요구되는 지식, 기능, 태도의 총체로 정의하면서 6가지 핵심역량 요소로 제시해 볼 수 있다.

첫째, 자기관리 역량이다. 자아정체성과 자신감을 가지고 자신의 삶과 진로에 필요한 기초 능력과 자질을 갖추어 자기주도적으로 살아갈 수 있는 자기관리역량이 무엇보다 중요하다. 자신의 삶을 주도적으로 관리할 수 있기 위해서는 나는 누구인지에 대한 자아정체성의 확립에서부터 자기통제(조절), 여가선용, 건강관리, 기초학습능력, 전공학습능력, 합리적 경제생활, 기본생활습관, 진로개발능력 등까지 포함한다.

둘째, 지식정보 처리 역량이다. 문제를 합리적으로 해결하기 위하여 다양한 영역의 지식과 정보를 처리하고 활용할 수 있는 역량으로 논리적이며 비판적 사고를 통한 문제인식에서부터 정보수집, 수집된 정보를 분석하고 활용하는 과정까지 문제해결을 하면서 필요한 도구나 매체 등을 적극적으로 활용할 수 있는 역량을 의미한다.

셋째, 창의적 사고 역량이다. 폭넓은 기초 지식을 바탕으로 다양한 전문 분야의 지식, 기술, 경험을 융합적으로 활용하여 새로운 것을 창출하는 창의적 사고역량으로 창의적 사고기능과 창의적 사고성향으로 분류할 수 있다. 창의적 사고 기능은 유창성, 융통성, 독창성, 정교성, 유추성 등을 포함시킬 수 있으며, 창의적 사고성향은 민감성, 개방성, 독립성, 과제집착력, 자발성 등이 포함될 수 있다.

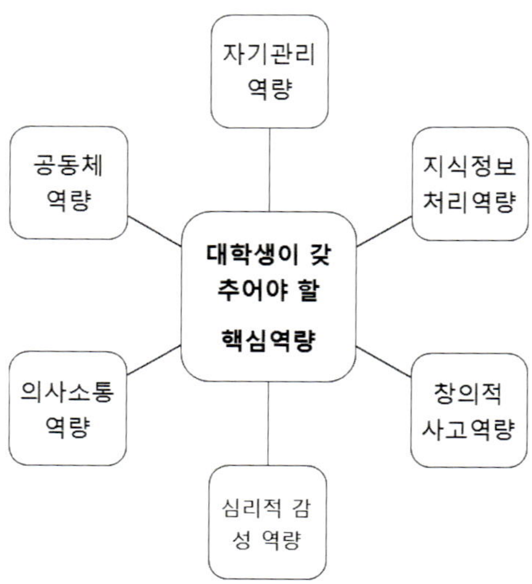

[그림 2] 대학생들이 갖추어야 할 핵심역량

넷째, 심리적 감성 역량이다. 인간에 대한 공감적 이해와 문화적 감수성을 바탕으로 삶의 의미와 가치를 발견하고 향유하는 심리적 감성역량은 문화적 감수성, 다원적 가치존중, 공감, 상상력 등이 해당된다.

다섯째, 의사소통역량이다. 다양한 상황에서 자신의 생각과 감정을 효과적으로 표현하고 다른 사람의 의견을 경청하며 존중하는 의사소통역량은 무엇보다도 중요한 역량이 될 수 있다. 말하기, 듣기, 쓰기, 읽기 등의 텍스트를 이해하는 것에서부터 시작하여 제대로 말하고, 제대로 듣고, 제대로 표현하는 기술적인 차원을 넘어 타인을 이해하고, 타인을 존중하고, 타인을 배려하는 마음가짐에 해당하는 역량이다.

마지막으로 공동체 역량이다. 지역과 국가 그리고 세계 공동체의 구성원에게 요구되는 가치와 태도를 가지고 공동체 발전에 적극적으로 참여하는 역량으로서 시민의식, 준법정신, 환경의식, 주인의식, 봉사정신, 규범과 질서 의식, 협동, 갈등관리 등에 해당하는 역량이다.

인생은 어쩌면 불안하고 불확실한 목표에 도전하는 것이 아니라 미래를 창조적이고 전략적으로 분석하고 예측하여 그 가능성에 도전하는 것이다. 4차 사회 혹은 미래사회를 아직 경험하지 않았기에 준비해야 할 수 밖에 없다. 이런 관점에서 대학생은 핵심역량으로 제시하고 있는 부분을 교육과 자기주도적 학습을 통하여 함양하고 터득할 수 있어야 한다. 그 많은 핵심역량과 강한 인공지능기술과 다양성이 인정되는 유연한 사회인 신문명 공동체 사회를 연결시켜 감정, 창의성, 그리고 사회성을 무엇보다도 강조하고자 한다. 인공지능이 시스템화 된 사회가 되어서 인공지능이 뛰어넘을 수 없는 인간의 고유 영역이 중요시되는 신문명 공동체사회는 인간중심의 사회이어야 할 것이다. 인간중심의 사회가 이루어지려면 인공지능이 뛰어넘을 수 없는 영역이 과연 무엇인지에 대하여 끊임없이 찾아야 할 것이다. 인공지능이 가질 수 없는 영역은 크게 감정과 창의성 및 사회성으로 규정해 볼 수 있다.

인공지능은 인간의 지적 능력을 능가할 수 있을지언정 인간의 감정 영역까지 프로그램화할 수 없을 것이다. 또한 인공지능은 인간이 만들어 놓은 문제를 신속하며 정확하게 풀 수 있을지언정 문제를 만드는 것은 어렵기 때문에 무엇인가를 만들어내는 창의성이 될 것이다. 그리고 인공지능과 인공지능은 사이좋게 지낼 수 없기 때문에 인간과 인간이 사이좋게 지내는 능력이라 할 수 있는 사회성은 인간 고유의 영역이 될 것이다. 감성과 창의성 그리고 사회성이 갖추어진 인재들로 구성된 신문명 공동체 사회가 가장 이상적인 사회가 될 수 있을 것이다.

1. 감정

감정이란 애정, 기쁨, 분노, 공포 등 일상에서 느끼는 여러 감정적 경험들로 우리의 생활에서 의식적으로 가장 중요한 부분을 차지한다. 감정은 긍정적 혹은 부정적 측면을 공유하면서 하루 일과 중에서 변화를 경험한다. 일상적으로 긍정적인 감정은 아침에 낮은 수준에서 점차 증가하여 저녁 6시경에 최고조에 달하며, 부정적인 감정은 아침 시간대에 최고조이다가 점차 오후가 되면서 감소하는 규칙적인 형태를 보인다(Clark, 1989). 지금까지 우리 사회가 이성과 지능을 중시하면서 이성과 감정은 별개의 개념으로 접근하였으며, 이성과 지혜로운 힘의 통제하에서 감정은 위험한 충동이 안전하게 억압되고 서로 조화를 이루는 것으로 간주한 것이다. 감정과 이성은 구분되는 것이며, 감정을 이성보다 하위 개념으로 접근하다가 최근 감정이 이성의 주인이자 세상을 인식하는 기초로 보아야 한다는 관점이 등장하였다(Solomon, 2004).

인간의 감정은 일반적으로 건강에 직접적이며 간접적으로 영향을 미친다. 부정적 감정은 위협에 대한 반응을 적응으로 돕고, 긍정적 감정은 환경에서 적응할 수 있는 반응을 나타내도록 돕는 각성을 유도한다. 우리는 긍정적 감정을 높이고 부정적 감정을 낮추기 위해 과다한 음식물 섭취나 코카인과 같은 약물을 통해 건강에 해를 주기도 한다. 지속적인 자기 자신을 향한 부정적 귀인은 우울의 원인이 되어 우울증이라는 결과를 만들기도 한다. 긍정적 및 부정적 감정은 인지에 영향을 미치고 다시 인지를 통해 행동에 영향을 미치게 된다. 특히 우울과 무기력감 및 절망감 등은 감정은 적극적으로 행동하면 결과가 좋아질 수 있다는 믿음을 감소시킨다. 일상생활의 장면에서 겪게 되는 스트레스에 대해서 부정적 감정을 일으키며, 과도하게 되면 우울과 자살과 같은 문제행동을 야기하게 되는 것이다(Fredrickson & C. Branigan, 2001).

대학생의 발달단계에서 감정은 무엇보다도 중요할 수 있다. 우선 우리나라 대학생들은 자아정체감 확립과 함께 스트레스를 많이 경험한다. 고등학교 졸업이후 대학이라는 새로운 환경에 적응하며 심리적이면서 경제적인 독립을 준비하기 위해 스트레스를 경험하게 된다. 이러한 스트레스와 함께 낮은 자존감, 부정적 미래관, 사회적 편견으로 고통스러워하면서 취업전선이라는 좌절감과 힘든 일상을 살아가고 있다. 대학생의 우울감과 스트레스는 건강상의 부정적 영향을 줄 것이며, 긍정적 감정을 증가시키고 자신의 감정을 관리할 수 있는 능력이 필요하다. 둘째, 청년기 발달단계는 후형식적 시기로 사고체계가 완성되어가며 인지기능을 계속해서 개발해 나가는 시기이다. 라자루스와 그의 동료(1980)는 인지-동기-관계론(cognitive-motivational-relational theory)에 의하면 개인의 성격과 상황 조건의 상호작용 결과로 정서 과정이 시작된다고 보았으며 문제중심 대처와 정서중심 대처로 평가결과가 나타난다고 했다. 위협적 상황이나 도전적 상황에 직면하여 감정이 불안정해지면 감정 상황을 다루기 위해 대처전략을 선택하는데 이때 감정이 작용한다고 하였다. 청년기는 부모로부터 독립하여 스스로 모든 것을 결정하여야 하며 다양한 선택과 의사결정이 빈번하게 일어난다. 사회에 진입하면서 경험하게 되는 다양한 문제 발생 시 상황에 맞는 적절한 대처행동을 하기 위해서는 감정에 대한 이해와 인식 및 조절 능력을 미리 갖추어야 한다. 셋째, 청소년기까지는 인간관계는 비슷한 과업과 특성을 지닌 사람과의 만남과 관계의 특성이 강했다면, 대학생은 다양한 특성과 다양한 연령대의 사람과의 만남과 관계를 본격적으로 경험하게 된다. 부모로부터 독립하면서 다양한 형태의 인간관계와 접촉하면서 친밀감을 형성할 대상으로 찾게 될 때 사회에서 용인되는 감정표현을 향상시키고 학교와 사회에서 원활한 관계를 맺기 위한 행동이 요구될 때 원활한 인간관계 형성을 위한 감정을 잘 사용할 수 있는 경험을 제공하는 것이 필요하다. 감정을 잘 사용하고 활용할 수 있는 능력을 감정지능이라 할 수 있으며, 대학생의 발달단계는 자신의 인지적 능력 못지않게 감정을 잘 다루는 능력 또한 갖추어야 한다.

1990년대 메이어와 셀로비는 감정에 지능이라는 용어를 제시하면서 자신의 감정이나 다른 사람의 감정을 잘 읽어내는 능력이라고 정의하였으며, 콜먼 또한 좌절 상황에서도 개인을 동기화시키고 자신을 지켜낼 수 있게 하고 충동의 통제와 지연 만족을 가능하게 하며 기분상태나 스트레스로 인해 합리적인 사고를 억누르지 않게 하고 타인에 대해 공감할 수 있으며 희망을 버리지 않는 능력이라고 정의하였다. 콜먼은 높은 지능지수를 보이고 있음에도 사회적 제 역할을 성공적으로 수행하지 못하는 사람과 낮은 지능지수를 보이고 있음에도 불구하고 성공적인 삶을 살고 있는 사람을 설명하기 위해 감정지능이란 개념을 제시하였다.

감정지능은 학습이 가능하며, 누구나 이 능력을 개발함으로써 지적인 잠재력과 유전성향에 관계없이 그것을 훌륭하게 사용할 수 있는 기회를 가질 수 있다. 이는 절대적 도덕성을 필요로 하는 현대 사회구조에 정서, 품성, 윤리적 본성 등에 바탕을 두고 있는 감정지능에 대한 논의는 중요하다. 여러 학자들의 감정지능에 대한 정의를 종합하면 감정인식, 감정이해, 감정조절, 감정활용이 공통적 핵심어로 가장 많이 제시하고 있다. 전체적으로 감정지능은 자신의 감정을 정확히 지각하고 생성하며 이를 이용하여 사고를 촉진시키는 기능을 수행하며, 또 타인에게 감정을 효율적으로 전달해 좋은 관계를 유지하는 능력, 충동을 자제하고, 사물을 낙관적으로 파악할 줄 아는 능력으로 해석되고 있다.

콜먼은 메이어와 샐로비(1997)의 연구를 토대로 감정지능을 자기감정 인식, 자기감정조절, 자기동기화, 감정이입, 대인관계기술 요소로 구분하였다. 자기감정 인식(self-awareness)은 자신이 현재 느끼고 있는 감정, 기분 등이 어떤 것인지 잘 알고 그러한 기분을 적절히 말로 표현할 줄 알며 표정이나 행동을 상황에 맞게 나타낼 수 있는 것을 말한다. 자기감정조절(self-management)은 감정에 대해 어떤 반응을 보일 것인가 얼마나 교양 있게 감정을 다룰 수 있는가 하는 것으로 감정조절은 삶에 있어 중요한 적응기능을 한다. 자기의 감정을 조절하여 관리할 줄 아는 사람은 대체로 부정적 감정은 억제하고 긍정적 감정을 유지하거나 강화하려고 할 것이며 때때로 일어나는 부정적 감정을 긍정적 감정으로 변화시키려는 노력을 한다. 자기감정조절은 자신의 감정을 스스로 적절하게 처리하고 변화시킬 수 있으며 분노, 우울, 스트레스 등의 감정을 표현하고 정서표현과 이성적 사고 간의 균형을 유지하는 능력을 말한다. 자기동기화(self-motivating)는 어려움을 참아내고 자신의 성취를 위해 노력할 수 있는 능력을 말한다. 인간은 성취지향적 존재로서 나름대로의 목표가 있는 행동을 한다. 지금 눈앞에 보이는 것을 당장에 원하기보다는 조금 참아서 더 큰 것을 구할 수 있다며 참고 기다려 보겠다는 의지를 가질 수 있음을 뜻한다. 지능지수가 높다고 해서 누구나 학교에서 최우수상을 받고 노벨상 수상자가 될 수 있는 것은 아니다. 진정한 성공은 항상적인 끈기, 낙관적 인식, 자신감 그리고 패배를 씻어버릴 수 있는 능력 등이 그 바탕에 깔려 있다. 자기동기화가 가능하려면 만족을 지연시킬 수 있는 만족지연의 힘과 감정을 통제할 수 있는 감정조절능력이 중요하다. 지금 눈앞에 보이는 것을 당장 원하기보다는 조금 참아서 더 큰 것을 구할 수 있다면 참고 기다려 보겠다는 의지가 필요하다. 그러나 당장의 만족을 얻기보다는 미래의 더 크고 확실한 결과를 얻기 위해 충동적인 욕구를 지연시키려면 자신이 현재 처한 상황에 대한 인지적 판단과 정서적 조절 능력이 전제되어야 한다. 다른 사람에 대한 감정이입(empathy)은 상대에게 집중하여 경청하려는 자세, 말로 표현되지 않은 생각과 감정까지도 파악하려는 노력으로부터 비롯된다. 타인의 감정을 인식하는 능력을 감정이입이라고 표현하는데, 다른 사람의 정서를 공유하는 것으로서 다른 사람이 슬퍼할 때 그 감정의 슬픔을 인식하면서 함께 슬퍼하고 다른 사람이 행복해 할 때 역시 그 행복감을 인식하고 같이 행복할 수 있는 능력이라고 할 수 있다. 이러한 감정이입은 상대방의 얼굴표정에서 타나난 정서 상태를 단서로 야기되기도 하고 상대방이 처한 상황을 기초로 상대방의 정서 상태를 추론하여 일어나기도 한다. 따라서 타인의 감정을 인식하는 능력은 인지적 요소와 함께 정의적 요소를 내포하게 된다. 타인과의 관계를 어떻게 형성하고 갈등이 생겼을 때 이를 얼마나 잘 인식하고 해결할 수 있는가 하는 것은 거의 전적으로 감정적 능력과 관계된다. 대인관계기술(social-skill)이 유능한 사람은 다른 삶과 관계를 맺고 그 관계를 계속적으로 유지하며 사회적으로 바람직하다고 여겨지는 일련의 행동을 할 수 있다. 대인관계기술은 인간관계를 처리하는데 있어 핵심이 되는 것으로 이를 발휘하기 위해서는 자신의 감정을 적절히 조절하는 능력과 감정이입이라는 두 가지가 먼저 성숙되어야 하며 이러한 기술은 타인과의 관계에서 효율성을 부여하는 사회적 역량의 핵심을 이룬다.

지능을 지능으로 본다면 감정지능은 최근 지능을 연구하는 학자들이 제시한 개념 중에서 연구적 의미가 가장 높은 학문적 정의이다(Matthews, 2004). 감정지능은 현실적 상황에서 감정과 이성과 함께 정서를 적응적이고 효율적으로 조절하고 활용하기 때문에 환경과의 상호작용 속에서 형성되며 일상생활과 대인관계, 직업과 일의 영역에서 중요한 역할을 한다. 과제를 수행하고 문제를 해결하며 대인관계를 향상시키는 능력, 자신의 정서적 안정과 만족을 위해 감정을 조절하는 능력, 적극적인 상황 속에서 스스로의 감정을 활용하여 합리적인 생각을 바탕으로 문제 상황에 성공적으로 대응할 수 있는 개인의 적응 능력으로 잘 갖추어야 한다.

2. 창의성

과학 기술의 발전 속도가 가속화될수록 창의성은 경제적 가치 창출의 원동력이 된다. 창의성은 고등 사고능력을 가진 존재인 인간의 존엄성을 가장 잘 보여주는 특성이라고 할 수 있다. 인간이 미래의 급변하는 환경에 잘 적응할 수 있도록 하는 힘뿐만 아니라 필요에 맞게 환경을 변화시킬 수 있는 힘이 바로 창의성에서 나오기 때문이다. 또한 미래의 사회에서는 일의 성격이나 패턴이 크게 변화하게 된다. 선진국일수록 학생들이 사회에 진출할 미래사회에서는 창조적인 일의 비중이 크게 증가하는 한편, 반복적인 일의 비중은 크게 감소하게 된다. 단순 반복적인 직업들은 기계에 의해 대체되거나 개발도상국으로 점차 이전되기 때문에 창의적 인재를 필요로 하는 노동시장의 욕구가 크게 작용하게 된다.

창의성은 인간의 잠재 능력을 설명하기 위한 가설적 개념으로서 실체가 있는 대상이 아니기에 그 정의가 쉽지는 않지만, 새로움에 이르게 하는 개인의 사고관련 특성(이경화, 2011)이며, 새로운 뜻 있는 것을 만들어 내는 힘(정범모, 2011), 역사를 변화시키는 위대한 창의성과 일상생활에서의 창의성을 구분하면서 위대한 창의성은 천재와 같이 선천적 요인이나 개인적 특성에 의존하는 반면, 일상적 창의성은 교육을 통해 개발될 수 있다(Csikszentmihalyi, 1996)고 설명하였다. 역사적 맥락에서 보면, 창의성에 대한 접근이 크게 세 단계를 거쳐 변화해 왔다고 할 수 있다(Glăveanu, 2010; 이정모, 2010). 첫째는 역사 흐름의 변화를 가져온 극소수의 21세기 창의적 인재 양성을 위한 교육의 미래전략 연구 '천재'에 초점을 두던 단계로, 그들을 일반 사람들과 구별시킨다는 의미에서 천재적 창의성(He-패러다임)이라고 할 수 있다. 이는 예로부터 내려오던 관점으로 창의성은 신의 선택을 받거나 생물학적으로 특이한 개인만이 타고난 특성이기 때문에 일반 사람들과는 관계가 먼 것으로 본다. 둘째는 주로 1950년대 이후 창의성에 대한 민주적 접근이 이루어지는 단계로, 개인적 특성을 중시한다는 점에서 개인적 창의성(I-패러다임)이라고 할 수 있다. 즉, 개인의 인지적 개발 노력을 통해 창의성을 계발할 수 있다고 본다는 점이 특징이다. 셋째는 최근 들어 창의성 계발에 있어서 사회문화의 영향을 강조하는 단계로 창의성에 대한 사회문화적 접근을 강조한다는 점에서 집단적 창의성(We-패러다임)이라고 할 수 있다. 이는 모든 창조적 행위가 기존의 지식에 기반하며, 창의성은 사회적 영향을 받아 발현되는 것으로 본다. 즉 특정 개인의 인지적 능력보다는 사회문화적 환경에 의해 창의성이 계발된다는 것이다. 이러한 관점에서 볼 때, 창의적 인재 양성을 위해서는 소수의 천재나 영재를 교육하기보다는 누구나 창의성을 발휘하고 인재로 성장할 수 있도록 사회문화적 환경을 조성하고 지원하는 것이 중요하다. 즉, 창의성을 특정 개인의 천재적 특성으로 보는 관점에서 벗어나 일반 사람 모두가 가지는 심적 작용, 즉 인지 작용의 하위 개념으로 볼 필요가 있다(이정모, 2010). 그리고 집단적 창의성이 발현되기 위해서는 창의성 계발이 누구에게나 최고의 교육 목표로 제시되어야 할 뿐만 아니라, 타자(공동체)와의 공감 능력, 소통 능력, 협동적 문제 해결력 등 다면적 역량과 인성이 키워져야 할 것이다.

이런 창의성이 전생애적 발달과정에서 가장 정점의 시기로 30~40대 사이라고 설명한 관점이 있다(Age-Decremental Model). 이 모델에서는 창의성은 아동기에 시작되어 청년기까지 지속적으로 발달하며 성인기의 어느 한 시기에 정점에 도달하고 그 이후 감퇴한다는 모형이다. Lehman(1953)은 과학, 철학, 음악, 문학, 예술 분야에서 뛰어난 개인을 연구하여 그들의 삶에서 가장 성공적인 5년 동안 작품의 수를 계산하여 창의적 성취를 분석하였는데 30대 후반에서 40대 초반 사이에 가장 성취가 많았다는 연구를 통해 지지하였다. 물론 전생애를 통하여 창의성 발달을 설명하는 관점이 있다. Taylor(1988)는 창의성 발달을 5단계로 나누어 유아 동기는 표현의 자발성이 발달하고, 학동기는 기술적 유능성, 청소년기는 발명적 재능, 20대와 30대는 혁신적 융통성, 그리고 그 이후는 발현적 독창성이 발달한다고 설명하였다. 어느 단계에서 창의성이 최고 정점이 되었든 전생애를 통해 발달하든 중요한 것은 청년기의 대학생 발달단계에서 창의성을 위해서 무엇인가는 준비해야 한다. 어느 분야에서든 창의적 성취나 결과물을 보이려면 그 분야와 관련된 지식과 기술을 습득해야 할 것이며, 그 지식과 기술을 최고로 습득할 수 있는 시기는 고등교육, 즉 대학교이며 대학생의 발달단계인 것이다. 창의성을 가장 중요하게 요구하는 직업 중 하나가 바로 디자이너일 것이다. Sinha(2002)는 사업규모가 다른 5개 회사의 디자이너를 대상으로 한 사례연구에서 디자이너의 과업에 필요한 능력을 분석한 결과, 합리적인 문제해결과 내면이 상상력 사이의 적절한 균형을 유지하면서 성과를 내야 한다는 것을 발견하였다. 디자이너는 고객의 요구와 제품의 필요성을 알아야 할 것이며, 시장 현황을 비롯한 마케팅 지식과 사회·문화·경제·정치를 이해해야 하며, 2D와 3D 기술, 색채 감각, 언어 구사 능력과 글쓰기 실력, 경제적 지식, 일정 조율·계획·구성하는 능력, 열정, 호기심, 야망, 자신감, 유연성, 유머러스함, 인내심, 위험감수성, 건강한 신체와 잘 단장한 차림새 등이다(Jones, 2011; Frings, 2010). 그리고 이 모든 것을 준비해야 하는 것이 바로 대학생의 발달단계인 것이다.

특히 융·복합시대, 네트워크 사회가 도래하면서 다양한 분야의 사람들과 협력하면서 일할 수 있는 집단적 창의성이 특히 중요하다. 창의적 인재가 갖추어야 할 중요한 역량은 기존 지식을 토대로 다르게 생각하고, 새롭게 결합해 내는 능력이다. 한 예로, 아이폰과 아이패드로 창의적 기업인의 아이콘으로 부상한 스티브 잡스는 한 인터뷰에서 창의성에 대해 “창조성은 여러 가지 것들을 연결하는 것일 뿐”이라고 설명하였다(윌리엄 더건, 2008). 그는 창의성의 핵심을 기존의 지식과 산출물에 자신의 경험을 연결하여 새로운 것을 합성해 내는 능력으로 본다. 잡스가 정보통신기술과 인문학의 결합을 중시했던 것도 새로운 것을 합성해 낼 때 인문학적 지식과 상상력이 중요하다고 생각했기 때문이다. 이러한 융·복합시대에 새롭게 중요한 역량으로 부각되고 있는 집단적 창의성에 또 하나 중요한 능력은 공감 능력이다. 특히 기업의 경우 복잡한 문제를 해결하거나 새로운 개발을 수행할 때 팀을 구성해 일하는 추세이기 때문에 집단 창의성에 대한 요구가 갈수록 높아진다. 따라서 개인과 공동체의 공생적 발전을 추구하는 집단 창의성의 계발에 보다 많은 관심을 기울일 필요가 있다. 이를 위해서는 다양성을 존중하며, 서로의 문제에 관심 갖고 자신의 문제로 받아들일 수 있는 공감 능력이 요청된다. 공감은 "서로의 삶에 깊이 들어갈 수 있는 수단"임과 동시에 "우리 자신의 공동의 현실을 만드는 수단"이다(제레미 리프킨, 2010). 따라서 공감 능력은 기존의 관계나 고정 관념을 넘어 새로운 관점에서 유연하게 문제를 인식하고 해결하도록 함으로써 창의성의 원천이 된다. 나아가 사회적 유대감과 협동심의 토대가 될 수 있다.

집단적 창의성을 교육 현장에서 키우기 위한 대표적 사례는 팀프로젝트 수업이라고 할 수 있다. 팀프로젝트 수업은 개인 또는 그룹 단위로 문제를 해결하는 과정에서 기존의 산출물에 자신의 생각을 결합시켜 새롭고 가치 있는 산출물을 만들어 내도록 하기 때문이다. 이 수업은 정해진 답을 찾기보다는 문제를 분석하고 문제해결을 위한 여러 생각 및 논리적 근거를 연계해서 일관되게 제시한다는 점에서 비판적이고 통합적인 사고력을 극대화시킨다. 또한 연구 결과를 발표하고, 토론하는 과정에서 자신의 견해를 논리적이고 설득력 있게 표현하려 하고 남의 말을 경청하게 됨으로써 의사소통하고 협동하는 능력을 키우는 집단적 학습(social learning)이 가능하다(이민화, 2011).

팀 프로젝트 및 토의 과정을 통한 창의적 문제해결은 우리가 일상생활에서 부딪히는 작은 일에서부터 고도의 기술을 요구하는 다양한 상황에서 사용할 수 있는 체계적인 문제해결 방법이다. 특정 대상이나 상황에 대해 느끼는 어떤 불편함을 해소하고 새로운 도전을 하기 위해 문제나 갈등 상황을 인지하는 것에서부터 문제를 발견하고, 문제를 진술하고, 해결전략을 생성하여 이를 실행에 옮기는 전 과정을 개인 혼자 하기보다는 여러 명의 팀을 구성하여 접근하는 것이 더 생산적일 수 있다. 팀 프로젝트를 통한 토의활동은 4단계로 접근해 볼 수 있는데(Wallas, 1970), 그 과정은 문제 확인단계, 아이디어 제안단계, 해결안 발견단계 및 수용안 발견단계이다.

[표 3] 팀 프로젝트에 기반한 토의활동 진행단계

구분		토의활동 과정
1단계	문제 확인	• 토의할 문제가 무엇인지 규명 - 문제 상황에 대한 파악 및 문제를 발견하고 어떤 문제를 해결해야 하는지에 대해 규명한다.
2단계	아이디어 제안	• 아이디어 찾기(브레인스토밍) - 토의활동이 이루어지는 단계로 문제 해결을 위해 가능한 많은 양의 아이디어를 제시한다. - 확산적 사고를 하며 제시된 문지 정의에 닻는 아이디어를 자유롭게 표현하도록 한다.
3단계	해결안 발견	• 해결안 찾기 - 아이디어를 평가하기 위한 가능성 있는 증거를 찾고, 유용한 아이디어로 전환한다. - 해결안을 선택한 이유를 말해보고, 해결안의 장단점을 토의한다. - 문제에서 벗어나거나 너무 황당한 해결안은 선택하지 않고, 그 이유에 대해 토의한다.

4단계	수용안 발견	• 수용안 찾기 - 해결안을 효과적으로 실행할 수 있는 방법을 선정하고, 해결안과 관련된 문제를 극복하는 방법을 토의한다. - 실현 가능한 최선의 해결안을 선택한다. - 유용성 있는 아이디어로 쓰일 수 있는지 검토하고 평가한다.

정은이(2009), 문제해결 토의활동이 대학생의 창의성에 미치는 효과, 아시아교육연구 10(2), 27-49면에서 발췌.

3. 사회성

대학은 진리의 탐구라는 학문적 목표와 사회진출의 예비과정이라는 두 목표를 달성하기 위하여 지식과 인성의 함양을 위해 부단히 애쓰고 있으며, 대학 또한 전공교과와 다양한 교양교과를 편성하여 사회생활을 가치 있고 보람 있게 영위하도록 하기 위한 다각적인 노력을 기울이고 있다. 그런데 사회구조의 변화로 인하여 핵가족 사회와 1인 가족원의 증가로 인해 개인주의와 이기주의 성향이 나타나기 시작했으며 함께 하기 위한 협동심과 배려심 및 희생 마인드는 점점 쇠퇴해지고 있는 것이 현실이다.

인간이 궁극적으로 꿈꾸는 삶은 행복이다. 행복하기 위해서 사회구조를 바꾸고, 시스템을 정착시키고, 인공지능도 개발한다. 그런데 정작 인간을 행복하게 만드는 본질적 요소는 무엇일까? 서양의 학생들은 행복을 대체로 개인적 측면에서 찾는다면, 동양의 학생들은 행복을 사회 속에서 다른 사람들과 관계의 측면에서 찾는다는 연구가 있다. 미국을 비롯한 서양에서는 자아성취, 즉 자신에 대한 긍정적인 평가 등으로 행복을 정의하는데 비해 한국을 비롯한 동양의 학생들은 조화와 균형 및 관계에 측면을 두는 경향이 강하다.

'인간은 사회적 존재이다'는 말이 있다. 인간이 사회적 존재라는 뜻에는 사람 지향적이라는 의미가 포함되어 있어 행복은 결국 사람에게 온다는 의미를 함축한다. 전 세계적으로 행복하다고 느끼는 국가는 주로 개인주의가 문화가 강한 문화권이 많은데, 개인주의 문화가 강한 국가들은 우리가 간절히 바라는 기본적인 나눔과 소통 그리고 사회에 대한 신뢰를 이미 어느 정도 기본 바탕으로 이루었기 때문에 개인주의 문화가 행복으로 발현되었을 지도 모른다. 또한 이상적인 신문명 공동체사회를 만들기 위해서라도 더불어 함께 살아갈 수 있는 기본적인 마인드는 갖추어져 할 것이다.

우리 삶의 과정에서 발생하는 고통을 줄이고 기쁨으로 더 나아가기 위해서는 마음의 교류가 절실하게 필요하다. 행복한 사람들은 타인과 함께 보내는 시간이 절대적으로 많다. 캐나다 토론토대학 연구팀이 실시한 한 연구에 따르면, 소외감을 느꼈던 경험을 떠올리게 한 뒤 실험실의 실내 온도를 예측해보라고 했더니, 소외감을 느낀 경험이 있는 사람들이 방이 훨씬 더 춥다고 느낀 것으로 나타났다(Zhong & Leonardelli, 2008). 영국 플리머스대학과 미국 버지니아대학 연구팀은 대인관계나 사회성이 행복감에 미치는 영향을 공동으로 연구했다(Schnall, Harber, Stefanucci, & Proffitt, 2008). 반드시 넘어야 할 언덕을 홀로 오를 때와 친구와 함께 오를 때를 비교한 것이다. 연구 결과에 따르면, 똑같은 언덕인데도 홀로 언덕을 오르면 언덕 경사도는 친구와 함께 오를 때보다 무려 8도 이상 가팔라 보였다는 것이다. 슬픔은 나누면 반이 된다는 속담과 딱 어울리는 연구 결과물이다. 우리는 삶의 여정에서 도전해야 할 과제들을 끊임없이 만난다. 행복해지려면 주어진 삶의 과제들을 외롭게 홀로 도전하는 것보다는 다른 이들과 관계를 맺으며 함께 도전할 때 달성 가능성이 높다. 결국 행복의 핵심은 관계지향이다.

이처럼 사람과 사람의 관계 속에서 원만하게 상호작용할 수 있는 능력이 바로 사회성이다. 사회성은 다양한 사람과 긍정적인 관계를 형성하는 능력이며, 타인으로부터 배척받지 않고 호감을 얻는 기술과 능력이라고 할 수 있다. 사회성은 예절과 호감을 주는 기술에 대한 지시, 비호감을 주는 언행에 대한 지식 등 지식적인 부분 외에도 타인의 감정을 파악하는 능력, 좋은 의도를 가지는 인성과 성품 등 많은 요소를 포함하고 있다. 사회성은 활동성, 안정성, 지배성, 사교성, 자율성 등 다섯 하위요인의 총체로 구성되어 있다. 활동성이란 일상생활에 정력적이고, 생산적이고, 민첩하고, 부지런하고, 일을 좋아하며, 많은 일을 해내는 특성을 말한다. 안정성은 정서적으로 안정 및 성숙되어 있어 침착하며 자아가 조절되어 문제가 발생하더라도 비교적 마음의 동요가 크지 않는 특성으로 안정성이 높을수록 어떠한 일에 대해 쉽게 흥분하거나 당황하지 않고 침착하게 행동한다. 지배성은 집단생활에서의 지휘 및 감독을 하는 지도적 위치와 역할을 차지하기 좋아하고, 자기주장이 강하며, 대담하고, 권위주의적인 특성으로 집단에서 앞장서기를 좋아하고 인간관계에 있어서 적극적이며 다른 사람을 설득하여 자기편으로 만들고자 노력하는 경향이 높다. 사교성은 집단 활동에 적극적으로 참여하기를 좋아하고 사교적이고, 친절하고, 협동적인 특성으로 여러 사람과 어울려 지내기를 좋아하고, 친구가 많고, 인정이 많으며 원만한 대인관계를 유지한다. 자율성은 자기행동에 대한 책임을 중시하고 스스로 행동하는 독립적, 자주적, 자발적인 행동 특성으로 일상생활에서 스스로 결단하고 행동하고자 하며, 자기행동에 대한 책임을 스스로 지고 다른 사람의 지시나 주장에 쉽게 동조하지 않는다.

그러나 사회성이 낮다는 것은 친구가 없다는 것과는 다르다. 타인들에게 부정적인 영향이나 피해를 주는 사람들이라고 해서 친구가 없는 것은 아니다. 위험한 수준이 아니라면 유유상종인 친구들은 있게 마련이며, 사회기술이 없더라도 외모, 부, 사회적 권력 등을 갖춘 사람은 인기를 끌기 마련이다. 만만한 사람이나 집단 밖의 사람들에게 계속 부정적 영향을 주고 있어도 교묘한 인간관계 기술을 갖추고 있다면 집단 내에서 공개적으로 비난받기보다는 오히려 다수파의 중심에 서서 타인들에게 지배력을 행사하는 경우도 있다. 학창시절 일진, 국가에서는 악한 정치인, 직장에서는 뒷담화의 근원 같은 간신배 같은 경우다. 이런 사람은 처세술이 있다고 말할 수는 있지만 타인과 진정한 긍정적인 관계를 맺는 능력이 높다고 말하기는 어렵다.

타인과의 상호작용을 원만하게 하기 위해서 상대방에게 좋은 첫인상을 주는 것은 매우 중요하다. 실제 사람들은 긍정적인 첫인상을 주기 위해 많은 노력을 기울인다. 부정적인 첫인상을 주었을 경우 그러한 인상을 불식하여 긍정적인 인상으로 바꾸는데 많은 시간과 노력이 필요하다. 또한 첫인상이 부정적일 경우 이후의 대인관계가 소원해짐으로써 자신의 진정한 모습을 보여주고 그래서 이전의 부정적 인상이 잘못되었음을 증명할 수 있는 기회가 크게 줄어든다. 따라서 긍정적인 첫인상을 줄 때 상대방과의 관계가 좀 더 원활하고 업무적인 측면에서도 효율성이 증가할 수 있다.

일반적으로 관계가 지속되면서 우리는 상대방의 긍정적인 측면보다는 부정적인 측면을 더 많기 보게 된다. 사회적 침투이론에 따르면 사람들의 부정적인 성격은 깊은 내면에 존재하기 때문에 관계의 초기에는 드러나지 않고 관계가 지속되면서 서서히 나타난다. 한편으로는 부정적인 측면들을 서로 공유하면서 사람들의 관계는 더욱 가까워지고 친밀해지기도 하면서, 때로는 관계가 멀어지거나 갈등에 쌓이게 되기도 한다. 이처럼 관계는 정체되어 있는 것이 아니라 지속적으로 변화하고 그러한 변화에 따라 상대방에 대한 인식이 부정적으로 변할 가능성도 매우 크다. 이러한 변화 속에서 바람직한 대인관계를 형성하고 유지하기 위해서 필요한 것은 자신의 부정적인 특성에 대한 긍정적인 수용과 이해이다. 자신을 충분히 이해할 때 자신과 타인이 크게 다르지 않다는 것을 인식하게 될 것이고, 이러한 인식을 통해서 상대방을 감정이입을 통해 이해할 수 있다. 즉 다른 사람의 부정적인 측면을 이해하고 수용하기 위해서는 우선적으로 자신을 있는 그대로 인정함으로써 자기가 가지고 있는 부정적인 측면을 인정하고 수용해야 한다.

한편, 최근 SNS에 많은 시간을 할애하고 있으며 손쉽게 스마트폰을 통해 접속하고 있다. SNS의 주된 사용연령층은 청년이며, 청년의 77.1%가 SNS 계정을 보유하고 있다. 청년기의 주된 과업이 심리적 독립을 추구하고 사회적으로 확장된 관계속에서 친밀감과 사회성을 익히는 관점에서 SNS는 사회적 관계의 형성과 유지 및 관심사를 공유한다는 점에서 그들의 욕구를 충족시킨다. 그러나 SNS를 통해 친밀감과 사회성의 욕구를 충족시키는 과정에서 이에 대한 부작용도 고려해야 한다. SNS의 과다사용으로 인해서 일상생활이 불가능하고, 학업과 성적하락 및 생산성 감소까지 영향을 미치고 있다. 특히 SNS를 통해 자유로운 상호작용과 긍정적인 관계를 유지하면서 관계적 공격성이 등장하고 있다. 관계적 공격성이란 타인에게 해를 미칠 수 있는 공격성의 유형 중 하나로 관계를 도구로 타인의 감정과 우정에 해를 끼치면서 관계를 손상시키는 것을 말한다. 그리고 관계적 공격성이 가장 많이 등장하는 곳이 바로 SNS이다. SNS 공간이 인간관계의 구조와 상호작용이 즉각적으로 드러나면서 SNS를 활용하여 적대감을 표출하거나 지위를 획득하기 위해 댓글이라는 것을 통하여 관계적 공격행동을 보이는 경우가 많다.

영화 〈소셜 네트워크〉는 인맥 교류 사이트 페이스북의 탄생 비화를 다루면서, 마크는 이 사이트를 통해 5억 명의 SNS 친구를 만들지만, 오프라인 친구 모두가 그의 곁을 떠나게 된다. 영화는 온라인상의 인간관계란 결국 허상일 뿐 오프라인의 인간관계를 실제적 인간관계로 인식하고 중요하게 여겨야 한다는 메시지를 전하고 있다. SNS상의 인간관계가 갖는 한계로는 대부분의 관계가 피상적 관계에 머무른다는 점이다. 오프라인과 달리 SNS상의 관계맺기는 클릭 한번으로 쉽게 이루어진다. 클릭 한번으로 서로가 서로에게 타인 이상의 관계라는 암묵적 동의가 성립되고, 조금 안면이 있다는 이유로 친구나 지인 및 일촌 관계로 등록해 둔다. 그러나 관계를 맺은 이후에는 특별한 교류없이 지내는 일회성 관계에 그치는 경우가 많다.

이런 관계는 서로의 인맥을 조금 늘려 줄뿐, 의미와 가치가 없거나 낮기에 군중 속의 고독이라는 새로운 양상을 만들어 낸다. SNS 인간관계와 사회성은 한계가 있으므로 이를 오프라인으로 발전시키기 위해 노력을 하지 않는다면 허구적 관계에 집착하면서 관계적 공격성을 통해 오히려 인간관계와 사회성 발달에 더 악영향을 미칠 수 있음을 기억해야 한다. 그리고 SNS상에서든지 오프라인이든지 관계와 사회성을 형성하는 것만큼 중요한 것이 유지하는 것이며, 유지를 위해서 노력해야 하는 것은 자명한 일이다.

참고문헌

류기락(2017), 4차 산업혁명과 독일의 직업능력개발정책의 변화, 제3차 4차 산업혁명 직업훈련 전문가 포럼 자료집, 고용노동부·직업능력심사평가원.

이은정(2020), 후기청소년의 정서지능이 미래성공기대감에 미치는 영향 - 자아존중감과 부모자녀 의사소통의 매개효과, 서울벤처대학원대학교 박사학위논문.

정은이(2009), 문제해결 토의활동이 대학생의 창의성에 미치는 효과, 아시아교육연구 10(2), 27-49면.

Fredrickson, B. L., & Branigan. C.(2001). Positive emotions. In T. J. Mayne & G. A. Bonanno(Eds.), Emotions: Current issues and future directions. New York: Guilford.

Frings, G. S.(2010). Fashion: from concept to consumer(10th ed.). Boston, MA: Prentice Hall.

http://www.newsworks.co.kr/news/articleView.html?idxno=366118

https://www.sciencetimes.co.kr/news/

Jones, S. K.(2011). Fashion design. London, UK:Laurence King Publishing.

Lazarus, R. S., Kanner, A. D., & Folkman, S.(1980). Emotions: A cognitive phenomenological analysis. In Theories of emotion. New York: Academic Press.

Lehman, H. C.(1953). Age and achievement. Princeton, NJ: Princeton University Press.

Matthews, G., Zeidner, M., & Roberts, R. D.(2004). Emotional intelligence: Science and myth. Cambridge, MA: MIT press.

Mayer, J. D., & Salovey, P.(1997), What is emotional intelligence, Emotional development and emotional intelligence. New York: Basic Books.

Mayer, J. D., Salovey, P., & Caruso, D. R.(2000a). Emotional intellligence as zelitgeist, as personality, and as a mental ability. In R, BA-on, & J. D. A. Parker(Eds.), The handbook of emotional intelligence. San Francisco: Jossey-Bass.

Sinha, P.(2002). Creativity in Fashion. Journal of textile and Apparel, Technology and Management, 2(4), 16.

Solomaon, R. C.(2004). The philosophy of emotions, In M. Lewis & J.M. Haviland-Jones(Eds.), Handbook of emotions (2nd ed., pp.3-15). New York; Guilford.

Taylor, C. W.(1988). Various approaches to and definitions of creativity. In R. J. Sternberg(Ed.), The nature of creativity(pp.99-121). Cambridge, MA: Cambridge University Press.

2부

미래를 준비하는 나

Chapter 4.

정체성과 나

미래사회는 사회구성원으로의 핵심역량을 갖춘 인재 못지않게 실존하는 '인간' 개인에 집중하는 것도 중요하다. 핵심역량은 무엇을 얼마큼 할 수 있는가의 [양]으로 접근한 것이라면, 한 개인이 사회의 공동체 구성원으로 실존하고 공존하기 위한 [질]의 가치도 갖추어야 한다. 한 인간으로서 [인간다움]을 추구하기 위해서는 스스로 삶의 목적과 추구할 가치를 결정할 수 있어야 할 것이며, 삶의 목적과 가치를 추구하면서 실행하는 것이 바로 개인의 적성과 직업이다. 개인의 삶 목적과 가치를 추구하여 나아가는 삶이 되기 위해서는 개인 스스로 나는 누구인가에 대한 정체성의 문제부터 출발해야 한다. 내 삶의 주체로서 그리고 적성을 발휘하면서 살아가는 한 사람으로 [나는 누구인가?]에 대한 인식은 중요하다. 나에 대한 인식으로 출발해서 내가 바라는 삶을 만들기 위해서 이상적으로 바라는 삶의 형태를 꿈, 행복 및 건강의 관점에서 살펴보면서 나의 적성과 미래를 설계하도록 한다.

[나는 누구인가?]라는 근본적 질문에 대한 답변을 흔히 정체성이라고 말한다.

정체성은 라틴어 'identitas' '전적으로 동일한 것이다', '참된 본디의 형체'에서 온 것으로 에릭슨(Erikson, 1968)이 처음 사용한 단어이다. 에릭슨은 정체성을 '나는 누구인가'와 관련된 '자기의식'으로 주관적 측면의 나와 객관적 측면의 나 두 가지로 구분하여 설명하였다. 주관적 측면에서 나는 누구인가는 개인적 정체성으로 시간 속에서도 자기 동질성과 자기 연속성을 자각하되 고정불변의 관점이 아닌 사회 현실 속에서 변화가 가능한 자기의식으로 설명하였으며, 객관적 측면에서 나는 사회적 정체성으로 자신이 속한 집단과 사회에 대한 일치성을 의미하면서 소속집단의 역사와 가치관 등에 나 자신을 귀속시키는 자기의식을 말한다. 사회적 정체성의 예로서는 '나는 ○○대학교 학생이다'의 ○○대학이라는 집단에 대한 정체성과 '나는 한국 사람이다'와 같은 국가정체성이 있다.

에릭슨에 따르면, 인간은 자신의 과거 노력과 현재의 문제점들, 그리고 미래의 기대 간의 일관성을 추구하는 존재로서 기본적으로 정체성을 추구하는 존재로 표현하면서, 유아기의 자기에 대한 개념에서 출발하여 청소년기에 특히 중요해진다. 자아정체성은 청소년기의 다양한 사회적 갈등과 생물학적 성숙 간의 괴리를 해결하려는 노력이 일어나면서 시작되지만, 청소년기에 갑작스럽게 형성되는 것은 아니다. 청소년기는 신체적·성적 성숙이 급격하게 일어나는 시기이면서 동시에 사회와 문화에서 요구하는 가치에 대한 갈등이 커지는 시기로 아동기와 성인의 중간 단계에 있어 청소년에게 상충되는 요구와 모호한 기대가 늘어나는 시기이다. 같은 행동을 하더라도 어떨 때는 '나이도 어린 것이~~~'라는 반응을 받으면서, 또 '다 큰 녀석이~~'등의 반응을 받기도 한다. 이러한 생물학적 변화와 사회 문화적 변화로 인해 청소년기는 '나는 누구인가?'라는 질문을 던지게 되며, 내가 처한 다양한 맥락을 통해 자신이 누구인지를 실험하게 된다.

이처럼 정체성은 한 개인이 가지는 특성과 성격, 사회적 관계와 역할 등을 통해 그 사람이 누구인가를 말해주는 것이다. 인간은 누구나 인생과 발달단계를 거치면서 살아가게 되는데, 각각의 발달단계에서 직면하게 되는 위험과 모험이 있으며, 이 위험과 모험을 어떻게 해결하느냐에 따라 삶이 달라진다. 위험과 모험을 생산적이면서 긍정적으로 해결하면 자신의 모습을 더 단단하게 만들어 정체성이 확고해지는 반면에 파괴적이면서 부정적으로 해결하면 자기의식을 약하게 만들어 정체성이 혼란스럽게 되는 것이다.

한편 정체성은 어느 한 발달단계에서 형성 혹은 확립되는 것이 아니라 삶의 지속적 과정을 통해 이루어진다. 뉴만과 뉴만(1984)은 청소년기를 두 개의 발달단계로 분리하여, 개인적 정체감이 확립되기 위해서는 집단정체감 확립이 선행되어야 한다고 강조하였다. 10대의 청소년은 급속한 신체 변화가 일어나고 동년배의 승인이 중요시되기 때문에 집단정체감을 형성하여 나는 누구인가의 질문에 대한 답을 정리한다. 즉, 10대의 청소년은 나에 대한 모습을 탐색하고 실험하는 과정에서 주로 보게 되는 또래집단의 모습을 보면서 집단정체감을 형성하게 된다. 공부를 잘하는 또래의 모습을 보면서 나 또한 공부를 잘하는 나로서 정체감을 형성하고, 일탈이나 문제를 일으키는 또래의 모습을 보면서 일탈하는 나로서 정체감을 형성하게 된다.

그러나 10대에서 벗어나 20대의 청년기가 되면 가족으로부터 자율성을 획득하고 개인적 정체감을 확립이 중요해진다. 대학생 청년기는 집단정체감에서 벗어나, 나 혼자만의 모습을 두고 자신의 정체성을 찾으려고 하기에 개인정체감이라 말할 수 있다. 누군가의 모습을 보고 동일시하는 나 자신의 모습이 아닌, 오로지 나 혼자만의 모습을 찾으려고 한다. 대학의 발달단계에서 해결해야 할 숙제가 개인정체감의 확립인 것이다. 나는 누구이며, 앞으로 무엇을 하면서 살아가야 할 것인지 등의 질문에 대한 대답을 할 수 있으면 정체감 획득 혹은 확립이라고 표현할 수 있을 것이며, 그렇지 못한 경우를 혼란이라고 할 수 있다. 그리고 청년기의 개인정체감 확립은 개인의 문제로 끝나는 것이 아니라 성인기에 진입하여 개인정체감을 누군가와 함께 공유하면서 삶을 살아가고자 하는 공유정체감으로까지 연결되는 문제이기에 청년기 정체감 확립은 중요하다.

자아정체성은 스스로 생각하는 확고한 자기 자신의 상으로 절대적인 속성을 띄고 있다. 시간이 지나도 불변한다는 의미가 아니라 다른 가치체계로 인해 흔들리지 않는다는 것을 말한다. 무엇을 먹을 때 기쁘고, 어디에 있을 때 홀가분하고, 누구와 함께 있을 때 감동하는지에 대한 나만이 내릴 수 있는 답들이다. 하나뿐인 나의 삶을 어떻게 채우고 싶은지에 대한 나만의 답이 있다면 정체성을 획득한 것이다. 이렇게 획득된 정체성은 옳고 그름으로 평가하거나 판단할 수 있는 성질이 아니며, 주변의 일시적이면서 표면적인 칭찬이나 찬사 혹은 비난이나 비판에도 흔들리지 않고 확고함을 가지고 자신의 삶을 살아가게 된다.

인간은 혹은 나는 사회적 존재로서 살아가야 하기에 사회적인 요구에 부응해야 할 때가 있다. 좋은 교수, 늘 한결같은 엄마, 믿음직스러운 배우자, 공부 잘하는 아들, 유능한 선후배 등이 되고자 노력을 한다. 이 노력이 잘못된 것이 아니다. 다만 이 노력에 너무 몰입하다 보면 사회에서의 역할을 획득하는 것을 나로 동일시하게 되어 사회적 역할을 나로 착각하게 된다. 일명 정세형의 직업은 교수가 아니라 교수 정세형이 되는 것이다.

결국 정체성을 확립하기 위해서는 내가 되고 싶은 스스로의 모습이나 어떻게 살아가고 싶은지에 대한 진지한 그리고 심층적 고민과 생각이 필요하다. 내 개인의 직업이 무엇인지, 얼마큼 가지고 있는지, 어떠한 명예와 권력 즉 힘이 있는지… 등은 타인이 규정한 타인의 관점이기에 내 고민과 생각으로 대답을 할 수 있어야 한다. 만약 나는 누구인지 혹은 나는 무엇을 하면서 어떻게 살아가고자 하는지에 질문에 대한 답을 하지 못하고 빈칸을 오랫동안 비워두면, 내 모습이 아닌 우리 사회가 조장하는 욕망과 사회적 필요 혹은 주변 사람의 기대 등 타인의 답들로 대답하게 되어 타인이 기대하는 모습으로 살아가게 된다.

1. 철학자가 말하는 나

철학은 무엇인가에 대한 질문과 그에 대한 답변은 다양하게 설명되어있지만, 이곳에서 말하는 철학은 인간은 무엇인가, 더 구체적으로 나는 누구인가에 대한 깊은 고민과 답을 찾는 과정으로 한정하여 접근한다. 즉 나는 누구인가 여기서 나를 지칭할 수 있는 것은 무엇인가에 대한 질문과 그 답변을 찾는 과정에서 생각과 반성 및 심사숙고의 방법을 사용하는 것이 철학이다. 특히 나는 누구인가에 대한 질문에 본격적인 관심을 가지고 깊은 생각과 반성을 한 사람이 바로 데카르트(Rene Descartes, 1596-1650)이다.

해가 슬슬 저물어가는 늦은 오후 한 청년이 공원 벤치에 멍하니 앉아 있었습니다.

공원을 청소하던 공원 관리인은 넋을 잃은 듯 힘없이 앉아있는 청년이 조금 이상해서 말을 걸었습니다.

"이보시오. 젊은이. 당신 누구인가요?"

젊은이는 힘없이 말했습니다.

"글쎄요 내가 누군지를 몰라서 생각하는 중입니다.

이상하게 생각한 관리인이 다시 물었습니다.

"그러면 당신의 집은 어디요?"

젊은이는 여전히 힘없이 답했습니다.

"그것도 잘 몰라서 생각하고 있습니다."

이번에 관리인은 조금 강경한 어조로 물었습니다.

"계속 여기 있을 거요? 어디 갈 데 없어요?"

젊은이는 역시 알 수 없는 말로 대답했습니다.

"글쎄요 그것을 알았으면 벌써 여기를 떠나지 않았겠습니까?"

관리인은 엉뚱한 대답만 하는 젊은이가 더욱 이상하게 여겨졌습니다.

하지만 젊은이는 관리인의 미심쩍은 표정은 신경도 안 쓰고,

자신이 받았던 질문에 골몰했습니다.

'나는 누구인가?'

'나는 어디서 왔나?'

'나는 어디로 가나?'

이 벤치에 앉아있던 청년이 바로 데카르트이다. 나는 도대체 누구인가?, 내가 산다는 것은 무엇을 의미하는가? 자신의 존재 이유, 삶의 의미, 자기의 정체성 등을 물을 수 있는 것은 모든 존재하는 것 중에서 인간만이 유일하게 가능하다. 세상에 존재하는 것을 크게 두 가지로 나누어 볼 수 있다. 즉자적 존재는 의식이 없는 객체로 의식이 없기에 적극적으로 행동할 수도 없고 삶의 환경에 대해 자유를 행사할 수도 없다. 즉 무생물은 모두 즉자적 존재인 것이다. 반면 자기 자신을 대할 수 있는 의식을 가진 것을 대자적 존재라고 하며 의식이 있는 존재를 말한다. 인간은 대자적 존재이기에 의식을 지니고 있고, 그 의식의 흐름과 활동 속에서 제기되는 질문이 바로 나는 누구인가에 대한 정체성이다. 데카르트 또한 인간이기에 자신이 누구인지에 대한 심오한 생각과 반성에 사로잡혔고, 그 나름의 고민과 사색을 통해 내린 결론이 바로 '인간은 생각한다. 고로 존재한다'는 코기토 에르고 숨(cogito, ergo sum/je pense, donc je suis)이다. 모든 인간은 이성적 능력을 지녔으며, 이성적 능력으로 세계를 이해할 수 있을 것이며, 이런 경우에 인간이 혹은 나는 세상의 주체로서 존재할 수 있다는 것을 의미한다. 데카르트적 관점의 나는 누구인가의 질문은 결국 나는 주체로서 나인가 하는 질문인 것이다. 나는 누구인가? 혹은 나는 주체로서 나인가? 어떤 질문이 되었든 이 질문에 대한 답을 찾는 게 쉬운 일이 아니다. 쉽지 않

은 이유는 '정체감 지속'이라는 복잡성 때문이다. 어떤 내가 나일까요? 오늘의 나? 5년 전의 나, 10년 후의 나, 언제의 내가 나일까? 오늘? 이 순간? 이번 주? 이번 달? 나의 겉모습? 생각과 감정? 아니면 행동하는 나? 이런 추상적 개념이 함축되어 있는 복잡성의 개념 때문에 어렵다고 할 수 있을 것이다. 이에 대한 가장 대표적인 일화가 있는데 바로 〈테세우스의 배〉이다.

그리스의 역사가 플루타르크는 정체성 지속의 복잡성을 배 이야기에 빗대어 설명했다. 아테네를 창건한 신화 속의 왕 테세우스는 크레타 섬에서 미노타우로스를 손쉽게 물리친 후 배를 타고 고향으로 돌아왔다. 아테네 사람들은 이 업적을 기리기 위하여 이 배를 천년 동안이나 항구에 정성스럽게 모셔 놓고 매년 그의 항해를 재연하는 행사를 했다. 배의 부품들이 해지거나 손상을 입을 때마다 그 부분을 똑같은 재료로 만든 똑같은 부품으로 수리를 했지만 시간이 지나자 원래 부품들은 더 이상 남아있지 않게 되었다. 플루타르크는 테세우스의 배를 정체성 지속이라는 복잡성을 설명하였는데, 이 배는 태세우스의 배라고 할 수 있는가? 배의 모든 부분들이 다 교체된다고 해도 그대로 같은 배일까? 아니면 부품이 다 바뀌었기 때문에 그 배는 테세우스의 배가 아닌가? 과연 '나'라고 지칭할 수 있는 이유는 뇌일까? 몸일까? 아니면 단순하게 이름인가? 만약 물리적으로 몸을 100% 복제하는 순간 기존의 나를 100% 제거한다면, 복제된 나는 완전한 나라고 지칭할 수 있는가? 데카르트는 이에 대해서 자신의 생각만이 온전한 본인이라고 설명한 것이다. 생각하는 존재로서 나의 의미를 나로 정의 내린 것이다. 그러나 인간의 뇌, 특히 생각은 쉽게 오염당하고 조정당할 수도 있기에, "생각의 주체가 나이다"라는 큰 전제가 흔들리게 되면 데카르트적 관점도 오류가 발생하게 된다. 테세우스의 배처럼 우리의 모든 것들도 끊임없이 변화한다. 신체적인 부분, 마음, 환경, 성격과 성향 등 모든 것이 변화한다. 변화하는 가운데서 여전히 중요한 것은 결국 나는 그대로 나라는 사실이라는 것이다.

2. 심리학자가 말하는 자아

우리가 자기 자신을 바라보고 느끼는 방식은 전생애 동안 변화한다. 5살 정도의 아이는 자신에 대한 기술로 자신이 소유하고 있는 것이나 좋아하는 것을 주로 기술하지만 10살 정도의 아이는 자신의 세부적인 성격특성으로 기술한다. 정체감의 변화는 인생의 매 단계에서 일어나는 일지만, 청년기의 정체감에 대해 유독 관심을 갖는 이유는 정체감과 관련된 변화가 얼마나 중요한가를 느낄 수 있는 지적능력을 가지면서 자기에 대한 느낌의 재조직화와 재구조화가 일어나기 때문이다. 특히 청년기의 인지능력의 발달은 정체감 확립을 촉진시킨다. 형식적 조작능력을 획득하면서 청년기는 보다 넓은 조망에서 사물을 바라볼 수 있고 더 융통성 있는 사고를 할 수 있다. 그들은 자신의 문제를 검토함으로써 자신의 역할이나 능력 및 가능성을 탐색하고, 삶의 가치관과 도덕이나 정치에 대한 신념을 발달시킨다. 또한 대학 졸업과 동시에 사회 진입을 해야 하는 과도기적 특성으로 인해 자신의 지위와 역할을 규정하려고 노력하기도 한다.

청년기는 10대의 청소년과 성인기 사이의 과도기로서 다수파나 소수파에 분명히 속하지 못하는 소수집단 구성원들과 유사하게 대학생이 처한 주변인적 지위가 그들을 상충된 역할요구에 직면하게 한다. 대학생은 신체적으로는 이미 성인으로 성장했지만, 경제적으로는 아직도 부모에게 의존하며, 사회는 그들에게 의젓하고 책임 있는 행동을 요구하고 있어 자신의 정체감에 의문을 제기하게 된다. 물론 10대의 청소년기도 정체감의 의문을 제기하지만, 이때는 막연한 정체감의 의문이라고 한다면, 20대 청년기의 대학생은 좀 더 현실적이면서 구체적인 정체감의 의문이라고 할 수 있다.

대학생 정체감 형성의 문제를 설명하기 위해서는 마샤(1980)의 이론으로 접근해 볼 수 있다. 마샤는 정체감 형성과정의 인지-행동적 단서에 초점을 맞춤으로서 에릭슨의 정체감 이론을 좀 더 구체적으로 발달시켰고, 위기(crisis, 탐색)와 전념(commitment, 헌신)의 두 차원에 따라서 자아정체감의 지위를 성취, 유예, 유실, 혼미의 네 지위로 분류하였다. 위기란 의미 있는 대안들 중에서 어느 것을 선택할 것인가를 고심하는 것이라면 전념을 행동을 수행하기 위한 의미 있는 선택을 하는 것을 말한다. 마샤에게 있어서 정체감을 획득한다는 것은 직업목표를 설정하고 정치적 및 개인적 이념을 확립하는 것을 말한다.

[표 1] 마샤의 정체성 지위 유형

구분		전념(헌신)	
		있다	없다
위기(탐색)	있다	정체감 성취 (확립, 획득)	정체감 유예
	없다	정체감 유실	정체감 혼미(혼란)

정체감 지위는 개인의 정체감 형성과정뿐만 아니라 정체감 형성 수준의 개인차를 함께 진단하고자 하는 개념으로서 정체감 네 지위의 특징을 살펴보면 다음과 같다. 정체감 혼미(identity diffusion)는 삶의 목표와 가치를 탐색하려는 시도와 삶을 계획하려는 욕구가 부족한 상태로 직업, 이성, 신앙, 가치에 대해 심각하게 생각할 기회가 없어 아무런 정체성 위기를 느끼지 않는 상태를 말한다. 방향성이 결여되어 있어 다른 사람이 어떤 일을 하는지, 내가 이 일을 왜 하는지에 대해 관심이 없으며, 부모와 친구 등에 대한 애정이 부족하고 미성숙하여 자아존중감이 낮고 혼돈에 빠져 있어서 정체성 지위 중에서 가장 낮은 상태이며, 이 상태가 지속되면 부정적 정체성으로 빠질 위험이 있다. 정체감 유실(identity foreclosure)은 스스로 심각하게 생각

하거나 의문을 갖지 않고 타인의 가치를 받아들이는 상태를 말한다. 권위에 맹종하므로 정체성을 형성하기 위해 노력하지 않고 부모가 기대하거나 선택해 준 생애과업을 그대로 수용하며, 다른 정체성 지위에 비하여 사회적 인정의 욕구가 강하고, 부모와 긴밀한 관계를 유지하며, 부모의 과업을 물려받거나 일찍 결혼하여 안정된 가정을 꾸려나가는 사람에게 흔히 발견된다. 이들은 청년기를 안정적으로 보내는 것 같으나 성인기에 들어서서 뒤늦게 정체성 위기를 경험하는 경우가 많다. 정체감 유예(identity moratorium)는 삶의 목표와 가치에 대해 회의하고 대안을 탐색하나 적극적인 개입은 하지 않고 있어 구체적인 자신의 역할과 과업에 몰두하지 못하는 상태로서 유예기의 청년은 안정감은 없으나 정체감 성취에 이르는 과도기적 단계이므로 대부분 시간이 지나면 정체감을 확립하게 된다. 정체감 확립(identity achievement)는 삶의 목표와 가치, 일과 인간관계 등에서 위기를 경험하고 대안을 탐색하며 능동적으로 선택하는 수준으로 자아정체성을 확립한 상태이다. 정체성을 성취한 청년은 현실적이고, 안정감 있는 대인관계를 형성하며, 자아존중감이 높아서 스트레스에 대한 저항력도 높아 실패해도 좌절하지 않고 잘 견디면서 건강하게 삶을 유지하는 능력이 뛰어나다.

나는 누구인가에 관한 심리학적 관점에서 정체감으로 표현하고 있지만, 나에 대한 정의를 내리는 관점으로서는 정체성 이외에도 다양한 관점들이 있다. 가장 보편적이며 일반적으로 사용하는 나에 대한 관점으로는 자아존중감(자존감), 자기효능감, 자기수용, 자기복잡성, 자기안내, 자기결정성 등이다.

자아존중감은 자신의 가치에 대한 종합적 평가로 자아존중감이 높으면 긍정적 정서나 삶의 만족 및 웰빙 수준이 높고, 대인관계의 만족도 및 창조적이면서 생산적인 수행능력을 갖추고 있으나, 자아존중감이 낮은 사람은 불안과 우울, 소외 등 여러 가지 정서적이면서 정신적인 문제가 있으며 거절에 취약하며 인정욕구가 강한 특성을 보인다. 자기효능감은 특정한 상황에서 요구되는 행동을 성공적으로 달성할 수 있다는 개인의 신념으로 일의 수행과 적응과 관련되며 자신의 전반적 능력에 대한 동기적 신념이다. 효능감이 높은 사람들은 어떠한 과제 혹은 상황에서도 자신감 있게 행동하며 스스로 관심을 갖고 노력하면 그 과제나 상황에서 기대하는 성과를 낼 수 있다고 믿는다. 그리고 자기효능감은 자신의 삶에 대한 만족도와 심리적 안녕감에 영향을 미치는 심리적 속성이다. 자기수용은 자기 자신을 있는 그대로 만족스럽게 받아들이고 인정하여 자신의 장단점, 자신의 느낌과 생각 및 행동 등 여러 가지 심리적인 현상을 포함하여 자기의 것으로 인정하면서 책임지는 것이다. 자기의 특정 부분을 미워하고 부인하는 것이 아니라 순간순간의 생각과 행동을 있는 그대로 인정하고 받아들이는 것이다. 자기복잡성은 개인의 자기개념을 얼마나 단순한지 혹은 복잡한지를 의미하는 것으로 자기를 구성하는 측면의 숫자가 많으면 자기복잡성이 높다. 인간이 성장하면서 다양한 역할, 관계, 행동, 상황 등을 경험하게 되고, 그 안에서 다양한 방법으로 자기 자신을 개념화하는 방법을 배우게 되고, 그 속에서 만들어지는 자신의 여러 가지 모습을 의미한다. 자기안내는 자신이 되고자 하는 모습 혹은 개인이 도달해야 할 기준으로 흔히 이상적 자아를 말한다. Higgins(1987)는 두 종류의 자기안내에 특별한 중요성을 부여했는데 이상적 자기(ideal self)와 당위적 자기(ought self)다. 이상적 자기는 이상적으로 우리가 갖고 싶어 하는 속성을 말하고, 당위적 자기는 우리가 갖고 있어야 한다고 느끼는 속성을 말한다. 자기결정성은 삶의 과정에서 결정을 내려야 하는 경우에 관련된 자기개념으로 스스로의 내적 기준에 의한 결정인지 외적 기준에 의한 결정인지에 따라서 자신의 성취나 결과를 해석하는 속성을 말한다. 개인의 고유한 흥미와 가치 등 내재적 기준에 의해 선택적, 자의적, 자율적으로 행동하는 경우도 있지만 외부의 압력이나 보상 등 다른 목적이나 수단에 의해 행동하는 경우도 있다.

3. 사회학자가 말하는 나

아주 오래전 모든 생물은 하나의 세포로만 구성된 형태였으며, 한참 시간이 지난 후 동물과 같은 다세포생물이 등장하였다. 다세포생물 출현이 가능했던 것은 단세포생물들이 서로 가까이 뭉치는 경험을 하게 되었고, 그 경험이 생존에 더 유리하다는 점을 알게 된 것이다. 함께 있으면 포식자의 공격 방어가 수월했고, 뭉쳐있는 공간에 먹이를 보관하면 소비와 저장이 용이 했으며, 편하게 짝짓기도 가능하게 되었다. 이처럼 단체생활은 장점이 많아 단세포생물들이 서로 모여 사는 삶의 형태를 가지게 되었고, 이를 사회라고 할 수 있다. 사회 속에서 우리가 함께 사는 공동체적 삶과 더불어 마찰과 갈등이라는 사회를 해체하고 위협을 가하는 행동도 있었지만 결국 서로 다른 생물이었던 세포들이 서로 뭉치고 일부는 희생의 과정을 통해서 각자의 역할을 찾아가며 생물로 진화한 것이다.

특히 전통적으로 개인보다 공동체의 이익을 우선시하는 집단은 나 자신보다는 우리라는 단어를 더 중요하게 강조한다. 우리를 더 강조하는 사회는 한 개인의 희생을 통해 공동체에 이바지하는 것을 오랫동안 미덕으로 간주하였으며, 개인의 가치는 공동체 내 역할 수행 능력을 통해서 평가하게 된다. 흔히 인간을 '사회적 동물이다' 로 표현한다. 사회학은 사람들이 어떻게 사는지와 왜 그렇게 사는지를 사회와 연관 지어서 설명하는 학문으로, 이 관점에서 인간은 누구인가 더 작게 자는 누구인가를 설명할 때, 사회와의 연관성을 중시하여 설명한다. 식물은 식물대로의 동물은 동물대로 존재 이유가 있는 것처럼, 사람 또한 존재 이유가 있다. 전통사회에서 인간은 사회적 신분과 천직 및 성적 역할이 주어졌고, 그 역할 수행이 존재 이유가 되었다. 한 사람의 가치란 결국 사회적으로 배당된 역할에 얼마나 잘 부합하는가에 따라 평가되고, 주어진 역할을 거부하는 사람에겐 비난 혹은 추방 등이 수반되었다. 물론 현대의 지금도 사회적인 위치에서 자신의 존재 가치를 찾으려는 다수의 시도에서 완전히 해방될 수는 없다. 그러나 최근 젊은이들은 나의 존재가치와 삶에 대한 이상이 강해지면서 사회적인 억압과 종속으로부터 나의 동일성을 분리하는 현상이 일어나고 있다. 나와 사회를 분리하여 나의 정체성을 몰입하고 찾아간다는 의미는 단순히 공동체 내의 기준을 버리고 사회와 가족이 어떻게 되든 상관없다는 관점은 아니다. 진정한 나는 결국 관계와 사회를 떠나서는 실현될 수 없기 때문에, 사회와 나를 놓고 볼 때, 종속된 관점이 아닌 수평적 관점에서 보고자 하는 움직임이 강해지고 있다는 관점일 것이다.

사회적 관점에서 나의 정체성 설명은 결국 자신을 정의하거나 표현할 방법에 자신이 속해 있는 공동체로 설명하는 것으로 나 자체로 정의하기보다는 사회의 일부로 나 자신의 모습을 인식하여 정의한다. 사회적 역할로서 나의 정체성을 설명하는 과정에서 찰스 테일러는 특히나 불안한 현대사회를 통해 정체성을 찾아내는 방법으로 부분적으로는 공개적인 대화, 또 부분적으로는 내면의 대화를 통하여 만들어지며, 결국 정체성은 타인과 나의 대화 관계에 결정적으로 의존하는 것으로 설명하였다. 타인과의 관계 및 나와의 관계 그리고 대화를 통해서 나의 정체성을 찾을 수 있다. 특정한 다른 사람과의 관계에 근거하여 자신을 정의하면서 다른 사람과의 대인간 역할을 얼마나 능숙하게 수행하느냐에 기초하여 자신을 평가하고, 높은 질의 관계와 파트너의 만족 정도에 의해 자기가치를 결정한다(Brickson, 2000). 이 관점에서 정체성을 설명할 때는 자신의 존재보다는 부모나 친구, 동료 및 주변 사람들과의 관계와 대화에 우선시하고 타자와의 공감이나 공유를 통해 자신의 존재 가치를 인식한다.

또한 사회적 정체성이론(social identity theory)에서는 인간을 자신의 고유한 특성에 기초한 개인적 정체성과 사회적 정체성을 지니고 있으며 이들을 통합함으로써 자신의 정체성을 증가시키려고 노력한다고 주장한다(Ashforth & Mael, 1989; Miller et al., 2000). 이 이론에서는 나를 설명할 때, 집단을 이용해 자신에 대한 긍정적 이미지를 만들면서, 집단을 통해 자신을 정의하고 집단에 의해 자신의 지위로 가치를 평가한다. 사회적 정체성을 통하여 자신을 설명하는 경우는 소속집단이 가지고 있는 관점에서 자기 자신을 바라보고, 그 소속집단의 이익을 위해 행동하려고 한다. 자신이 속한 집단이 제시한 규범과 목표에 의해 동기가 유발되면서 부여된 역할의 성공적인 수행과 사회와의 연계하여 자기가치를 결정한다(Jackson & John-son, 2012).

4. 멀티페르소나(multi-persona)와 나

지금까지 정체성을 나라는 존재를 하나의 대상으로 설명하였다면 최근 다양한 문화와 사이버 공간에서의 이상적 삶이 강조되면서 한 개인의 자아를 여러 개의 자아로 나누어 설명하는 현상이 일어나고 있다. 일명 [멀티페르소나, multi-persona]라고 한다. 멀티페르소나는 '여러 개의 가면'이라는 뜻으로 페르소나는 고대 그리스에서 배우들이 쓰던 가면을 말하는데, 심리학에서 타인에게 비치는 외적인 성격, 즉 사회적 정체성을 말한다. 스위스의 심리학자 칼 구스타프융에 따르면, 페르소나는 개인이 사회적 요구에 적응할 수 있게 해주는 매개체의 역할을 하는 것으로 설명하였다. 멀티페르소나는 내가 처한 상황에 따라 역할을 달리하는 모습으로, 학교와 가정 및 동아리 등 때와 장소에 따라서 자신의 역할과 성격을 자유롭게 변화시키며 여러 개의 자아를 표현하는 것을 말한다. 즉 한 사람이 여러 개의 자아를 가지고 있는 현상을 말한다.

"로건, 목요일 미팅 때 얘기할 자료가 오늘까지 완료될까요?"

"네, 수잔, 퇴근 전까지 메일로 공유할게요."

드라마의 한 장면 대화이다. 외국계 회사로 보이지만 한국인 직원들의 대화이다. 로건의 본명은 정세형이지만, 출근하는 순간 정세형은 사라지고 로건만 나타나는 것이다.

과거의 멀티페르소나는 정치나 연예 등의 특수하면서 공식적 역할을 하는 사람들만의 현상이라고 했다면, 지금은 일반적이면서 보편적이면서 평범한 개인들조차 멀티페르소나를 추구하고 있다. 이전에는 여러 개의 자아를 지닌 개인을 표현하는 개념으로 이중인격이나 자아분열 등의 부정적인 의미로 표현되는 경우가 많았다면 사람은 누구나 다양한 모습을 지니고 있고, 이를 좀 더 일상적인 차원으로 확장한 개념이 멀티페르소나로서 중립적 혹은 긍정적 의미로 공감하여 트랜드로 자리 잡고 있다. 때와 장소에 따라 자신의 캐릭터를 바꾸는 현대인 특히 젊은 세대에게 두드러지게 나타나는 현상이다. 남녀의 구분도, 나이나 학력과 경력, 직업과 연차 등 모두가 의미 없어지면서 그 자리에 맞는 역할만이 있을 뿐이다.

최근 삶의 공간이 오프라인에서 온라인으로 옮겨지면서 멀티페르소나를 가장 쉽게 볼 수 있는 곳이 바로 SNS이다. 온라인에 자신을 적극적으로 드러내는 젊은 세대는 SNS 채널 별로 각기 다른 자신의 모습을 만들어 연출하고 있다. 인스타그램에서는 혼자만의 감성적인 모습을 모아서 보여주는 페르소나, 페이스북에서는 친구들과 소통하는 내 모습을 보여주는 페르소나, 유튜브와 트위터 등에서도 여러 개의 자아를 형성하며 모두 다른 사람인 것처럼 행동하는 전형적 멀티페르소나인 것이다. 더 나아가 동일한 플랫폼에서도 여러 개의 계정을 만들어 상반된 라이프스타일과 정체성을 보여주기도 한다. 즉 한 개인이 인스타그램에서 전체 공개로 운영하는 계정과 비공개로 운영하는 계정 두 개를 소유하면서 잘 알지도 못하는 모든 타인에게 자유롭게 자신의 일상을 공개하는 계정과 친한 친구와 사적인 일상을 공유하거나 나만 알고 싶은 취미 등을 중심으로 만든 계정으로 또 다른 내 모습을 기록하기도 한다. 자신을 뜻하는 myself가 단수가 아닌 복수의 myselves가 된 것이다. 글로벌웹인덱스(GlobalWebIndex)의 발표에 따르면, 한 사람이 보유하고 있는 소셜 미디어 계정은 평균 8.1개이며, 인터넷 사용자 중 98%가 SNS를 사용하고 있어 어쩌면 다양한 계정을 통해 다양한 자아를 표출하는 현상은 자연스럽고 당연하게 되었다. 때와 장소와 상황에 맞게 자신을 바꾸는 것은 젊은 세대에게 스트레스를 해소하면서 삶의 즐거움과 재미를 찾는 방법임과 동시에 나도 몰랐던 또 다른 나의 모습을 만날 수가 있다. 그런데 멀티페르소나의 다양한 내 모습에서 진정한 나는 누구인가에 대한 의문을 가지고, 진정한 나를 찾기 위한 고민은 젊은 세대가 짊어져야 할 더 무거운 정체성의 문제가 될 수 있다. 한 개인의 다원성은 확장되겠지만 역설적으로 정체성의 기반은 더 불안해질 수도 있다. 멀티페르소나의 관점에서 나의 정체성을 찾는 것은 '나는 누구인가?'의 질문이 아닌 '나를 누구로 규정지어야 하는가?'의 질문이 될 것이다.

한편 1960년대 미국에서 새로운 미술 경향이 등장하게 되는데 바로 하이퍼리얼리즘(hyperrealism, 극사실주의)이다. 마치 현실을 정지시킨 듯 사진인지 그림인지 구분할 수 없을 만큼 정교하고, 실물보다 훨씬 더 정교하게 묘사한 예술 장르이다. 하이퍼리얼리즘은 팝아트처럼 객관적이며 중성적이고, 냉정하고 무표정하며, 어떠한 비판적인 논리조차 부여하지 않는다. 화가들은 사진이 발명된 이후 사실적인 묘사가 더 이상 큰 의미가 없다고 생각하여 사실주의적인 화법을 버리기 시작했고, 그러면서 시작된 것이 '인상주의'이다. 이후 화가들은 그림만이 할 수 있는 다른 영역을 개척해 나갔다. 묘사는 사진에 양도한 셈이다. 실재하는 사물은 아무리 생생하게 묘사해도 그것은 결국 허구적 이미지일 뿐이다. 극사실주의는 실물을 극도로 생생하게 묘사함으로써 그 이미지가 결국은 허구에 불과하다는 점을 보여주려 한다. 실제 인물의 얼굴에서 땀구멍까지 상세히 볼 수 있다면 그 모습은 사실적으로 느껴지지 않을 것이다. 극사실주의가 노리는 것이 바로 이 점이다. 그림이나 사진이 아무리 사실적일지라도 그것은 이미지에 불과한 "사실주의를 표방한 허구"라고 말하고 있다.

멀티페르소나와 하이퍼리얼리즘을 통하여 나는 누구인지에 대한 정의를 내릴 때 심사숙고를 해 볼 필요가 있을 것이다. 도대체 나는 나를 어떻게 규정지어야 하는가와 더불어 지금 실재하는 나와 가상적으로 만든 나를 구분하지 못한다면 무엇을 진정한 나로 규정할 것인지에 대한 고민과 생각을 하지 않는다면 결국 내 삶은 내가 아닌 다른 누군가에 의해서 혹은 누군가도 없는 존재하지만 존재하지 않는 내가 될 수도 있을 것이다.

Chapter 5.

이상적인 삶과 나

1. 꿈이 있는 나의 삶

대다수의 사람들은 [미래에 무엇이 되고 싶다] 혹은 [무엇을 갖고 싶다] 등과 같은 꿈이 있다. 대중적으로 꿈으로 표현되지만, 학문적으로는 가장 가까운 개념은 비전이다. 비전은 사전적으로 '미래에 대한 구상' 으로 미래를 보는 행위 또는 능력, 보는 감각, 꿰뚫어 보는 힘 등을 의미하며, 비전을 꿈으로 번역하는 일부의 관점도 있다. 비전은 자신의 정체성과 관련되어 있으며, 정체성뿐만 아니라 직업과 성공 그리고 행복에 이르기까지 삶의 모든 부분과 연관되어 있다. 켄 블랜차드는 『비전으로 가슴을 뛰게 하라』에서 '비전은 자신이 누구이고, 어디로 가고 있으며, 무엇이 그 여정을 인도할지 아는 것이다' 라고 말한다. 개인이 살아가는 삶의 이유이며 선택을 해야 할 때 무엇을 선택하여 결정한 것인가에 대한 가치 기준이며, 꿈을 실현하기 위한 노력의 결과로 얻을 수 있는 미래의 청사진이다. 비전은 목표를 달성해가는 과정에서 끊임없이 지침을 제공하는 영속적인 것으로, 생의 마지막까지 함께 하는 것이다.

흔히 비전을 목표로 보는 관점도 있는데, 비전과 목표는 다르다. 비전은 생의 마지막까지 함께 하는 것이라면 목표는 달성하고 나면 끝나는 것이다. 비전이 미래의 행동을 위한 뚜렷한 방향을 제시하고 새로운 목표를 설정하도록 도와주는 것으로 끝이 없다면, 목표는 달성하고 나면 끝나는 것이다. 예를 들어, '아름다운 멋있는 몸매를 가지고 싶다' 혹은 '넓고 큰 수영장이 있는 집을 가지고 싶다', '멋진 수입차를 구입해야겠다', '많은 돈을 모으고 싶다' 등은 목표이다. 목표 또한 중요한 것이지만, 여기에서는 목표보다는 꿈에 초점을 맞추고자 한다.

꿈이 무엇일까? 대부분 이 질문에 대한 대답으로 가장 많이 나타나는 것이 직업이다. 꿈과 직업은 다르다. 직업이 은행원이라면 은행 관련 전공을 공부하고 졸업해서 연봉이 높은 은행원시험을 보고 은행원이 되는 것이다. 그러나 은행원이 꿈이라면 사람들이 돈으로 걱정하지 않도록 돈에 관한 정보를 수집해서 목돈을 마련하거나 대출이 생활적으로 급하게 필요한 사람들에게 제공해서 그들이 고마워하고 기뻐하는 모습을 보고, 그 뿌듯한 감정으로 은행원이 된 사람은 같은 은행원이라고 해도 이는 직업으로 보지 않고 꿈으로 볼 수 있다. 꿈이란 직업이 아니라 자신이 좋아하는 느낌을 받을 수 있는 행위로 삶의 영속적인 것이다.

하버드대학에서 흥미로운 내용을 조사한 적이 있다. "당신은 꿈이 있습니까"라는 질문을 하였고, 그 질문에 대한 대답이 꿈이 없는 집단, 꿈이 있기도 하고 없기도 한 집단, 꿈이 있고 꼭 이룬다는 집단, 그리고 매일 꿈을 꾸고 그걸 매일 이루기 위해 노력하고 있는 집단 이렇게 4유형으로 분류되었다. 이렇게 네 유형으로 대답한 사람들을 25년 후에 찾아가 조사를 해 보니, 꿈이 없다고 대답한 집단의 27%는 거리의 노숙자나 거지 신세로 전락하였고, 꿈이 있기도 하고 없기도 한 집단의 60%는 중하층민의 삶을 살고 있었고, 꿈이 있어 꼭 이룬다는 집단의 10%는 전문가그룹에 속해 있는 삶을 살고 있었으며, 매일 꿈을 꾸고 매일 이루기 위해 노력한다는 집단의 3%는 사회지도자 그룹에 속해 있음을 발견하였다.

꿈을 이루기 위해서는 폭넓은 경험이 필요하다. 대학생은 그 어느 때보다 자유롭게 많은 경험과 지식을 쌓을 수 있는 기회가 제공되는 발달단계이다. 대학생은 일을 하고 돈을 벌어야 하는 의무에서도 다른 어떤 사람들보다 자유롭다. 또한 아이를 양육하거나 제자를 가르치는 일에서도 자유롭다. 책을 보고, 토론하고, 배우는 것이 보장된 생활을 할 수 있는 시간과 공간이 대학이며, 4년간의 대학 생활을 통해서 다양한 삶의 방식을 경험할 수 있어야 한다. 국내·외 여행을 경험하면서 다양한 삶의 모습을 경험도 해 보고, 다양한 국가의 정치·경제·사회·문화·환경·교육이 사람들에게 어떤 영향을 미치고 있으며, 사람들은 더 살기 좋은 국가를 만들기 위해서 무엇을 고민하고 무엇을 실천하며 살고 있는지를 경험해 보아야 한다. 또한 봉사활동과 동아리활동, 사회단체활동, 다양한 예술 활동 등에 직접 참여하면서 경험을 축적해야 한다. 경험을 통해 지식을 얻는 것은 세상 밖에서 뒷짐을 지고 바라보는 것과는 다르다. 여행을 가다가 바라보는 농사짓는 장면은 참 평화롭고 한가롭게 보인다. 그 보이는 장면에 의해서 '다음에 나도 농사나 지을까' 생각을 할 수 있지만, 농촌활동에 직접 참여하여 논에서 일을 해 보는 경험을 통해, 농사가 멀리서 바라보는 것과는 달리 얼마나 많은 땀방울을 필요로 하는지를 경험하는 것은 다르다. 나의 꿈을 위해서 내가 해 볼 수 있는 경험은 직접 해보는 것이 좋다. 그러나 4년의 시간과 나 하나의 존재로 모든 경험을 직접적으로 하기에는 한계가 있기에 이를 보완하기 위한 간접적 경험도 필요하다. 책과 TV, 다양한 SNS 매체를 통한 다양한 콘텐츠를 통해서도 간접경험을 많이 하여야 한다. 인터넷, 책, TV, 영화 등 매체의 발달로 직접 체험하기 어려운 것을 간접적으로 경험할 기회가 많다. 매체를 적극적으로 활용한다면 세상에 대한 다양한 경험을 많이 할 수 있다. 직접적 경험이 되었든 간접적 경험이 되었든 내가 경험한 것을 [내 자신화] 시키는 작업이 필요하다. 후쿠하라 마사히로가 쓴 『생각 수업』의 책에서 지식과 경험은 중요하지만 그것만으로는 부족하다. 지식과 경험을 쌓으면서 그것들을 바탕으로 사고하는 작업을 끊임없이 반복할 때 우리의 기본기가 형성된다는 글이 있다. 지식과 경험은 생각의 재료가 되지만 그것을 바탕으로 사고하는 작업이 필요하다는 것이다.

> 視而不見 聽而不聞
>
> 시청은 흘려 보고 듣는 것이고 견문은 깊이 보고 듣는 거죠. 비발디의 사계를 들으면서 그저 지겹다고 하는 것은 시청을 하는 것이고, 사계의 한 대목에서 소름이 돋는 건 견문이 된 거죠. '얼른 사진 찍고 가자'는 시청이 된 것이고, 휘슬러에 얼어붙은건 견문을 한 거죠. 어떻게 하면 흘려 보지 않고 제대로 볼 수 있는가가 저에게는 풍요로운 삶이냐 아니냐를 나누는 것입니다. - 박웅현, 『책은 도끼다』 2에서

자신에게 맞는 꿈을 찾고 실행하기 위해서는 자신이 중요하게 생각하는 가치가 무엇인지 분명하게 알아야 한다. 즉 자신이 세상을 살아가면서 중요하게 생각하는 것은 무엇이며, 가치 없게 생각하는 것이 무엇인지를 알아야 한다는 것이다. 자신의 가치를 분명하게 안다는 것은 선택의 기준을 안다는 것을 말한다. 예를 들어, 강도가 나에게 칼을 들이대고 내가 가진 재물과 건강 중 하나를 내놓으라고 한다면 무엇을 내놓을 것인가? 내가 직업을 선택할 때 보수는 적지만 안정적인 직장과 불안정 하지만 보수가 높은 직장 중 어느 것을 선택할 것인가? 주말에 내 취미 활동을 위해 시간을 사용할 것인가, 아니면 가족과 함께 하는 시간을 보낼 것인가 등의 문제에 봉착하게 되면 내가 중요하게 생각하는 가치가 무엇인지 드러나게 된다. 내 삶의 중심이 될 가치를 내 자신이 정확하게 인식하고 있다면 꿈을 설정하는데 있어 반은 이미 한 것이다.

16년간 퍼스트클래스 승객들을 관찰했던 승무원이 퍼스트클래스 승객들의 공

통점을 하나 발견하게 된다. 바로 메모습관이다. 퍼스트클래스 승객들은 다른 물건들은 따로 보관하더라도 노트와 펜은 늘 챙겨서 가지고 다녔다고 한다. 실제로 자신의 미래를 위해 꿈을 이룬 사람들은 1000명 200명에 불과하고, 그 꿈을 종이에 직접 적은 사람은 1000명 중 단 3명에 불과하다. 그리고 퍼스트클래스에 탑승하는 승객들은 그 3명인 것이다. 자신이 직접 적은 꿈과 목표를 증명하기 위해 날마다 뭔가 한 가지씩 실행에 옮기는 사람은 그렇지 않은 사람의 인생과 같을 수 없다. 다른 것은 몰라도 확실하게 날마다 뭔가를 하는 사람에게는 성공할 수 있는 기회가 더 많이 주어지기 마련이다. 메모는 꿈을 이룰 수 있는 방법이기도 하지만 아이디어도 담을 수 있다. 김병만님은 자신의 꿈을 이루기 위해 전 재산 30만원을 들고 서울로 상경하였으나 꿈을 이루기 위해 노력해도 현실은 늘 낮은 곳에 있었다고 한다. 끊임없는 실패와 좌절, 돈이 없어 소주 한 병 사 먹기 어려워 공병을 주워 소주를 사 먹을 정도로 빈곤한 생활을 하면서도 그가 매달린 것이 아이디어를 메모하는 것이었다고 한다. 메모에 적힌 아이디어 150개가 넘었을 때 면접을 보다가 면접관에게 수첩을 보여주었고, 곧바로 면접관은 '바로 녹화 뜨자'의 에피소드가 바로 김병만님의 에피소드이다. 자신의 꿈이 이루어지지 않아서 낙심하고 답답해하는 것이 아니라 그 꿈이 이루어지지 않더라도 이루어질 때까지 메모와 함께 도전하는 꿈은 결국 이루어지게 되어있는 것이다.

어떤 사업을 하기 위해서는 필요한 세 가지 단계가 있다. 의도(will)와 구체적인 세부 계획(design) 그리고 실행(operation)이다. 의도는 사명 혹은 존재 이유이다. 대학의 존재 이유는 사회를 변화시킬 수 있는 새로운 지식을 창출하고 그것을 학생들에게 교육하는 것이며 병원의 존재 이유는 아픈 사람을 치료하고 건강을 회복시키는 것이다. 학교와 병원처럼 내 삶의 존재를 성공적으로 감당할 때 얻을 수 있는 미래의 모습이 비전이고 꿈인 것이다. 존재 이유를 근거로 하여 꿈을 설정하면 그 꿈을 달성하기 위한 실행 계획을 세워야 한다. 실행 계획은 구체성을 가지고 단계별

달성 목표를 설정하여 수립하는 것이 바람직하다. 이렇게 하면 계획을 실행하는 과정에서 당초 계획과 다를 경우 달성 목표를 수정하기가 쉬워 목표 달성에 더한 의지를 유지할 수 있다. 실행 계획이 수립되면 이를 실행에 옮겨야 한다. 아무리 의도가 좋고 실행 계획이 훌륭하여도 이를 실행하지 않으면 아무 의미가 없다. 수립된 계획을 실행하는 데는 자기보상이 중요하게 작용할 수 있다. 꿈을 꾸고 실행하는 것은 누구의 감시와 감독도 받지 않기에 실행을 잘 했다고 혹은 못했다고 상주거나 벌주는 사람이 없다. 오로지 자기 자신만이 실행하고 있는지, 그리고 실행을 위해 노력하고 있는지를 알 수 있을 뿐이기에 스스로 칭찬을 하고 보상을 하면 실행에 대한 의미가 부여되고 의지도 더 굳세게 할 수 있다. 많은 사람들이 의사결정에는 큰 비중을 두면서도 그 결정을 실천하는 데에는 큰 신경을 쓰지 않는다. 꿈이 이루어질 수 있도록 만드는 것은 실천이기에 실천에 큰 비중을 두어야 한다. 많은 사람이 아주 훌륭한 결정을 내리지만 그 결정을 실천하는 데는 소홀히 함으로써 훌륭한 결정의 가치가 훼손되는 일이 적지 않다. 이런 맥락에서 보면 계획을 수립하는 것보다 더 중요한 일이 실천이라고 할 수 있다. 꿈을 이루는데 있어서는 아주 세밀하고 구체적인 전략이 필요하다. 꿈에 날짜를 붙이면 목표가 되고, 목표를 아주 구체적으로 나누면 계획이 되며, 계획을 매일같이 실천하면 꿈이 이루어진다.

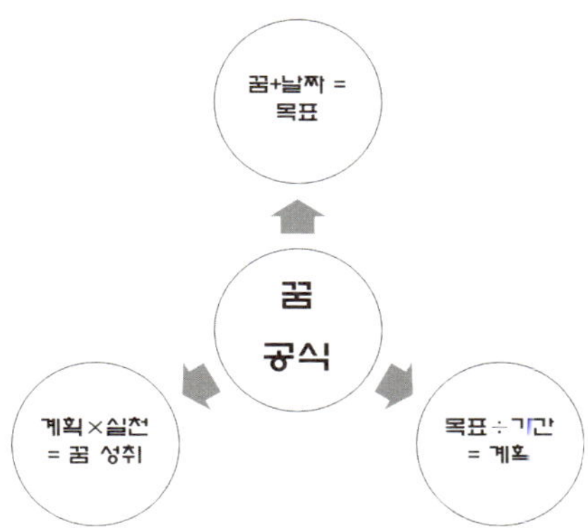

[그림 1] 꿈을 설명하는 공식

설정된 꿈을 현실화시키기 위해서는 앞에서 언급했던 것처럼 가장 먼저 해야 할 일은 꿈을 매일 적는 것이다. 꿈의 거대한 덩어리를 나누어 단순화 및 시각화시켜 구체적이고 명확하게 만들고 그것을 매일 보아야 한다. 꿈을 글로, 사진으로, 영상으로 보면서 그려서 의식화해야 한다. 의식화하지 못하는 꿈은 꿈이 아닌 바람일 뿐이다. 꿈을 의식화하는 가장 좋은 방법이 글로 적고 보고 시각화하는 것이다. 꿈을 매일 글로 적으면 행동능력이 올라가게 된다. 꿈은 있는데 꿈이 머릿속에 추상적이면서 막연하게 있다면 행동력이 떨어지게 되어 3일 이후 게을러지게 되는 것이다.

꿈을 현실화시키기 위해서 내가 꾼 꿈을 상상해서 감정을 즐겁게 하는 것이 필요하다. 축구에서 골을 넣고 환호 받는 모습, 관객으로부터 기립박수를 받거나 상을 수상하는 모습, 내가 만든 제품으로 사람들이 웃는 모습 등의 모습을 상상하는 것이다. 꿈을 이루는 모습을 상상하고 즐거워하는 것은 그 꿈이 정말 자신의 꿈이 맞다는 확인의 방법이 될 수 있으며 자신의 꿈으로 확신할 수 있는 효과가 있다. 꿈을 항상 기분 좋게 상상하면서 낙관하는 것은 행동력과 노력 및 능력을 늘어나게 한다. 그러나 꿈을 이루기 위한 계획을 짤 때는 비관적으로 나에게 닥칠 수 있는 어려움과 난관 또한 종이에 적어 확인하고, 그 어려움이 닥쳤을 때 해결할 수 있는 방법까지 적어두는 것이 좋다. 실책했을 때 미리 대비책을 준비하면 실패를 줄이고 더 빨리 꿈을 이룰 수 있게 된다. 꿈을 찾거나 설정하고 난 이후, 이것이 나의 실제 꿈인지 불안한 경우 불확실한 두려움으로 꿈을 포기하는 경우가 있다. 그러나 상상하고 의식화해서 그릴 수 있는 꿈이라면 분명 현실화 될 수 있는 꿈이기에 무조건 된다는 마음과 함께 계획을 잘 짜면 된다.

꿈을 현실화시키기 위해서 결과와 과정 중 무엇을 우선해야 하는지에 대한 생각도 필요하다. 꿈이 이루어져 성취한 모습을 상상하면 기분이 좋아지고 좋은 감정으로 연결되어 무의식은 더 꿈을 깊게 인식하게 된다. 꿈의 과정을 상상하면서 연습하는 방법으로 이미지트레이닝이라는 것이 있다. 특히 스포츠 스타들이 경기 전 연습의 과정에서 눈을 감고 본인이 경기장에 서 있는 모습을, 기록을 깨고 관객이 환호하는 모습을 상상하는 훈련을 한다. 꿈을 향한 과정의 상상은 뇌의 운등 관련 뇌 부위를 직접 자극하는 효과가 실제적으로 있다. 결국 꿈의 과정과 결과 둘 다 상상해야 한다. 꿈의 결과를 상상하는 것은 꿈을 이룰 수 있는 확률을 높이고, 과정을 상상하는 것은 꿈에 대한 긍정적 감정을 주고 연습 과정에 대해서 객관적으로 그릴 수 있게 된다.

꿈을 현실화시키기 위해서는 반드시 계획수립이 필수이다. 꿈이 없는 사람이 없다. 20년 이상 살았다면 내가 좋아했던 과목, 좋아했던 경험과 동경했던 직업 등 좋아하는 것이 없는 사람은 없다. 꿈이 없다 보다는 꿈을 현실화시키기 위한 계획을 구체적으로 생각하는 방법을 몰라 꿈만 꾸는 경우가 많을 것이다. 꿈을 계획한다는 것은 결국 기록하는 것이다. 앞에서 언급했던 것처럼 꿈을 이룬 사람들은 모두 메모하는 습관을 가지고 있었다는 것을 기억하고, 지금 당장 내 꿈을 실현하기 위해서는 기록을 해야 한다. 꿈을 쓰고, 오늘 해야 할 일, 오늘 하지 못한 일, 오늘 깨달은 일, 내일 해야 할 일 등을 적어야 한다.

마지막으로 꿈을 현실화시키기 위해서 마지막으로 해야 할 일이 적어 놓은 것을 행동으로 실천하는 것이다. 행동으로 실천되는 것이 누적되면 결국 꿈을 이룰 수 있게 되는 것이다. 우리 주변의 사람들을 관찰해보면, 생각만 하는 사람과 생각과 행동으로 실천하는 사람으로 구분된다. 생각을 안 하는 것보다는 생각을 하는 것이 더 나은 삶이지 않는가 하는 사람도 있지만, 생각을 1년 하든, 10년 하든 행동으로 움직여지지 않는다면 결국 꿈은 이루어지지 않는다. 꿈을 이루는 것은 생각이 아닌 바로 행동이다 라는 점을 기억해야 한다.

2. 행복한 나의 삶

행복(幸福, 영어: happiness)은 희망을 그리는 상태에서의 좋은 감정으로 심리적인 상태 및 이성적 경지 또는 자신이 원하는 욕구와 욕망이 충족되어 만족하거나 즐거움과 여유로움을 느끼는 상태, 불안감을 느끼지 않고 안심해 하는 것을 의미한다. 행복은 한 개인의 자아 변화에 따라 발생 되는 상태 중 하나에 속하며, 지금까지 인간의 궁극적인 삶 목표는 과거, 현재, 미래 모두 행복을 추구해왔다. 타인이 어떤 대상을 바라볼 때 확인 가능한 외형표현 양식에 따라 일정한 행복의 상태가 규정되는 것이라 볼 수는 없다. 예를 들어, 누군가가 '행복하지 않은 것'처럼 보이는 상태라 할지라도, 그 평가는 어디까지가 관찰자의 주관에 따른 것일 뿐, 혹 그 상태를 당사자가 주관적으로 행복한 상태라고 느끼고 있다면, 그것은 행복의 한 형태라 할 수 있다. 또 다른 예로, 사는 집이 없어 바깥을 떠도는 사람이 있다고 할 때, 만일 그 사람이 '누우면 침대요 하늘이 이불이라'는 식으로 좋게 받아들이는 경우, 그 '바깥'은 그 사람에게 있어서 행복감을 느끼는 주거 공간이 되게 되는 것이다. 또한, 개개인의 영역을 살펴보아도, 행복은 상대적이며, 이전에 충족시키지 못하였던 어떤 상태가 충족되었을 경우, 그것은 이전의 상태와 비교하여 행복하다고 볼 수 있을 것이다. 그러나 이러한 욕구의 정체를 모른 채, 자신이 무엇을 원하고 있는가를 이해하지 못하여 초조감에 싸인 사람이나, 욕구충족을 최우선으로 사고하여 욕구가 한없이 팽창하여 그것을 채우지 못하여 괴로워하는 사람 또한 적지 않다.

행복으로 말미암아 파생되는 심리 상태로 만족, 기쁨, 즐거움, 신남, 보람을 느낌, 가치감, 평온감 등이 존재하나, 이들 단어 역시 개개인의 주관에 따라 분화되는 개념이라 볼 수 있다. '즐겁다', '행복하다'라 불리는 상태는, 그 주체의 주관에 따라 주체적으로 바로잡는 것이 가능하며, 어떤 상황에서도 자신의 사고방식을 변경함으로써 조정할 수 있다.

행복을 [우연히 찾아오는 복]으로 바라보는 관점이 있다. 우연(幸)과 복(福)이라는 두 가지 특성을 행복의 핵심으로 보면서, 행복이라고 부르는 마음 상태보다는 그런 마음 상태를 가져오는 조건들의 특성을 말한다. 행복이라는 단어의 30개국 사전을 분석해보면 24개국의 사전에서는 행복을 운 좋게 찾아오는 사건이나 조건을 정의하고 있다. 이미 내가 가지고 상황과 조건이 행복일 수 있는 것이다. 그런데 과학과 기술이 발전으로 인해 인간은 자신의 삶을 개척하고 만들어 가야 함을 강조하면서 우연히 찾아오는 복의 관점보다는 적극적으로 노력해서 추구해야 할 목표나 관점으로 행복을 보기 시작했다. 행복에 대한 두 글자를 학문적으로 접근하여 연구한 사람들은 행복을 크게 두 가지 관점으로 해석한다. 하나는 쾌락적 추구를 행복으로 설명하고 있으며 다른 하나는 도덕적 의미추구를 행복으로 설명한다. 아리스토텔레스를 비롯한 고대 그리스 철학자들은 행복을 개인의 주관적이고 즐거운 경험에서 오는 쾌락적(hedonic) 형태의 행복과 개인보다는 우리의 삶에 초점을 두면서 단순한 만족을 넘어 공동선을 추구하면서 함께 살아가는데 필요할 만한 가치가 있는 것에 최선을 다한 후 그에 대한 보상으로 얻을 수 있는 성취적(eduaimonic) 형태의 행복이다.

쾌락적 행복은 즐거움이 곧 행복이라는 에피쿠로스·키레네 학파인 쾌락주의학파에 철학적 뿌리를 두고 있으며, 미래보다는 현재 이 순간의 즐거움 극대화에 관심이 있다. 쾌락을 통해 오는 행복은 순간의 행복으로 오래 지속되지 않는다는 특성을 가지고 있다. 예를 들어, 마약을 하면 우리의 기분을 금방 좋게 만드는 도파민이라는 호르몬이 한 번에 대량으로 방출되어 아주 잠시 잠깐이지만 천국에 다녀온 듯한 짜릿한 쾌감을 맛 볼 수 있게 된다. 하지만 그 행복의 순간은 말 그대로 '찰나'로 끝나면서, 강한 자극에 익숙해져 일상의 소소한 것이 시시하게 느껴져 더 강한 자극을 탐닉하게 된다. 최근 행복을 연구한 학자들도 고대 철학자들처럼 행복을 정의하였는데, 마틴 셀리그만은 행복한 삶을 세 단계로 정의하였다. 고대 철학자들의 정의처럼 긍정 정서를 많이 경험하고 즐거움을 증폭시키는 쾌락적 행복과 유사한 관점의 즐거운 삶(the pleasant life)과 열정을 갖고 삶에서 몰입하여 자아실현을 이루어 나가는 자아실현적 행복과 유사한 훌륭한 삶(the good life)과 우리 삶으로부터 소중한 의미를 발견하고 부여할 수 있는 삶으로 자아실현을 넘어 자신보다 더 큰 무엇인가를 위해 공헌하는 의미 있는 삶(the meaningful life)으로 구분해 볼 수 있다. 다니엘 길버트 역시 행복을 감정적 행복과 도덕적 행복 그리고 평가적 행복으로 구분하였으며, 이선 맥머핸도 행복의 본질을 즐거움을 경험하는 것, 부정적 경험을 하지 않는 것, 타인의 웰빙에 기여하는 것, 그리고 자신이 성장하는 것의 4차원에서 설명하였다. 최근 행복을 연구한 학자들의 관점을 정리하면 행복을 단순히 쾌락과 즐거움의 관점에서만 바라보지 말고 더 큰 차원의 관점에서 행복을 바라볼 필요가 있다는 것이다. 그리고 보다 큰 차원의 행복을 위해서는 일과 직업이라는 것은 중요한 요인으로 설명할 수 있다.

[일이 없다면 인생은 점점 피폐해진다]는 알베르 카뮈의 말이 있다. 행복학을 연구하는 학자들이 말하는 행복의 요소로서 가족의 화목, 사랑, 우정 등을 제시하면서 또 하나의 중요한 요소로서 보람 있는 일을 설명한다. 돈을 벌기 위해 일하는 것은 노동이며, 돈과 관계없이 스스로 선택한 목적에 따라 육체와 정신을 사용하는 것을 일이라 할 수 있으며 진정한 행복의 원천은 노동이 아닌 일이라고 볼 수 있다. 행복과 일을 관련시킨 한 연구에서 행복하다는 사람의 53.9%가 직업에 만족하는 반면(10점 만점에 8~10점) 행복하지 않다는 사람의 49%가 직업 만족도가 매우 낮았다(10점 만점에 1~3점). 행복하다는 사람 중 직업 만족도가 낮은 비중은 1.3%밖에 되지 않는다. 사실 행복과 일은 매우 밀접한 관계를 가질 수밖에 없다.

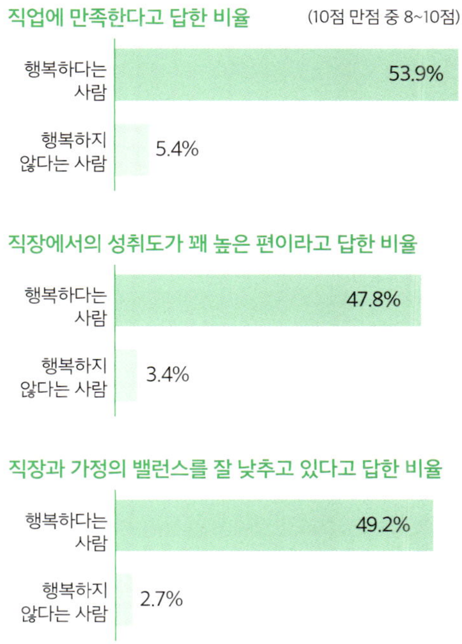

[그림 2] 행복과 직업·직장의 상관관계

일과 직업적 성취는 인생에서 중요한 의미를 가진다. 인간은 자신이 하는 일을 통해서 인생의 목표를 추구하는 경향이 있으며, 인생의 목표가 궁극적으로는 행복이기에 행복과 일은 매우 밀접한 관계가 있게 된다. 그래서 직업과 일을 지닌 사람이 일을 하지 않은 사람보다 더 행복할 수 있다. 그런데 어떤 직업과 일의 유형보다는 그 일에 대한 만족도와 성취도가 더 중요하여 일에 대한 만족도가 행복과 상관이 있는 것이다. 일에 대한 만족감은 삶의 만족도에 중요한 역할을 할 뿐만 아니라(Kelloway, Barling, 1991; Hart, 1999), 정신건강에 직접적인 영향을 미치기도 한다.

Csikszentmihalyi(1990)는 자신의 일을 즐기는 사람은 일하면서 몰입상태를 경험하게 되는데, 일의 만족도와 일의 몰입경험은 매우 밀접한 관계가 있으며 서로 상승적 영향을 미친다는 것이다. 또한 즐거움을 느낄 뿐만 아니라 의미를 발견할 수 있는 일에 열정적으로 참여하는 것이 행복한 삶의 비결이라고 한다. 즉 일은 그러한 몰입과 의미를 동시에 경험할 수 있는 행복의 원천이 되는 것이다. Seligman(2002)은 자신의 일을 좋아하고 만족하는 사람은 일을 하면서 몰입(flow)이라는 특별한 심리적 상태를 경험하게 되는데, 몰입이란 자신이 하는 일에 깊이 집중하여 몰두하는 상태로 설명하였다. Csikszentmihalyi(1997)는 몰입상태에서 평소와 다른 독특한 심리적 특징이 나타난다고 하였다. 무엇보다도 현재 하고 있는 일에 대한 강렬한 주의집중이 일어나며, 행위와 인식의 융합이 일어나며, 자기와 환경의 구분과 시간의 흐름을 망각하면서 현재하고 있는 활동을 장악하고 있는 듯한 강력한 통제감을 느낀다. 또한 몰입경험은 그 자체가 즐거운 것으로써 자기충족적인 속성을 지니게 된다. 그래서 몰입하고 있는 활동은 다른 목적을 위한 것이 아니라 그 자체를 위한 내재적 동기에 의해 일어난다. 그는 몰입경험은 개인의 성격적 특성보다는 과제나 일의 특성에 의해서 유발되는 경향이 더 강하다고 하였으며, 자기목적적 성격을 지닌 사람이 모든 일에 몰입하는 것이 아니라고 하였다. 몰입을 촉진하는 과제나 일의 특성이나 조건이 존재하는데 우선, 분명한 목표가 있는 활동에서 몰입이 잘 일어나고, 둘째, 즉각적인 피드백이 주어지는 활동에서 몰입이 잘 일어나며, 셋째, 몰입상태를 촉발하기 위해서는 개인의 기술 수준과 과제의 난이도가 적절한 균형을 이루는 것이 중요하다.

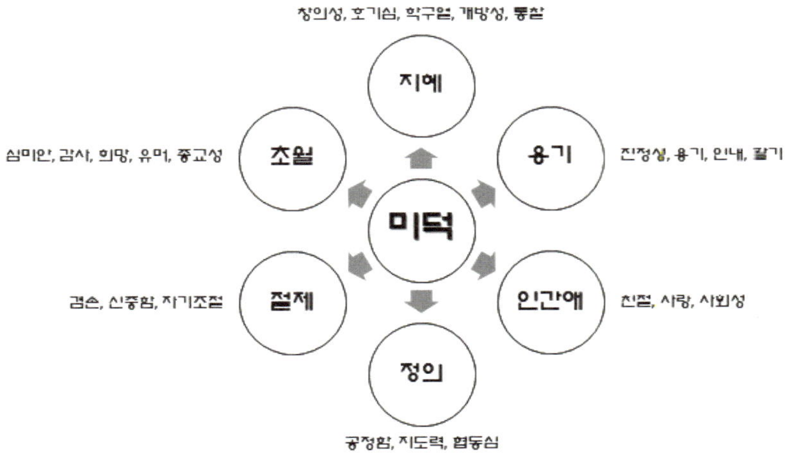

① 지혜 및 지식(wisdom & knowledge)과 관련된 강점: 지식의 습득과 사용을 포함하는 인지적 강점

- 창의성(creativity; 독창성, 기발함): 사물을 개념화하고 행하는 데 있어 새롭고 생산적으로 사고함. 예술적 성취를 포함하지만 예술에만 국한되지는 않음
- 호기심(curiosity; 흥미, 새로운 자극추구, 경험에 대한 개방성): 현재 경험 자체에 관심을 가짐. 매력적인 주제를 찾음. 탐구적임
- 판단 및 개방성(judgement and open - mindedness; 비판적 사고): 사물을 철저히 보고 모든 각도에서 검토함. 쉽게 결론 내리지 않음. 증거에 따라 마음을 바꿀 수 있음. 모든 증거를 공정하게 고려함
- 학구열(love of learning): 개인적이든 공식적이든 새로운 기술, 주제, 지식을 숙달함. 호기심 강점과 명백하게 관련되지만 그것을 넘어 체계적으로 자신의 지식을 더하는 경향을 기술함
- 지혜(wisdom, perspective; 균형감): 다른 사람에게 현명한 조언을 해줄 수 있는 능력. 자신과 다른 사람에게 의미 있는 방향으로 세상을 바라봄

② 용기(courage)와 관련된 강점: 외적, 내적 난관에 직면하더라도 목표를 성취하려는 의지를 실행하는 것을 포함하는 정서적 강점

- 용감함(bravery; 용맹함): 위협, 도전, 난관, 고통에 위축되지 않음. 반대가 있더라도 옳은 것을 말함. 인기가 없더라도 신념대로 행동함. 신체적인 용감함을 포함하지만 그것에 국한되지 않음
- 인내(perseverance; 끈기, 근면함): 시작한 일을 끝냄. 장애가 있어도 행동을 지속함. 수행의 질과 기한의 균형을 유지하며 실행하고 완수함. 과제를 완수하는 과정에서 기쁨을 느낌
- 정직(honesty; 진실성, 통합): 진실을 말하면서도 진심 어린 태도로 표현하며 진지하게 행동함. 가식이 없음. 자신의 감정과 행동에 책임짐
- 열정(zest; 활력, 열의, 활기, 에너지): 에너지를 가지고 열정적으로 삶에 임함. 일을 성의 없게 하거나 대충하지 않음. 도전 정신을 가지고 삶을 영위함. 생기와 생동감을 느낌

③ 인간애(humanity)와 관련된 강점: 사람들을 보살피고 친밀해지는 것을 포함하는 대인관계 강점

- 사랑하고 사랑받는 능력(capacity to love and be loved): 다른 사람과의 친밀한 관계, 특히 상호 나누고 돌보는 관계를 소중히 여김. 사람들과 친밀하게 지냄
- 친절(kindness; 관대함, 돌봄, 보살핌, 연민, 이타적 사랑, 상냥함): 다른 사람에게 호의적이고 선한 행동을 함. 다른 사람을 돕고 돌봄
- 사회지능(social intelligence; 정서지능, 개인지능): 자신과 다른 사람의 동기와 감정을 잘 파악함. 다양한 사회적 상황에서 어떻게 행동하는 것이 적절한지 알고 있음. 다른 사람이 왜 그런 행동을 하는지 알고 있음

④ 정의(Justice): 건강한 공동체 생활과 관련된 시민적 강점

- 협동심(teamwork; 시민정신, 사회적 책임감, 충성심): 집단의 구성원으로서 잘 기능함. 집단에 충실함. 자기 몫을 함
- 공정성(fairness): 공정성과 정의의 개념에 따라 모든 사람을 동등하게 대함.

다른 사람에 대해 개인적 감정에 치우친 결정을 하지 않음. 모든 사람에게 공정한 기회를 줌

- 리더십(leadership): 집단을 고무시켜 일을 해내도록 하면서 동시에 좋은 관계를 유지하도록 함. 집단 활동을 조직화하고 그런 활동이 진행되는 것을 지켜봄

⑤ 절제(Temperance): 과도함으로부터 보호해주는 강점

- 용서와 자비(forgiveness and mercy): 나쁜 일을 한 사람을 용서함. 다른 사람의 단점을 수용함. 사람에게 다시 기회를 줌. 앙심을 품지 않음
- 겸손(modesty and humility): 자신의 성취를 떠벌리지 않고, 스스로를 타인보다 특별한 사람이라고 평가하지 않음
- 신중성(prudence): 선택을 조심스럽게 함. 불필요한 위험을 택하지 않음. 나중에 후회할 일을 말하거나 행하지 않음
- 자기조절(self - regulation; 자기통제): 자신의 감정과 행동을 조절함. 자기 수양을 함. 자신의 욕구와 정서를 통제함

⑥ 초월(Transcendence): 커다란 우주와의 연결성을 맺고 의미를 부여하는 강점

- 아름다움과 탁월함에 대한 감상력(appreciation of beauty and excellence; 경외감, 경이로움): 자연, 예술, 수학, 과학, 일상적 경험에 이르기까지 다양한 삶의 영역에서 나타나는 아름다움, 탁월함, 숙련된 수행을 인식하고 감상함
- 감사(gratitude): 좋은 일을 알아차리고 감사함. 시간을 들여 감사를 표현함
- 희망(hope; 낙관성, 미래지향성): 미래에서 최선의 것을 기대하고 그것을 성취하기 위해 노력함. 좋은 미래가 올 것이라고 믿음
- 유머(humor; 익살맞음): 웃고 장난치는 것을 좋아함. 다른 사람에게 미소를 선사함. 밝은 쪽을 봄. 농담을 잘 하지만 억지로 하지는 않음
- 종교 및 영성(religiousness and spirituality; 신앙, 목적의식): 우주의 궁극적 목적과 의미에 대한 일관된 신념. 더 큰 구조 내에서 자신의 위치를 앎. 품행을 갖추게 하고 위안을 제공하는 삶의 의미에 대한 신념을 가짐

과제나 일 영역에서 몰입하기 위해서 Seligman(2002)이 고려한 것이 대표강점이다. 자신의 대표강점을 확인하고, 대표강점이 날마다 발휘할 수 있는 직업이나 일을 택하고, 대표강점을 더욱 많이 활용할 수 있도록 재교육을 받을 수 있어야 한다. 일반적으로 몰입경험이 많을수록 일에 대한 만족도나 행복도는 상승하지만 도박이나 스마트폰중독과 같이 부정적 결과를 가져올 수도 있다. 행복에 있어서 중요한 몰입은 그 자체보다는 '어떤 일'에 몰입하느냐가 더 중요할 수도 있다(Nakamura & Csikszentmihalyi, 2003). 일하면서 즐거움을 느끼는 것도 중요하지만 의미를 발견하는 것도 중요하다. 사람은 어떤 일을 하면서 즐거운 동시에 의미 있는 일을 할 때 진정 행복할 수 있다. 위대한 창조적 업적을 남긴 과학자나 예술가들은 자신의 일에 남다른 즐거움을 느끼며 깊이 몰두하고 그 결과 의미 있는 결과물을 성취해 낸다. 이런 경우 몰입과 의미를 동시에 경험하게 되어 세상에 적극적으로 임하게 되는 '열정적 관여'(vital engagment)를 하게 된다고 한다. 이는 세상에 이질감과 분리감을 느끼며 거리를 두고 소극적으로 임하는 관계방식인 소외(alienation)와 반대되는 것이다(홍종관, 2014).

Maslow(1954)는 심리학적으로 가장 이상적인 삶의 상태를 자아실현의 상태라고 설명하였다. 자아실현은 자신이 지닌 모든 잠재력을 발휘하려는 동기이면서 삶을 이끌어 가는 주된 동력으로써 결과적으로는 개인의 능력을 최대화하고 삶의 방향을 결정하게 한다. Rogers(1961) 또한 인간의 가장 기본적인 특성을 자기실현성향(self-actualisation tendency)으로 표현하면서 자신이 가진 모든 잠재능력을 발현하려는 선천적인 성향을 가지고 있다고 하였다. 자기실현성향은 개인이 타고난 신체적·심리적 기질을 그대로 유지하고 나타내려는 성향과 개인이 지닌 모든 잠재능력을 최대한 계발하여 발휘하려는 두 가지 성향을 지니고 있다. 이 두 가지 성향을 잘 갖추게 되면 충분히 기능하는 사람으로 진정한 자기가 되며 행복해지는 것이다. Gardner(1997)는 비범한 인물들의 생애와 업적을 연구하면서 전문영역에서의 거장(master), 새로운 영역의 창시자(maker), 영향력 있는 인물(influencer) 및 나면적인 삶을 깊이 탐색하고 성찰하는 인물(introspecter) 등 네 가지 유형으로 분류하였다. Murray(2003) 또한 각 분야의 정상에 있었던 인물들에 대한 자료를 분석하면서 내린 결론이 다음과 같다. 첫째, 한 개 이상의 전문분야에서 정상에 이르렀던 사람은 극히 드물기 때문에 한 분야의 정상에 이르기 위해서는 고도의 지식과 기술을 갖추어야 한다. 둘째, 어떤 분야이든 정상에 도달한 사람은 엄청난 노력을 기울인 사람들이다. 천부적 능력을 타고난 인물도 그 능력을 발현시키기까지 피나는 노력을 하였다. 셋째, 멘토나 스승의 역할을 해 주는 사람이 늘 주변에 있었으며 그 스승과 멘토에게 지식과 기술뿐 아니라 동기와 의미를 배웠다. 넷째, 개인의 재능과 능력을 자극하고 개발하며 발휘할 수 있는 적절한 시기와 환경이 중요했다. 마지막으로 탁월한 업적은 문화적 분위기에 의해 영향을 받는데 자기초월적 가치를 강조하는 문화와 개인의 역량을 존중하여 개인으로 하여금 자기효능감을 지니도록 만드는 문화적 분위기 역시 중요했다. 개인이 직업적 성취를 위해서는 자신의 흥미와 능력을 확인하고 그에 적합한 전문영역을 선택하는 것이 중요하다. 또한 그 분야의 훌륭한 스승을 찾아 신뢰할 수 있는 관계 속에서 자신의 잠재력과 강점을 발견하고 계발하여야 한다. 또한 자신의 대표강점에 부합되는 직업영역을 찾아 그 곳에서 자신의 직업과 역할이 의미 있고 중요하다는 신념을 가지고 자신의 대표강점을 충분히 발휘하는 노력이 필요하다(홍종관, 2014).

3. 건강한 나의 삶

건강(健康, 영어: health)은 한마디로 정의하기는 힘드나, 과거에는 건강을 '질병이 없거나 허약하지 않은 상태'라고 흔히 생각하였다. 그러나 질병과 허약이 임상적으로 뚜렷이 나타나는 경우도 있겠지만 건강과 구별이 모호할 때가 많다. 따라서 임상적으로 질병이 발견되지 않았다고 해서 건강하다고 할 수 없으며, 현재 건강하다고 판단된 사람에서도 의학기술이 발전하면 이상이 발견될 수 있을 것이다. 1948년 세계 보건 기구(World Health Organization, WHO)는 헌장에서 건강에 대해 "단순히 질병이나 허약함이 없는 상태가 아니라 신체적, 정신적, 사회적으로 완전한 안녕 상태(Health is a state of complete physical, mental and social well-being and not merely the absence of disease or infirmity)"라고 규정하였다. 여기에서는 신체적 건강보다는 정신적이며 사회적으로 안녕한 상태라 할 수 있는 정신건강에 초점을 맞추고자 한다. 정신건강은 정신면에서의 건강을 의미한다. 세계 보건 기구에 의한 정신건강의 정의는 정신장애뿐만 아니라 자신의 잠재력을 실현하고 공동체에 유익하도록 기여할 수 있는 것이라고 되어있다. 그리고 정신에 질병이나 허약함이 나타나는 상태를 정신장애라고 한다. 정신장애는 생산성 저하를 일으키는 큰 사회적 문제이며, 성인 인구의 10%, 취업 연령 인구의 15%가 앓고 있다. OECD는 정신건강과 관련된 직간접적인 비용은 GDP의 4% 이상으로 추정하고 있지만, 아직도 많은 나라의 의료 제도에 중점이 낮은 상황이며, 정신 의료 서비스의 성과와 질을 정확하게 파악할 수 있지 않다.

정신건강을 정신적 질병이나 장애가 없는 상태로 보는 관점으로 질병 모형(disease model)이 있다. 질병 모형 관점에서 바라보는 정신장애는 불안이나 우울 혹은 분노 등의 심리적 고통을 일상보다 강하게 경험하거나 주의집중이나 합리적인 판단이 어렵고 충동적인 행동을 반복해서 사회적 혹은 직업적인 역할을 제대로 하지 못하는 등의 심리적 기능 장애가 있는 경우를 말한다. 이런 질병 모형은 병의 원인을 신체적인 데서 찾는 생물적 접근에 일차적 기반을 두고 있어 정신적인 문제도 생물적인 실체(유전적 바탕, 뇌 손상, 병원균이나 바이러스 침입에 의한 신체적 변화 등)의 결함이나 손상으로 인해 발생한다고 설명한다. 즉 신체적 문제나 심리적 문제의 원인이 모두 신체적인 데 있으며 신체를 변화시켜 심리적인 문제로 치료할 수 있다고 본다. 신체를 변화시킬 수 있는 다양한 방법이 있겠지만 일차적으로 약물투여나 수술을 통해 질병의 원인을 신체적으로 제거하려고 한다. 살아가면서 우리는 때로는 매우 우울하면서, 의욕이나 활력이 심각하게 저하되고, 자신감이 급격하게 떨어지는 경우가 있다. 이런 증상들이 잠깐 일시적으로 나타나는 경우는 문제가 되지 않지만, 비교적 영속적으로 지속된다면 개인에게 실질적인 부적응이나 고통을 초래하게 되며 정신장애 혹은 심리장애가 발생하게 된다. 매체를 통해 자주 등장하는 우울증, 조현병, 불안장애, 성격장애 등이 이에 해당한다. 우울증으로 인해서 학업을 유지하기 힘들고, 사람들과 만나기 싫으며, 죽고 싶다는 생각을 하거나, 자살을 시도하는 경우도 있으며, 게임이나 도박에 중독되어 재산을 탕진하고, 도박을 못하게 하면 심한 분노감이나 공격적인 행동을 드러내는 경우 등을 우리 주변에서 볼 수 있다.

우리 주변에서 흔히 대표적으로 볼 수 있는 정신장애는 정신분열병, 우울증, 불안장애, 섭식장애 등이 있다. 정신분열병은 일명 조현병으로 불리는 것으로 다른 장애와 다르게 현실검증력 손상이 가장 큰 특징이다. 실재하지 않는 감각 경험을 환각이라고 하는데 이들이 많이 경험하는 환각이 바로 환청이다. 매우 짧은 감탄사에서부터 끊임없이 명령하거나 두 사람 이상이 다투는 소리를 경험하면서 환시, 환후, 환촉 등의 환각 증상을 경험한다. 환각과 함께 나타나는 또 다른 증상은 망상이다. 망상은 잘못된 비합리적인 믿음으로서 이 신념에 대치되는 증거가 명택히 존재하여도 여전히 강력하게 유지되면서 대표적인 것이 피해망상이다. 다른 사람이 나를 해하려는 음모를 꾸민다고 믿거나, 누군가에게 도청당한다고 믿는 것 등의 피해망상과 과대망상, 종교망상, 신체망상 등이 있다. 정신분열병은 환각과 망상과 더불어 언어나 정서 혹은 동기에서도 문제를 일으킨다. 논리적으로 언어를 구사하지 못하여 상대방의 말에 동문서답하거나 자신의 이야기를 이어 가는 도중에도 맥락에 맞지 않거나, 직전에 자신이 한 말과 관련이 없는 말을 나열하는 경우도 있고, 존재하지도 않은 단어를 사용하기도 한다. 누군가에게 쫓기며 자신을 비난하는 환청이 들리고 다른 사람에게 설명하려 해도 논리적으로 표현할 수 없으며, 기쁜 장면이나 슬픈 장면으로 봐도 감흥이 없기에 직업을 수행하기 어렵고, 타인과의 의미 있고 친밀한 관계를 유지하기도 어렵다. 대체적으로 자신의 세계에 더욱 고립되어 인생에서 생산적이고 희망찬 시기를 황폐하게 보내는 경우가 많다. 물론 정신분열병을 치료하기 위한 기법이 발전하고 있으며, 최근에 약물치료 외에도 일상으로의 빠른 복귀를 목표로 하는 종합적 접근을 취하기도 한다(Nolen-Hoeksema, 2007).

우울증은 '슬프고, 무기력하고, 우울하고, 축 처지는' 등의 증상들로 구성되어 있는 장애로 가장 많이 흔하게 경험한다. 물론 이런 증상으로 경험한다고 해서 우울증이라고 하지는 않고, 최소 2주 혹은 4주 이상 지속되는 경우를 말한다. 우울감과 함께 삶의 의욕을 잃거나 즐거움이나 기쁨을 느끼지 못하거나, 몸을 움직이기도 힘들거나, 기운이 없거나, 말을 하기도 귀찮아지거나, 밥맛이 없거나, 잠을 이루지 못하거나 혹은 과도하게 잠을 자거나, 자신감이 저하되거나, 무슨 일이건 부정적으로만 생각하게 되는 등의 증상을 동시에 경험하게 될 때 우울증이라고 할 수 있다. 우울증을 겪는 경우 직업적이거나 사회적인 기능을 수행하는 데 문제를 경험하면서 충분히 해낼 수 있는 일을 포기하는 등 부적응상태에 처하게 된다. 그리고 무엇보다도 심각한 것이 바로 자살이다. 오늘 하루를 사는 것이 고통스럽고, 내일이 또 이 고통이 이어진다고 생각하면 그 고통을 끝내고자 자살을 하게 된다. 우울하거나 우울증으로 인해서 삶에 대한 의미를 상실하게 되는 경우 혼자 두기보다는 늘 옆에서 격려와 지지의 자극이 지속적으로 제공되어야 회복될 수 있다.

불안장애는 글자 그대로 안전하지 않은 상태를 느끼는 것으로 주로 미래나 결과를 예측하기 어렵다는 요소를 포함하고 있다. 누군가에게 주시를 받거나 평가를 받는 점도 포함되어 있고, 불확실성을 지니고 있어 앞날을 예측하기 어려운 불확실한 상황에서 불안을 경험하게 된다. 불안장애는 우리의 일상과 더 관련이 많아서 정신증보다는 신경증에 속하는 질병으로 부적응의 정도는 정신증보다는 상대적으로 경미하다. 대체로 불안장애를 겪는 사람들은 직업이나 일상생활을 정상에 가깝게 영위하는 경우가 많으며 자신에게 문제가 있다는 점을 인식하고 경우가 흔하다. 불안장애의 유형은 범불안장애, 광장공포증, 사회공포증, 공황장애, 강박장애, 외상 후 스트레스장애, 급성 스트레스장애 등 그 유형이 다양하다. 대학생들이 흔하게 경험하는 불안장애로 사회공포증이 있는데, 사회공포증은 낯선 사람을 만나거나 중요한 사람이나 이성을 만나거나, 남들로부터 주시를 받거나 평가를 받는 상황에서 심한 불안을 경험하게 된다. 물론 건강한 일반적인 사람은 그 불안을 견딜 수 있으며, 그 불안으로 인해서 타인과의 상호작용이나 발표 등에서 큰 문제를 겪지 않는다. 이에 비해 사회공포증은 발표장면에서 심한 불안을 경험한 나머지 상당한 노력을 기울여 우수하게 준비한 내용도 충분히 남들에게 보여 주지 못하고 대충 마무리하게 되는 경우가 흔하고, 중요한 사람에게 자신의 의견을 충분히 전달하지 못하고 스스로 답답해하면서 자신의 불안을 남들이 눈치챘을까 더 전전긍긍한다. 불안장애에서 벗어날 수 있는 방법은 전문가의 치료와 상담을 받아야 한다. 그런데 일시적으로나마 불안한 상태에서 벗어날 수 있는 각자의 나름 방법을 찾아서 수시로 그 방법을 활용하는 것이 좋다. 그리고 가장 근본적인 인식을 바꿔야 하는데, 바로 다른 사람은 내 삶에 대한 관심이 없다는 인식을 스스로 자각할 수 최면을 걸어주는 것이 좋다.

음식을 먹는 섭식행동은 기본적인 에너지를 제공해 준다는 점에서 삶에서 중요한 것인데, 이 섭식과 관련된 부적응이 유발되는 경우를 섭식장애라 한다. 섭식장애는 너무 먹지 않는 범주에 해당하는 신경성 식욕부진증과 너무 많이 먹는 신경성 폭식증을 포함하고 있다. 섭식장애의 시작은 보통 청소년기에 시작되어서 그 증상이 심각하게 나타나는 시기가 청년기이다. 신경성 식욕부진증은 날씬해지고 싶은 욕구와 체중감량에 대한 욕구가 높아서, 체중의 증가를 받아들일 수 없어 음식물 섭취를 극도로 줄이게 된다. 때로는 구토를 스스로 유발하거나 하제나 이뇨제를 남용하는 경우가 있다. 이들은 체중과 체형에 상당히 몰두되어 있어 체형으로 인해서 자신감을 잃기 쉬우며 정상 체중임에도 불구하고 뚱뚱하게 인식하고 있다. 신경성 폭식증은 음식을 먹고 싶은 충동을 제어하기 어려워하며 짧은 시간에 상당량의 음식을 섭취하면서 이로 인해 죄책감을 경험하고, 통제하지 못한 자신을 자책하고, 죄책감에서 벗어나기 위해 먹은 음식을 제거하는 행동을 한다. 섭식장애는 남성보다 여성에게 더 많이 노출되어 있는 장애로서 섭식장애를 치료하기 위해서는 먹는 행동에 대한 의미와 체형에 대한 잘못된 관점의 수정 작업이 필요하다.

한편 정신건강을 단순히 정신적인 질병이나 취약성이 없는 상태가 아닌 완전하고 이상적인 정신적 웰빙 상태에 초점을 두면서 개인이 지닌 강점과 잠재력을 최대한 발달시킨 이상적 상태로 보는 관점이 성장 모형(growth model) 혹은 발달 모형(developmental model) 관점도 있다. 이 관점에서는 개인이 자신의 능력을 실현시키고, 일상생활의 정상적인 스트레스에 대처할 수 있으며, 생산적이고 성과 있게 일 할 수 있고 자신이 속한 지역사회에 기여할 수 있는 안녕의 상태를 말한다. 성장 모형에서는 정신장애의 원인을 찾아 이를 치료하는 데 일차적인 관점을 갖기보다는 인간의 강점과 능력을 찾고 이를 적극적으로 계발함으로써 정신질환에나 장애를 예방하고 건강을 증진하는 데 초점을 둔다.

질병이나 통증 혹은 심리적 고통 등의 부정적 상태는 전문가가 쉽게 인식할 수 있고, 당사자에게 급박하게 다가온다. 그러나 성장 모형의 관점에서 바라보는 정신건강 상태는 모호하고 인식하기 어렵다. 일반적으로 정신이 건강하다는 지표로 제시할 수 있는 관점은 신체적 수준, 정서적 수준, 사회적 수준, 영적 수준의 네 가지로 설명할 수 있다. 신체적 수준 혹은 기분 수준에서의 이상적인 건강상태는 활기차고 상쾌한 삶의 모습으로 드러난다. 신체 기관의 기능이 원활하고 에너지가 넘치며 감각 경험의 즐거움을 충분히 누리고 있는 상태를 말한다. 풍성한 삶과 행복이 휴식, 고통 및 걱정으로부터의 자유, 여유로운 전원생활, 다정하고 세련된 친구들과의 어울림 등과 같은 절제된 쾌락의 상태를 말한다. 이를 위해 적절한 섭식, 수면, 운동, 여가 즐기기, 명상, 향유 등의 활동이 도움이 된다. 정서적 수준에서의 이상적인 건강상태는 즐거운 삶의 상태로 추구하던 목표의 달성이나 기대의 충족, 뜻밖의 체험이나 창의적인 성과 등에서 유래되는 긍정적 정서를 뜻한다. 사회적 수준에서의 정신건강은 일상의 활동에 열정적으로 참여하여 자신의 강점과 잠재력을 최대한 발휘하고 실현해 나가는 것을 의미한다. 영적 수준에서의 정신건강은 자신만을 위한 삶보다는 자신보다 더 커다란 어떤 것을 위하여 공헌하면서 가족과 직장 및 지역사회 더 크게는 국가와 인류를 위해 봉사하고 공헌함으로써 자신의 존재가치를 느끼는 상태를 말한다.

Ryff와 Keyes(1995)는 심리적이며 사회적 수준에서의 정신건강의 특성을 환경통제, 타인과의 긍정적 관계, 자율성, 개인적 성장, 삶의 목적, 자기수용 등의 6가지를 제시하였다. 환경통제란 주변 환경에서 발생하는 문제를 잘 처리하는 능력과 이에 대한 통제감으로 자신의 환경조건을 효과적으로 활용하면서 자신의 가치나 욕구에 적합한 환경을 선택하거나 창출하는 특성을 말한다. 타인과의 긍정적 관계는 타인과 따뜻하고 신뢰할 수 있는 관계를 형성하여 유지할 수 있는 것으로 타인의 행복에 관심 갖고, 공감적이고 애정이 있는 친밀한 관계를 형성하는 능력으로서 인간관계의 상호 교환적 속성을 잘 이해하는 특성을 말한다. 자율성은 독립적이며 자율적인 결정능력으로 자신을 특정한 방향으로 생각하거나 행동하도록 요구하는 사회적 압력에 맞설 수 있으며 내면적 기준에 의해 자기 행동을 결정하면서 외적 기준보다는 내적인 기준에 따라 자신을 평가하는 특성을 말한다. 개인적 성장은 자신이 지속적으로 성장하고 있다는 느낌으로 자신이 발전하고 확장되고 있으며 자신의 잠재력이 실현되고 있다는 느낌으로 새로운 경험에 대한 개방적이면서 자신의 발전과 성정을 위해 계속 노력하는 특성이다. 삶의 목적은 인생의 목적과 방향성으로서 현재와 과거의 삶에 의미가 있다고 느끼면서 인생에 의미를 부여하는 신념체계를 지니고 있으면서 삶에 대한 일관성 있는 목적과 목표를 가지고 있는 특성이다. 자기수용은 자신에 대해 긍정적 태도를 지니면서 긍정적 특성과 부정적 특성을 모두 포함하여 자신의 다양한 특성들을 인정하고 수용하는 동시에 과거의 삶에 대해 긍정적으로 느끼는 특성이다.

정신건강을 위한 긍정적 특성의 인식과 강화도 필요하지만, 스트레스에 대한 이해와 대처를 적절하게 하는 것도 정신건강을 유지하는 방법이다. 스트레스는 연령과 관계없이 경험하게 되는 일상생활의 일부분이 되었다. 스트레스를 보거나 듣거나 만질 수 없지만 불안하거나 지치거나 가라앉거나 혹은 잠이 안 오기도 하고 두통 및 목의 뻣뻣함을 경험하게 되는데 이것이 스트레스다. 외부에서 가해지는 상해나 자극 등에 대해 신체 내에서 일어나는 비특이적 생물학적 반응으로서, 최근 스트레스를 바라보는 관점을 크게 세 가지로 설명하고 있다. 첫 번째는 반응으로서의 스트레스이다. 스트레스를 받으면 혈압이 올라가고, 심장이 뛰고, 두통이 생기고, 우울하거나 짜증이 난다 등으로 생리적이면서 신체적 반응 또는 심리적 반응을 경험하게 되는데 이를 스트레스로 바라보는 관점이다. 두 번째는 자극으로서의 스트레스이다. 스트레스라는 말은 충격적이고 엄청난 사건을 떠올리게 되는 경우가 있는데, 전쟁과 지진 혹은 홍수 등의 천재지변이나 갑작스러운 가족의 사망이나 실직, 교통사고 등도 스트레스 사건이다. 일상적이고 사소한 사건들은 심신을 위협할 정도는 아니지만 이러한 일들이 자주 반복적으로 누적되게 되면 큰 부작용을 낳기도 한다. 셋째는 자극과 반응을 모두 고려한 상태에서 개인의 지각과 평가를 강조한 심리적 관점으로서의 스트레스이다. 라자루스는 스트레스의 자극과 반응을 모두 고려한 상태에서 자극이나 사건에 대한 개인의 지각과 평가를 강조한다. 스트레스 사건 자체보다는 그 사건에 대한 개인의 평가와 해석이 중요하며 그에 따라 스트레스에 대한 반응 정도도 달라진다는 것이다.

이러한 스트레스를 일으키는 주요인으로서는 좌절, 갈등, 압력, 변화 등이 있으며, 이에 대한 가장 보편적인 반응으로는 신체 생리적 반응으로서 몸에서 이상을 느끼는 증상과 심리적 반응으로서 나도 내 마음을 모르겠다는 반응 및 평소와 다른 행동의 행동적 반응으로 나타난다. 스트레스를 경험하게 되면서 나타나게 되는 반응의 질과 양은 사람마다 다르게 나타나는데 대체적으로 그 개인이 지닌 특성으로서 예측가능성, 통제가능성, 자신감, 사회적 지지 및 성격 특성(A유형 성격특성과 낙관성) 등이 있다.

인생에서 미래에 어떤 일이 일어날지 미리 알 수 있다면 미리 대처하거나 준비를 통해서 적응적인 삶을 살 수 있지만 우리는 미래를 예측할 수 없다. 다만 먼 미래는 예측할 수 없어도 당장 내일과 가까운 미래는 어느 정도 예측이 가능할 수 있기에 어떤 일이 어떻게 일어날 것인지를 예측할 수 있는 상황에서 스트레스를 덜 받을 수 있다. 자신에게 주어진 스트레스 상황을 통제할 수 있다고 생각할 때 스트레스를 덜 받을 수 있지만 스트레스 상황을 통제할 수 없다고 지각하게 되면 스트레스를 더 크게 받는다. 개인의 성장 과정에서 다양한 경험을 통하여 자신에 대한 생각, 즉 자기개념을 갖게 되는데 자기개념은 자신에 대해서 어떻게 생각하는가를 나타내 주는 것으로 자기에 대한 인지와 평가의 한 측면이며 정신건강에도 중요한 영향을 미친다. 사회적 지지란 개인이 사회적 관계망의 구성원으로부터 제공되는 다양한 형태의 도움과 원조를 가리키는 것으로 개인이 스트레스 사건에 적응할 수 있도록 주변의 의미 있는 사람들로부터 받는 지원을 의미한다. 이러한 사회적 지지는 개인의 스트레스를 예방하거나 스트레스 강도를 완화시켜 주며 건강을 증진시키는 역할을 한다고 알려져 있다(김삼진, 1999). 극도의 경쟁심, 성공을 향해 몰아침, 성급함, 과잉흥분, 시간에 대한 주관적인 압박감, 관여와 책임에 대한 압박감, 공격적이고 성취지향적 성향을 보이는 사람들의 성향을 A유형 성격이라고 하는데, 이런 성격적 특성을 지닌 사람들이 스트레스를 더 많이 겪는다. A유형과 반대되는 성격을 B유형 성격으로서 비교적 느긋하고, 덜 공격적이며, 자율을 중시하면서 단기적인 목표달성에 크게 얽매이지 않고 결과적으로 성공할 수 있다고 믿으면 과정상 다소 미흡한 점이 있더라도 크게 좌우되지 않으면서, 자신의 인생에서 좋은 일을 경험할 것이라는 일반화된 기대의 낙관성을 지닌 사람들이 스트레스를 덜 겪는다.

인생의 과정에서 경험하는 스트레스는 많고 적음의 문제보다는 그 스트레스에 어떻게 대처하느냐가 더 중요하다. 부정적인 생활사건 자체를 바꾸기는 쉽지 않은 일이지만 이 사건에서 파생되는 스트레스에 대한 대처는 개인의 노력으로 가능하기 때문이다. 대처란 스트레스 사건에 의해 유발된 내적, 외적 요구들을 다루는 데 사용되는 인지적 또는 행동적 노력으로 스트레스와 관련된 문제나 감정들을 관리하여 스트레스를 줄이거나 없애려는 노력을 말한다. 스트레스에 대처하는 방식은 무수히 많은데 크게 적응적 대처와 부적응적 대처로 나눌 수 있다. 부적응적 대처로는 포기하기, 회피하기, 타인에게 표출하기, 쾌락 추구하기, 자신을 탓하기 등이 있다. 이런 방법들은 현실적으로 자주 사용하고 있지만 스트레스에 대처하는 데 한시적이고 부작용이 따른다. 적응적 대처에는 크게 평가중심적 대처, 문제중심적 대처, 정서중심적 대처 세 유형이 있다. 평가중심적 대처는 스트레스를 유발하는 사건에 대해서 흔히 범하는 비합리적인 사고나 평가를 합리적인 방식으로 사고하고 평가하여 그에 따른 감정이나 행동을 조절하는 방법이다. 문제중심적 대처는 체계적 문제해결 전략과 시간을 효율적으로 사용하는 방법이다. 체계적 문제해결 전략은 문제를 명료화하기, 대안행동 마련하기, 대안을 평가하고 행동하기, 융통성 있게 대안을 실행하기 과정으로 이루어져 있다. 정서중심적 대처는 스트레스 상황에서 유발되는 다양한 부적 정서들을 적응적으로 다룰 수 있도록 하는 방법으로 감정을 노출하기, 명상, 이완훈련 및 심상훈련, 용서와 감사 등의 방법이 있다.

참고문헌

권석만(2008), 긍정심리학: 행복의 과학적 탐구, 학지사.

김삼진(1999), 성인여성의 생활무용 참가와 사회연결망 및 사회적 지지와의 관계, 한양대학교 박사학위논문.

박노윤·이은수(2014), 집단적 자아정체성, 사회적 교환관계 인식 및 친사회적 행등의 관계, 대한경영학회지 27(6), 955-977면.

홍종관(2014), 행복을 위한 직업의 역할에 관한 연구, 행복한 부자연구 3(2), 1-15면.

Brickson, S.(2000), "The impact of identity orientation on individual and organizational outcomes in demographically diverse setting," Academy of Management Review, 25(1), 82-101.

http://www.jhinschool.com/who-am-i/

http://www.psychiatricnews.net/news/articleView.html?idxno=14154

https://blog.hsad.co.kr/2859

https://blog.hsad.co.kr/2859 [HS애드 공식 블로그 HS Adzine]

https://boksilee.tistory.com/entry/하이퍼-리얼리즘이란-극사실주의HyperRealism

https://careernote.co.kr/1455

https://goaltime.tistory.com/4

https://ko.wikipedia.org/wiki/%ED%96%89%EB%B3%B5

https://www.ibric.org/myboard/read.php?Board=news&id=301013

https://www.mk.co.kr/news/economy/view/2012/07/420452/

Jackson, E, M. & R. E. Johnson(2012), "When opposites do (and do not) attract: Interplay of leader and follower self-identities and its consequences for leader-member exchange,' Leadership Quarterly, 23(3), 488-501.

Nolen-Hoeksema, S.(2007), Abnormal Psychology(4th ed.). New York: McGraw-Hill.

Ryff, C. D., & Keyes, C. L. M.(1995), The structure of psychological well-being revised. Journal of Personality and Social Psychology, 69, 719-727.

3부

진로·적성을 준비하는 나

Chapter 6.

진로적성의 패러다임의 변화

1. 문제제기

1997년 외환위기 사태 이후 사회, 경제 등 다방면의 총체적인 위기감이 대학사회에도 구조조정과 개혁을 요구하게 되었고, 사회진출의 폭이 좁다고 여겨지는 학과는 통폐합하거나 폐지하고 타 학과에 비해 더욱 위기감과 위축된 분위기를 피할 수 없었다. 대학생들은 자신의 적성에 맞는 일을 선택하고 진로준비를 위한 방법의 변화가 절실히 요구되는 실정에 직면했고 이것은 개인의 문제를 넘어서 사회적 이슈로 대두되었다. 21세기를 사는 대학생들에게도 외환위기 사태 때와 같은 위기가 또 다른 모습으로 다가왔다. 인공지능 알고리즘이 빠른 속도로 발전하고 있고 최근에는 ICT, 뇌과학, 바이오 등 다양한 분야의 기술이 서로 융합하면서 인간과 비슷한 수준으로 보고 듣고 판단하는 로봇이 2030년 이전에 우리 앞에 나타날지도 모른다.

물론 비약적인 기술발전으로 새로운 일자리들을 만들어 내겠지만 육체노동은 로봇에게 전문적인 정신노동은 인공지능에게 위협받고 있는 상황이다. 다보스포럼에서 발표한 '미래고용보고서'에서는 4차 산업혁명으로 인해 2020년까지 약 700만 개의 일자리가 사라질 것으로 전망했고, 미래학자 토마스 프레이 다빈치는 2030년까지 20억 개의 일자라가 사라질 것이라고 예언하기도 했다. 이런 예언은 일상에서 현실로 다가오고 있다. 키오스크는 계산원, 판매원 등 서비스 영역을 기계가 대신하고 있으며 인간의 고유영역이라고 믿어왔던 돌봄의 영역에도 인공지능이 일을 대체하면서 위기감을 경험하고 있는 것이다. 학사학위 이상을 취득한 고학력 인구는 매년 증가하고 있지만 더불어 고학력 실업자도 매년 더 증가하여 청년층의 일자리 문제, 대학 졸업자의 고용악화가 심화되면서 청년층은 생계를 유지하기 위해 아르바이트를 하거나 실업급여에 관심을 갖는 등 자신의 가치를 추구할 기회조차 갖지 못하고 있는 것이 현실이다.

현재 대학생들이 졸업하여 직업인으로서 첫 발을 내딛게 될 미래 직업세계는 현재의 직업세계와 전혀 다른 곳이 될 것이다. COVID-19와 펜데믹 같은 현상은 IMF 사태와 비견할 만큼 청년들을 고용 절벽에 서게 했고 비대면 상황에 따른 채용시스템의 변혁으로 대학생들의 불안과 불안정성은 더욱 가중되었다. 평생직장의 개념이 붕괴되고 평생 직업 개념으로 대체되며 이런 변화는 미래에 더욱 가속화될 것으로 예상된다. 대학생 시기는 내가 누구인지 어떤 과정을 통해 의미 있는 삶을 살 수 있는지 등 보다 심화된 고민과 자신의 정체성에 답을 추구해야 하는 시기인데 지금 같은 불안정한 사회환경 속에서 온전히 자신의 정체성을 찾고 진로를 설계하고 구성해 나가는 것이 가능한가? 노동시장의 환경변화에 유연하게 대처하고 변화에 맞서 적극적으로 대응하기 위해서 우리는 무엇에 주목해야 하는가? 개인의 심리적 만족과 성공, 행복한 삶을 이뤄줄 직업 선택을 위해서 우리는 무엇을 개발해야 하는가? 이 물음에 답하기 위해 다소 추상적으로 들릴지 모르지만 우리는 하루 먹고 살기 위해 일하는 것이 아니라 행복하기 위해 일하는 삶을 꿈꾼다는 것에 초점을 두고 불확실한 미래사회를 살아가는 대학생들이 미래 직업세계를 대비하고 적응하는 방법을 찾아야 할 것이다.

2. 진로개발 패러다임의 변화

과거에는 고용 형태가 안정적이고 조직구성에 큰 변화가 없었기 때문에 한 번의 직업선택과 결정으로 직업 생활을 유지하고 개인의 삶에 굳건하고 견고한 비전과 미래를 제공했다. 그러나 직업에 대한 안정성은 4차 산업혁명과 AI(Artifical Intelligence)의 등장으로 인해 산업구조와 조직이 유동적인 형태로 변화되고 있으며 그 결과 개인은 진로와 직업에 대한 큰 스트레스를 경험하고 있다. 이러한 사회적 변화는 진로, 일과 직업에 대해 본질적인 접근을 요구하고 있다. 현 시대와 같이 복잡한 직업 세계에서 개인은 자기 자신을 잃어버리지 않으면서 적합한 직업을 선택하고 성공적인 직업생활을 영위해야 하는 과업을 부여받았으며 이는 개인 생애뿐만 아니라 사회적 측면에서도 매우 중대한 일이 아닐 수 없다. 더구나 인간의 수면 연장으로 인해 장수시대를 살아가는 현대인들에게는 기존 안정성과 안전에 초점을 둔 진로 패러다임으로는 진로문제를 감당하기 어려워졌다. 앞으로의 진로와 직업 세계는 일생 동안 진로변화를 경험하고 조정하면서 생애단계별로 여러 차례의 직업전환을 하고 직무에 적응해야 하는 생애전체의 과업으로 존재하게 되었다. 이와 같이 진로와 적성에 대한 고민은 청년 시기를 넘어 중·장년기에도 재순환되기 때문에 진로, 적성과 직업에 대한 탐색과 의사결정 과정은 중요한 생애 과제로 대두되고 있다.

진로에 대한 패러다임은 지속적으로 변화되어 왔다. 1세대 패러다임은 Parsons(1909)의 특성요인 이론을 중심으로 개인의 특성과 적성에 맞는 직업을 선택하는 개인과 환경 적합성을 고려한다. 특성 요인의 기본적인 가설은 4가지로 요약될 수 있다(Klein & Weiner, 1977).

첫째, 사람들은 신뢰성 있고 타당하게 측정될 수 있는 독특한 특성을 지니고 있다.

둘째, 다양한 특성을 지닌 종사자들이 주어진 직무를 성공적으로 수행해 낸다 할지라도 그 직업은 그 직업에서의 성공을 위한 매우 구체적인 특성을 지닐 것을 요구한다.

셋째, 직업 선택은 다소 직접적인 인지 과정이므로 개인의 특성과 직업의 특성을 짝 짓는 것이 가능하다.

넷째, 개인의 특성과 직업의 요구사항이 서로 밀접한 관계를 맺을수록 직업적 성공(생산성의 증가 또는 직무 만족) 가능성은 커진다.

특성이론의 4가지 가정에 의해 개인의 진로와 직업선택은 개인의 능력과 적성, 약점과 강점을 포함한 개인의 성향을 충분히 분석하여 직업의 성공조건, 요구와 보상과 연결을 통해 진행된다. 개인이 진로와 직업을 선택하기 위해서는 먼저 적성, 능력, 흥미 등과 같은 개인적인 특성을 객관적인 심리검사를 활용하여 추출해야 하며 그 이후에 다양한 직업이 요구하고 있는 바는 무엇인지 직업에서 요구하는 자격요건과 자신의 특성이 서로 부합할지를 예견하고 진단한 후에 개인의 다양한 특성과 직업특성이라는 두 요인을 합리적 연결하여 진로를 선택한다는 관점이다. 따라서 개인의 특성과 해당 분야 직업요건의 일치성 여부가 직업적 성공을 예측하는 판단기준이 된다. 파슨스의 특성이론은 직업선택 시 개인의 특성을 고려하도록 한 것이 가장 큰 공헌점이기는 하지만 특성이론이 간과한 것은 심리검사만으로 개인의 특성과 성공을 예측하기 어려운 심리검사가 가진 예언 타당도의 부족을 들 수 있으며 개인의 생애발달과 직업발달과정을 도외시한 점, 개인의 특성이 어떻게 발달해 나가는가에 대한 구체적 설명의 부족을 들 수 있다.

Holland(1994)의 직업성격이론도 사람의 성격과 직업 환경을 6가지 유형(RIASEC)으로 분류하고, 비슷한 유형끼리 매칭 될 때 진로만족도와 직업안정성이 높아진다고 보았다. 홀랜드 이론의 4가지 가정은 4가지로 요약될 수 있다.

첫째, 우리 문화에서 대부분의 사람들은 6가지 성격유형(실제적-R, 탐구적-I, 예술적-A, 사회적-S, 기업가적-E, 관습적-C)유형 중 하나로 분류될 수 있다고 전제하고 직업성격의 모형을 제시한다. 둘째, 환경에도 6가지 직업 환경유형(실제적-R, 탐구적-I, 예술적-A, 사회적-S, 기업가적-E, 관습적-C) 유형이 있다. 탐구적인 환경은 탐구적 성격유형의 사람들에 대다수를 차지한다. 예를 들어, 예술적인(A) 환경에 있는 대다수의 사람들은 예술적인(A) 성격유형과 유사한 특성을 가지고 있다. 셋째, 사람들은 자신의 기술과 능력을 발휘하고 태도와 가치를 표현하며 이런 특징에 부합하는 문제와 환경을 찾으려 한다. 관습적인(C) 성격유형을 가진 사람들은 관습적인(C) 환경을 찾으려고 한다. 넷째, 행동은 성격과 환경의 상호작용에 의해 결정되므로 사람과 환경의 성격유형을 알게 된다면 직업선택, 사회적 행동에 대해서도 예측할 수 있다.

홀랜드 이론의 4가지 핵심적인 내용은 성격유형과 환경모형의 특성을 설명하면서 어떻게 성격유형과 모형이 직업적, 교육적 사회적 현상 속에서 상호작용하는지를 보여주려고 했다. 홀랜드 이론은 복잡한 직업세계를 단순화하고 해석하는데 매우 유용한 방식으로 간결성이 큰 장점이다. 그렇지만 직업을 분류하는 유형들이 매우 다양하고 개인의 교육수준, 성, 지능, 사회적 계층 등 다양한 환경적인 특성을 포괄하지 못했다는 점, 환경특성과 개인의 특성이 일치하지 않고 서로 달라도 성공적으로 잘 지내는 사실을 간과하고 있다는 점을 한계점이라고 볼 수 있다(Krumboltz, 1996).

이와 같은 진로의 1세대 패러다임에서 개인은 점수로 제시된 특성 중에서 가장 높은 점수분포를 보이는 특성에 맞는 직업을 선택하고 그에 맞는 역할을 수행하는 배우(Actor)라는 존재로 보았다. 진로와 직업선택에 있어 개인의 심리적 속성 주관적 목표와 의도는 중요한 고려의 대상이 아니며 개인의 성격이나 특성, 적성에 해당하는 특성을 바탕으로 해서 직업정보를 수집하고 직업을 선택하는 것이 주요한 진로발달과정이었다. 흥미, 가치, 성격 등은 대개 자기 보고식 검사를 통해 측정되며 개인의 동기, 목표, 열망과 같은 개인 내적 측면을 담지 못한다는 한계점이 있다. 개인과 직업적 환경에서 요구되는 특성을 파악하는데 1세대 패러다임이 도움이 될 수는 있으나 미래의 급변하는 사회 속에서 적성, 성격, 환경적 특성만으로 적절한 직업을 찾는 것은 거의 불가능에 가깝다고 할 수 있다.

2세대 패러다임은 Super(1990)의 진로발달이론으로 대표되는 진로발달적 관점이다. Ginzberg(1951)는 진로선택을 단일한 의사결정이 아니라 인간이 발달하는 과정처럼 환상기, 잠정기, 현실기를 거친 과정으로서 20대까지 진행된다고 보았고, 긴즈버그 이론을 확장한 수퍼는 20대에 진로발달이 완성되는 것이 아니라 인간의 전 생애를 거쳐 발생하고 변화하는 것으로 보았다. 발달과정에서 개인은 자신에게 주어진 발달과업과 직업전환에 대비하여 무엇을 준비해야 할 것인지 파악하고 사회적 요구에 충분히 준비하게 되며 개인의 발달적 요구뿐만 아니라 경제적 불황, 해고, 과학기술의 발달과 같은 사회적 변화 등으로 인해서 이전 진로단계로 되돌아가는 재순환을 촉발할 수 있으며 개인은 생애 단계를 거치면서 수차례 전환을 거듭하는 변화하는 존재로 본다. 진로발달은 자기개념의 발달이라고 할 수 있는데, '자기개념(Self-concept)'은 개인이 사회적인 복잡한 관계 속에서 특정 역할이나 상황, 지위에서 기능하면서 획득되고 개인의 성격, 흥미, 가치, 적성, 욕구와 같은 심리적 측면과 노동시장, 사회, 학교, 지역사회 등의 사회적 측면이 서로 상호작용하고 자신을 다른 사람과 비교하며 주관적인 경험들로 인해 자기 이해를 발달시켜 형성되게 된다. 수퍼는 이제까지 직업(Vacation)이 중심이 되었던 진로의 패러다임에서 자기개념(self-concept)과 더불어 진로에 대한 포괄적인 접근을 가능하게 해주었는데, 자신의 진로발달에 대한 주관적인 인식과 이를 토대로 한 주체적인 진로 준비가 진로성공에서의 핵심적 요소이다. 2세대 진로패러다임에서 개인은 자기 삶의 단계에서 적절한 발달과제에 관여하는 준비 정도에 따라 그에 필요한 주요 역량을 갖출 수 있도록 도움을 제공받는 행위자(Agent)로 보았으며 2세대를 대표하는 수퍼의 진로발달이론은 진로에 대한 포괄적인 관점을 재공 했다는 점에서 높은 평가를 받고 있지만 진로결정 과정에서 문화적 맥락을 고려하지 못한 점이 한계점이다.

3세대 패러다임은 구성주의 진로이론이다. 21세기의 불안정한 환경으로 인해 조직에 맞춰 개인의 삶을 계획할 수 없게 된 상황을 반영하여 개인 각자가 주도적으로 내적 가치를 만들어 나가고 정체성과 적응력을 갖추며 변화를 필요로 할 때 변화할 수 있는 메타인지와 적응력에 초점을 둔 진로이론이다. 이는 포스트 모더니즘의 철학적 입장에 발맞춰 진로발달 영역에서 일어난 변화이다. 구성주의 이론은 2세대 Super의 진로발달이론을 현대화하고 재개념화한 것으로서 발달이론과 이야기(narrative)를 결합한 것이다. 불안정하고 예측 불가능한 사회적 상황에서 실제의 진로상황에 좀 더 적합하고 효과적으로 접근하고자 하는 노력으로 개인 모두가 일정한 진로발달의 단계들을 거치는 것이 아니라 개인마다 다른 삶의 과정을 개별화하고 자신의 정체성 작업에 몰두하며 그를 통해 알게 된 자기정체성을 토대로 개별적인 진로발달을 거치게 된다고 본다.

자기정체성은 개인이 일상생활에서 경험한 것에서 의미를 찾고 자신이나 타인의 영역을 넘어 세계에 대한 개념과 관점을 창조하고 구성되며 개인은 다른 누구와도 구별되는 나만의 독특한 개인사를 가진 자신이며, 진로는 자기 삶의 이야기이며 개인에게 적합한 일이란 개인마다 의미가 다르다. 따라서 개인은 불확실성과 우연이 난무한 세계 속에서 자기 안에 있는 의미 있는 경험을 통합하여 통제감과 정체성을 수립해나가는 것이 중요하다. 결국, 구성주의 진로이론은 개인이 자신을 전체적인 차원에서 이해하고, 환경과 상호작용하는 적응능력을 갖추는 것을 목표로 하며 진로발달과정에서 인간의 내적구조의 성숙보다는 환경과 적응과정을 더 중요하게 다룬다. 여기에서 환경과 상호작용한다는 의미는 환경이 개인을 형성하기도 하지만 개인도 환경을 만들어 간다는 입장을 갖기 때문에 환경의 변화에 적응하기 위해 개인이 변화에 적응해야 하기도 하지만, 변화된 개인은 환경을 변화시킨다는 의미에서 자기 정체성의 형성과 자기인식의 향상과 적응을 매우 중요하게 다룬다. 3세대 패러다임에서 개인은 자신의 자서전적 스토리를 가지고 스스로 진로를 구성해나가며 생애 주제를 성찰하는 저자(Author)로 본다.

[표 1] 진로개발 패러다임의 변화(Savickas, 2011)

패러다임	1세대	⇨	2세대	⇨	3세대
주요이론	특성-요인이론 성격유형이론		진로발달이론		진로구성이론
개인	배우(Actor)		행위자(Agent)		작가(Author)
역할	각본에 따른 역할 수행	⇨	노력하고 관리하 는 역할수행	⇨	삶의 핵심주제를 찾아가는 역할수행
특성	점수(score)		단계(stage)		스토리 (narrative)
직업 선택의 기준	개인의 특성 객관화 유사성, 매칭		진로발달과제 준비성과 노력 수행능력		삶의 주제 삶의 성찰 삶의 구성

3. 대학생과 진로

2000년대 초 진로개발은 주로 중·고등학생을 대상으로 한 진로지도로 이해되었으며, 2000년 이후 청년실업 문제가 사회적 문제로 대두되면서 사회적 관심이 증가되자 정부를 중심으로 한 부처의 다양한 정책들이 대학생을 포함하여 법으로 제정될 만큼 대학생의 진로교육은 오랫동안 교육계 관심사 밖의 일이었다. 그러나 대학의 고등교육 단계에서 진로교육이 필요한 이유는 대학이 학부제, 복수전공 등 변화하는 학사제도가 대학생의 진로와 관련 있고, 저성장 경제 기조하에 취업이 어려우므로 대학생의 취업역량을 제고하는 취업교육에 대한 대학의 책무성이 증가했기 때문이다(한국직업능력개발원, 2017). 또한 국가 사회적 측면에서는 인구 감소와 고령화에 따른 국민의 생산성 향상을 위해 대학생의 진로개발을 통한 역량 제고가 중요해 졌으며, 사회 전반의 청년실업 문제, 대학생과 부모들의 취업준비 사교육 비용 문제 및 미래 불확실성 증대 등으로 인해 대학 진로교육의 정책적 방안 마련이 시급하다는 인식이 증가 되면서 중요성이 강조되었다. 이러한 사회적 합의의 결과로 2015년 진로교육법이 제정되면서 초·중·고등학교뿐 아니라 대학생 및 사회배려 대상자(학교 밖 청소년, 장애가 있는 학생 등)까지 진로교육의 범위가 확대되었으며, 진로교육법 제14조 고등교육법 제2조에 '대학, 산업대학, 전문대학(이하 "대학"이라 한다)의 장은 진로교육을 실시할 수 있고 교육부장관은 대학의 진로교육에 필요한 지원을 할 수 있다'고 명시했다(법제처 국가법령 정보센터, 2020).

고등교육단계에서 체계적인 진로교육의 정책적 기본방향은 6가지로 제안되었다. 첫째는 학생 생애진로 개발을 위한 진로교육 비전 및 역할 강화이다. 학생의 생애진로개발을 위해 대학기관의 진로 교육 역할이 강조되었으며 진로교육의 방향은 학생들이 주도적으로 진로를 개발할 수 있도록 역량을 개발하는 것이다. 둘째, 전공 특성을 고려하여 심화된 진로교육을 실시하고 학년별로 차별화된 진로 교육을 확대하는 것이다. 셋째, 진로·취업·창업 교육과정과 내용을 질적 향상 및 내실화이다. 넷째, 대학 내 조직체계에서 진로교육기관과 유관기관을 연계하고 강화하며 이를 위해 대학에서는 산업계 경력이나 전문성이 있는 인력을 확충하고 대학 내 취업지원센터 등 기관의 유기적인 협력체계와 서비스 체계를 구축하는 것이다. 다섯째, 대학과 노동시장의 연계를 강화하고 취·창업교육 및 일 체험 기회를 제공을 위한 재정지원의 확대이다. 이외에 대학교육에서 진로교육을 어떠한 내용으로 어떤 프로그램들을 제공해야 하는지에 대한 분명한 기준이 아직까지는 제시되고 있지 않으나, 고등교육에서 대학생의 진로교육에 대해 대학 당국과 전문가들과 그리고 정부가 적극적으로 연구하고 지원할 필요가 있다. 결국 2015년 진로교육법의 제정으로 대학은 학생들의 진로발달을 돕고 진로선택과 더불어 직업역량을 개발할 수 있도록 도와야 하는 사회적 책무로서 진로교육의 당위성과 필요성, 요구도는 매우 높아졌지만, 대학의 진로교육의 방향과 구체적인 내용을 대학의 특성에 맞추어 진행하고 있다.

구체적으로 진로가 의미하는 것은 무엇일까? 진로란 한 개인이 생애 동안 일과 관련해서 경험하고 거쳐 가는 모든 체험들(김계현, 1995)이며 과거와 현재 미래의 전 생애단계에서 쌓아가야 할 행로를 의미하는 미래지향적 용어(진미석, 1999)이다. '진로'는 학교를 졸업 후 직업을 가질 것인가, 대학이나 대학원에 진학할 것인가, 전공은 무엇을 선택할 것인가라는 의미의 직업적인 의미로 사용되기도 한다. 임언(2008)은 진로(Career)는 개인이 일생을 통해 수행하는 직업이나 일과 관련된 경험이나 지위의 총체적 개념으로 일반적으로는 직업생활과 관련된 제한된 의미로 쓰인다고 했다. 개인이 설정한 진로목표에 접근해 가고 그 목표를 달성해가는 과정의 진로발달과정을 거쳐서 개인이 일의 세계를 탐색하며 자기의 적성, 흥미, 능력에 맞는 일을 선택하고, 그 일에서 필요로 하는 지식, 기능, 태도, 이해 및 판단력과 일에 대한 습관 등을 개발하는 형식 또는 비형식적인 직업교육을 마치고 직업을 선택하는 연속적인 과정을 진로라고 말할 수 있다. 하지만 진로는 일이나 직업을 선택하는 것에 국한하지 않고 전 생애발달의 개념에서 살펴보아야 하며 다양한 역할을 수행하는 과정에서 개인이 어떻게 대응하는가와 관련된 개념으로 이해되어야 한다.

한 개인의 진로발달은 통합적이고 생애적인 관점에서 출발하며 자신의 삶을 실현하는 과정으로 직업생활(일)을 설계하고 환경과 그 변화에 적극적으로 대응해가는 직업 및 진로와 관련한 생애에 걸친 학습과 실천이 이루어져야 한다(진미석 외, 2004). 또한 인생 전반에 거쳐 추구하는 일의 총체들이 개인의 생애 목표와 균형을 이루면서 외부 환경과 자신을 조율하는 과정이기에(이지연, 2002), 한 개인의 삶에 대한 것과 더불어 변화하는 사회 환경적 특성을 잘 반영할 수 있어야 한다.

대학생에 해당하는 후기 청소년기는 전 생애 진로발달관점에서 보았을 때, 아동기와 성인기를 연결하는 시기로 성인기 이후의 생애진로발달에 초석이 되는 결정적인 시기로 볼 수 있다. 이 시기에 성공적인 진로발달은 정신적 건강에 긍정적인 영향을 주는 반면 진로에 대한 준비부족은 성인 초기의 직업생활을 통한 사회적 적응에 직간접적인 방식으로 부정적인 영향을 미칠 수 있다(Skroikov, 2007). 대학생 시기에 해당되는 18세에서 24세까지의 진로발달과업은 잠정적인 직업선호로부터 구체화된 직업선호로 진로목표를 구체화하고, 구체화된 직업선호와 관련된 교육이나 훈련을 이수하여 노동시장으로의 이행을 실행하는 것이다(Zunker, 2006). 이 시기는 일생 동안 신체적·인지적으로 가장 변화무쌍한 시기이며, 다양한 진로개발의 과제를 안게 된다. 대학생이 직면한 진로개발과제는 단순한 취업준비 만이 아니라 대학생활 적응, 진로탐색과 진로준비, 대학재학 중의 진로변동, 대학 졸업 이후의 진학과 창업 등 다양한 종류와 문제, 의사결정을 포함하고 있는 복합적인 것이다. 따라서 대학생 시기의 진로개발은 자신과 직업세계에 대한 이해를 바탕으로 직업적 선호를 분명히 하고 의사결정을 하고, 선택한 직업분야에 적응하기 위한 교육과 훈련을 받으며 자신의 진로를 확립해 나가는데 있다. 또한 긍정적인 직업가치와 태도의 확립, 자기이해를 바탕으로 한 직업적 특성에 대한 이해와 구체화, 진로설계와 적합한 직업을 얻기 위한 노력과 다양한 경험, 사회구성원으로서의 기대되는 역할을 수행하는 것이다. 이는 '학생'의 신분에서 '직업인'의 역할로 옮겨가면서 '자기개념'을 반영하는 직업선택, 직업에서 요구하는 자격을 갖추기 위한 훈련과 교육으로 준비해야 함을 의미한다. 개인에게 있어서 직업세계로의 이행은 이후의 성인기의 발달과정과 행복한 삶에 큰 영향을 미치기 때문에 대학생 시기의 진로에 대한 탐색과 진로 의사결정 또한 매우 중요하다. 이 시기의 진로발달을 달성하려면 자신의 직업적 선호를 파악하려는 다양한 활동들이 수반되어야 하기 때문에 취업센터를 활용하여 직업심리검사, 적성검사, 성격검사 등의 심리검사를 실행하거나 진로탐색프로그램, 진로캠프 등에 참여하고 전공학과에서 운영되는 학년별 진로프로그램에 참여하기도 한다. 대학에서 실시한 심리검사나 다양한 프로그램에 참여한 경험들이 의미 있는 활동이 되어 직업선택으로 현실화되려면 노동시장과 조직에서 요구되는 기술, 지식이나 태도를 포함하는 역량에 대한 훈련이 필수적으로 필요하며 노동환경에 진입했을 때 직무를 바로 수행할 수 있는 실질적인 직업역량의 개발을 위해서는 관심 있는 직업분야와 연계된 인터십과 아르바이트 등의 일 경험을 위한 적극적인 참여와 실행이 이루어져야 한다.

대학생의 진로발달과정 중에는 사회에 진입해서 변화하는 사회에 적응하기 위해 필요한 기본적인 태도와 지식, 기술 등의 진로개발역량을 갖추어야 한다. 진로교육의 방향에 대해 OECD(2004)는 개인 일생의 한 시점에서 결정을 내리는 과정만을 지원하는 것이 아니라 언제, 어디서나 자신의 진로를 슬기롭게 해쳐 나갈 수 있는 능력인 '진로개발역량(career development competency)'을 길러줘야 한다고 명시했다. 2015년에 우리나라는 진로교육법을 제정하고 제4조에서 진로개발역량 함양을 목표로 제시했다.

진로역량(Career Competencies)은 변화하는 직업세계와 평생학습사회에 적극적으로 대응할 수 있도록 진로를 개척하고 지속적으로 개발할 수 있는 역량이며 자기주도적으로 미래 직업세계에서 필요한 지식과 기술들을 준비할 수 있는 역량으로 정의된다(김창완 외, 2014; 진로교육법 제4조). 진로역량은 최근 핵심역량(Key comperencies) 연구와 더불어 활발하게 진행되고 있는데 개인의 삶 전체 맥락에서 진로를 개발하는데 요구되는 역량이며 삶의 지향점을 설정하고 진로를 선택하고 그런 선택이 실제로 구현될 수 있도록 준비하고 노력하는 과정에서 필요한 지식, 스킬, 태도, 가치와 성향이다(이지연 외, 2009). 이와 같은 진로 역량은 직업 생활에서만 필요한 지식, 스킬, 태도와 가치가 아니라 삶의 전반에서 공통적으로 발휘되는 능력이라고 할 수 있으며, 진로를 개척하는 과정에서 자신이 가지고 있는 역량(적성)을 파악하고 이것을 어떻게 활용하고 학습할 것인가를 판단할 수 있는 역량이라는 점에서 메타역량이라고 하기도 한다(최동선 외, 2008). 진로역량을 갖춘다는 것은 개인이 발달과정을 거치면서 맞닥뜨리는 진로문제, 장벽을 스스로 해결할 수 있는 힘을 갖게 된다는 의미이며 다양한 상황에서 전이 가능한 능력을 갖게 된다는 의미이다. 대학생 시기에 진로개발역량이 중요한 이유는 이 시기가 학생에서 사회로 진입하는 사회인으로 진로를 전환해야 하는 과제에 당면해 있고 졸업 후 바로 직업세계에 적응을 시작해야 하는 시기에 있기 때문이다. 특히 불안정한 고용과 직업세계의 불확실성을 안고 있는 환경에 처해 있기 때문에 이러한 환경 속에서 유연하면서도 자기주도적으로 그리고 지속적으로 진로를 개발해 나갈 필요가 있다(강경연·강혜영, 2019).

미국 국가진로개발 가이드라인(National Career Development Guide: NCDG)에서는 진로역량을 자아인식, 학업과 직업탐색, 진로계획의 세 영역으로 구분하여 생애주기별로 각각 12개 지표로서 진로역량 개념의 세부내용을 제시했다. 진로역량의 첫 번째 영역은 자기이해이다. 이는 긍정적인 자아개념을 유지하는 능력, 효과적인 행동을 유지하는 능력, 발달적 변화와 전이를 이해하는 것으로 구성된다. 두 번째 영역은 학업과 직업탐색이다. 교육과 훈련을 시작하고 참여하는 기술, 일과 평생학습에 참여하는 능력, 진로정보를 찾고 평가하고 해석하는 기술, 직업을 찾고 얻고 유지하며 바꾸는 능력, 사회의 요구와 기능들이 어떻게 일의 구조와 본질에 영향을 주는지 이해하는 것으로 구성되어 있다. 다양한 경험을 통해 자기를 개발하는 능력은 단지 경험이나 지식 정보 등을 다양하게 많이 획득하는 측면만이 아니라 진로개발의 자원으로 유용하게 활용할 수 있는 능력이다. 세 번째 영역은 진로계획이다. 개인의 삶의 과정에서 발생하는 것들에 대한 스스로 의사결정하는 능력, 일이나 개인과 가족생활에 미치는 영향을 이해, 지속적으로 변화하는 남성과 여성의 역할을 이해하고 진로를 전환하는 능력으로 구성되어 있다.

Howard와 Amy(1990)는 이 세 가지 영역 중에서 대학생들에게 가장 필요한 부분으로 자아인식영역에 더욱 관심이 필요함을 강조하면서, 진로와 관련된 활동과 다양하고 많은 경험이 필요하다고 했다. 우리나라 대학생들은 진로에 대해 많은 생각과 고민으로 성찰하면서 그 중요성을 인식하고 있으나, 자신의 특성과 성격, 관심영역과 적성 등에 대해 수행 수준인 준비도는 필요한 수준보다 상당히 부족하다. 대학시기의 진로에 대한 생각과 고민은 현실적이고 긍정적인 정체감을 확립하는데 필수적인 과정이기 때문에 긍정적이고 바람직하다고 할 수 있다. 다만 대학생들이 진로개발을 적응적으로 해나가기 위해서는 문제의식과 성찰뿐 아니라 다양한 활동의 기회, 활동의 경험은 매우 중요하다. 또한 대학에서 진로역량은 대학생들의 진로시장 이행이라는 단기적 진로성공뿐 아니라 개인에게 의미 있는 자원을 개발하는데도 매우 중요하다. 자기를 성찰하고 진로와 관련한 성찰, 자기표현, 네트워킹, 진로탐색, 진로 관리 등을 관리하고 진로역량을 개발하는데 있어서 활동의 중요성을 기억하고 기회를 만들어 나가는 노력이 필요할 것이다.

우리나라의 경우, 대학생의 진로와 직업 준비를 지원하기 위해 2009년 한국직업능력개발원에서는 핵심역량진단시스템(K-CESA: Korea Colleglate Essential Skills Assessment)을 개발했는데 진로핵심역량을 3가지로 제시했다. 그 3가지는 의사소통역량, 자원·정보·기술 활용역량, 대인관계역량, 글로벌역량, 종합적 사고 역량, 자기관리 역량이다. 박성미(2011) 또한 진로 핵심역량으로 지식, 기술, 태도의 세 가지 차원으로 제시했다. 지식 차원은 자긍심, 리더십, 자기주도 학습력, 협동, 의사소통을 제시했고 기술 차원의 핵심역량은 문제발견능력, 정보기술활용능력, 변화대처능력, 종합적 사고력으로 태도차원의 역량은 추진과 도전능력, 국제적 감각능력, 프로정신, 경험의 개방성을 제시했다. 진로는 개인의 삶 전반에 걸친 중요한 문제로서 성공적인 사회진출과 직무수행에 필요한 자원인 취업역량의 개념보다 더 넓게 접근할 필요가 있고 건강하게 진로발달과업을 성취하기 위해서는 성공적인 일상, 사회, 직업생활에 필요한 보편적인 성격의 K-CESA 핵심역량보다는 좀 더 좁게 접근해야 한다.

한편, Slvickas가 제안한 3세대 진로이론의 관점에서 볼 때, 대학성의 진로과업은 대학생 자신이 진로를 위해 준비하고 관리해야 한다는 것을 의미하고, 불확실성을 관리하고 분명한 정체성을 가지고 주체적이고 자기주도적으로 진로를 창출하는 능력을 갖추는 것을 강조한다. 변화무쌍한 사회에서는 흔들리지 않는 자기정체성을 필요로 하며, 환경에 적응할 수 있는 진로적응성(Career adaptability)을 갖추는 것은 물론이고 진로 탄력성(career resilience), 우연활용, 불확실성을 인내하는 능력을 필요로 하기 때문에 자기효능감, 위험감수, 실패에 대한 낮은 두려움, 낙관성, 내적 통제감, 호기심, 인내심 등의 심리·정서적 속성들도 충실히 다져야 한다. 낙관성이 높으면 잔로장벽을 낮게 인식하고 적극적으로 진로행동을 시도할 가능성이 높고 위험을 감수하는 능력이 높아지며 자신의 주변에 발생한 우연한 기회를 능동적으로 활용할 가능성이 높아진다(이동혁·황윤미·정지희, 2012).

여러 관점의 진로역량 이론들을 종합하면서 여기에서는 대학생이 갖추어야 할 진로역량으로 적응력, 의미 만들기, 성찰적 자기이해, 및 평생학습역량에 초점을 맞추고자 한다. 미래를 예측하고 대비하는 것이 어려운 시대에는 '무엇'을 예측하고

'무엇'을 대비할 것인가를 넘어서 '어떻게' 대응해 나가야 할 것인가 하는 진로적응력을 갖추는 것이 매우 중요하다. 대학생이 함양해야 할 진로역량 중 첫 번째는 진로적응역량이다. '진로적응은 변화하는 작업환경, 일과 직무, 대인관계 및 자신에게 적응하기 위한 태도와 능력을 의미하는데(장계영, 2009), 미래 적응의 가장 훌륭한 예측은 현재 적응이라는 점에서 대학생의 진로역량 함양과 진로적응에 위한 도전과 실험을 지금-여기(here and now)에서 어떻게 적응적으로 경험하는가는 매우 중요하다고 하다.

두 번째 역량은 삶에서 의미 만들기(meaning-making)이다. 진로교육의 패러다임도 '개인과 직업의 연결(match-amking)'에서 '삶에서의 의미 만들기(meaning-making)'로 변화되고 있다(고재성, 2013). 따라서 대학생이 진로역량을 개발하고 습득하려면 학교에서 학년별, 전공별로 제공하는 다양한 진로프로그램에 적극적으로 참여하고 의미 있는 일 체험 기회를 활용하는 것이 필요하다. 최근까지도 진로교육이나 대학에서 운영되는 진로교육은 대부분 교과목이나 비교과 프로그램 등으로 진로성숙도를 높이거나 진로결정 효능감, 진로개발 준비도를 높이는데 초점을 두어 구성되었고 진로개발과 관련된 심리적인 태도에 집중되어 있었으며 교과 내용은 주로 자기탐색, 직업세계탐색, 진로계획수립, 구직기술습득 등이 보편적이었다. 그러나 대학에서 학생들의 진로교육의 궁극적 목표를 대학생들이 자신의 진로를 개척하고 발전시키도록 하는 기초역량, 즉 직업역량의 함양으로 생각하고 대학생들이 사회에 나가 바로 활용할 수 있는 실질적인 직업역량 강화중심의 학년별 전공별 진로교육을 제공하고 있기 때문에 대학생 시기에 적극적으로 직업역량을 함양할 수 있도록 프로그램에 적극적으로 참여하는 것이 좋다.

대학생이 함양해야 할 세 번째 진로역량은 성찰적 자기이해역량이다. 김지영(2014)은 대학생 진로발달에 있어 인턴십 프로그램은 경험학습 과정으로써 예비사회인에서 사회인으로 넘어가는 일종의 이차적 사회화를 달성하기 위한 징검다리

역할을 할 수 있어야 한다고 강조하였다. 따라서 인턴십 프로그램에서 진행되는 활동들은 직업인으로서 어떻게 준비해야 하는지를 깨닫게 해주는 성찰적 작업과정이자 직업인으로서의 태도를 새롭게 인식하는 학습과정으로 구성되어야 한다. 이러한 직업체험의 경험에서 우러난 성찰과 자기이해는 피상적인 진로준비가 아닌 깊이 있는 진로개발을 수행하도록 한다. 따라서 최근 진로교육의 방향성으로 제시되고 있는 진로역량개발 중 자기이해는 탐색적인 자기이해가 아니라, 통합적이고 전체적인 사고를 가지고 자신을 이해하기가 되어야 하며 '성찰'을 통해 얻어진 자기이해는 긍정적 자아개념의 초석이 될 것이다. 또한 긍정적 자아개념은 진로개발과정에서 맞닥뜨리게 될 진로장벽과 불확실성을 지혜롭게 뛰어넘을 수 있는 자원이 되므로 자기 이해는 '성찰'적이며 '존재의 의미'를 찾는 과정으로 참여하는 것이 바람직하다.

마지막으로 대학생이 함양해야 할 진로역량은 평생학습역량이다. 4차 산업혁명시대는 사회와 직업세계의 변화의 폭이 매우 클 것으로 전망되므로 평생학습은 매우 중요한 이슈가 될 것으로 예상된다. 대량실업과 같은 최악의 시나리오를 피하려면 단순기술이 아닌 창조력과 학습력, 문제해결능력 등의 역량을 갖추어야 하고, 고령화 추세에 대응하려면 기존의 노동력이 생애주기 전체에 걸쳐 재교육하기 위한 평생교육에 더 주목하고 관심을 가져야 한다. 앞으로는 65세 이후에도 평생교육을 통해 오랫동안 일하고 노동하게 될 가능성이 매우 높기 때문에 평생학습을 진로개발의 주요한 과정으로 인식하고 활용 방법을 알고, 적극적으로 참여하는 것이 변화가 빠른 직업세계에서 적응력을 높이는 방법이 될 것이다. 이런 점에서 대학생 진로교육의 내용은 평생교육이 진로역량을 개발하는데 필수적인 요소임을 인식하도록 돕고 평생학습의 중요성 및 이해도를 높여야 할 것이다.

Chapter 7.

진로이론

1. Holland 성격이론

Holland(1919~2008)는 2차 세계 대전 동안 군에 복무하면서 군인들의 직업특성을 몇 개 유형으로 설명할 수 있다고 생각했고, 재대 후에는 대학생을 대상으로 연구하면서 서로 다른 홍미를 가진 사람들은 서로 다른 성격 특성을 가진다는 확신을 갖게 되었다. 1959년 이 가설을 〈상담심리학〉 저널에 발표했으며, 이후 개인의 홍미와 성격적 특성 이외에도 환경의 역할과 환경 측정에 대한 구체적인 설명과 일치성 정도를 측정하는 육각형 모형을 추가하면서 1997년 최종적으로 홀랜드 이론이 완성된다. 홀랜드의 진로성격이론은 직업심리영역에서 가장 큰 영향을 미친 이론으로 평가된다. 직업선택과 발달에 관한 홀랜드 이론은 '직업적 홍미는 일반적으로 성격이라고 불리는 것의 일부분이기 때문에 개인의 직업적 홍미에 대한 설명은 곧 개인의 성격에 대한 설명이다'라는 가정을 기초로 한다. 홀랜드 이론의 핵심은 4가지 주요 가정과 5가지 부가적 가정으로 구성되어 있으며 주요 가정과 여섯 가지 유형의 특징, 부가적 가정이 이론의 내용의 핵심이다. 4가지 주요 가정 안에 핵심적 이론이 포함되어 있으며 성격유형과 환경모형의 특성을 설명해주고 있고 어떻게 성격유형과 모형이 결정되는지, 어떻게 성격유형과 모형이 직업적, 교육적, 사회적 현상들 속에서 상호작용하는지를 보여주고 있으며 이론의 핵심가정은 다음의 8가지 원리로 요약되어 나타낼 수 있다.

첫째, 대부분의 사람들은 여섯 가지 유형(실제적[Realistic], 탐구적(investigative), 예술적[artistic], 사회적[social], 기업적[enterprising], 관습적[conventional]) 중 하나로 분류된다. 6가지 흥미유형의 분류는 다양한 경험 속에서 사람들은 다른 활동에 비해 더 선호하는 활동을 학습하게 되고 강한 흥미로 변해가며 결국에는 개인의 특성이 되는 것이다. 둘째, 환경에도 6가지 직업 환경 유형(실제적[Realistic], 탐구적(investigative), 예술적[artistic], 사회적[social], 기업적[enterprising], 관습적[conventional]) 환경이 있으며 각 환경에는 그 유형에 일치하는 사람들이 머물러 있다. 다시 말해 사회적인(S) 환경은 사회형(S) 성격유형 사람들에 의해 지배되는데 자신을 특정한 사람들, 특정 물체들로 구성된 주변을 형성해간다. 셋째, 사람들은 자신의 능력과 기술을 발휘하고 태도와 가치를 표현하고 자신에게 맞는 역할을 수행하며 즐거운 문제해결과 역할을 할 수 있는 환경을 찾는다. 환경을 탐색하는데 오랜 시간을 걸쳐 다양한 방식으로 탐색하게 되며 탐구형(I) 유형의 사람은 탐구적(I) 환경을 추구하고 예술형(A)의 사람은 예술형(A) 환경을 추구한다. 넷째, 행동은 성격과 환경의 상호작용에 의해 결정된다. 사람의 성격과 환경적 특성을 안다면 성격과 환경의 상호작용에 대한 과정과 결과를 예측할 수 있는데 그 결과로서 진로 선택, 직업성취, 직업만족, 직업역량, 성공여부 등을 알 수 있다. 다섯째, 개인의 흥미유형과 개인이 몸담고 있는 직업 및 직무환경의 적합성 정도는 육각형 모형에 의해 추정할 수 있다. 적합성(Congruence)은 개인의 직업흥미와 직무나 조직이 잘 들어맞는 정도를 말하는데 자신의 흥미유형과 직업 환경의 조화가 잘 이루어질 때 직업

만족도가 높고 그 직업에 오래 종사하게 되며 생산성도 증가하게 된다. 여섯째, 개인의 흥미 특성에 대한 근접성과 직무환경에 대한 근접성 모두 홀랜드 육각형 모형으로 확인할 수 있다. 6각형 모형에서 인접해 있는 유형들은 유사한 특성을 가지고 있지만 6각형 모형의 대각선 방향에 있는 유형은 유사점이 거의 없으며 흥미, 성격적 특성, 직무 등에 관련성이 거의 없음을 의미한다. 일곱째, 개인의 흥미 특성에 대한 변별성, 직무환경에 대한 변별성은 흥미검사 프로파일, 직업코드로 알 수 있다. 특히 개인의 흥미유형이나 직업 환경은 다른 어떤 개인이나 환경보다 더 분명하게 정의될 수 있다. 예를 들어 한 사람이 흥미 검사 프로파일 상에서 6가지 흥미코드 모두 골고루 비슷한 점수를 받았다고 한다면 흥미와 환경에 대한 변별도가 부족하여 진로결정에 어려움을 겪을 수 있다. 여덟째, 개인 흥미 유형의 정체성과 직무환경의 정체성은 흥미검사 프로파일, 직업코드 등을 통해 알 수 있다. 개인의 정체성은 분명하고 안정된 인생의 목표, 흥미, 재능을 가짐으로써 얻어지며, 환경적 정체성은 환경이나 조직이 분명하고 통합된 목표, 일, 보상이 일관되게 주어질 때 생긴다. 이것은 문화, 성역할, 자기효능감 등에 의해 영향을 받는다.

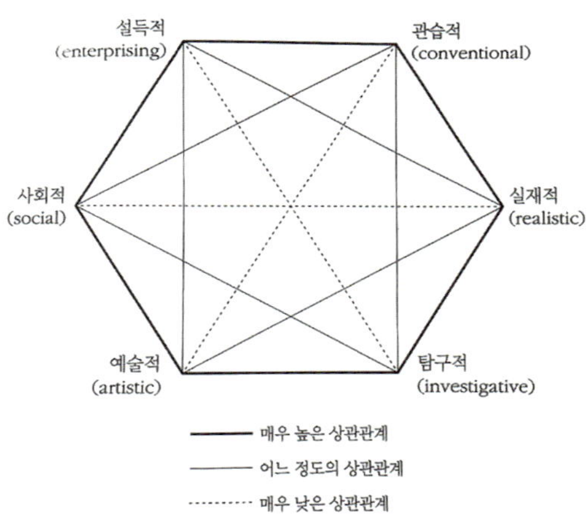

[그림 1] 홀랜드 6각형 모형의 흥미 특성의 상관관계

홀랜드가 직업성격에 대해 연구하던 초기에 개인은 6가지 유형 중에서 단 한 가지 성격유형에만 속한다고 보았다. 그러나 연구가 진행되면서 개인이 여섯 가지 성격유형 중에서 하나가 지배적으로 우세하지만 하위 유형이 있다고 수정했다. 개인은 여섯 가지 유형 중 가장 우세한 유형 세 가지를 기초로 전개되며 각 유형에 관계되는 특성들은 선호 경향만 포함되는 것이 아니라 비선호도 포함된다. 6가지 성격유형과 특징은 다음과 같다.

실제형(Realistic)은 순응적이고 원리 원칙적이며 실용적이고 지구력이 있으며 신중하고 질서와 체계적인 활동과 현장, 야외활동을 선호한다. 자신의 기존의 가치와 신념에 위배되지 않는 한계 내에서 행동하는 경향이 있으며 남성적이고 솔직하며 말수가 적다. 이런 성격적 특성은 손을 사용하거나 기계적 기술적 능력을 끌어내지만 사회적이고 교육적인 능력은 부족하기 때문에 타인과의 상호작용을 필요로 하는 업무에 충돌과 불편이 발생할 수 있다. 또한 금전, 권력, 지위 등 눈에 보이는 구체적인 특성들에 가치를 둔다. 실제형의 가장 전형적인 직업은 기계 분야로 실행/사물 지향적 특성을 가지고 있다. 기계나 도구를 조작하고 신체활동이 주로 이루어지며 신중한 성격이 요구되는 직업 분야로 전기기사, 소방관, 중장비 기사, 목수, 군인, 운전기사, 운동선수, 기술자 등의 직업이 실제형 직업에 해당된다.

탐구형(Investigative)은 분석적이고 호기심이 많으며 조직적이고 정확하며 내향적이고 지적이며 독립적, 합리적인 성향을 가지고 있다. 물리적, 문화적, 생물학적 현상을 관찰하고 이해하며 상징적이고 체계적으로 탐구하는 것을 좋아한다. 그러나 남을 설득하거나 사회적 활동은 좋아하지 않는 등 리더십 기술이 부족하다. 이런 성격 특성은 정보수집, 객관적 자료분석 등이 필요한 학문적 과정을 선호하고 탐구능력을 사용하여 문제를 해결한다. 탐구형의 직업 환경은 연구개발 분야이며 사고와 아이디어 지향의 특성을 보인다. 자연이나 사회현상을 탐구하고 이해하며 예측, 통제가 이루어지고 분석적이며 지적인 성격이 요구된다. 심리학과 같은 사회과학

분야, 물리학이나 생물학 같은 자연과학 분야의 학자, 경영 관련 분석가 등의 직업이 이에 해당되며 가장 전형적인 직업유형은 과학자이다.

예술형(Artistic)은 상상력이 풍부하고 직관적, 독창적이며 충동적이고 자기표현에 능하며 개방적인 성격특성을 보인다. 예술적인 활동을 위해 물질적, 언어적, 인적 자원의 사용이 자유로운 활동을 선호하고 사물을 인지하는 방식이 획일적이지 않다. 질서 있고 시스템화 되어 있는 환경은 회피하며 6가지 직업적 성격 유형 중 가장 개방적인 사고 체계를 소유하고 있다. 이런 성격적 특성은 언어, 미술, 음악, 집필 등에 능력을 끌어내지만 사무적인 능력은 부족한 특성을 보인다. 예술형의 대표적인 직업 환경은 예술분야로서 창조/아이디어 지향의 특성을 가지며 예술적 활동이 요구된다. 음악가, 미술가, 배우, 시인, 디자이너 등의 직업이 예술형의 대표적인 직업이다.

사회형(Social)은 설득력 있고 협조적이며 남을 돕기를 즐기고 사람들에게 친절하며 사교적이고 이해심이 많다. 이 유형의 특징은 다른 사람을 가르치고 훈련시키며 양육하고 치유하는 활동을 선호하며 일반적으로 이타적이며 감정적이고 배려심이 깊지만 도구와 기계를 포함한 질서정연한 활동을 싫어한다. 사회적인 유형의 대표적인 직업 영역은 교육, 상담 분야로서 자신/사람 지향적인 특성을 가지고 있어 대인관계 능력이 중요하며 기계와 과학적인 능력은 부족하다. 대표적인 직업으로는 교육자, 상담가, 사회복지사, 간호사, 성직자 등이 사회적 유형의 직업이다.

기업형(Enterprising)은 모험적이고 야망이 있고 지배적이며 눈에 띄기를 좋아하고 외형적이다. 이들은 조직의 목표나 경제적 이득을 얻기 위해 다른 사람을 조직하고 이용하는 활동을 선호하며 리더십이 있고 설득력이 있다. 인접유형인 사회형(S)이 타인을 이해하고 돕는데 사회성을 발휘한다면 기업형은 자신이 속한 조직이나 자신의 계획에 따른 목표를 이루기 위해 사회성을 발휘하는 경향을 보인다. 그러나 상징적이고 체계적이며 과학적인 능력이 부족하다. 기업형의 대표적인 직업

분야는 경영 분야로 관리/과제지향의 특성을 가지고 있다. 사교성, 설득력, 지시와 지도활동이 요구되며 기업경영인, 정치가가 기업형의 대표적인 직업이다.

관습형(Conventional)은 조심성 있고 정확하며 규칙을 잘 지키며 효율적이고 원칙적이며 순종적이다. 실용적이면서 자기 통제적인 경향이 강하고 체계적이며 구조화된 일을 좋아하므로 기록을 정리하거나 자료를 재생산하는 사무적인 일에 능하다. 그러나 심리적 활동 상상력이나 예술적인 활동은 회피한다. 관습형의 대표적인 직업 분야는 사무, 회계 분야로서 동조, 자료지향의 특성을 가진다. 규칙을 만들거나 따르는 활동이 요구되며 현실적이고 성실한 성격과 사무치리 능력이 강조되는 사서, 경리사원, 회계사, 의무기록사, 비서, 은행원 등의 직업이 해당된다.

Holland 6각형 모형은 Holland 이론의 성격유형인 RIASEC을 각각 6각형의 한 지점에 위치시켜 각 유형들 간의 관계와 심리적 유사성을 한눈에 파악할 수 있도록 고안된 기하학적 모형이다. 6각형 모형은 성격유형과 환경 유형을 통합하고 성격유형과 환경 유형의 일관성과 일치성을 파악하고 진로 선택과 결정 이후의 만족도, 성취 결과를 예측하는데 주로 사용된다. 성격유형과 환경모형이 가장 높은 수준으로 일치하는 경우, 사회형이 사회적 환경에서 일할 때 다른 사람을 잘 돕고 이해하고 가르치며 대인관계와 관련된 문제를 해결하는 감각이 탁월하여 자신의 성격을 드러낼 기회를 쉽게 얻게 되며 인정과 보상도 함께 따른다. 하지만 반대로 성격과 환경이 완전히 일치하지 않는 경우 불만족과 소모적 행동, 직업 스트레스를 경험하게 될 것이다. 예를 들어, 실제적 성격의 사람이 사회적 환경에서 일하게 되면 사람들과 함께 일하거나 다른 사람을 도와야 하는 직업적 환경에서는 체계적으로 조작하고 기계와 도구를 잘 다루는 자신의 성격적 특성을 드러낼 수 있는 기회가 적게 주어진다.

성격유형과 환경모형간의 관련 정도를 의미하는 것이 일관성(consistency)인데 육각형 모형 상에서 두 유형간 근접성에 따라 설명된다. 진취적(E)이면서 사회적(S)인

성격유형을 가진 사람은 실제적(R)이면서 사회적(S)인 성격유형을 가진 사람보다 일관성이 높다. 개인의 흥미 하위 유형이 육각형에서 서로 가까이 위치할수록 흥미의 일관성이 높다. 변별성(differentiation)은 사람이나 환경이 얼마나 잘 구별되는지를 의미하는 것으로서 직업적 흥미 특성이 얼마나 뚜렷하게 나타나는가를 나타내는 것으로 흥미 분화도라고도 한다. 흥미에 대한 분화 정도는 일반적인 흥미와 특정 흥미를 변별해주는 개념으로서 6가지 흥미 유형 중 특정유형으로 편중되거나 분화된 정도를 의미한다. 흥미는 개인이 좋아하는 것과 싫어하는 것 간에 분명한 차별이 있을 때 변별되어 있다고 하며 흥미가 잘 분화(변별)되어 있으면 진로 선택이 더욱 용이해지며 일에서 경쟁력이 높고 사회적이고 교육적 행동에도 적절히 개입하게 된다.

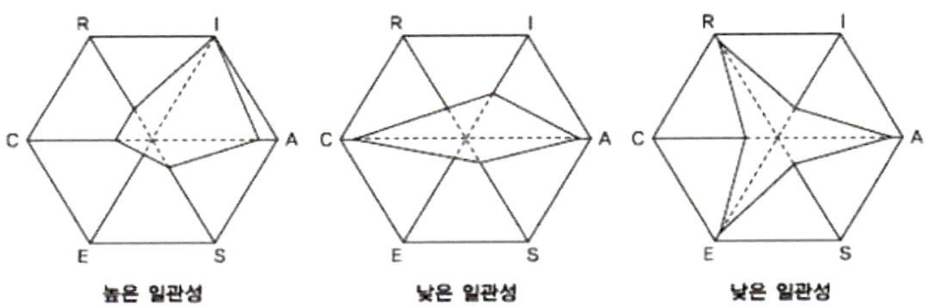

[그림 2] Holland 육각형 모형의 일관성

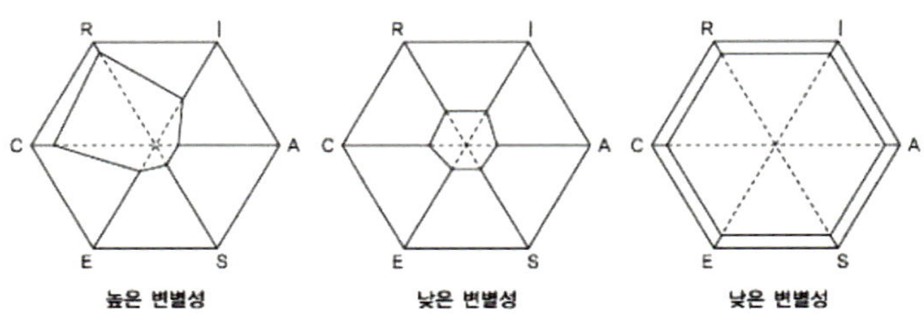

[그림 3] Holland 육각형 모형의 변별성

2. Super 진로발달이론

진로발달이론은 직업과 개인의 특성 간의 매칭이라는 진로의 관점에 문제를 제기하면서 개인이 진로에 대해 흥미를 가지고 구체적인 진로를 선택하고 성공을 위해 직업분야에 몰입하는 과정을 일련의 발달단계로 보았다. 직업흥미검사 결과가 흥미에 높은 일관성을 보였지만 다른 흥미코드와 점수 차이를 보이지 않아 변별도가 낮다면 자신과 잘 맞는다고 추천된 직업이 자신과 맞는지 확신이 없는 경우 진로계획과 선택은 어떻게 해야 할까? 진로발달이론에서는 진로와 직업 선택이 단일한 의사결정 사건이 아니라 일종의 발달과정으로서 개인의 희망과 직업 가능성 간의 타협이자 재순환 과정으로 보았다. 생애주기를 거치면서 자기개념도 변화되고 진로성숙도 일어나기 때문에 단순 검사만으로 진로를 선택하기 보다는 발달과정을 거치면서 변화된다는 관점을 가져야 한다는 입장이다. 진로발달이론 분야의 주요한 이론은 긴즈버그의 진로선택발달이론, 수퍼의 생애진로발달 이론, 그리고 갓프레드슨의 제안타협이론이 있으나 Super는 다른 이론에 비해 진로발달을 전 생애적인 관점으로 보고 생애역할과 자아개념, 진로성숙의 개념으로 이론화 했다. 다양한 진로발달 이론 중 가장 포괄적이고 종합적인 이론이라고 평가받고 있는 Super의 진로발달이론의 주요한 이론적 개념들을 살펴보고자 한다.

수퍼 이론의 가장 큰 특징은 진로를 전 생애적 측면에서 바라보고 있다는 점이다. 전 생애적이라는 것이 필연적으로 이루어지는 생물학적 발달과정이 아니라 진로는 환경과의 상호작용 속에서 이루어지는 일종의 심리사회적 발달이며, 사회적 기대의 맥락, 직업기회 구조의 배경과 관련하여 발달한다는 의미이다. 성인은 청소년과는 다르게 개인에 따라 발달의 패턴이 서로 다르고 연령의 변화에 따라서도 큰 영향을 받지 않기 때문에 생애역할(life role)을 개인이 어떻게 수행하는가에 따라서 진로발달이 이루어진다. 또한 전생애적이라는 관점은 인생의 어느 시점에 진로발달이 완성되는 것이 아니라 아동기부터 노년기까지 성장과 쇠퇴의 과정을 끊임없이 재순환한다는 의미이다. 수퍼(1990)는 진로란 "개인이 일련의 발달과업에 직면하여 그가 되고자 하는 사람이 되는 방식으로 이러한 발달과정을 이행하는 생애과정"이라고 개념화했다. 그리고 사람들이 전형적으로 가지게 되는 발달과업을 성장기(Growth stage), 탐색기(exploration stage), 확립기(establishment stage), 유지기(maintenance stage), 쇠퇴기(decline stage)의 일련의 단계들로 설명하고 있다.

성장기(출생~13세)는 자기(self)에 대한 지각이 생겨나고 직업 세계에 대한 기본적인 이해가 이루어지는 것이 진로발달과업이다. 이 시기의 아동은 '나는 무엇을 좋아한다' '나는 무엇을 잘한다'와 같이 자신에 대한 기본적인 이해가 생긴다. 성장기는 환상기, 흥미기, 능력기의 하위단계로 구분되는데 호기심에서부터 시작된 직업의 환상기기는 점차 성장하면서 가정, 학교, 부모, 또래의 영향을 받아 구체적인 정보수집이 일어나며 일의 세계에 대한 이해가 이전보다 깊어진다. 이런 과정을 통해 아동은 직업의 현실적인 정보가 풍부하게 쌓이면서 현재의 행동이 미래의 결과에 영향을 미친다는 것과 능력의 중요성을 인식하게 된다.

탐색기(14~24세)는 미래에 대한 계획이 주요 진로발달과업이다. 진로발달 측면에서 대학생 시기에 해당하는 탐색기의 발달과업은 어느 시기보다 중요하므로 Super가 제시하고 있는 탐색기의 세부적 단계를 살펴볼 필요가 있는데 하위단계로 결정화, 구체화, 실행의 시기로 나누어진다. 결정화(crystalization)는 마치 물속에 들어 있는 소금결정이 점차 커지고 굳어지듯이 성장기에 호기심에서 출발하여 쌓인 자신과 직업에 대한 정보가 축적되면서 진로에 대한 선호가 점차 분명하게 드러나는 시기이다. 개인은 자신에게 적합한 수준의 기초적인 일을 배우고 관심 있는 일을 하기 위해 어떤 능력이 필요한지 배운다. 일에 대한 경험과 지식이 쌓이면 진로를 선택의 범위를 좁혀주기 때문에 도움이 되며 한번 직업을 선택했더라도 하고 싶은 직업을 바꿀 때는 흥미와 능력, 가치 등의 재평가를 위해 구체화 단계로 들어갔다 하더라도 결정화 단계를 반복할 수도 있다. 구체화(specification)기 이전 잠정기에서 점차로 도드라져서 나타난 몇 가지 직업적 선호들 중에서 특정한(specific) 직업 선호로 구체화되어 진로 고민은 몇 가지 진로 중에서 어떤 것으로 결정해야 할지의 문제인 경우가 많다. 대학생들은 20대 초반에 구체화 시기를 경험하게 되는데 이 시기에 첫 직장을 선택하는 경우가 많기 때문에 자신의 선호를 구체화해야 한다. 특정 직업에 대한 선호로 좁혀지지 않을 경우에는 진로결정 시에 혼란을 경험할 수 있기 때문에 진로선택과 관련된 의사결정능력을 습득해야 한다. 실행(implementation)의 시기는 선택한 특정 직업에 대하여 노력을 기울이고 행동으로 옮기는 시기이다. 이 시기는 대개 청소년 후기나 성인 초기에 나타나는데, 특정한 진로를 결정하고 이를 향하여 몰입한다. 예를 들어, 취업하고자 하는 직장을 결정하고 본격적인 취업 준비를 하거나 진학하려는 학교와 학과를 결정하고 진학을 위해 구체적인 노력을 기울인다. 이때 이력서를 쓰고 면접훈련을 받으며 어디에 취직할 것인지를 결정하는 활동이 이 단계에 해당된다.

확립기(25~45세)에는 정착, 공고화, 발전의 발달과업을 수행해야 한다. 다른 생애단계에서도 마찬가지이지만 확립단계에서는 '가치'가 매우 중요하게 작용한다. 여러 가지 경험들이 쌓이면서 개인의 가치가 다양화되고, 성공 경험을 통해 개인의 가치가 강화되면서 특정가치는 더욱 강화된다. 확립기는 자신이 선택한 직업이 자신의 자아개념을 적절히 나타낼 수 있는 기회를 제공하는가를 평가하는 직업 입문 단계부터 시작하고 직업 입문 후에 조직 내에서 능력을 발휘하는데 필요한 기술과 흥미를 가지고 있는지 확인하며 일과 직업에서 요구하는 수준으로 수행하여 자신의 직업 지위를 안정화하는 정착기에 들어간다. 안정화 단계에서는 정착의 과업을 무사히 이행하면 직업 세계에서 능력을 인정받으며 일과 관련된 긍정적인 습관을 형성하고 동료들과 좋은 관계를 만들어가고 직업인으로서의 자기정체감이 공고화 된다. 정착과 공고화 과정을 거치면 직업 속에서 자신의 역할, 정체성이 확장되고 더 높은 수준의 직업적 책임감을 발전시켜 나간다. 발전의 단계는 확립단계 어느 때나 일어날 수 있지만 일반적으로 안정화과 공고화 단계 이후에 발생하며 자신의 직업적 지위가 안정화되고 공고화 되면 더 높은 지위로의 승진을 고려하고 직업에 대한 긍정적인 태도를 가지게 되며 직장동료와 좋은 관계를 이루어가면서 자신의 위치를 굳건히 만들어 나가게 된다.

유지기(45~65세)는 유지(holding), 갱신(updating), 혁신(innovating)의 발달과업에 직면한다. 이 시기에는 지금까지 수행수준과 성취한 것들을 계속해서 유지해나가면서 직업관련 기술이나 지식을 새로운 지식으로 갱신하거나 혁신적인 방법으로 새로운 기술을 도입해야 한다. 이 때 다른 직업으로의 전환의 문제가 발생할 수 있는데 만약 새로운 직업분야를 선택한다면 개인은 탐색-확립-유지의 과업을 통한 재순환의 과정을 수행해야 하고 현재 직업에 머물기로 결정했다면 갱신과 혁신의 과업을 수행해야 한다. 만약 갱신과 혁신을 하지 않는다면 낮은 수행, 일에서의 침체를 경험하게 된다.

쇠퇴기(65세 이상)는 신체능력이 저항되고 직업 흥미가 감소되면서 지금까지 수행했던 일의 속도를 줄이고 은퇴준비에 관심을 갖는 시기이다. 감속, 은퇴, 준비, 은퇴생활의 진로발달과업이 존재한다.

지금까지 살펴본 바와 같이, 수퍼가 진로와 진로의사결정을 전생애적 과정으로 보았다는 의미는 개인이 변화되는 자신의 진로 목표를 현실 세계의 일의 세계와 끊임없이 매칭하려고 애쓰면서도 경제적 상황이나 과학기술의 발달로 인한 사회적 변화, 조직의 재편으로 인한 새로운 진로경로의 발생 등으로 인해 이전 진로 단계로 되돌아가는 재순환을 촉발할 수 있다는 의미이기도 하다. 그러나 이러한 재순환은 이전 단계로 되돌아가는 퇴행의 개념이 아니라 진로 성숙과 적응능력, 창의적 문제해결을 위한 수단으로 간주된다. 예를 들어 30대 초반에 고등학교 A교사는 국어를 담당하고 있다. A교사는 생애발달단계에서 보면 확립기의 공고화단계에 있으며 점차 발전단계로 진입할 시기에 있지만, 학교에서 국어 이외에 국사과목까지 담당하기를 요청받으면서 고등학교 교사를 그만두고 국어국문학과의 대학교수가 되고 싶어 한다. 이 과정에서 A교사는 다시 탐색단계로 돌아가서 자신의 흥미와 가치를 평가하고 대학원에 입학하여 석사과정을 밟기로 결정할 수 있다. 이런 경우 조직재편으로 인해 새로운 진로경로가 발생하게 되고 다시 탐색, 확립, 유지 단계를 거치면서 재순환과정을 거치게 된다. 이렇게 새로운 진로경로의 발생으로 인한 재순환이 최종 진로성과가 덜 성공적이라는 것을 의미하는 것이 아니며 한 진로단계를 완료했다고 해서 최적의 발달을 영구적으로 보장하는 것도 아니다. 성인기에 진로발달의 불안정성은 지극히 정상적인 것이며 발달적 변화에서 얼마든지 발생할 수 있는 것이다(김봉환 등, 2010).

수퍼의 이론은 진로를 직업과는 관련이 없지만 간접적으로 연관을 맺고 있는 다양한 삶의 역할에 대해 관심을 가진다. 개인이 얼마나 삶에서 일을 중시하는가는 개인차가 있고 한 개인은 일생에 걸쳐 다양한 역할을 감당하는데 다양한 역할 중 개인의 삶에 중요한 6가지 주요한 역할과 관련되어 개인의 생애 구조를 형성한다고 보았다. 6가지 주요한 생애역할은 자녀로서의 역할, 학생으로서의 역할, 여가인으로서의 역할, 시민으로서의 역할, 직업인으로서의 역할, 주부/배우자/부모로서의 역할이며 이 역할을 수행하는 환경은 가정, 학교, 직장, 지역사회이다. 개인은 생애 전체에 걸쳐 모든 역할을 항상 효과적으로 수행하기는 어렵고 특정 생애에 특정한 역할에 우선권이 주어지게 되는데 한 환경에서 다른 환경으로 이행될 때 생애 역할갈등이 발생할 수 있다. 예를 들면, 대학생은 탐색단계에서 해당되며 학생역할, 시민역할, 직업인으로서의 역할이 더 중요해지지만 이후의 확립단계에서는 직장인 역할과 부모 역할이 기타 다른 역할보다 더 중요해지는데 이렇게 한 단계에서 더 중요한 중심역할이 발달단계에 따라 달라지게 된다. 또한 탐색기에 있는 대학생이 아르바이트를 하면서 학업을 병행해야 할 때 중요한 두 가지 역할이 중첩되면서 학생역할과 직업인으로서의 역할 중 어느 하나도 제대로 해낼 수 없어 역할갈등이 발생하기도 한다. 각 생애발달단계에 따라 어떤 생애역할이 중요한지를 알게 되면 생애단계의 주요 발달과제가 무엇인지, 역할갈등의 발생가능성이 있는지를 예측할 수 있어 진로계획과 방향성을 결정하는데 유용하다. 이처럼 생애 역할은 한 개인을 둘러싼 사회적 환경과 관련되어 있으며 환경과의 조화를 이루고 가치가 적절히 표현될 때 행복감을 느끼지만 환경과 조화를 이루지 못하고 삶의 가치를 표현하지 못하면 불행감을 느끼게 된다. Super는 생애과정에서 부여되는 중요한 역할들을 조화롭게 통합해가는 진로계획을 수립할 것을 주장하면서 생애진로 무지개(life-career rainbow)를 제안했고 개인의 전 생애 동안 경험하게 되는 모든 역할을 생애진로 무지개를 통해 조망해 볼 수 있다.

스티브 잡스의 생애진로 무지개

애플의 창시자이자 세계 최초의 PC개발자인 스티브 잡스는 2011년 만 56세의 나이로 세상을 떠났다. 그는 사망하기 2개월 전까지 애플사의 CEO로 활동하면서 왕성한 사회생활을 했다.

그의 생애를 간략히 살펴보면, 그는 1955년에 태어나 곧 바로 입양되었으며, 1973년 오리건주 포틀랜드에 있는 리드 대학교 철학과를 중퇴하였다. 1974년부터 컴퓨터 관련 기술자로 직장생활을 시작하였으며, 1976년 동료들과 함께 애플 컴퓨터 컴퍼니(Apple Computer Company)를 설립하고 애플 1, 2를 출시하면서 개인용 컴퓨터를 대중화하였다. 1978년에 연인인 크리산 브레넌과의 사이에 딸 리사가 태어났지만, 결혼은 1991년 로렌 파월과 하게 되고 그녀와의 사이에 세 자녀가 출생하였다. 2000년 애플사의 정식 CEO로 임명을 받게 되었고 2004년 췌장암 선고를 받고 투병 생활 중에도 애플의 CEO로서 역할을 감당하던 그는 2011년에 생을 마감했다. 스티브 잡스의 생애 진로 무지개를 해당하는 나이에 따라 빗금을 쳐 보세요.

- 출생~55세: 자녀 역할
- 8세~19세: 학생 역할
- 8세~55세: 시민 역할
- 36세~55세: 배우자 역할
- 23세~55세: 부모 역할

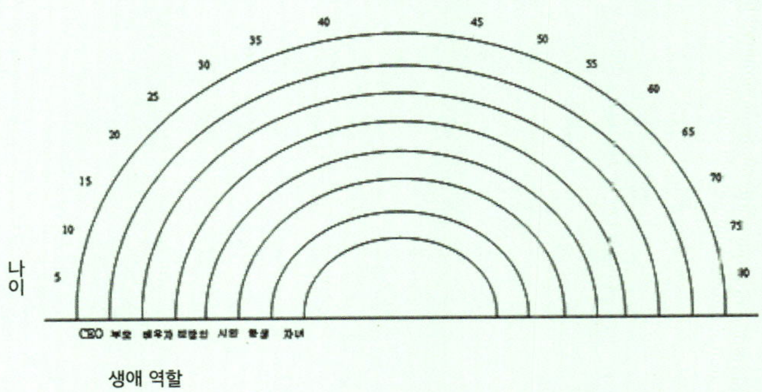

출처: 윤명희 외(2018), 전공탐색과 생애설계, p28, 서울: 학지사 의 내용을 수정한 것임.

또한 수퍼(1963)는 자기개념(self-concept)이 어떤 역할, 상황, 지위에서 특정한 기능을 수행하고 있고 일련의 복잡한 관계 속에서 자신에 대한 상(image)을 제공하는 것이며 생애 역할을 수행하는 과정 중에 개인과 상황적 요인들이 상호작용하면서 자아개념을 발달시킨다고 보았다. 아동기는 학교, 가정, 또래 등 개인이 마주하는 사회적 관계 속에서 자신의 능력과 흥미를 확인하고 태도를 형성해 나가며 이후에는 일에 관한 경험을 통해 '나는 이것은 잘하지만 이것은 잘 못하는구나' 하는 자기개념을 형성하게 된다. 자기개념은 아동기에는 역할놀이와 타인관찰, 좀 더 성인이 되면서 일에 대한 경험을 통해서 형성되지만 그 이외에도 개인의 적성, 흥미, 능력, 가치, 지능 등의 개인적인 요소와 가정, 학교, 또래집단, 사회적 상황, 경제 상황, 노동 시장 등의 환경적 요소가 함께 작용하게 된다. 다양한 경험, 개인적 요인과 환경적 요인이 상호작용하면서 형성된 자기개념은 성장과 쇠퇴의 변화과정을 겪게 되는데 생애발달을 거치면서 생애 역할에 변화가 오고 그 과정에서 자기개념도 변화하게 된다. 흥미, 능력, 가치 등이 사회적 역할과 사회적 상황으로 인해 변화될 수 있는 것처럼 자기개념도 한번 형성되면 변하지 않는 고정된 속성이 아니라 사회적 역할이나 상황에 의해 변화될 수 있는 속성을 가진다. 개인은 변화되는 자기개념에 바탕을 두고 의사결정을 하게 되며 의사결정은 발달 시기에 중요하게 여기는 생애 역할로 표현되며 이것이 다시 자기개념의 형성에 영향을 주면서 순환적으로 끊임없이 변화해 나간다. Super는 아치모형을 통해 진로자기개념의 구성요소를 소개하면서 개인적 요인과 환경적 요인의 상호작용이 자기개념의 형성과 발달에 어떻게 영향을 미치는지 설명하고자 했다.

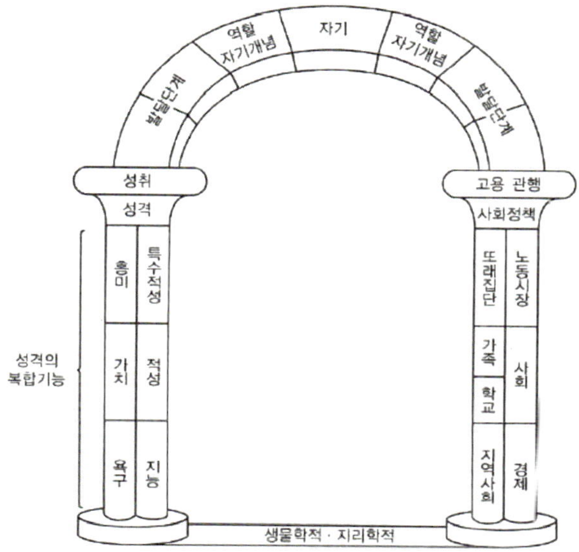

[그림 4] 수퍼의 아치웨이 모형

(출처: Super, D. E. (1990), pp.197-261)

아치의 왼쪽 기둥은 개인이 자기 자신을 어떻게 지각하는지에 관한 개인적인 요인이며 성격이나 욕구 가치, 흥미와 적성, 지능 등이 반영되어 있는데 자신을 어떻게 지각하는가는 생애주기에 따라서 달라진다. 오른쪽 기둥은 환경적인 요인이며 가족, 학교와 또래 집단, 동료들과의 사회적 상호작용, 경제, 사회, 노동 시장 상황 등을 나타낸다. 아치 상단은 수퍼의 이론의 핵심으로서 아치의 양쪽 기둥의 개인적 요인과 환경적 요인이 상호작용하면서 역할 자기개념을 형성, 발달한다. 수퍼의 이론에서 자아개념은 각 생애 단계에서 중요한 역할과 역할에 대한 가치를 평가하게 됨으로써 진로발달의 중요한 척도가 된다.

자기개념은 객관적인 특성과 주관적인 특성을 동시에 내포하고 있다. 객관적인 특성이란 자신을 다른 사람들과 비교함으로써 자기 이해를 발달시키는 것으로서

'나는 또래 친구들 보다 논리적으로 자기표현을 잘한다' 등과 같이 표현된다. 그러나 주관적인 특성은 개인의 삶의 과정에서 경험한 자신의 독특성에 초점을 맞춰져 있다. 생애 경험에서 의미를 구성하는 우리 자신의 주관적 세계를 나타내는 것으로서 '초등학교 입학 전부터 나는 사람들 앞에서 말하는 걸 좋아했다. 그리고 나는 논리적으로 사회나 문화적 현상을 이해하고 그것을 표현하는데 더 열정이 깊어졌다'와 같이 표현되며 내가 경험한 것을 바탕으로 표현되는 것이 주관적 자기개념이다.

자기개념 형성과 발달의 토대위에 이루어져야 하는 진로성숙은 특정한 진로발달 단계에서 주어진 발달과업을 적절히 수행할 준비가 되어 있는가의 개념이며 개인이 보유한 심리적 자원으로 정의된다. 진로 성숙의 하위요인은 진로계획, 진로 탐색, 의사결정, 직업 세계에 대한 지식, 선호하는 직업군에 대한 지식 등으로 구성되어 있다. 진로 성숙은 일정한 나이가 되었다고 해서 진로를 계획할 준비가 된 것은 아니며 진로성숙도는 개인 간에 차이가 있다고 보고 진로성숙을 5가지 요인으로 설명했다(Sharf, 2006).

① 진로선택과 직업정보 관련 사항을 다루는 직업선택에 대한 태도: 개인이 진로 관련 정보를 탐색하고 있으며 주변의 자원을 효과적으로 활용하려고 하는 의지를 의미한다.

② 선호 직업에 대한 정보와 진로계획의 구체화: 직업에 대해서 어느 정도 정확하고 구체적인 정보를 가지고 있는지, 진로계획에 도움이 되는 과외 활동이나 훈련, 교육 등에 대해 어느 정도 알고 있고 계획하고 있는지를 의미한다.

③ 선호하는 직업의 분야와 수준의 일관성: 관심을 가지고 있는 분야가 어느 정도 일관성이 있는지를 의미한다. 관심 분야가 일관성이 부족할 경우 진로 선택 대안을 좁혀 나가기 어려울 수 있다.

④ 흥미, 가치 등 개인 특성의 통합: 개인의 흥미, 가치 등의 특성이 통합되어 있

으면 진로 선택이 보다 용이할 수 있다.

⑤ 직업 선택시 능력, 활동, 흥미와 선호 직업이 일치하는지를 분별할 수 있는 현실성: 현실성은 개인의 적성과 수전에 대한 정보와 직업에서 요구되는 능력이 어느 정도 일치하는지, 실제 그 직업을 선택하는 것이 현실적인지 평가할 수 있는지를 의미한다.

수퍼는 청소년기의 경우 직업 선택의 준비도가 연령이 증가하면서 뚜렷이 증가하고 개인이 연령대 별로 수행하게 되는 입학, 졸업, 진학, 취업 등의 과정이 대부분 유사하기 때문에 청소년기 진로발달과정은 성숙의 과정이라고 보았다. 그러나 진로성숙의 개념을 성인에게 적용할 때, 성인마다 진로발달이 일률적으로 적용되지 않기 때문에 성숙이라는 개념 대신에 진로적응이라는 용어를 사용했다(Super & Knasel, 1981). 진로적응은 끊임없이 변화하는 일의 세계와 자신을 둘러싼 환경의 요구에 대처하는 준비라고 정의했으며 변화되는 환경에서 자발적 혹은 비자발적인 의사결정을 해야 하는 상황에 대응하고 개인이 일의 세계와 자신의 개인적 환경 사이에서 추구하는 균형에 초점을 둔다. 사빅카스(2005)는 진로적응을 다양한 생애역할과 자신을 둘러싼 직업 환경의 변화에 대한 준비도로 개념화하고 진로 관련 내적 혹은 외적변화에 대한 적응력을 키우는 것이라고 하였다.

3. 구성주의 진로이론

Holland의 성격이론이 개인의 진로를 바라보는 관점은 개인의 특성과 관련되어 있고, Super는 진로가 전 생애를 걸쳐 발달한다는 관점이라고 한다면 최근에 진로는 전 생애를 걸쳐 발달한다는 관점은 유지하되 삶의 성찰을 통해 의미를 발견하고 자신의 정체성에 맞는 직업선택과 직업역량 및 적응이라는 관점으로 변화되어가고 있다. 그런데 이러한 진로이론의 변화과정은 결국 자기(self)를 어떻게 보는가에 대한 관점의 변화라고 할 수 있다. Savickas(2011)는 Holland의 성격이론은 자기를 객체로 보는 관점(self as object)으로 이 때 자기는 수동적인 존재이며, 진로개발이론은 자기를 주체로 보는 관점(self as subject)이고 미래를 대비하기 위해 변화하는 존재로 보고 있다고 했다. 그러나 최근에 각광받고 있는 진로구성이론은 자기를 프로젝트(self as project)로 보는 관점이라고 했다. 프로젝트로서의 자기(self)란 인생의 주제를 가지고 삶의 과정에서 의미와 정체성을 만들어가는 적극적인 존재이다. 정체성이란 Erikson(1968)이 처음으로 제시한 개념인데 과거, 현재, 미래의 경험으로부터 발생하는 자아에 대한 개념이며 자기는 동질성과 지속성을 갖는다. 직업정체성이 개인의 전 생애에 걸친 자아정체성의 하위개념으로 일과 관련된 의미 있는 경험으로부터 형성된 것으로 보는 것이라면 Savickas가 말하는 정체성이란 직업 영역에 국한되지 않고 삶의 전반적 영역으로 확장되며 삶의 의미와 밀접하게 관련된다는 점에서 이전 진로 이론에서 말하는 직업정체성과는 다른 것이다. 그는 개인이 최대한 자기 자신을 유지하고 발달시키는 방향으로 삶의 이야기를 만들어가고 서술하는 과정을 통해 자기에 대한 통합을 이룬다고 하면서 개인의 내면화된 삶의 이야기를 기술하는 내러티브 정체성(narrative identity)라고 명명하고 있다.

Savickas(2005)는 직업과 사회의 변화를 반영하여 Super의 진로발달 이론을 구성주의 이론을 바탕으로 재 개념화하여 진로구성이론(career construction theory: CCT)을 제안하고 생애설계모형(life designing model)을 제시했다. 이 이론은 스스로 자신의 진로를 구성해 나간다는 관점에서 내적 구조의 성숙보다는 환경의 적응과 상호작용 과정을 통해 진로발달이 이루어진다고 보았다. 개인은 가정에서 행동을 통해 활동가로서 사회적 역할을 구성하고(actor), 학교와 사회라는 극장에서 이 역할을 적용 관리하며(agent), 직업적 경험에서 지속성과 일관성을 설명하는 자서전적 이야기를 서술하여(author) 기획(design)한다. 개인이 자기(Self)를 형성해 나가는 과정은 활동가(actor)로서 시작하여 자기를 연출하는 관리자(agent)가 되고, 이후에는 콘텐츠를 구성하고 기획하는 작가(Author)로 발전해 간다는 것이다. 이것을 개념적으로 직업적 성격, 진로적응성, 생애 주제라는 구성요인으로 설명하고 있다.

직업적 성격(vacational persoality)이란 진로와 관련된 개인의 능력, 가치, 욕구, 흥미 등을 의미한다. 구성주의 진로 이론에서는 전통적 진로이론의 관점을 받아들이면서 주관적인 관점을 형성하도록 하고 개인의 특성과 직업을 매치한다. 구성주의적 관점에서의 직업 성격은 점수나 숫자로 표현되는 것이 아니라 삶의 맥락에서 형성된 것으로 보고 개인의 삶의 이야기를 구성해 나가는 과정에서 직업적 선호를 평가하고 자신의 흥미에 대한 통찰이 일어난 것으로 본다. 이 때 간단한 도식으로 Holland의 RIASEC 모형을 활용할 수 있는데 이것은 진단하는 도구로서가 아니라 직업적 성격에 대한 하나의 가능성으로서 내담자에 대한 가설을 만드는데 활용된다.

진로적응성(career adaptability)은 진로의 변화, 직업 환경의 변화에 적응할 때 필요한 태도와 능력, 행동을 의미한다. Savickas(2005)는 진로적응성을 현재 당면한 진로 발달과업, 직업전환, 마음의 상처를 극복하는데 필요한 개인의 준비도 등 개인적 자원을 의미하는 심리적 구인으로 설명하고 있는데 진로적응성은 일이 자기에게 맞도록 자신을 일에 맞추어가는 능력의 함양을 포함한다. 다시 말해 진로적응성이란 빠르게 변화하는 직업 세계에 맞닥뜨린 다양한 어려움을 극복하는 과정을 통해 적응력과 융통성을 기르는 것이다. 직업 성격이 구체적 직업을 강조한다면 진로적응성은 자신의 진로구성 과정에서 어려움을 극복하는 과정과 반응을 강조하고 자아 개념을 직업적 역할에 실현하도록 돕고 진로를 새롭게 형성하고 완성해갈 수 있게 하는 것이다. 진로적응반응은 진로 환경 변화에 따라 개인이 마주하게 되는 진로과업, 전환, 진로 트라우마에 적합하고 유연하게 대처하기 위해 변화에 대한 준비도와 능력을 바탕으로 개인이 환경에 맞는 생각과 행동을 취하는 것이라고 할 수 있다.

생애진로 주제(life career theme)는 직업의 선택을 통해 자기개념을 구체화하고 일을 통해 자신을 드러내는 진로 관련 행동의 이유나 개인의 세계관을 뜻하며 생애주제(life theme)는 개인이 어떤 직업에 들어가서 자신의 자아 개념을 구현해 내려고 노력하고, 그 직업에서 안정을 찾은 후에는 자신의 잠재력을 실현하고 자아존중감을 유지하려는 노력으로서 Super의 이론에 근거하고 있다(Savickas, 2006). 생애주제는 개인의 삶의 이야기(narrative) 속에 일관성 있게 드러난 핵심 줄거리이며 그 이야기 안에 진로관련 경험담들을 통합하여 생애 주제를 찾아가고 인식하는 과정이며 개인은 이런 주제 속에 흐르고 있는 생애역할에 의미부여 하게 된다.

이러한 직업성격, 직업적응, 생애주제의 구성 요소들은 구성주의 진로이론의 접근 전략인 이야기(narrative)를 통해서 드러난다. 사람들은 자기 삶에서 특정한 경험을 이야기하는 행위를 통해 어떻게 지금의 모습이 되었는지 그리고 자신의 삶이 어디로 향하고 있는지 등에 대해서 자신과 타인에게 설명할 수 있게 되는데, 경력에 있어서도 이처럼 이야기를 통해 자신의 경력 경험에 의미를 부여하는 과정을 거치면서 경력 정체성을 발전시킬 수 있다고 강조한다. 개인의 진로 이야기를 이끌어내는 방법으로서 진로유형면접(career style interview)을 주로 활용하는데 이 면접지를 통해 얻은 자료들을 통해서 내담자의 생애주제를 이끌어 낼 수 있고 직업적 성격, 진로적응도를 파악할 수 있다. 진로유형면접지는 8개의 질문으로 구조화되어 구성되어 있다. Savickas의 연구 초기에 커리어 스타일 인터뷰(Career Style Interview)로 사용되던 명칭은 최근에 커리어 스토리 인터뷰(Career Story Interview)라는 이름으로 사용되고 있다. Savickas(2011)의 커리어 스토리 인터뷰는 주요한 8가지 질문을 제시하는데 그것은 바로 준비도, 역할모델, 잡지나 TV프로그램, 좋아하는 영화나 책, 좌우명 또는 명언, 좋아하던 교과목, 초기기억으로 구성 되어있다. 각 영역의 의미와 전형적인 질문 형태를 정리하면 다음과 같다.

[표 1] 커리어 스토리 인터뷰 질문

영역	질문	의미
준비도	당신의 진로를 만들어 나가는데 있어 지금 이 시간을 어떻게 활용할 것인가?	출발점 제시
역할모델	자라면서 가장 존경했던 사람은 누구인가? 어떤 사람의 삶을 따라서 살고 싶은가요? 세 사람의 역할 모델을 얘기해 보세요. - 이 사람들의 어떤 면을 특히 존경하나요? - 이 사람들을 각각 얼마나 좋아하나요? - 당신은 이 사람들과 어떻게 다른가요?	이상적 자아를 나타낸다. 질문의 초점은 누구를 존경했는가가 아니라 어떤 점을 존경했는가이다.
잡지/ TV프로그램	정기적으로 구독하는 잡지가 있나요? 그 잡지의 어떤 점이 좋은가요? 좋아하는 TV프로그램은 무엇인가요? 그 이유는?	개인의 생활양식에 맞는 환경에 대한 선호를 나타낸다.
책/영화	좋아하는 책이나 영화에 대해 얘기해주세요.	동일한 문제에 당면해 있는 주인공을 드러내고, 이 주인공이 어떻게 그 문제를 다루어나가는지를 보여준다.

여가와 취미	여가시간을 어떻게 보내고 싶은가요? 취미는 무엇인가요? 취미생활의 어떤 점이 좋은가요?	자기표현을 다루고 겉으로 드러난 흥미가 무엇인지 나타낸다.
명언	좋아하는 명언이나 좌우명이 있나요? 기억하고 싶은 명언이 있으면 얘기해주세요. 삶의 모토는 무엇인가요?	생애사(life story)의 제목을 제공한다.
교과목	중학교 때와 고등학교 때 좋아하는 과목이 무엇이었나요? 그 이유는? 싫어했던 과목은? 그 이유는?	선호하는 직무와 근로환경을 나타낸다.
생애 초기기억	가장 어릴 적 기억은 무엇인가요? 3~6세의 시기에 당신에게 일어났던 일 중 기억에 남는 일 세 가지를 듣고 싶습니다.	무엇에 몰두하여 노력을 기울이고 있는지를 드러낸다.

각 질문들은 특정 관심사에 관한 이야기들의 통로가 되며 질문의 내용들은 진로 주제를 찾는 데 도움을 준다. 질문을 통해 자신의 삶의 이야기와 그 때의 반응을 직관적이고 시각으로 구성하고 체계적으로 배치하여 개인의 진로 주제를 구성하도록 돕는다. 또한 직업적으로 구체화시킬 수 있는 이야기를 구성을 할 수 있도록 내러티브 진로계획 방법으로 이끌어주며 개인의 진로자원과 잠재력을 발견하는데도 도움을 준다. 각 질문은 삶의 움직임에 관한 정보를 끌어낸다는 의도를 가지고 있다.

4. 프로티언 커리어 이론

프로티언 커리어 이론은 개인의 경력개발 환경 중에서 동기에 초점을 맞춰 Hall(1996)이 제안이론이다. 프로티언 커리어라는 용어는 그리스의 신 '프로테우스'(proteus)로부터 나온 은유적 표현으로 개인의 커리어를 자신이 원하는 방향과 모습으로 스스로 변화시켜 간다는 의미를 담고 있다. '프로티언(protean)'이라는 단어는 Hall(1976)이 새로운 커리어(new career)를 설명하는 용어로 사용하기 이전에 Robert J. Lifton(1968)이 '일상의 기능적 패턴의 하나'로 '프로티언 스타일(protean style of self-process)'로 언급했던 단어를 Hall이 인용하여 사용했다(Hall, 1976). 당시에는 개인의 자기 주도적인 진로 의사결정 과정과 심리적 행복의 추구에 대한 관심이 높아가던 시대적 배경 속에서 고정된 경로를 따라 이동하는 경력과 반대되는 개념으로 자유롭게 형태를 바꾸는 그리스 신화에 등장하는 프로테우스의 이미지가 개인의 목표나 조건에 맞게 자신의 경력을 변화시키는 프로티언 커리어에 부합된다고 보았다.

프로티언 커리어는 평생 고용이 보장되던 전통적 경력 패러다임이 변화하고 고용불안정이 증가 되면서 자기 주도적으로 자신의 가치에 기초하여 경력을 개발하는 개인의 태도이며(Hall, 2004), 어느 한 조직에 연결되어 있다는 경력개념과 평생직장이라는 개인과 조직의 유대관계에서 개인을 분리한다는 의미이다. 1970년대 말 이후 40년간 프로티언 커리어에 대한 논의가 진행되어 왔는데 프로티언 커리어는 조직이 아닌 자기 스스로 경력에 대한 책임을 지고 자유와 성장을 핵심가치로 하며 성공의 기준을 지위와 연봉이라는 객관적 성공 기준이 아니라 심리적 성공을 추구한다. 개인이 조직에 대한 충성심이나 조직원으로서의 정체성은 약화되는 반면, 자신의 미래 고용가능성에 대한 관심이 높아진 지금 경력개발 특성을 설명하기 위한 다양한 접근이 시도되어 왔지만 프로티언 커리어는 개인의 경력개발 동기에 초점을 맞춰 설득력 있게 설명해주는 개념으로 전통적이고 조직 중심적인 경력 태도와 몇 가지 다른 특성을 갖는다. 첫째, 전통적 커리어에서는 조직이 구성원의 경력관리를 이끌어가지만 프로티언 커리어에서는 개인이 스스로 경력을 관리한다. 둘째, 전통적인 커리어에서의 성공은 외부의 객관적인 기준에 의해 평가되지만 프로티언 커리어에서의 성공은 내부의 주관적인 기준에 의해 평가된다. 즉, 프로티언 커리어 태도를 갖춘 사람은 자신의 경력 경로를 선택하고 관리하고 내적인 성공을 추구하기 위해 탐색하는 과정을 추구한다. 승진이나 보상 등 가시적으로 나타나는 객관적 성공보다는 자부심, 성취감을 통해 스스로 성공했다고 느끼는 주관적 경력 성공을 더욱 중시한다(Briscoe & Hall, 2006). 이러한 태도는 조직이나 타인에게 경력 개발을 의존하지 않고 자기 스스로 자신의 경력관리에 책임지는 것을 뜻한다.

프로티언 커리어는 개인의 진로를 설계하는데 있어서 개인과 직업의 적합성을 고려한 Holland의 흥미유형이나 조직 내에서의 Super가 자기개념(self-concept)의 통합에 초점을 둔 이론과는 구별된다. 프로티언 커리어는 개인에게 주도적인 역할을 요구하고 자신의 내적 동기에 의한 진로 의사결정을 할 수 있는 내면적 가치와 지속적 학습(continuous leraning)을 강조하며 개인의 경력 단계는 나이보다는 실제로 개인이 무엇을 학습했는가 하는 학습단계(learning stage)가 중요하다는 것이다. 경력을 개발하고 관리하는 주체는 개인이기 때문에 자기주도적인 계속적 학습이라고 강조한다. 결국 프로티언 커리어란 조직이 아닌 개인이 주도적으로 관리하고, 스스로의 가치, 삶의 목적 등이 이끄는 커리어로, 전 생애에 걸친 지속적인 학습과 정체성의 변화로 형성되며 직위, 임금 등과 같은 객관적인 성공보다는 개인이 인식하는 심리적인 성공, 주관적인 성공에 초점을 맞추는 커리어를 한다(Hall, 1996).

Hall은 프로티언 커리어 태도를 갖추는데 필수 역량으로 2가지를 제시했다. 한 가지는 자신의 정체성이나 가치에 대한 분명한 자기 인식(identity awareness)이며 또 하나는 변화되는 환경에 적응할 수 있는 적응성(adaptability)이다. 이 두 가지 역량은 개인이 경험한 것으로부터 더 잘 배우도록 해주고 또 다른 새로운 역량을 개발하는데 도움이 된다. 자기 자신에 대한 명확한 정체성과 가치 인식은 스스로 진르를 개발하는데 도움이 되는데 그 이유는 진로 변화가 빈번하고 조직에서 제공하는 가이드라인이 축소되는 현대 사회의 구조 속에서 내적인 나침판이 필요하기 때문이며 자기인식은 진로 의사결정 과정에서 영향을 미치는 중요한 요인이기 때문이다. 경력을 관리해 나간다는 것은 일을 통해 자기 개념을 실현해 나가는 것과 본질적으로 같고 프로티언 커리어 태도를 지닌 개인은 높은 자기 이해의 수준으로 진로 선택에서 과정에서 분명한 개인의 가치를 실현해 나갈 수 있다.

생애 기간 동안 자기인식과 적응성 역량이 동시에 발달하는 것이 중요하며 만약 하나만 발달한다면 문제가 생길 수 있다. 예를 들어, 높은 적응성과 낮은 자기 자신에 대한 이해는 카멜레온 같은 행동이 될 수 있어 자기 자신의 길을 가는 것 대신에 다른 사람들을 따라 살게 될 수 있는 반면, 높은 자기 자신에 대한 이해와 낮은 적응성은 행동은 하지 않고 자기분석에만 몰두할 수 있다. 역량 모두가 낮다면 경직된 상태에서 주어진 일만을 하게 될 것이다. Hall & Chandler(2005)는 프로티언 커리어 태도를 지닌 개인은 자신의 '마음으로의 길'을 추구하기 때문에 소명(calling)이나 마음을 사로잡은 의미 있는 일의 경험을 통해 자신의 커리어를 드러낸다고 했다.

Chapter 8.

직업적성

1. 직업과 적성

인간을 호모 사피엔스(homo sapiens), 즉 사유하는 존재로서의 본질을 규정해왔는데 사유하는 능력은 인간을 다른 존재들로부터 구분하는 인간 고유의 능력이기도 하다. 그런데 인간에 대한 연구의 폭이 넓어지기 시작하면서 유희하는 존재로서의 인간을 뜻하는 호모 루덴스(homo ludens), 체계적인 계획과 합리적인 판단에 기초하여 목표를 달성하기 위해 최선을 다하는 존재로서의 인간을 뜻하는 호모 에코노미쿠스(homo economicus), 모바일과 미디어의 영향으로 휴대폰이 생활의 일부가 된 존재로서의 인간을 뜻하는 호모 모빌리쿠스(homo mobilicus) 등 다양한 존재로서 규정하고 있다. 여러 가지 인간에 대한 규정 중에서 근대 산업사회 이후에 등장한 것이 노동하는 존재로서의 인간을 의미하는 호모 라보란스(homo laborans)이다. 호모 라보란스는 일을 통해 정체성을 확인하는 존재로서의 인간이라는 의미를 포함하고 있는데, 이러한 규정은 '직업'이 생계를 유지하는 수단만이 아니라 삶의 가치를 실현하고 정체성을 표현하는 외형적 틀로서 자신의 '적성과 능력' 또는 임금을 고려하여 선택할 수 있는 것이며 자신의 능력을 실현하는 자아실현의 장이 되기도 한다는 의미이다. 따라서 직업은 단순히 생계 유지 수단만으로서 기능하는 것이 아니라 개인이 지향하는 삶의 가치를 실현하고 정체성을 드러내는 외형적 틀이라고 할 수 있다.

철학적 관점에서 인간다운 삶은 무엇인가라는 질문에 대해 다양한 답변을 내놓을 수 있겠지만 한마디로 말하면 '잘 사는 것'이 될 것이다. 잘사는 삶을 위해서는 올바른 선택을 해야 하고 선택에 대한 명확한 기준이 있어야 하며 이를 일관성 있게 적용해야 한다. 그러나 인간이 욕구를 충족하면서 유혹에 빠지기도 하고 평정심을 잃기도 하는데 이에 크게 영향을 미치는 것이 바로 경제적인 요인이다. 경제적으로 안정을 이루지 못하면 유혹에 빠지기 쉽고 마음의 일관성도 유지하기 어렵기 때문이다. 그러나 우리가 직업을 가져야 하는 이유가 오직 생계를 유지하는 것에 국한되지는 않는다. 직업을 생계유지의 수단으로 목적을 제한시키게 된다면 우리 자신은 삶과 분리되고 노동은 생계를 위해 강요받는 것이 된다. 삶과 직업이 분리된다는 것은 내가 추구하는 삶과 무조건 해야만 하는 일로 양분되는 삶으로서 직업은 생계유지의 수단이기 때문에 연봉이 높고, 안정적인 직장으로 쏠릴 수밖에 없다. 삶과 직업은 '잘사는 것'과 '생계유지의 수단'이라는 두 가지로 양분하여 생각한다면 직업은 생계유지를 위한 도구로 전락하게 되고 삶은 '잘사는 것'과는 먼 공허한 것이 될 것이다.

일, 직업을 '잘사는 것'의 관점에서 고민해보는 것은 개인의 현재와 미래의 삶에 매우 중요한 문제이다. 그러면 다시 철학적 질문으로 돌아가 보자. 높은 연봉을 받는 직장, 안정적인 직장을 가지면 '잘 사는 것'인가? 얼마나 많은 연봉을 받는가? 얼마나 안정적인가? 얼마나 복지가 좋은가? 얼마나 오러 다닐 수 있는가?의 기준이 진로 선택을 좌우해야 할 것인가? 아니면 잘사는 삶을 위해 어떤 직업을 선택할 것인가? 나는 어떤 일을 할 때 행복한가? 나는 어떤 일을 할 때 능력을 발휘하는가? 나의 정체성을 드러낼 수 있는 직업은 무엇인가? 와 같은 삶과 연결된 의문이 직업 선택에 있어 꼭 필요한 질문이 되어야 할 것인가?

산업혁명시대 이후로 직업은 날로 전문화되고 고도화되며 복잡하고 다양해지고 있다. 변화하는 시대적 흐름에서 4차 산업혁명 시대가 요구하는 일과 직업에 대한 본질은 객관적인 이해와 과학적인 접근의 중요성을 더욱 강조하고 있다. 현 시대와 같이 복잡한 직업 세계에서 각 개인에게 적합한 직업을 선택하고 성공적인 직업생활을 영위하는 것은 개인 생애뿐만 아니라 사회적 측면에서도 매우 중대한 일이 아닐 수 없다. 더구나 인간의 수면 연장으로 인해 장수시대를 살아가는 현대인들에게 평생을 살아가면서 한 번의 선택과 결정으로 직업 생활을 유지하던 시대를 지나 생애단계별로 여러 차례의 직장을 전환하면서 적응해야 하는 시점에 이르렀다. 이와 같이 진로적성에 대한 고민은 청년 시기를 넘어 중·장년기에도 재순환되기 때문에 적성과 진로, 직업에 대한 탐색과 의사결정 과정은 중요한 생애 과제로 대두되고 있다.

우리나라의 경우 대학 졸업자 비율이 OECD 평균에 비해 예체능과 공학 계열 졸업생이 많고 사회계열과 의학계열 학생의 졸업자 비중이 상대적으로 낮으며 대학 재학생 중 43%는 전공을 바꿀 수 있으면 바꾸고 싶다고 응답했고, 인문사회분야 학생의 전공만족도는 28.3%~29.9%로 전공 불만족도 높은 것으로 나타났다(연합뉴스, 2005). 그 이유는 자신의 적성이나 진로발달은 크게 고려하지 못하고 성적과 대학서열, 사회적 인식 등을 기준으로 전공을 선택하는 경우가 빈번하기 때문이며 그 결과 대학에 입학한 이후 전공에 대한 만족도는 낮고 적성이나 진로를 인생의 큰 방향에서 고민하는 시기가 늦어지게 된다. 대학 생활의 만족도는 적성과 전공이 불일치할수록, 직업목표와 그 목표를 성취하기 위한 준비과정 간 불일치가 심할수록 전반적인 대학생활의 질과 만족도는 더 낮아지고 졸업 후에도 자신에게 알맞은 직업을 찾기 위해 많은 시간과 비용 노력을 필요로 한다.

대학생들은 대학입학과 동시에 진로에 대한 고민으로 취업준비에는 몰두하지만 여전히 다양한 진로의 문제를 호소하고 있다. 진로결정 시기가 너무 늦었거나 일과 관련된 경험과 정보의 부족하거나 막연한 취업준비 또는 부모님의 요구와 자신의 욕구 사이의 간극 등 매우 다양하지만 자신의 적성에 대한 이해 부족을 꼽을 수 있다. 취업포털 커리어가 2013년에 대학생을 대상으로 설문조사를 실시했는데 69%가 자신의 적성에 대해 알지 못한다고 응답했다. 하지만 진로를 결정하거나 입사할 기업을 선택할 때는 '적성이 가장 중요하다'고 답한 응답자는 73.3%에 달했다. 적성이 직업과 진로 선택에 가장 중요한 요소라고 여기면서도 자신의 적성은 알지 못하고 진로를 준비하고 있다는 뜻이다.

개인의 행복과 질 높은 삶을 위해 그리고 시간과 비용을 절약하면서 노력하기 위해서 대학생 시기에 진로와 적성, 직업분야에 대한 탐색과 이해는 매우 중요하다고 할 수 있다. 대학 졸업 후 안정적인 직장에 취업하고 높은 연봉을 주는 회사에 취업이라는 목표를 이뤘다 하더라도 전반적인 자기이해와 정체성, 적성과 직업에 대한 충분한 탐색과 이해가 없다면 직무에 대한 만족도가 낮아 삶과 직업이 분리된 삶을 살거나 목적이나 방향 없는 이직을 반복해야 할 수도 있다. 통계청에서 발표한 경제활동 인구조사에 따르면 청년층 15세에서 29세의 첫 일자리 평균 근속기간은 1년 6개월에 불과했다. 그러나 2015년 한국고용정보원에서 2005년에 졸업한 대학생 2만 6천명을 대상으로 10년간 추적조사를 실시한 결과 졸업 이후 10년이 지난 시점에서 소위 괜찮은 일자리(decent job)로 이행하는 청년들의 경우, 진입시점에 선택한 일자리가 모두 전공과 일치되는 일자리였고, 가능하면 대학에서 배운 전공지식이 도움이 되는 일자리를 선택한 결과였다고 밝혔다(한국직업능력개발원, 2019, KRIVET Issue Brief 2019년 10월 15일 발행). 사회 진입시점에 선택한 일자리가 중소기업인지, 대기업 및 공공기관인지 또는 정규직인지 비정규직인지 등 그 일자리 유형이나 연봉, 안정성 보다는 대학 전공과의 일치여부가 향후 10년 후 괜찮은 일자리로의 이행을 결정했다는 의미이다. 따라서 졸업 이후 노동시장에 안착하는 시점에 괜찮은 일자리를 가지려면 졸업 시점, 즉 노동시장에 진입하려는 시점에서 그 일자리가 가진 외형적인 조건보다는 자신의 전공과 일치되면서 대학에서 배운 전공지식이 도움이 되는 일자리인지, 그 일자리가 나의 적성에 맞는 일자리인지, 내 삶의 방향과 맞는 직업인지, 나의 정체성을 드러낼 수 있는 직업인지를 판별하는 것이 매우 중요하다는 것을 시사한다.

그런데 적성과 직업선택과 관련된 흔한 오해는 "내 적성에 딱 맞는 직업이 있고 그 직업이 무엇인지 찾아야 한다"는 것이다. 하지만 적성과 직업은 짚신처럼 짝을 맞출 수 있는 것도 아니고 그런 직업을 찾기는 거의 불가능에 가깝다. 미래사회는 평생직장이라는 개념이 점점 사라지고 새로운 환경변화에 적합한 핵심역량을 확보하여 자신만의 콘텐츠를 만드는 창의적이고 학습하며 협력하는 인간을 요구하고 있다. 따라서 변화를 모색하기 위한 방법 중 하나로 평생직장이 아닌 평생 직업을 목표로 대학생 시기에 자신의 적성을 파악하고 진로개발과정을 거쳐 삶의 지향점에 맞는 일을 준비한다면 사회진출의 폭이 넓어지고 진로준비의 효율성을 높일 수 있다. 사회진입 이후에는 적성일치, 성취감 등 개인 차원의 태도가 긍정적으로 변화 발전하면서 직무만족이 삶에 만족으로까지 영향을 미치게 될 것이다. 전반적인 자기이해를 바탕으로 선택한 해당 전공이 자신의 적성이나 흥미와 어느 정도 일치하는지가 전공 만족도에 영향을 미치고 전공 만족도가 이후 자신의 정체성을 드러낼 수 있는 직업선택으로 직업만족도를 높일 수 있으며 이는 결과적으로 직업과 삶의 통합을 이루는 만족스러운 삶, 잘사는 삶, 행복한 삶으로 연결될 수 있음을 의미하는 것이다. 진로발달과정에서 자신의 이해에 기초한 진로개발의 중요성이 점점 더 강조되고 있으며 이것은 대학전공 선택에 그치지 않고 직업세계와 삶에서도 동일하게 적용되는 것이다.

2. 직업적성의 정의와 영역

대학생들에게 "네 적성이 뭐냐"고 물으면 바로 답할 수 있는 사람은 많지 않을 것이다. 적성(敵性)은 맞을 적, 성품 성을 써서 성품에 맞는 어떤 것이라고 풀이할 수 있고 "너의 적성은 무엇이냐?"라고 묻는다면 "너한테 맞는 게 뭐냐"라는 의미이기도 하다. 하지만 맞는 것이라는 의미는 상당히 포괄적인 의미가 내포되어 있다.

적성이란 일반적으로 어떤 특정한 활동이나 작업을 수행하는데 필요한 능력이 어느 정도 있으며 그러한 능력의 발현 가능성이 어떠한가에 대한 내용이고 무엇에 대한 적성으로 표시되어야 하며 일반적으로 특정한 직업이나 대학에서의 학문적성의 의미를 갖기도 한다. 또한 특정 직업영역에서 요구하는 일을 효과적으로 수행할 수 있는 자질이며 개인이 가지고 있는 다양한 특성이 어떤 구체적인 일을 만났을 때 그 일에 '적합하다' '알맞다' '소질이 있다' 등으로 표현될 수 있다. 그러나 적성은 능력에 관련된 지적 특성만을 포함하는 것이 아니라 특정영역에 대한 흥미, 신념, 인생관, 가치관이 합치되는 정도가 높다는 것을 의미하는 것으로 인지적 특징 이외에도 정의적 특성을 포함한다. 적성은 만족이라는 기제가 작용하며 비록 실패하더라도 도전하고 발전하는 속성을 가지고 있는데, 개인은 적성수준이 높은 일을 할 때 일에 대한 흥미나 능률이 향상되고 선택한 직업에 대한 내면적 만족감이 커져 실패해도 도전해고 시도해보면서 높은 성취를 이룰 수 있게 해주며 어떤 분야에서 최고까지 발전할 수 있게 한다.

적성에 내포된 의미를 임인재(1990)는 3가지로 제시했다. 첫째, 특수한 활동에서 성공할 수 있는 여러 가지 특징을 총칭한다. 예를 들어 음악에 적성을 많이 가지고 있다고 한다면 음악과 관련된 일을 할 경우 성공할 수 있는 여러 가지 특징을 총칭한다. 둘째, 여러 가지 직업 또는 활동에 필요한 단일 특질 하나만을 말한다. "손재주가 없다"고 한다면 여러 가지 직업 활동에 필요한 단일 특질 하나 손재주만을 의미한다. 셋째, 적성은 직업 분야에서의 성공과 결부되어 생각되어 왔는데 이것은 직업에서 필요로 하는 여러 가지 기능을 학습하는 속도가 빠르다는 뜻과 같다. 넷째, 적성은 비교적 항상적인 특성을 갖는데, 적성을 기초로 장래 성공을 예측하려면 적성은 필연적으로 변동이 적고 안정적이다.

적성은 구체적인 활동분야로서 미술, 사무직, 기능직 등과 같은 특수한 분야의 활동을 해나가는데 인간의 특수한 능력으로서 개인차가 존재하며 어떤 직업이나 구체적인 일에 대한 장래의 성공 가능성을 예언하는 심리적 특성으로서 인간의 일반적인 정신능력이나 학업능력을 가리키는 지능과는 대조되는 개념이다. 지능이 종합적이고 일반적인 능력을 지칭하는 개념이라면 적성은 보다 구체적이고 특수한 활동에 대한 능력을 의미한다. 지능이나 학력은 모두 현재의 어떤 상태를 지칭하는 개념이지만 적성은 미래의 어떤 분야에서의 예언을 하기 위한 개념이라고 말할 수 있다. 현재 지적 작업에서 능력이 좋기 때문에 장차 그런 지적작업을 요구하는 분야에서의 활동에서 우수한 성취를 보일 거라는 예언적 개념을 포함하고 있는 것이 적성인 것이다. 적성은 선천적인 것이든 훈련에 의한 것이든 자신이 가지고 있는 특질, 학습하는 속도, 성공을 예측해 주는 것이며 변동이 적다.

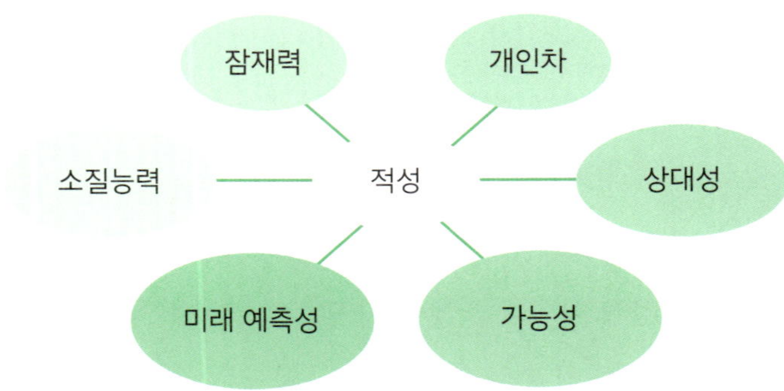

[그림 1] 적성의 일반적인 특성

적성이 가진 특징으로 첫째, 적성은 개인에 따라 차이가 있다. 어떤 사람은 말하는 능력은 뛰어나지만 수를 다루거나 계산하는 능력은 부족한가 하면 그 반대의 경우도 있다. 또 신체적 운동능력은 뛰어난데 예술적 능력은 부족한 사람도 있다. 어떤 일에 적성이 맞다라는 의미는 일이나 전공에서 요구되는 능력이나 특성을 개인이 보유하고 있음을 의미한다. 둘째, 일반적인 능력이 아닌 특수능력을 의미한다. 적성이 인간의 능력이라는 관점에서 바라보는 심리학자들은 인간의 능력을 일반능력과 특수능력으로 구분하고 있으며 특수능력을 흔히 적성이란 말로 표현하고 있다. 지능이나 일반능력은 일반적으로 포괄적인 능력의 가능성을 지칭하는데 반해 적성은 구체적인 특정 활동이나 작업에 대한 미래 성공 가능성을 예언하는데 주안을 둔다. 인간의 능력을 일반적인 수준에서 탐색하는 것이 아니라 특정 분야, 활동영역에 관련된 능력을 개념화한다는 점이다. 따라서 적성을 측정할 때 학업적성, 예능적성, 수리적성 등으로 반드시 어떤 분야가 특정되기 마련이다. 셋째, 적성은 청년 초기까지 형성되고 우연적 학습경험이나 훈련을 통해 발전된다(김충기, 2011). 생득적이거나 유전적인 것이냐에 대한 논쟁은 여전하지만 개인이 스스로 얼마나 자신의 잠재력을 발견하고 계발하려는 동기와 노력을 하는가에 따라서 적성이 더욱 개발되고 성취되며 발전될 것이다. 다중지능으로 유명한 하워드 가드너 교수는 적성은 어느 정도 타고나지만 쓰지 않으면 발현되지도 않는다고 말했다(Gardner, 2006). 넷째, 적성은 비교우위의 개념이 아니라 self의 개념이다. 타인과 비교했을 때 내가 더 나은 능력이 아니라 자신의 소질 중 가장 두드러진 잠재력을 의미한다. 적성에 대해서 대개는 뭔가 잘하는 것이 바로 적성이라고 착각하지만 더 중요한 것은 실패했을 때 그 실패를 바라보는 관점이 유난히 도전적이면서 발전적인 분야를 눈여겨 보는 것이며 만족이라는 기제가 잘 발달되어 있는 분야로서 비록 실패하더라도 다양한 경험을 통해 성장하고자 하는 욕구가 생기고 도전해보려는 심리적 상태와 태도를 의미하는 것이다.

따라서 적성은 사람을 평가하는 절대적인 기준이 아니며 아직 완성되지 않은 미래의 가능성이며 자신이 무엇을 좋아하고 어떤 분야에 대한 관심이 있는지에 대한 것이며, 자신이 가진 소질 중 가장 두드러진 잠재력이고 실패해도 도전하려고 하는 열정이 발생하는 것이라고 정의할 수 있다. 그리고 적성은 생득적인 부분이 있지만 얼마나 탐색하고 찾고 노력하는가에 따라서 달라질 수 있으며 생애 동안 변화되는 속성을 가진다. 적성은 무엇인가? 아직도 모르겠다면 질문을 바꿔보자. 나는 어디에 관심이 있고 흥미를 느끼며 능력을 잘 발휘하는가?, 나에게 있어 설사 실패가 있더라도 다시금 눈길이 가는 것은 무엇인가?, 내가 자주 만족을 느끼는 일, 활동, 분야 등은 무엇인가?, 어떤 일이 있어도 끝까지 해내고 싶은 것은 무엇인가?

결국 적성을 정리해 보면 적성은 특수 영역에서 필요로 하는 기능을 쉽게 학습할 수 있고 용이하게 해낼 수 있는 것이며 미래 가능성을 의미한다. 직업은 구체적인 수준에서 일을 의미하며 과거의 기억, 현재의 경험 및 미래의 열망에 개개인의 삶을 유형화하고 삶의 주제를 구성하고 개인적인 의미와 정체성을 부여한 것을 말한다. 그래서 적성과 직업은 다른 개념인 것이다.

적성을 측정하는 방법에는 각 능력의 분야에 따라 각각 그 적성을 따로 측정하는 방법과 인간의 적성을 넓은 면에 걸쳐 종합적으로 측정하는 방법이 있다. 언어의미, 공간, 추리, 수, 언어유창의 다섯 가지 요인을 중심으로 측정하여 개인의 적성을 평가하거나(Primary Mental Abilities, Thurstone 제작) 수리력, 추리력, 언어추리력, 기계 추리력, 사무 능력, 언어 사용력을 측정하는 방법도 있다. 우리나라의 경우에는 1961년에 제작된 적성종합검사가 있는데 이 검사에서는 언어추리력, 수리력, 기계추리력, 공간지각력, 추리력, 지각속도력, 수공능력 등 8개 하위영역으로 구분하여 측정하고 있다. 한국고용정보원에서 개발한 성인용 직업적성검사는 11개의 적성요인을 15개의 하위검사로 측정하는데 11가지 적성요인은 언어력, 수리력, 추리력, 공간지각력, 사물지각력, 상황판단력, 기계능력, 집중력, 색채지각력, 사고유창력,

협응능력이다. 우리나라의 직업에서 요구되는 적성요인에 근거한 검사로서 실제 산업체 종사자 약 3,000명을 대상으로 직무조사를 수행하여 각 직업에서 중요하게 생각되는 적성요인을 추출하여 제작하였다. 희망직업에서 중요한 적성요인과 기준점수를 제시하여 본인의 검사 결과와 비교하고 희망직업 선택 시 보완해야 할 능력에 대한 정보를 제공해주고 있다.

[표 1] 국고용정보원의 직업적성검사의 구성

적성요인	하위검사	적성요인	하위검사
언어력	어휘력 검사	사물지각력	지각속도검사
	문장해독력 검사	상황판단력	상황판단력 검사
수리력	계산력 검사	기계능력	기계능력 검사
	자료해석력 검사	집중력	집중력 검사
추리력	수열추리 검사	색채지각력	색혼합 검사
	도형추리 검사	사고유창력	사고 유창력 검사
공간지각력	조각맞추기 검사	협응능력	기호쓰기 검사
	그림맞추기 검사		

가드너(Gardner, 1983)의 다중지능이론은 기존의 지능에 대한 개념이 언어능력 및 수리, 논리, 능력에만 제한되어 있는 것에 대한 문제 지적에서부터 출발한다. 가드너에 따르면 인간의 능력은 언어지능, 논리-수리지능, 공간-지각 지능, 신체-운동지능, 음악지능, 대인관계지능, 자기성찰 지능, 자연친화 지능과 같이 다양하며, 한 개인은 이들의 능력 중 최소한 한두 가지에 있어서 탁월하다고 했다. 이러한 8가

지의 지능은 따로 따로 기능하는 것이 아니라 항상 서로 영향을 주고받는다. 그렇기 때문에 각각 지능영역의 한 가지만을 계발한다는 것은 불가능하며 효과적으로 계발할 수 있도록 교육환경을 갖출 필요가 있다. 이러한 가드너의 관점에서 볼 때 이러한 능력들은 생득적이거나 고정적인 특성의 지능의 개념이라기보다는 학습과 경험에 의해서 일정 수준까지 길러질 수 있으며 잘 갖춰진 환경에서 비교적 높은 수준까지 계발 가능한 적성의 개념과 유사하다고 볼 수 있다. 다중 지능의 8가지 영역에 대해서 살펴보면 다음과 같다.

언어지능은 단어의 소리, 리듬, 의미에 대한 감수성, 언어의 다른 기능에 대한 민감성 특정한 목표를 달성하기 위한 언어활동 능력과 관련된 능력이다. 언어의 올바른 사용을 분석하고 기억하는 능력이며 사물을 표현하고 유머감각을 나타내는 능력, 사실을 설명하고 가르치고 배우는 능력, 단어 의미와 구문을 이해하고 누군가로 하여금 무엇을 하도록 설득하는 능력을 일컫는다. 언어지능은 작가, 학자, 교육자, 정치가, 법류가 등의 직업에 필수적인 능력이며 아동기 초기에 발달하여 노년기까지 유지된다. 언어지능이 높고 언어적 기억력이 높은 사람들은 시인, 수필가, 소설가, 정치가가 될 소질이 있다고 할 수 있고 다양한 단어를 잘 활용하며 말을 잘하는 달변가이고 똑같은 글을 써도 심금을 울리고 웃음을 자아내기도 한다. 또한 언어지능은 음악지능, 공간지능과는 별개로 존재하는 고유 기능이다. 언어지능을 높이기 위해서는 아이디어, 생각, 정서 등을 글이나 말로 표현하기 위해 노력하고 문서를 작성할 때 다양한 종류의 사전을 습관적으로 참고한다. 또한 연극대본이나 시를 큰 소리로 읽어보거나 책이나 신문에 나오는 이야기를 일기나 수필로 재구성해 보는 것도 도움이 된다. 다독도 도움이 될 것이다.

논리-수리적 지능은 문제를 논리적으로 분석하고 조작하여 과학적인 방법으로 탐구하는 능력을 말한다. 숫자를 효과적으로 다루고 추론하며 언어지능과 더불어 학교에서 전통적으로 중시되어 왔던 지능이다. 논리-수리적 지능이 높은 사람은 논리적 과정에 대한 문제를 보통 사람들보다 훨씬 빠른 속도로 해결하는 능력을 가지고 있으며 문제를 파악할 때 주먹구구식으로 하지 않고 추론 능력을 사용하여 과학적이고 체계적으로 접근한다. 논리-수리적 지능을 높이기 위해서는 생활 속에서 셈을 어렵거나 귀찮게 여기지 않고 직접 해보고 정보와 자료 등을 일정한 기준에 따라 분류하는 작업을 해보는 것이다. 또한 추리소설 등을 읽을 때 잠깐 멈추고 다음에 어떤 일이 일어날지를 생각해보는 것도 좋다. 투자자가 아니더라도 두뇌 훈련 차원에서 주식시장의 세부 동향을 주시한다.

공간-지각적 지능은 도형, 그림, 지도, 입체 설계 등의 공간 상징체계에 소질과 적성을 보이는 것뿐만 아니라 항해사 비행기 조종사들이 활동하는 넓은 공간을 인지하고 다루는 능력을 포함하는 지능으로서 색깔, 선, 모양, 형태, 공간의 요소들 사이의 관계에 대한 민감성과 관련이 있다. 한 요소를 다른 요소로 변형시키거나 알아내는 능력, 정신적 이미지를 포착하고 변형시키는 능력으로 조각가, 외과의사, 디자이너, 건축가에게 필수적인 능력이다. 공간-지각적 지능을 높이는 방법으로서 장소나 건물 등을 사물과 인물을 연상하여 기억하는 습관을 들인다. 또한 정보를 그림이나 도표로 풀어내서 다른 사람에게 자주 설명하고 가구나 집기 장식물 등을 배치할 때 가급적 먼저 간단한 그림을 그려 계획을 세우는 것도 좋은 방법이 될 것이다.

신체운동지능은 문제를 해결하거나 산물을 형성하기 위해 자신의 몸 전체 또는 손이나 입 같은 신체 일부를 사용하는 능력으로서 무용가, 배우, 운동선수에게 필수적인 능력이다. 신체 운동지능이 높은 사람은 춤, 운동경기 등의 상징체계를 익히고 창출할 수 있으며 자신의 몸을 분화시키고 능숙하게 목적에 알맞은 표현을 하는 능력이 있다. 신체-운동적 지능을 높이기 위해서는 조깅이나 걷기 말고 다소 복잡한 동작이나 기술을 요하는 스포츠를 익히고 일정한 전문적 기교가 필요한 운동을 한 가지 정도 택해서 주기적으로 해보는 것이 도움이 된다. 또한 아이디어, 사고, 정서를 신체를 이용하여 해보거나 임의로 자신만의 동작을 창작하는 활동도 도움이 된다.

음악지능은 연주하거나 음악적 양식을 이해하고 새로운 곡을 창작, 감상할 때 필요한 능력이다. 작곡가, 지휘자, 악기연주자, 음악평론가에게 필수적인 능력으로서 음악의 형태, 음악적 유형을 잘 구별하고 다른 음악 형태로 바꾸는 능력을 포함한다. 음악적 지능은 사건과 감정 및 추억 등을 음악과 결부하여 기억하거나 노래의 음정과 리듬을 생각하면서 노래 부르는 습관을 들인다. 여건이 허락된다면 악보를 보면서 노래하는 것도 좋다.

대인관계지능은 다른 사람과 교류하고 이해하며 그들의 행동을 해석하는 능력이다. 다른 사람의 기분이나 감정, 의향, 동기를 인식하고 구분할 수 있는 능력과 얼굴표정, 음성, 몸짓 등에 대한 감수성, 대인관계에서 나타나는 여러 가지 다양한 힌트, 신호, 단서, 암시 등을 변별하는 능력, 또한 이들에게 효율적으로 대처하는 능력으로서 근본적으로 다른 사람들을 바람직한 기준으로 행동하도록 영향을 준다. 대인관계 지능이 뛰어난 사람은 친구를 많이 사귀고, 관계들 속에서 중심에 위치하는데 정치지도자, 종교지도자, 상담가들은 대인관계 지능이 높은 사람들이 많다. 대인관계지능을 높이기 위해서는 다른 사람과의 협업과 분업을 추구하고 조직 내에서 의사소통, 비즈니스 상의 설득과 교섭에 적극적으로 나선다. 취향이 맞는 사람과 공통의 문화적 경험을 많이 쌓고 경청하는 태도, 타인의 감정과 의사를 파악하는데 주의를 기울이는 것도 도움이 된다.

자기성찰 지능은 대인관계 지능과 유사한 특성을 가지지만 자기 자신을 이해하고 자각할 수 있는 인지적 측면과 관련이 있는 지능이다. 자신을 객관화하여 내가 왜 이렇게 행동하는지를 이해하고 여러 감정들을 상징화 할 수 있는 능력이다. 자기성찰 지능은 기쁨이나 슬픔 등을 표현하는 무형의 것이 있는가 하면 시나 그림으로 표현하는 유형의 것도 있다. 자기 성찰지능이 높으면 어떤 사물에 대하여 자신이 어떻게 느끼고 있는지 알며, 자신의 감정을 이해하고, 자신의 행동에 대한 통찰을 바탕으로 자신의 목표, 욕구 능력에 적합한 방식으로 행동할 수 있다. 자기성찰 지능을 높이기 위해서는 자기 계발을 위한 계획을 세우고 실천 여부를 스스로 점검한다. 매일 일기를 쓰거나 자신에게 있었던 일을 정리하고 반성하는 글을 쓰고 자신의 내면에 집중하여 묵상, 명상을 하는 것이 좋다. 또한 자신을 홍보하는 광고를 만들거나 자서전을 쓰는 것도 도움이 될 것이다.

자연친화 지능은 가장 최근에 추가된 목록으로서 자신이 살아가고 있는 동식물군을 비롯한 방대한 종들에 대한 인식과 분류에 탁월한 전문 지식과 능력을 일컫는다. 다양한 꽃이나 풀, 돌과 같이 식물, 광물, 동물을 분류하고 인식할 수 있는 능력뿐만 아니라 차나 신발 같은 문화적 산물, 인공물을 인식할 수 있는 능력도 여기에 속한다. 이 지능이 추가되기 전까지는 공간지능이나 논리수학지능의 일부에 포함되었던 능력들이 자연친화 지능으로 범주화되었다. 동물학자, 식물학자, 수의사 등에게 필수적인 능력으로서 자연친화 지능이 높은 사람은 어릴 때부터 동식물에 대한 강한 호기심을 보인다. 자연친화 지능을 높이기 위해서는 꽃, 나무, 애완동물 등을 기르면서 세세한 관심을 가져본다. 자연과 환경에 관한 책과 자료를 많이 읽고 자연 다큐멘터리 등의 영상물을 즐겨 보거나 질병, 건강과 관련하여 인체 구조 등에 대해 관심을 갖는다(문용린, 2004).

[표 2] 다중지능 영역별 적합한 적성 및 직업분야

지능	적성 및 직업분야
언어적 지능	언어학자, 작가, 연설가, 강연가, 정치가, 외교관, 번역가, 문화평론가, 경영인, 방송인, 기자, 사서, 변호사, 비서, 통역사, 아나운서, 방송 프로듀서, 성우, 시인, 리포터, 개그맨, 판매원, 학원강사 등
논리-수리적 지능	수학자, 물리학자, 과학자, 논리학자, 통계학자, 컴퓨터 프로그래머, 공인회계사, 생활설계사, 경리, 회계업무, 수학교사, 과학교사 법률가, 정보기관원, 엔지니어, 은행원, 구매 대리인 등
공간-지각적 지능	조각가, 예술가, 발명가, 항해사, 디자이너, 엔지니어, 건축가, 설계사, 사진사, 조종사, 공예가, 외과의사, 치과의사, 미술교사, 서예가, 화가 코디네이터, 애니메이터, 탐험가, 택시운전사, 요리사 등
신체-운동적 지능	무용가, 운동선수, 안무가, 뮤지컬 배우, 공학자, 체육학자, 물리치료사, 레크리에이션 지도자, 사회체육 지도자, 배우, 무용고사, 건축가, 조각가, 도예가 등
음악적 지능	성악가, 연주가, 작곡가, 지휘자, 음악치료사, 음향기술자, 음악평론가, 피아노조율사, 가수, 음악교사, 음반 제작자, 반조자 등
대인관계 지능	사회학자, 정치가, 종교지도자, 인사담당자, 교사, 영업사원, 승무원, 관광가이드, 배우, 호텔리어, 방송 프로듀서, 간호사, 사회복지사, 비서, 선교사 펀드 매니저 등
자기성찰 지능	심리학자, 철학자, 신학자, 성직자, 상담자, 심리치료사, 작가, 발명가, 역술인, 작곡가 등
자연친화지능	식물학자, 동물학자, 천문학자, 조류학자, 고고학자, 한의사, 수의사, 약사, 의사, 요리 평론가, 동물원 관련 직종 등

3. 진로 및 적성 탐색을 위한 자기분석

진로(Career)의 개념이 직업선택에만 국한되지 않고 삶 전체에 걸친 모든 일의 과정을 포함하는 개념임을 강조했다. 한 개인의 진로탐색, 선택, 직업 전환 등의 전 과정은 자기 이해와 정체성, 삶의 주제와 관련되며 생애 전체를 걸쳐 발달하고 성장해 나가는 것으로 오랫동안 일관되게 일과 관련된 생활양식을 포함하고 있다. 따라서 진로탐색과 선택, 계획의 과정에서 가장 중요한 첫 단계는 바로 자기이해를 기반으로 한 자기분석이다. 자신에 대한 전반적인 이해와 더불어 세부적으로는 성격, 관심사와 흥미, 능력, 가치관 등을 명료화하고 자신의 강점이나 약점을 파악하여 선택한 직업 유형에 내가 적합한지를 평가하는 가장 기본적이면서도 중요한 단계라고 할 수 있다.

개인이 좋아하고 선호하는 것을 흔히 흥미라고 한다. 또 다른 말로는 선호도 및 관심사로 표현하고 있는데, 진로와 흥미를 연관시킨 Holland(1978)는 직업흥미 이론을 통해 직업흥미를 현실형(Realistic), 탐구형(Investigative), 예술형(Artistic), 사회형(Social), 진취형(Enterprising), 사무형(Conventional)으로 분류하고 각 유형은 개인의 성격유형을 의미할 뿐 아니라 그 성격이 직업분야와 어울리는지 설명했다. 예를 들어, 탐구형(I)은 개인이 탐구심이 많고 논리적, 분석적 이며 지적호기심이 많고 합리적이며 분석적인 성격특성을 가지므로 이러한 성격과 흥미를 반영하는 과학자, 의사, 연구원 등 직업유형을 선호한다. 흥미는 개인의 요구, 주의, 가치관 및 적성이 관련되어 이루어지는 심리적 요인으로서 인간의 기본적 또는 심리적 요구의 충족과 밀접한 관련이 되어 있다. 그 중에서도 직업 흥미는 개인이 직업과 관련된 어떤 행동을 좋아하는지, 혹은 관심이 없는지에 대한 패턴을 의미하며 진로와 직업 선택, 직업에 대한 만족도를 결정하는 결정적 요소이다. 또한 개인의 일에 대한 동기와 효능감, 진로관련 의사결정, 성격, 성별, 유전, 가족이나 문화적 배경 같은 개인의 인생에서의 다양한 경험을 반영한다. 개인이 흥미와 직업현장의 흥미가 일치할수록 직업흥미는 더 세분화되고 발달할 것이며 목표달성을 위해 더 많은 경력개발활동을 할 것이기 때문에 흥미는 중요하다. 흥미가 세분화되고 구체적일수록 명확하게 진로를 선택할 수 있고 신념이 굳어지면서 진로발달과업을 달성하기 쉽다.

성격(personality)의 어원은 가면을 뜻하는 라틴어 페르소나(persona)로 겉으로 드러난 가면을 통해 그 사람의 성격을 알 수 있다는 의미이다. 성격의 정의는 성격을 연구하는 이론가들만큼 무수히 많고 성격이 무엇인가를 분명하게 이것이다라고 정의내리는 것은 어렵지만, 일단 성격(personality)은 '비교적 일관성이 있고 안정적이지만 변화가 가능한 개인의 독특한 성질로서 문화에 따라 공동적인 특질과 독특한 특질로 구분되며 사람들의 행동을 이해하고 예언하게 해주는 것'이다. Jung(융)은 1921년 '심리적 유형'이라는 책에서 인간 행동이 그 다양성으로 인해 종잡을 수 없는 것 같아 보이지만 사실은 아주 질서정연하고 일관된 경향이 있으며 인간 행동의 다양성은 개인이 지각하고 판단하는 특징이 다르기 때문이라고 주장했다. 그는 인간이 외향성과 내향성이라는 성격 지향성을 가지고 있으며 4가지 심리기능으로 사고와 감정, 감각과 직관을 제안했는데 이러한 심리유형론을 바탕으로 Briggs와 Myers 모녀는 개인의 심리경향, 선천적 선호경향을 측정하는 MBTI(Myers-Briggs Type Indicator) 검사를 개발했다. 최근 MBTI의 인기는 가히 폭발적이다. 다양한 자투리 이미지와 YouTube 동영상이 인터넷에 찾아보면 수만 건이고 심지어는 소개팅에 나가서 특정 유형의 파트너가 상대로 나온다면 어떻게 해야 하는지, 맞지 않는 성격유형의 파트너는 어떤지 유형인지 등도 알려준다. MBTI의 인기가 자신에 대한 관심, 성격이나 심리에 대한 관심이나 지식이 높아지고 있다는 점과 성격에 대한 대화의 주제를 제공한다는 점에서는 매우 긍정적이지만 검사결과를 자신의 성격으로 규정짓고 이니셜 4글자를 자신의 정체성의 일부로 삼는 것은 경계해야 할 것이다.

성격이론 중 일반적으로 수용되고 있는 이론에는 5요인 성격이론(five factor theory: FFT)이 있다. 5요인은 개인의 정서, 행동, 인지의 차이를 설명할 스 있는 이해의 틀을 제공해주는 것으로서 성격을 신경증(Neuroticisim), 외향성(Extroversion), 개방성(Openness), 우호성(Agreeableness), 성실성(conscientiousness)의 요인 구조로 설명하며 5요인으로 인간의 사고, 행동, 정서를 예측할 수 있다고 보았다.

신경증은 불안, 긴장, 우울과 같은 부정적 정서와 관련된 성격 특성이며 신경증 척도의 점수가 높으면 정서가 예민하고 불안정하며 일상생활에서 스트레스와 욕구불만을 많이 느끼는 특성을 보인다. 신경성은 질병이 아니라 평범한 사람도 정도만 다를 뿐 연속선 상 어딘가에 놓인다는 점이며 주변 환경에 나타나는 부정적 신호에 대한 민감성이라고 볼 수 있다. 신경증이 낮은 사람은 일상생활에 잘 적응하지만 억압적이거나 둔감하여 무신경하게 지나치고 있는 것은 아닌지 스스로를 돌이켜 볼 필요가 있다. 하위요인으로는 자존감, 우울, 충동성, 위축감, 정서적 충격, 심약성, 특이성, 신체성, 적대감, 불안 등이 있다. 신경증은 아주 광범위하게 연구되는 성격 특성인데 다양한 삶의 질을 예상하는데 아주 중요한 척도이며 다른 성격 요소들에 영향을 미쳐 기질을 더 강화시키는 역할을 한다. 예를 들여 신경증이 높은 사람은 예민함 때문에 더욱 성실하고 강박적 행동을 하기 쉬우며 반친화적이면서 상당히 적대적일 가능성이 높다.

외향성은 사회성, 긍정정서, 주장성과 같은 사회성과 관련된 성격특성으로 외향성이 높은 사람은 사람들을 만나고 사귀는 것을 좋아하며, 명랑하고 쾌활한 성격특성을 가지고 있다. 또한 매사에 적극적이며 자기주장을 잘하며 열성적이고 낙천적이다. 하지만 외향성이 낮으면 혼자 지내는 것에 편안함을 느끼며 자신을 잘 드러내지 않는 조용한 특성을 보인다. 외향성의 하위 요인으로는 사회성, 지배성, 자극추구, 활동성이 있다. 외향성의 특성을 알면 동기를 파악하고 주변 환경을 읽어내는 방식을 이해하는데 유용한데 외향적인 사람들은 보상신호와 보상기회에 민감하며 주변 환경을 통해 긍정적 가능성을 찾아내지만 외향성이 낮은 사람들은 처벌신호에 과민한 반응을 보이는 경향이 있다.

개방성은 다양성과 새로운 것에 개방적인 성격특성을 의미한다. 개방성이 높은 사람은 상상력이 풍부하고 새로운 것에 호기심을 가지고 있어 아이디어와 가치관이 개방적이다. 자신과 타인의 감정에 민감하며 문화적으로 풍부한 삶을 살아가는 사람들이다. 개방성이 낮은 사람은 자신과 타인의 감정에 민감하지 않고 한정적인 가치관에 머물러 있어 다른 사람의 경험을 이해하거나 수용하는데 제한적이다. 개방성의 하위요인은 창의성, 정서성, 사려성, 진취성이 있다.

우호성은 협력적이고 친사회적인 성격특성으로서 공감, 이타성을 의미 한다. 우호성이 높은 사람은 타인과 신뢰로운 관계를 맺고 친밀감을 형성하는데 관심이 있으며 다른 사람들을 잘 배려하고 갈등 상황에서는 타인에게 양보하는 등 인간적 사랑이 많은 특성을 보인다. 우호성이 낮은 사람은 사람에 대한 신뢰가 낮고 관심이 적으며 친밀함을 유지해야 할 필요성을 느끼지 못해 무신경하고 배려가 부족하다. 하위요인은 이타성, 관용성, 신뢰성, 온정성이 있다. 친화성은 첫인상에 중요한 역할을 하지만 성실성과 같이 성공과는 밀접한 관련이 없으며 성격의 5가지 요인의 다른 특성에 비해 직장에서의 성공을 예언해주는 기능이 상대적으로 약하다.

성실성은 자기조절, 성취지향, 책임감과 같은 근면하고 사회적 규칙이나 원칙을 잘 지키는 성격 특성과 관련이 된다. 성실성이 높은 사람은 유능하고 분별력이 있으며 과제에 대한 조직력과 성취욕구가 높고 목표지향적인 특성을 보인다. 의무를 이행하거나 자신이 해야하는 일은 뒤로 미루지 않고 진행한다. 하지만 성실성이 낮은 사람은 과제에 대한 조직력과 성취의욕이 적고 자신이 해야 할 일을 뒤로 미루는 경향을 보인다. 성실성은 학문이나 직업에서 높은 성취도와 관련이 있으며 대학생활 만족도와 직업에서 성공가능성, 삶의 질, 건강과 수명을 예고하는 중요한 척도이다. Danial Nettle은 성실성은 주로 예측가능하고 잘 정돈된 환경이나 사회적 상태에서 능력을 발휘한다고 주장했다. 목표를 일관성 있게 추구하기 위해서는 열심히 실천하고 적절한때 완성해야 하는데 그런 능력은 매우 성실한 사람에게서 쉽게 볼 수 있다. 그러나 예측 불가능하고 빠르게 변하는 환경 속에서는 성실성이 힘을 발휘하지 못할 수도 있다.

성격 5요인과 MBTI의 차이점은 성격을 의미하는 각 요소들이 양극단에서 외향성인지 아닌지를 판단하는 식으로 서로 다른 유형을 의미하지 않으며 5가지 특성은 모두 '연속적' 차원으로서 모든 사람이 그 연속선상 어딘가에 놓이는데 대부분은 중간쯤이지만 다른 영역에도 두루 분포한다.

개인이 진로를 준비할 때 가장 중요하게 생각하는 것 중 하나가 '내가 중요하게 생각하는 것이 무엇인가?' 라는 질문이 될 것이다.

"저는 평범하고 안정적인 직업을 갖고 싶습니다. 어떤 직업이 좋을까요?"

"무엇보다 돈을 많이 벌어서 경제적인 자유를 얻을 수 있는 직업을 갖고 싶습니다."

"사람들을 도와주면서 보람을 느끼는 직업은 어떤 것이 있을까요?"

저마다 직업 선택에 양보할 수 없는 기준들이 있기 마련인데 이는 자신이 어떤 방식으로 생각하고 행동하는지와 관련된 신념과 믿음, 가치 때문이다. 심리학에서는 가치를 외적 가치와 내적 가치의 두 유형으로 분류한다. 내적 가치는 인간의 기본적인 심리적 욕구인 자율성, 유능감, 관계성을 의미하는 것으로서 개인적 성장, 사회봉사, 유대감이 포함된다. 내적 가치를 중시하는 경우, 자신의 직업을 통해 내적 만족을 얻고자 하는 경향이 높다. 반면, 외적 가치는 눈에 보이는 것의 성취를 추구하는 가치로서 명예, 부, 이미지 등이 포함되는데 주로 자신이 선택한 직업에서 능력을 발휘하고 수행이나 결과를 중요하게 여길 가능성이 높다. 직업가치관은 직업에 대해 가지는 개인의 의식이나 신념으로서 진로 목표 수립에 중요한 역할을 하고 이후 직업생활과 진로적응에도 중요한 역할을 한다.

[표 3] 내재적 가치와 외재적 가치

구분		내용
외재적 가치	금전적 보상	금전적으로 보상이 충분하다.
	여유	심신의 여유를 가질 수 있다.
	직업적 안정	고용이 안정되어 있어 정년까지 할 수 있다.
	자율	자율적으로 업무를 해 나갈 수 있다.
	인정	타인에게 인정받을 수 있다.
내재적 가치	이타	남을 위해 봉사할 수 있다.
	애국	국가를 위해 도움이 될 수 있다.
	영향력	타인에 대해 영향력을 발휘할 수 있다.
	학습	새로운 지식을 얻을 수 있다.
	성취	자신이 스스로 목표를 세우고 달성할 수 있다.

Maslow(1943)의 동기이론에서 인간의 동기나 욕구가 개인의 생존에 가장 필요한 것부터 단계적이고 위계적으로 정렬되는 5가지 욕구로서 생리적 욕구, 안전욕구, 소속감과 사랑의 욕구, 자존심 욕구, 자아실현의 욕구가 있다고 했다. 메슬로우에 따르면 사람들은 끊임없이 지금보다 나은 환경을 갈망하는데 낮은 수준의 욕구가 충족되어야만 높은 수준의 욕구에 주의를 돌릴 수 있다. 예를 들어 경제적으로 어려운 시기에는 생존에 여념이 없기 때문에 자존감 욕구나 자기실현의 욕구에 관심을 가질 수 없다. 이처럼 생리적 욕구와 안전욕구가 만족된 상태에서 자라난 사람과 그렇지 않은 사람들은 각기 서로 다른 우선 가치를 가질 수 있다.

〈읽기자료〉 직업가치관

영화 울지마 톤즈 1
故 이태석 신부의 삶과 인생 그리고 직업

전쟁, 기아, 질병 등 우리가 생각할 수 있는 가장 큰 비극의 현장이었던 수단에서 병들고 주리고 배우지 못한 사람들을 치료하고 가르치고 삶을 살았던 이태석 신부의 삶을 보여준 다큐멘터리 영화이다.

공부 잘해서 의대에 가고, 기타와 피아노는 물론 드럼, 금관 목관 악기도 모두 잘 연주하고 작곡 실력도 뛰어나고 운동도 잘했으며 기계 다루는 능력도 뛰어났던 천재 이태석은 의대 졸업 후 인턴생활까지 마쳤으나 세상에서 가장 가난한 곳에서 의술을 펼치고 싶다는 어린 시절의 꿈을 포기할 수 없어 가톨릭 신학대에 입학하고 신부가 되자마자 자원하여 수단 톤즈에 갔다.

사람들은 신부가 아니어도 의술로 많은 사람을 도울 수 있고 한국에도 가난한 사람이 많은데 왜 아프리카까지 갔느냐고 묻기도 했는데 이태석 신부는 이렇게 대답한다.

"특별한 이유는 없다. 다만, 내 삶에 영향을 준 아름다운 향기가 있다. 가장 보잘 것 없는 이에게 해준 것이 곧 나에게 해준 것이라는 예수님 말씀, 모든 것을 포기하고 아프리카에서 평생을 바친 슈바이쳐 박사, 어릴 때 집 근처 고아원에서 본 신부님과 수녀님들의 헌신적인 삶, 그리고 마지막으로 10남매를 위해 평생을 희생하신 어머니의 고귀한 삶, 이것이 내 마음을 움직인 아름다운 향기이다."

남수단에 위치한 톤즈에서 2001년 이태석 신부가 미사를 봉헌할 당시 신부를 돕는 복사를 맡았던 10대 존 마옌 루벤과 토마스 타반 아콧은 이후 이 신부의 권유로 2009년 한국에 유학생 신분으로 들어왔다. 당시 이 신부는 "의사가 되어 아픈 사람들을 돕고 싶다"고 자신의 꿈을 말했던 두 청년을 기억하고, 수단 어린이장학회를 비롯해 국내외 후원자들에게 도움을 부탁하는 편지를 써서 이들의 유학을 성사시켰다. 2012년 인제대학교 의대에 나란히 합격한 두 사람, 토마스(35)는 2018년에 대한민국 의사시험에 합격했고 존 마옌 루벤(33세)은 2020년 대한민국 의사시험에 합격하고 인제대학교에서 인턴 생활을 시작했다. 이 두 사람 외에도 이태석 신부의 제자들 50명이 의사가 되었다. 남수단… 지구에서 가장 열악한 나라에서 약 50명의 의사가 배출되었다는 것… 그것은 이태석 신부의 사랑을 받은 아이들이 다시 사랑을 전해주는 '부활'과 같다고 이태석 재단의 이사장이자 영화 부활의 감독 구수환씨는 말한다.

극적이기는 하지만 가치관으로 인해 삶의 방식이나 직업선택이 어떻게 바뀔 수 있는지 들보여주는 사례로 소개하고 싶다.

존 마옌 루벤

토마스 타반 아콧

Chapter 9.

진로적응(Vocation adaption)

1. 진로적응의 이해

대학 졸업 후 노동시장 진입에 있어 중요한 요인 중 하나는 진로 변화에 대한 적응력을 갖추는 것이다. 진로적응력이란 일의 역할에 참여하고 예측 가능한 직무를 준비하며 직업과 직업 환경의 변화로 인한 예상치 못한 조정에 대처할 수 있도록 준비하고 그 능력을 갖추는 것을 말한다. 인간의 행동은 개인과 환경 간의 활동으로 개인적 특성이 쉽게 변하지는 않더라도 환경은 계속 변화된다. 따라서 계속해서 변화하는 환경에 적응하고 문제를 예측하며 예측 불가능한 문제에 대처하려면 개인도 변화를 위해 준비되어 있어야 하며 직업 적응성 함양은 선택이 아니라 진로에 있어서 필수적인 요소이다. 그러나 대학생들은 자신의 진로에 대해서 충분히 경험해 볼 수 있는 여건을 제공받지 못하고 있을 뿐 아니라 직업에 대한 정보가 적으며 다양한 상황에서 문제 해결을 어떻게 해야 하는지에 대한 교육적 여건이 마련되지 않기 때문에 진로적응성은 발달할 기회를 충분히 제공받지 못하고 있다.

적응은 개인과 환경사이에 이루어지는 상호작용 속에서 '어떤 상황이나 조건에 잘 어울리는 것' 으로서 환경에 순응한다는 의미가 더 강하게 내포되어 있으나 오늘날에는 인간과 환경과의 상호작용 속에서 인간이 주체적 의지를 통해 자발적으로 행동하고 적극적으로 환경에 대처하며 사회 변화에 능동적으로 참여하는 과정으로 본다(정재연, 2016). 적응(adapt)이라는 개념이 1990년대 후반에 진로분야에 응용되면서 일생동안 개인과 관련된 일과 여가의 총체(Sears, 1982)로 보기 시작했다. Herr와 Cramer(1992)는 진로적응을 개인마다 고유하며, 개인의 선택과 결정에 의해 생성되고, 역동적이며, 개인 삶의 여정 동안 전개되고, 직업 전과 후에 대한 고려가 모두 통합되고, 가정 및 지역사회, 여가활동에서 이루어지는 역할이 서로 관련된 것으로, 생애 일 경험을 모두 포함하는 포괄적인 용어로 정의하였다.

진로적응성 개념은 Super의 진로발달이론에서 제시한 진로성숙의 개념에서 시작되어 진로구성주의 이론을 통해 구체화 되었는데 진로적응성이라는 용어가 성격특성, 사회적 능력, 행동 등으로 다양하게 연구되어 개념 명확하지 않은 경향이 있다. 이에 국내에서는 진로적응성관련 연구들을 구성주의 진로발달이론에 근거하여 심리적 특성, 행동적 특성, 사회 환경적 특성으로 구분하고 13가지 변인을 도출했다(박은규·이서정, 2018). 진로적응성을 단순히 정의나 개념만으로 이해하기 어려울 수 있기 때문에 관련된 변인들을 구분하여 봄으로써 좀 더 명확하게 의미를 파악할 수 있고 진로적응성 향상을 위한 구체적인 내용을 제공해준다.

[표 1] 진로적응성 관련 변인

구분	변인
심리적 특성	낙관성, 성격강점, 셀프리더십, 자아존중감, 진로결정 자기효능감, 진로결정 자율성, 진로정체감
행동적 특성	강점활용, 우연대처기술, 자기주도학습, 진로준비행동
사회환경적 특성	사회적지지, 진로장벽
기타	강점인식, 긍정심리자본, 내적통제성, 불확실성에 대한 인내력 부족, 자기개념 명확성, 자기주도성, 자기효능감, 진로결정수준

구성주의 진로이론의 대표 학자인 Savickas(1997)는 진로적응성을 미래 직업으로의 순조로운 전환을 위해 예측이 가능한 과제에 대한 준비성과 일하는 조건의 변화에서 발생되는 예측불가능한 상황에 적응하고 대처하기 의한 준비도라고 정의하였다. 그리고 그 적응과정을 세분화하여 적응준비, 적응자원, 적응반응, 적응결과라는 순차적 과정의 진로적응 모형을 제시했다. Rottinghaus 외(2005)는 예측하지 못한 상황을 마주했을 때, 진로를 변경하기 위해 계획하고 적응할 수 있도록 개인의 능력에 영향을 주는 개인적인 성향으로 정의했다. 진로적응성에 대한 개념정의는 학자에 따라 다르지만 종합해 보면, 변화하는 환경과 개인의 상호작용을 강조하며 새로운 상황을 다루기 위해 자신의 행동이나 생각을 변화시키는 능력으로서 개인의 주체적인 적응성을 강조하고 있는데 이것은 개인이 단순히 환경에 적응하기 위한 개인의 노력만을 의미하는 것이 아니라 개인이 환경을 변화시키고 만들 수 있다는 의미도 포함한다.

진로적응성, 즉 변화하는 환경에 적응하고 예측 불가능한 상황에 대비하기 위한 준비를 갖추기 위해서 가장 중요한 것이 주도성인데 주도적인 진로개발의 핵심은 곧 학습이며 교육과 경험을 통해서 향상 가능하다는 점은 중요하다. 이는 개인이 진로적응상에 문제가 발생했을 때 성격특성 영역의 문제인지, 역량과 자원 영역의 문제인지, 아니면 행동 수행 영역에서의 문제인지를 구분할 수 있는 기준이 되고, 이를 통해 해당 영역에 대한 적절한 교육과 훈련을 구체화 할 수 있는 기반이 된다. 지속적인 학습과 전문성 개발은 진로적응성을 높이는 핵심이 되며 급격한 사회변화에 유연하게 대처하기 위해 진로자원을 축적하는 중요한 방법이 된다.

진로적응성의 구성하고 있는 요인에 대해서는 다양한 의견들이 존재한다. Super와 Knasel(1981)은 대학생 진로적응성의 구성요소로서 내적통제의 소재, 자율성, 계획성, 탐색능력, 개방성, 일반적 자기효능감을 제시했고 Pulakos 등(2000)은 성인의 진로적응성의 구성요소로서 대인능력, 창의성, 위기관리능력, 불확실성 처리, 대인적응능력, 문화적응능력, 과제학습 등이 중요요소라고 주장했다. Savickas는 진로적응성의 구성요소로 계획성, 자기와 환경 탐색, 충분한 정보에 대한 의사결정이라는 세 가지 요인을 제시했으며, 개인이 자신 스스로를 구성하고 만들어 가는 과정에서 자신만의 의미를 부여함으로써 진로를 형성시키고 사회적 환경에 적응하는 과정을 통해 진로 행동을 이끌어낸다. 진로적응성의 구성요소에 대해서는 다양한 주장이 제기되었으나 다수 학자들이 중요 구성요소로 주장한 공통요인이 존재하는데 장계영(2009)은 대인관계, 목표의식, 창의성, 책임감, 직무능력, 긍정적 태도, 주도성, 개방성으로 제시하면서 공통요인을 충실히 반영하고 있다. 대인관계는 다른 사람과 협력하고 원만한 관계를 유지하며 자신이 추구하는 것이 무엇인지를 정확히 알고 준비하는 자세이며, 창의성은 독특한 아이디어를 제시하고 목표의식을 갖는 것, 자신의 일을 맡은 바 끝까지 책임지는 책임감, 관심분야와 직무내용을 알고 기술을 익히며 효과적으로 직무를 처리할 수 있는 능력, 힘든 상황에 직면했을 때 긍정적으로 바라보는 태도, 솔선수범하거나 적극적으로 참여하는 주도성, 새로운 의견이나 환경을 편견 없이 수용하고 활용하는 것이 개방성이다.

Savickas는 개인의 진로에서 진로적응성을 가장 핵심적인 개념으로 보고 진로적응 모형을 이론적 틀로 제시하면서, 진로적응 과정을 적응준비, 적응자원, 적응반응, 적응결과로 이루어진 순차적 과정으로 상세화하였다. 적응 준비는 개인 내적인 심리적 특질로서 스스로 동기를 부여하며 변화 의지를 강화시킬 수 있는 자기조절 자원(적응자원)을 통해서 진로관련 상황들에 잘 대처하고자 하는 적응적 행동 수행(적응반응)을 이끌어 낸다. 이러한 적응반응들은 궁극적으로 성공, 만족, 성장으로 나타나는 적응결과와 연결된다.

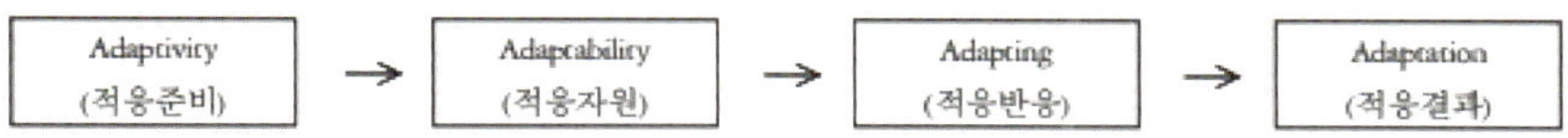

[그림 1] 진로적응모형

적응준비는 진로 환경 변화로 발생하는 이슈에 적절하게 대응하여 적응하고자 하는 변화 의지와 유연성, 인지능력, 성격 5요인(신경성, 외향성, 친화성, 성실성, 경험에 대한 개방성), 자기존중감, 핵심자기평가, 주도성, 미래지향, 기질적 명확성 등의 개인적 특성을 말한다. 적응자원은 진로발달과업, 직업전환 및 직업적 외상으로 발생하는 생소하고 복잡하며 불분명한 문제를 해결하기 위한 자기조절적 자원 또는 역량으로 적응자원이 진로적응성을 반영한다. 다시 말해, 진로 환경, 개인이나 사회적 변화를 가져올 것으로 예상되는 이슈에 개인이 대처하는 자원으로서 교육 및 학습과 경험을 통해 얻어지고 축적되는 것이므로 개인의 내적 특질보다 변화가 용이하며, 인간의 내면과 외부 세계의 상호작용을 통하여 발달하고, 적응목표를 성취하는 데 필요한 적응전략 및 적응행동을 습득하는 것이다.

적응자원은 관심, 통제, 호기심, 확신이라는 4가지 차원으로 구분되는데 이러한 자원을 개인에게 어느 정도 보유하고 있는가를 적응능력척도(Career Adapt-Ability Scale: CAAS)로 확인할 수 있다. 적응반응은 환경에 대응하는 적응적 행동을 수행하는 것이며 직업개발 과업의 완수, 직업적 전환 대처, 업무상 정신적 충격 및 우발 상황에 대한 적응을 포함하며 반응은 행동뿐만 아니라 신념까지도 포함한다. 관심은 미래를 위해 준비가 중요하다고 생각하고 미래를 현실적으로 느낄 수 있도록 하는 것으로서 계획성, 준비성, 낙관적 태도에 의해 촉진된다. 진로에 대한 관심이 부족하게 되면 진로 무관심으로 이어져 무계획, 비관주의, 무모함으로 미래지향적 행동을 하기 어렵기 때문에 직업과 관련된 과거를 회상하고 현재를 고민하며 미래를 준비하도록 관심을 갖는 것이 중요하다. 통제는 개인이 진로와 관련하여 경력을 쌓을 책임감을 갖도록 하는 것이다. 진로통제력이 높을수록 개인이 자신의 진로를 만들어 가는데 대한 책임감을 가지고 주도적, 자율적으로 의사결정을 하게 한다. 자신과 직업세계에 대한 호기심은 자기개념과 직업정보 탐색 능력을 향상시키며 직업에서 요구하는 직무능력과 보상에 대해서도 더 많은 정보를 갖도록 한다. 그러나 진로 호기심에 대한 결여는 일의 세계에 대해 경직성, 자신에 대한 부정적인 이미지 형성, 비현실적인 진로선택의 문제에 직면할 수 있다. 마지막으로 확신은 진로선택에 필요한 적합한 교육과 직업선택 과정을 성공적으로 수행할 수 있다는 자신의 능력에 대한 자기확신이자 효능감을 의미한다. 장애물, 도전적인 과제, 문제해결이 필요한 상황에 맞닥뜨렸을 때 해결하고 성공할 수 있을 것이라는 기대이며 능력에 대한 자신감이다(Rosenberg, 1989). 진로결정과 선택은 한 번에 단일 선택이 아닌 과정이기 때문에 선택과 실행에 대한 자기효능감과 자신감은 진로목표 성취에 결정적인 요인이므로 문제해결 훈련과 불안감소, 성공경험 등 자기효능감을 증가시키는데 중점을 둔다.

적응반응은 진로 환경 변화에 따라 개인이 마주하게 되는 진로과업과 진로전환, 진로 트라우마에 적합하고 유연하게 대처하는 행동적 차원이며 적응준비, 적응자원, 적응반응의 진로적응을 모두 완료하면 얻어지는 적응행동의 성과가 적응결과이다. 적응결과는 개인이 환경에 자신의 요구를 타협하고 통합하여 균형을 이룬 상태를 말하며 진로정체감, 직무/진로/학교만족, 조직몰입정도가 높아지며 직무스트레스를 관리하고 고용가능성을 높이는 등의 개인적 측면의 결과뿐만 아니라 업무수행, 이직의도, 소득, 고용 등 환경과의 상호작용을 통한 결과이기도 하다.

2. 진로적응성의 확인

개인의 진로적응성을 확인하는 방법으로 Savickas와 Porfeli가 2012년도에 개발한 적응능력척도(Career Adapt-Ability Scale: CAAS)와 Rottinghaus가 개발한 진로미래검사(Career Frtures Inventory: CFI)가 있다. 이는 모두 외국에서 개발된 것으로서 우리나라 취업과 진로 환경과는 매우 다른 취업의 형태, 채용 상황에서 개발된 것으로 적용하는데 한계를 갖는다는 지적이 있다. 이에 우리나라에서는 대학생과 기업 채용담당자, 상담관련자들을 대상으로 설문을 실시하여 진로적응성의 개념과 14가지 구성요인을 찾아내고 이것을 토대로 8개 요인과 45개 문항으로 이루어진 진로적응척도를 개발했다(장계영·김봉환, 2011). 8개 요인은 책임성, 목표의식, 창의성, 대인관계, 개방성, 주도성, 직무능력, 긍정적 태도이다.

우리나라 대학생의 경우 진로적응성의 구성요인 중에서 책임감, 목표의식, 창의성, 대인관계 순으로 진로적응성이 중요하다고 인식하고 있다. 이러한 결과는 급변하는 환경 속에서 살아남기 위해 갖추어야 한다고 생각하는 능력은 강한 책임감, 일하고자 하는 동기와 방향을 설정하는 목표의식, 기존과는 다른 새로운 결과물을 창조해내면서도 독단적이지 않고 좋은 인간관계를 맺을 수 있는 능력을 갖추는 것이 중요하다고 인식하고 있다는 의미일 것이다. 하지만 창의적인 속성과 좋은 인간

관계는 서로 갈등적 상황을 만들어내기 때문에, 창의적인 인간이 책임감과 철저함을 갖추는 것이 쉽지 않아 진로적응성을 갖춘다는 것이 매우 어려울 수 있을 것이다.

대학생 스스로 진로적응력을 높이기 위해서는 스스로에게 질문을 던져보는 방법이 있다. 가령 나에게 미래는 있는가?, 내 미래는 누구의 것인가?, 미래에 나는 무엇을 하고 싶은가?, 내가 할 수 있을까? 등의 질문을 던져놓고, 진지하게 생각해보면서 답변을 정리할 필요가 있다.

- 나에게 미래가 있는가?를 질문해본다. 이는 자신의 미래 직업에 대한 관심여부를 의미하며 관심은 미래를 긍정적으로 인식하고 미래 진로에 대해 끊임없이 숙고하며 과거 현재 상황을 바탕으로 미래에 대한 계획을 세우는데 중요한 역할을 한다. 진로구성에서 가장 기능적인 역할을 하는 것이 바로 관심이다.
- 내 미래는 누구의 것인가?를 질문해본다. 미래를 스스로 만들어 갈 수 있다는 사고와 통제력을 말하는 것인데 통제는 인생의 주인이 바로 나 자신임을 스스로 믿는 것이며 인생에 대해 책임감을 가지고 주도적이고 자율적으로 결정할 수 있게 해주는 요인이다. 통제가 높으면 결단력이 높고 적극적인 태도를 보이지만 통제가 낮으면 자신의 진로를 결정하지 못하고 대학 내내 진로미결정 상태에 놓일 수 있다.
- 미래에 나는 무엇을 하고 싶은가?를 질문해본다. 이 질문은 내가 어떤 영역에 호기심과 흥미가 있는지를 알아보는 질문이다. 개인과 주변 환경에 대한 정보를 탐색해서 미래 직업에 대한 정보를 수집하고자 하는 태도를 가지는 것이다. 호기심은 자기 자신과 외부 세계에 대한 정보를 수집, 비교, 분석하고 현실적이고 객관적으로 행동할 수 있게 한다. 진로에 대한 호기심이 높은

사람은 위험을 감수하고 자신과 세상에 대해 알고자 노력하며 현실적이며 유연한 태도를 가지게 되고 결국에는 긍정적 자기개념을 형성하게 된다.

- 내가 할 수 있을까?를 질문해야 한다. 이는 자신감과 관련된 질문이다. 스스로에게 도전적 과제를 부여하고 내가 해낼 수 있다는 능력에 대한 확신과 신뢰이자 개인의 자아존중감의 반영이다. 진로선택과 준비의 과정은 매우 어려운 문제해결 과정이지만 자신감은 문제 상황에 매몰되거나 회피하지 않고 용기를 가지고 끝까지 노력하게 만드는 동력이 될 수 있다. 높은 자신감을 가진 사람이 결국에는 목표달성과 자기실현을 경험하게 된다.

3. 진로적응력을 높이기 위한 실천

대학에서 개인의 진로적응력을 높이기 위해서는 다양한 방안들이 제시되고 있지만, 여기에서는 자기주도 학습과 시간관리, 사회적 지지체계 구축, 및 진로정보 탐색에 초점을 둔다. 진로개발과 진로적응력을 높이기 위해서 무엇보다도 중요한 역량으로 평가되는 것이 학습역량이다. 특히 평생학습자로서 삶을 만들어 가는 능력을 기르는 일은 현대사회에서 매우 중요하고 진로 선택과 준비는 개인의 학습능력과 밀접한 관련이 있으며 진로목표를 이루기 위해서는 학습능력이 반드시 필요하다. 학습생애발달 측면에서 초·중·고등학교가 정규 학교교육에서 안내된 학습을 수행하는 것이라면 대학생은 안내된 학습과 함께 진로와 경력개발을 위해 개별학습을 수행해야 하는 시기에 필요한 것이 자기주도 학습능력이다. 이러한 자기주도 학습능력은 단순히 학업 성취 결과에만 영향을 미치는 것이 아니라 취업가능성과 직간접적으로 연결되어 있고 취업 후에도 직업분야에서의 성장과 진로적응에도 영향을 주기 때문에 매우 중요하다. 자기주도 학습은 학습자가 스스로 학습에 대한 책임을 가지고 학습에 대한 계획부터 실행과 평가에 이르기까지 추진해 나가는 능력을 의미한다. 타인의 도움 없이 학습자 스스로가 주도권을 가지고 자신의 학습요구를 진단하고 성취기준과 목표를 세우고, 목표에 도달하기 위해 학습 행동을 선택하며 학습의 전 과정을 성찰할 수 있는 능력을 갖추는 것을 특징으로 한다. 자기주도적인 학습자는 독립적이고 학습에 대한 끈기가 있으며 학습에 대한 책임감을 받아들일 뿐 아니라 문제 상황이 있을 때 그것을 장애물이 아니라 도전으로 받아들이며 자기규율 능력과 높은 수준의 호기심을 가진다. 학습과 변화에 대한 높은 욕구와 자신감으로 기초적인 공부기술을 사용할 수 있으며 시간을 구조화하고 학습 속도를 조절하며 과제를 끝내기 위한 계획을 개발하고 학습 자체를 즐기며 목표지향적인 경향을 보인다. 자기주도 학습을 통해 진로목표를 성취하고 자기주도적 학습자가 되기 위해서는 삶에 대한 주도성, 책임감, 배움에 대한 호기심 등도 필요하지만 어떻게 공부해야 하는지, 공부시간을 효과적으로 보내기 위한 학습전략, 공부에 방해되는 활동이 무엇인지에 대한 실제적인 대처 전략 또한 필요할 것이며 이러한 능력은 단기간 내에 획득할 수 있는 것이 아니기 때문에 대학시기 동안 체계적이고 지속적으로 노력할 필요가 있다.

자기주도 학습이 효과적으로 이루어지려면 시간 관리는 필수적이다. 경험한 바대로 대학생활은 학기 중 일과, 수강신청과 수업시간설계, 학습설계, 공강 시간 활용, 방학 중 스케줄까지 모든 일과를 스스로 관리해야 하기 때문이다. 성공하는 사람들의 7가지 습관이라는 책의 저자 스티븐 코비 박사는 시간 관리의 원칙은 인생의 중요가치와 원칙이 삶을 이끌도록 '소중한 것을 먼저' 해야 한다고 했다. 전통적인 시간관리 방법은 시간표대로 움직이는 시스템으로 성과와 속도, 능률이 중요했다면 소중한 것을 먼저 하는 시간 관리는 급한 일에 쫓기지 않으면서도 인생에서 중요한 것, 나를 성장시키는 것에 시간을 먼저 쓰는 원칙이며 사소한 것 때문에 중요한 것을 잃지 않는 것을 중요하게 다룬다.

사회적 지지(social support)는 개인이 가진 대인관계로부터 제공되거나 얻을 수 있는 사랑과 지지, 보살핌이며 존경이나 보호를 받을만하다는 정보를 주는 관계로서 정서적 관심, 정보, 칭찬, 도구적 도움 중 한 가지 이상이 포함된 대인관계라고 할 수 있다. 사회적 지지는 제공되거나(Provided) 획득되는 것(received)이며 대부분이 획득되는 것에 초점이 맞춰져 있지만 상호적인 것이다. 사회적 지지체계를 구축하고 사회적 지지를 얻기 위해서는 상호 지지를 주고받는 과정이 필요하다. 정서적 지지는 신뢰, 공감, 사랑, 배려(caring)를 포함하며 스트레스를 경감시키고 부정적 영향을 완충시키는 작용을 한다. 정서적 지지는 관심표현, 격려, 위로, 경청으로 표현되며 감정이입을 통해 감정을 표출하는 것이다. 도구적 지지는 돈을 빌려주거나 시간과 기술로서 그것을 필요로 하는 사람에게 일을 대신 해주거나 물건을 제공하는 등의 직접적인 지원을 주는 것이다. 예를 들어 학비나 학원비를 내주거나 청소, 요리 등의 일을 돕는 것을 말하며 타인을 돕는 직접적이고 구체적인 방식 모두를 포함한다. 정보적 지지는 개인이 문제해결에 활용할 수 있는 정보제공 행위나 조언을 뜻한다. 예를 들어 문제해결에 이용할 수 있는 정보, 구직방법에 대한 정보나 충고, 조언, 피드백 등을 제공하는 것이다. 이외에도 개인의 행동을 인정하거나 부정하는 자기평가에 대한 적절하고 유용한 정보를 전달하는 평가적 지지도 있는데 평가적 지지는 건설적인 피드백과 더불어 사회적 비교도 포함된다. 이러한 다양한 방면의 사회적 지지는 좌절을 극복하도록 돕고 문제해결 능력을 향상시키는 등 심리적 적응을 도울 뿐 아니라 스트레스와 긴장을 완화시켜 정신건강과 신체에도 영향을 준다. 특히 실제로 제공받은 객관적인 지지보다 스스로가 지지를 받았다고 느끼는 주관적 지지가 행동을 예언하는데 중요한 영향을 미치는데 높은 수준의 주관적 지지를 지각하는 대학생은 깊이 있는 수준의 진로탐색 행동을 하고 진로선택에 대한 준비도가 높게 나타나는 경향성을 보인다. 우리가 맺고 있는 다양한 인간관계 중에서도 진로에 영향을 미치는 중요한 관계는 친구, 부모, 교수 등이 있는데 친구로 부터 받는 지지는 긍정적 자아개념을 형성하고 진로결정에 중요한 요인으로 작용하며 진로결정 과정에서 위험감수, 확장된 탐색활동, 사회적 숙달감을 촉진시키며 부모의 지지는 낯선 환경에서 잘 적응하도록 돕는다. 대학에서 상호 지지를 주고받는 관계체계의 구축은 진로적응 뿐만 아니라 정신건강 및 신체건강, 스트레스와 긴장 완화에 영향을 주는 등 개인적인 삶의 질과도 관련이 있다. 자율적인 대학생활에서 자신의 문제에 대해 이야기하고 조언과 피드백을 주고받을 사람이 있고 함께 무언가를 할 사람이 있고 필요할 때, 원조를 주고받을 수 있는 대상이 존재한다면 삶이 매우 가치 있고 풍성해질 것이다. 한 가지 기억해야 할 것은 지지적 관계는 자동적으로 만들어지는 게 아니라 상처받을 위험, 거절당할 위험을 감수하면서 관계형성을 위해 직접 행동하고 노력해야 한다.

마지막으로 강조하고자 하는 것이 바로 진로정보탐색이다. 개인이 경험한 것에 근거한 정보만을 가지고 결정과 판단을 이루는 경우가 대부분이다. 많은 양의 정보를 가지고 있으면 선택의 폭이 넓어진다. 100개의 직업을 알고 있는 사람과 1,000개의 직업을 알고 있는 사람은 선택과 결정이 달라질 수밖에 없다. 그런데 지식정보사회와 인터넷 속의 수많은 양의 정보 속에서 우리는 좋은 정보를 찾아낼 수 있어야 한다. 나에게 적합한 진로정보, 교육정보, 직업훈련정보, 자격정보 등을 공신력 있는 제공처와 제공되는 구체적인 정보들을 찾아내는 작업은 진로준비에서 매우 필요하고 중요하다. 또한 노동시장이 어떻게 변동되고 있는지, 취업동향과 청년층 고용에 대한 정보들을 수집하는 것도 진로선택 과정에서 꼭 필요한 정보이다. 최근 청년실업이나 고용률이 점차 개선되는 추세를 보이고 있지만 청년층이 체감하는 고용사정은 여전히 어렵다는 기사들을 많이 접한다. 이런 상황에서 진로를 결정했다고 하더라도 내가 원하는 직업과 산업구조의 변화를 읽고 필요한 직업훈련이나 자격정보를 정확하게 알고 선별하고 가공하고 체계화하여 자신에게 필요한 정보를 축척해 나가는 정보화 능력을 갖출 필요가 있다. 빠르게 변화되는 사회에 적응하기 위해서는 새로운 정보를 정확하고 빠르게 찾아내어 실생활과 진로에 적절하게 활용하는 능력을 키우는 것은 변화되는 사회 적응에 필수적이다. 또한 정보의 중요성이 증가 되었지만 더불어 검증받지 못한 정보의 확산이나 개인정보의 유출, 인간성 배재 등의 문제점도 도사리고 있다.

자신의 진로나 직업적 선택에 활용되는 진로정보의 중요성은 어느 때보다도 커지고 있는 상황에서 진로정보는 주로 진로 및 생애설계, 직업, 교육 및 훈련, 직업경험, 잡 헌팅, 취업정보 등 6가지가 포함되어야 한다고 미국의 플로리다 주립대학교의 진로센터(1980)에서 제안했다. 김승보 등(2014)은 자신에 대한 이해, 교육세계에 대한 이해, 직업세계에 대한 이해 등의 3가지 영역을 진로정보의 기본적인 축으로 흥미와 적성 등에 대한 자기이해, 대학의 전공과 학과에 대한 선택 정보, 직업의 종류와 내용에 대한 정보화로 개념화 했다. 진로정보를 활용하는 목적은 7가지로 제시해 볼 수 있다.

- 효과적인 학급, 진급, 진학에 관련된 정보를 제공해줌으로써 교육의 목적을 달성할 수 있다.
- 직업세계의 종류와 관련되는 모든 분야를 폭넓게 이해시키고 준비할 수 있는 기회를 제공해줌으로써 올바른 직업선택이나 직업관 형성에 이바지할 수 있다.
- 교육, 직업, 사회생활 적용에 관련된 정보를 수집, 이행함으로써 학생들로 하여금 포괄적인 삶의 적용방식을 수립하는데 도움을 줄 수 있다.
- 충분한 자기연구를 토대로 해서 교육계획과 직업계획에 대하여 이해를 촉진하고 진로계획을 수립하는데 기초 작업을 형성할 수 있도록 한다.
- 학교를 중퇴하거나 떠난 학생들, 취직하거나 진학하거나 가정을 갖는 사람들의 당면한 필요를 충족시켜 줄 수 있는 특정한 지식이나 기술 등을 제시하여

미래의 생활적응이 원만하게 이루어지도록 한다.

- 자신의 잠재력을 최대한으로 개발할 수 있는 분위기 조성과 여건에 알맞은 기회와 적응력 탐색에 이바지하도록 한다.
- 자기 발전과 향상에 관련된 정보를 수집하는 능력을 기르고, 방향설정에 알맞은 정보에 익숙하게 하여 현명한 자기실현의 기회를 선택하는 계기를 마련해 준다.

Chapter 10.

진로장벽과 진로의사결정

1. 진로장벽의 이해

진로장벽(career barrier)이라는 용어는 진로발달과정을 방해하고 직장적응을 어렵게 하는 방해조건으로서 개인의 발달과 진로계획을 용이하게 설계하는데 유용한 체계를 제공해 주는 개념으로서 진로 과정상의 다양한 방해조건이며 '장벽(barrier)' 혹은 '지각된 장벽(perceived barrier)' 또는 '진로와 관계된 장벽' 으로 표현되기도 한다. Swanson & Daniels(1995)는 진로장벽을 직업이나 진로 계획상의 진전을 방해하는 요인으로 개인 내부나 환경 속에서 진로 진행을 어렵게 하는 사건이나 조건으로 내적 장벽, 외적 장벽이라고 정의했다. London(1997)은 진로장벽에 대한 인지적 정서적 반응과 대처방식에 초점을 두고 진로장벽이 개인과 직업 환경 또는 이 두 요소의 결합 때문에 발생할 수 있다고 했다. 사회인지이론에서는 진로장벽을 진로발달을 방해하는 위협적인 조건으로서 개인 내적문제나 환경 및 사건이나 조건이라고 정의했다. 다양한 정의들을 정리하면 진로장벽이란 진로와 관련된 여러 가지 경험들 예를 들어, 취업, 진학, 승진, 직업의 지속, 가사와 직장생활의 병행, 직무행동 등을 수행해 나가는 과정에서 개인의 진로선택, 목표 포부, 동기 등에 영향을 미치거나 역할 행동들을 방해할 것으로 지각되는 여러 가지 부정적인 사건이나 사태를 의미하는 용어이다. 사회진출을 준비하는 대학생들에게는 진로와 관련된 준비과정에서 다양한 경험을 하게 되는데 취업을 방해하는 자기명확성 부족이나 우유부단한 성격, 성취동기 등의 개인 내부의 심리적 문제나 가정환경, 작업환경, 임금, 차별 등의 외부 환경에 의해 주어지는 문제를 포함하는 것이 진로장벽이 될 수 있다.

진로장벽은 개인의 진로발달이나 선택의 과정에서 개인의 흥미, 동기, 목표선정의 전 과정에 영향을 미치는 중요한 변인이며 진로계획상 진전을 방해하는 요소로 작용한다. 용어의 정의에서도 알 수 있듯이 진로장벽은 장벽 그 자체가 문제가 되기보다는 그것을 어떻게 지각하고 인지하는가의 개인지각이 더 중요하며 진로장벽에 어떻게 대처하는가가 더 중요하다. 진로장벽을 적절하게 인식하고 장벽을 잘 극복하게 되면 현실적이고 체계적인 진로발달이 가능해지고 대처능력을 향상시키는 긍정적인 결과를 가져다주지만 과도한 인식과 불안은 진로발달에 부정적인 영향을 미칠 수 있기 때문이다. 진로장벽은 장벽 그 자체가 아니라 잘못된 정보처리, 인지왜곡, 역기능적인 비합리적 신념으로 인해 발생하는 것이므로 결코 극복할 수 없는 것은 아니다. 개인이 가진 심리적 변인과 정서, 인지구조에 따라 진로장벽을 인식하는 강도가 달라지고 그에 따른 상황의 평가와 대처행동에도 차이가 나기 때문에 환경적으로 진로장벽이 유사하더라도 어떻게 경험하는지가 개인에 따라 다르게 나타난다. 따라서 진로장벽의 주관적인 특성은 진로장벽에 대해 느끼는 정서와 자극의 강도에 따라서 극복 가능성을 평가할 수 있으며 높은 탄력성과 지지를 통해 극복가능 하다고 인식하거나 극복하기 어려운 것이라고 인식하여 비효과적이고 역기능적인 대처를 할 수도 있다는 것을 뜻한다. 진로발달의 진전과정을 어렵게 만드는 내적, 환경적 사건이나 조건이 무엇인지 단서들을 찾아내고 개인의 진로탐색과 선택과정에서 진로장벽을 비중 있게 다루어야 할 것이다.

진로장벽의 분류는 이분법적 방법, 삼분법적 방법, 다원 분류법의 3가지로 나누어 볼 수 있다. Lent 등(1994)은 개인의 행동과 환경이 상호적으로 영향을 준다는 사회인지이론을 근거로 개인의 진로발달과정에 영향을 줄 수 있는 심리적, 환경적 요인을 개인차원과 환경차원으로 구분하는 이분법적 방법이다. 개인적 차원은 경험에 의한 학습과정이 진로와 관련된 자기효능감과 결과기대형성에 영향을 미치는 배경요인이며 자아개념, 가치관, 성취동기 등을 말하며 환경적 요인은 사회경제, 문화적 구조나 회사 내 차별과 같은 근무조건에서 초래되는 요인으로 구분된다. 여성이 겪는 낮은 자존감과 자아 효능감, 진로 갈등과 같은 내적 장벽, 성역할 고정관념, 직업적 고정관념, 성편견과 같은 외적인 장벽도 포함된다(Betz, 1994). 그러나 이러한 이분법적인 분류만으로는 진로장벽이 가진 특성을 정확하게 반영하고 구분하기 어렵다는 인식과 함께 이를 해결하기 위해 삼분법적 분류 개념이 등장하였다. 국내외에서 대학생들이 경험하는 진로장벽을 분류하기 위한 연구들이 진행되어 왔는데 Swanson 등(1991)은 대학생들이 처음 직장을 구할 때 인지하게 되는 진로장벽을 3요인 태도장벽, 사회적, 대인적 장벽, 상호작용적 장벽의 요인으로 나누었다. 태도장벽은 자아개념, 직업에 대한 태도, 적성이 포함되며 사회적, 대인적 장벽은 가족, 미래의 결혼과 가족계획을 포함하는데 진로와 가사활동을 조화시키고자 할 때 인지되는 진로장벽이다. 상호작용적 장벽은 성과 연령, 인종과 같은 사회인구학적 특성으로 인한 장벽을 말한다.

대학생의 진로장벽에 대한 이분법, 삼분법적 분류들이 진로발달을 어렵게 만드는 환경적 사건에 대한 접근은 용이하지만 개인이 지각하는 어려움을 포괄적으로 담아내지 못했다는 지적이 있었다. 그래서 비교적 최근에는 장벽의 구성요인을 작위적으로 구분하는 것에서 벗어나 실제로 반영하고 현장이나 생활 장면에서 지각되는 진로장벽을 조사하고 유목화하는 다차원적 분류를 주로 사용하는데 학자들에 따라 다양한 형태로 분류한다. 가족관련 장벽, 학업기술 장벽, 인종차별 장벽, 성차별 장벽, 재정장벽, 연령차별 장벽으로 구분하거나(Luzzo, 1996), 인지적 정서적 반응 및 대처방식에 초점을 두고 상실, 핸디캡, 변화, 갈등, 증가하는 기대 혹은 직무요구사항, 차별, 저고용, 우호적이지 않은 수행평가, 긍정적 사건의 부정적 측면을 포함하여 구분하기도 한다. 대학생이 경험하는 진로장벽으로 자기명확성 부족, 대인관계 어려움, 중요 타인과의 갈등, 경제적 어려움, 직업정보의 부족, 나이문제, 신체적 열등감, 흥미부족, 미래불안 등 9가지 요인을 제시했다(김은영, 2001). 결국 진로장벽에 대한 분류방식에는 다소 차이가 있다 하더라도 개인의 진로발달과정과 사회진출을 방해하는 것이라는 점에선 의견을 같다.

[표 1] 진로장벽의 분류

학자	분류	
Slaney(1980)	• 차별(인종차별, 성차별, 연령차별) • 경제적인 문제 • 기회와 관련된 문제 (예기치 못한 사건) • 대인적 문제(결혼)	• 직무관련 문제(취직의 어려움) • 개인 내적 문제 • 학교와 관련된 일반적 문제 (낮은 성적) • 학교와 관련된 특수한 문제 (전공의 변경)
Bowman(1988)	• 인종차별 • 자신의 죽음 • 경제적인 문제	• 예상하지 못한 사건 • 낮은 성적
Russell & Rush(1987)	• 부적절한 관리특성 • 가정/사회적 관심사 • 제도상의 장벽	• 제한된 교육이나 경험 • 여성주의적 관심사항 • 미래에 있을 수 있는 저항
Luzzo(1996)	• 가족관련 장벽 • 학업기술 장벽 • 인종차별 장벽	• 성차별 장벽 • 재정 장벽 • 연령 차별 장벽

손은령(2001)	• 차별 • 직장생활에 필요한 개인 특성의 부족 • 다중역할로 인한 갈등 • 미결정 및 직업준비 부족	• 노동시장과 관습의 제약 • 기대보다 낮은 직업 전망 • 여성 취업에 대한 고정 관념
이은영(2001)	• 대인관계의 어려움 • 자기명확성 부족 • 경제적 어려움 • 중요한 타인과의 갈등	• 직업정보 부족 • 나이문제 • 신체적 열등감 • 흥미부족 • 미래 불안
탁진국·이기학(2001)	• 소극적 성격 • 우유부단한 성격 • 직업정보 부족	• 자기명확성 부족 • 진로결정에 대한 인식부족 • 직업이 대한 사회적 인식 부족
신장호(2015)	• 자기명확성 부족 • 우유부단한 성격 • 직업정보 부족 • 진로결정 필요성 인식 부족	• 주변 지인, 부모님의 반대, • 학벌과 연령 • 경제적 사정

이러한 진로장벽에 부딪히게 되었을 경우 어떻게 대처할 수 있을 것인가에 대하여 생각해야 한다. London(1997)은 사람들이 어떻게 진로장벽을 경험하고 대처하는 과정을 설명할 때 인지, 정서에 입각한 진로장벽 대처모델을 제안했다. 개인이 가진 심리와 정서, 인지 양식에 따라 진로장벽을 지각하는 강도가 달라지고 그에 따른 상황의 평가와 대처 행동에도 차이를 보인다. 이 모델에서 강조하고 있는 것은 진로발달과정에서 개인이 상황을 평가하고 진로장벽에 대한 대처를 확립한 후에 이를 실행하는 과정이다.

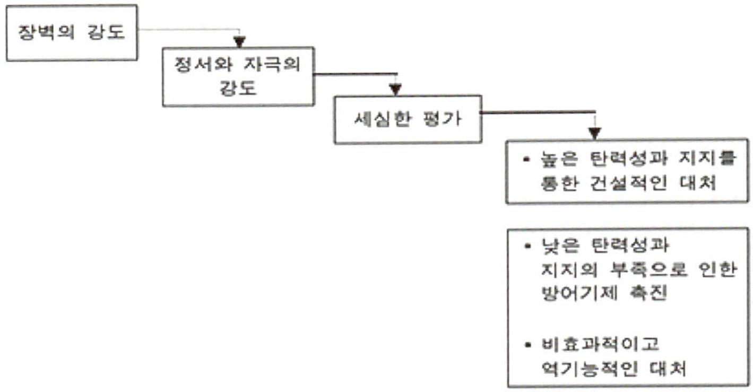

[그림 1] London의 진로장벽 대처모델

진로장벽 문제는 주변의 도움을 받기 매우 어려운 주제이다. 자신의 특성이나 성격, 흥미를 알고 싶다면 심리검사를 받을 수 있고 직업에 대한 정보를 알고 싶어 한다면 직업정보 수집 방법에 도움을 받을 수 있지만 진로장벽은 개인이 느끼는 주관적인 어려움으로서 상대적이기 때문에 다른 진로문제에 비해서 구체적인 방법을 제시하기 어렵고 심각하게 지각하는 경우에는 현실적으로 극복이 어려울 수 있다. 진로장벽은 누군가가 사라지게 해주거나 없애거나 낮춰줄 수 있는 게 아니므로 결국에 스스로 진로장벽에 대한 생각과 인식을 바꾸는 것이 필요하다. 진로장벽을 극복하기 위해서는 현재의 진로장벽을 현실적으로 평가하고 진로와 관련된 잘못된 정보처리, 인지 왜곡, 역기능적인 비합리적인 신념을 재구조화하며 진로장벽에 대한 지각을 수정하는 것이 출발점이 될 것이다.

진로장벽에 대한 지각을 변화시키는데 도움이 되는 실제적인 방법은 첫째, 진로장벽은 나에게만 있는 특별한 어려움이 아니라고 의식적으로 인식하려는 노력이다. 진로장벽을 더 크게 받아들이고 극복하기 어려운 이유는 '왜 나에게만 이런 일이 벌어지는가?' '왜 나에게만 이런 상황에 처해 있는가?' 라는 생각 때문일 수 있다. 왜 나에게만 이라는 생각은 진로에 대한 불안을 증폭시키고 이것은 또 다른 진로장벽이 된다. 필요하다면 선배나 멘토, 자신이 닮고 싶은 진로모델, 유명인들이 경험한 진로장벽은 무엇이었는지 진로발달 과정에서 어떻게 극복했는지 인터뷰를 해보거나 인터넷을 통해 자료를 찾아보면 도움이 될 수 있다. 진로장벽을 극복한 사람들은 유명인뿐 아니라 우리 주변에도 많이 있다.

두 번째로 진로장벽은 개인의 진로를 방해하는 요소이기도 하지만 극복과정을 잘 활용한다면 오히려 디딤돌이 될 수 있음을 지각하는 것이다. 2019년 6월에 〈대화의 희열〉이라는 TV프로그램에 영화 〈기생충〉에서 가정부 문광역을 맡았던 배우 '이정은' 이 출연했다. 배우 '이정은' 은 1991년에 연극으로 데뷔했고 무명시절부터 대세 배우가 되기까지 어려운 시간을 보냈다. 영화배우 김혜수도 연기력에 감탄했을 정도로 연기력은 매우 뛰어났지만 경제적 어려움, 신체적 열등감, 자기명확성 부족, 예상치 못한 사건, 미래 불안 등 다양한 진로장벽을 경험했던 것이다. 연극무대에서 1년에 20만원을 벌었고 아르바이트와 부업으로 연기선생님, 마트 계산원, 녹즙 판매원 등을 하면서 생계를 유지했고 그것만으로도 생계유지가 어려워 다른 배우들에게 돈을 빌려야 했다. 연극무대에서 연기력을 인정받아 2001년에 방송에 데뷔를 했는데 예상치도 못하게 카메라 울렁증이 있다는 걸 알게 되었다. 그녀는 방송 할 수 있는 기회를 놓친 것을 후회하거나 포기하지 않았고 다시 연극무대로 돌아가 연기에 몰두 한 후 45세가 되어 다시 방송에 복귀했다. 또한 그녀는 예쁘고 잘생긴 배우들 사이에서는 정감있게 생긴 몸매와 얼굴을 가진 배우로 자신이 해 보고 싶은 역할은 한번도 맡아보지 못했다. 대신에 사투리 쓰는 역할, 한국 중년 아줌마 역할을 많이 맡았다. 옥자, 택시운전사, 월계수 양복점 신사들, 나의 귀신님 등에서 중년 아줌마 역할을 완벽히 소화해 내면서 기생충의 가정부 문광역을 완벽히 소화해내고 역대급 연기라고 인정받게 된 것이다.

세 번째, 진로장벽의 극복을 위한 꾸준한 노력이 필요하다. 임계점은 물리학 개념으로 어떤 물질의 구조나 성질이 바뀔 때의 온도와 압력을 말한다. 물질이 근본적으로 변하기 위해서는 절대적으로 요구되는 '압력과 온도'가 존재한다. 즉 인간의 지각과 인식은 한두 번의 노력만으로 변화되는 것이 아니며 계단처럼 한 번의 도약과 긴 정체기를 거듭하면서 특정 경계에서 발전을 이루게 된다. 마치 물이 끓을 때 처음에는 높은 온도에서 끓여도 전혀 변화가 없는 것 같다가 결국 100도가 되어야만 끓고 있다는 것을 눈으로 관찰할 수 있듯이, 진로장벽을 극복하기 위해서는 자신이 원하는 정도의 변화가 있을 때까지 꾸준히, 끊임없이, 포기하지 말고 노력해야 한다.

〈진로장벽 극복 사례〉

나에겐 보이지 않지만 편견, 고정관념이 있습니다. 예를 들어 신체적인 장애가 있는 사람들은 일상생활에서 불편한 점이 많지만 어려움을 극복하고 직업인으로 생활을 합니다. 나 스스로 한계를 규정하고 '할 수 없다'고 생각하며 도전할 수 있음에도 시도하지 않는 것이 있는지 되돌아 봅시다.

고졸 출신 강남구

고졸 출신의 20대 청년이 미국의 포브스 잡지가 선정한 아시아 30세 이하 차세대 리더 300인에 선정되었다. 강남이 한창 개발될 때 그가 태어나자 아버지는 잘살라고 강남구라는 이름을 지어주었다고 한다. 강남구씨는 사업에 실패해 집안 경제적 사정이 어려워지자 고등학교 때 미니홈피를 통해 구제 청바지를 판매했고 1,000만원의 수익을 얻는다. 대학입학을 포기하고 취업을 선택한 그는 대학을 다니는 친구들이 과 잠바를 입고 몇 학

번이냐고 질문하는 것에 자격지심을 느꼈다. 그는 더 열심히 생활전선에서 자신이 원하는 모습이 되기 위해 열심히 노력했다. 너무나 가난했던 한창 시절의 모습을 되풀이 하지 않기 위해 돈을 벌어 성공하자는 마음이었다. 21세 티몬의 최연소 팀장으로 승진하고 22세에는 이미 억대 연봉과 무제한 법인카드를 받으면서 그로푼 한국지사에 스카웃된다. 외국기업에 입사한 그는 영어 회의가 많아 내용을 알아듣기 어렵게 되자 통역사를 고용해서 활용하였다. 다른 사람들은 영어공부를 해서 내용을 알아들어야겠다 했겠지만 잘하는 사람들을 모아서 잘 활용하는 것을 선택했다.

그는 이후 안정적인 역대 연봉을 포기하고 도전을 선택했다. 아이엔지 스토리를 창업하고 진로를 고민하는 학생들을 대상으로 전국에 교육 강연을 다녔다. 군복무 중에는 당시 자본금 240만원과 사업계획서 10장이 전부였지만 프리미엄 독서실 브랜드 '작심'을 론칭한다. 강남구는 군대에서도 책 읽기, 새로운 브랜드 구상을 위해 군대에서 해야하는 일 이외의 대부분은 자신의 사업을 위한 구상하고 책을 읽는데 몰두했고 휴가를 나와서는 사업 파트너들을 만나는데 시간을 보냈다. 어린 사람이 시대를 잘 만나, 금수저라서 운 좋게 승승장구 했을거라는 세간의 의심에 대해 "일을 하는 동안 영혼을 갈아 넣었다고 자신있게 달할 만큼 누구보다 피땀 흘리며 이 자리까지 왔다. 안된다고 생각해 본적은 없다"고 말한다. 제대 후 '작심'을 론칭해 창업 4년 만에 400호점 론칭과 연 매출 300억대를 달성하며 성공한 CEO의 반열에 올라선다.

2. 진로의사결정의 이해

개인은 살아가면서 다양한 선택에 직면한다. 인생에서 중요한 선택이나 결정을 해야 하는 상황에서 가장 중요하게 생각하는 것은 므엇인지 결정하기 위해 다른 사람의 의견을 듣기도 하고 정보를 탐색해보기도 하고 스스로에게 질문을 던지며 고민을 하기도 한다. 특히 직업은 사회에 처음으로 진입하는 첫 걸음이기 때문에 이전과는 다른 신중하고 합리적인 선택과 결정이 필요하다. 진로의사결정은 개인이 선택가능한 여러 가지 진로 중에서 자신의 다양한 특성을 고려하고 최선의 선택을 하는 과정이라고 할 수 있다. 자신에 대한 깊이 있는 이해와 적성을 고려하고 직업세계를 탐색을 통해 얻은 직업정보를 분석하여 나에게 맞는 직업은 무엇인지 생애목표와 역할목표와 정체성을 이룰 수 있는지, 미래 전망은 어떠한지, 예상되는 진로장벽은 무엇인지를 정확히 알고 있어야 합리적인 진로결정이 가능해진다. Harren(1979)은 진로의사결정을 '개인이 정보를 조직하고, 여러 가지 대안들을 신중하게 검토하며, 행동과정에 전념하는 심리학적 과정에 대한 설명'으로 정의내리고 있다. 의사결정이론은 자신의 이익을 극대화하고 손실을 최소화하는 방향으로 행동한다는 케인즈의 경제이론에 바탕을 두고 있으며 핵심내용은 여러 가지 선택한 직업 중 자신의 투자가 최대로 보상 받을 수 있는 직업을 선택한다는 것이다. 여기서 말하는 보상은 외적인 조건뿐만 아니라 개인적 가치를 만족시키는 것으로서 지위, 명예, 일하는 보람, 봉사, 욕구충족 등 모든 것을 포함한다.

진로문제를 호소하는 대학생은 각기 다른 문제와 배경을 가지고 있다. 고등학교 계열의 선택, 대학과 학과의 결정, 전공선택, 학업의 계속여부, 구체적인 직장의 결정, 전직과 이직, 재취업 등의 진로문제는 계속되는 의사결정 과정을 필요로 한다. 이렇게 다양한 진로 관련 의사결정을 미루고 있는 상태를 진로미결정이라고 한다. 진로미결정은 심리적관점에서는 성격적 특성에서 비롯된 내적 문제로 발생하며 발달적 관점에서는 진로발달의 과정에서 발생한다. Samson 등(1982)은 진로의사결정 정도에 따라 내담자를 진로결정자, 진로미결정자, 진로무결정자로 구분하고 있는데 진로미결정자의 특성을 자신의 모습, 직업 혹은 의사결정에 대한 지식이 부족하거나 다양한 능력으로 진로결정이 어렵거나 진로결정은 어려워하지만 성격적인 문제는 없는 상태로 규정하고 있다. 진로무결정자는 생활전반에 걸쳐 불안이 있고 일반적인 문제해결과정에서 부적응적인 성격특성을 특징으로 한다.

진로미결정의 원인으로 Bodin(1946)은 의존성, 정보의 부족, 내적갈등, 선택에 대한 불안, 확신결여의 5가지로 설명하고 있다. 의존성은 개인이 문제해결이나 의사결정에 의한 적극적인 노력을 못하도록 방해하는 의존성으로 인해 갈등하는 경우를 말한다. 정보의 부족은 체험 폭이 제한되어 있고 필요한 기술을 습득할 기회가 부족한 경우이며 자신에 대한 정보를 잘 알지 못하거나 직업정보의 획득방법을 잘 알지 못해 다양한 직업세계에 대한 정보를 알지 못하는 경우이다. 내적갈등은 내부의 심리적 요소 간의 갈등이나 자아개념, 환경 자극 간의 차이에서 비롯된다. 선택불안은 여러 가지 대안은 있으나 결정을 내리지 못하고 불안한 느낌을 갖는 것이며 확신 결여는 직업적 대안 선택에도 불구하고 확신을 갖지 못해 타인으로부터 확신을 구하는 경우를 말한다. 자신이 혹시 진로미결정 상태에 있는지 구체적인 진로결정을 시작하기 전에 스스로 진로선택에 있어서의 동기, 우유부단한 성격, 결정을 유보하는 태도를 가지고 있는지 확인해야 하며 정보가 부족하다면 자신에 대한 구체적인 정보획득방법을 습득해야 한다.

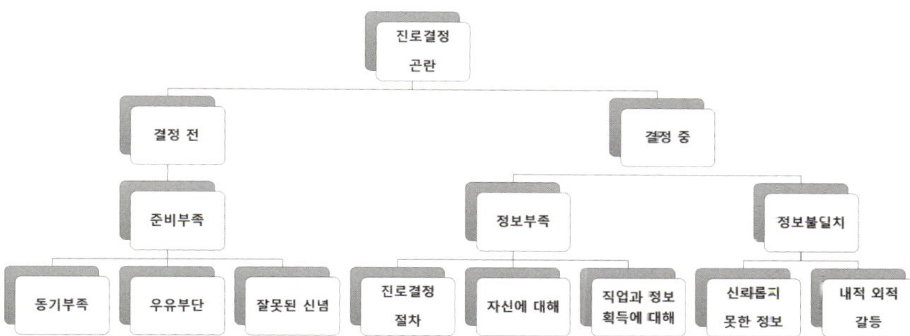

[그림 2] 진로결정곤란 원인의 유형별 분류

진로미결정한 상태는 동기가 부족하거나 우유부단한 성격, 진로선택에 대한 잘못된 신념 때문에 결정 중에 있으나 명확한 진로선택을 하지 못하고 있으며 이는 전적으로 자신의 심리적 상태와 관련이 있다는 것에 주목해야 한다. 반면 진로결정이 이루어지고 있는 상황에서 정보가 부족하거나 잘못된 근거에 의한 진로정보를 가진 경우로 분류할 수 있다. 준비부족, 정보부족, 잘못된 근거에 의해 진로결정을 미루는 경우로 정리해 볼 수 있다. 진로미결정 요인에 대한 내용을 보면서 해결방법을 통해 자신의 진로선택이 바른 방향으로 갈 수 있도록 진행되어야 할 것이다.

준비부족은 구체적인 진로결정이 필요하지만 결정을 미루고 있는 상태로 이 단계를 벗어나야지만 의미 있는 진로준비가 가능해 진다. 진로의사결정에 참여하려는 동기부족과 모든 형태의 의사결정에 관한 일반적인 우유부단함, 자신에게 완전히 일치하는 진로가 나타날 때까지 선택을 유보하는 잘못된 신념이 이에 속한다.

진로정보부족은 자신에 대한 정보부족, 직업에 대한 정보부족, 정보획득 방법의 부족을 들 수 있다. 자신에 대한 정보는 내가 무엇에 흥미가 있는지, 내가 어떤 일을 잘하는지 등에 대한 정보가 부족하여 선택하지 못하고 있는 상태이기 때문에 흥미, 적성, 가치관, 성격 등의 진로의사결정에서 중요하게 고려해야 할 내용들을 의미 있게 탐색하는 과정을 거쳐야 한다. 직업세계에 대해 잘 모르고 있는 경우라면 다양한 직업선택을 위해 직업에 대한 구체적인 정보를 획득하고 활용할 수 있는 능력을 갖추어야 한다.

정보 불일치는 진로선택에 혼란을 주거나 신뢰할 수 없는 정보, 개인의 심리내적 갈등, 외부 영향에 의한 외적 갈등, 중요한 타인과의 갈등을 포함한다. 외적갈등은 부모나 자신에게 중요한 존재의 간섭, 주변의 환경여건이 자신의 선택과 연결되지 못할 때 발생하며 외적갈등은 자신이 선호하는 것과 능력의 한계와 격차가 있을 때 발생한다. 외적갈등은 자신이 원하는 진로와 부모가 원하는 진로가 서로 다를 때 갈등하는 경우 의견차이가 좁혀지지 않아 불안을 느끼게 되는 것이다. 동물을 좋아하고 자연적 지능을 가지고 있다는 자신에 대한 이해를 바탕으로 직업세계를 탐색한 결과 수의사가 되고 싶은 학생은 성적이 되지 않아 수의대에 들어갈 수 없는 상황이라면 능력과 선호의 격차로 인해 내적갈등을 겪는 것이다. Krumboltz는 대학생이 진로와 관련하여 자신이 가지고 있는 정보가 정확한지 의심하고, 진로 선택 후 자신의 기대만큼 목표를 달성 할 수 있을지를 의식하여 진로결정을 지연하거나 진로 문제를 중요하게 인식하여 완벽한 진로선택과 결정을 위해 최종 선택을 지연하면서 부정적 정서를 경험하게 되는데 이런 현상을 '선택에 대한 공포(zeteophobia)'라고 명명했다. 진로미결정 원인이 심리정서적 측면에서 자기효능감 부족, 진로장벽에 대한 과도한 인식, 갈등으로 인한 불안 등 자기개념이나 정서적 변인과 관련된다. 대학생들이 진로에 대한 불안을 경험하면서 진로준비를 위해 분주한 일상을 살지만 목표 없이 또는 목표가 있다 하더라도 선택에 대한 공포 때문에 진로발달과업을 달성하고 있지 못한 것이다.

진로선택의 의사결정 과정은 대안을 탐색하고 비교하고 평가한다는 점에서 일반적인 의사결정 과정과 유사한 특성이 있지만 진로선택 과정에는 대안의 수가 많고, 방대한 양의 정보가 있으며 직업을 선택하기 위해서는 개인, 환경 등 광범위한 측면을 고려해야 하며 불확실성을 고려해야 한다는 점에서 구분되는 특성을 보인다. Harren(1979)은 진로의사결정 과정이 다양한 대안들 중에서 실현가능성을 고려하여 잠정적 진로를 선택한 후 이를 확신하는 심리적 과정이라고 했다. 심리적 과정에서 개인차가 존재하듯이 의사결정 과정에서도 개인차가 존재하는데 합리적 유형, 직관적 유형, 의존적 유형의 3가지로 분류하고 있고 각 유형은 몇 가지 공통된 주제를 가진다.

합리적 유형(rational style)은 의사결정 과정의 논리적이고 체계적으로 접근하는 것을 의미한다. 결정에 대한 책임을 수용하고 이전의 의사결정 과정을 평가할 수 있는 능력을 소유하고 있다. 미래 의사결정 필요성을 예견하고 기대되는 상황에 대한 정보를 수집하는 등 준비를 한다. 따라서 결정을 내리기 까지 여러 가지 준비가 필요하기 때문에 시간과 노력을 많이 필요로 한다는 단점이 있다. 직관적 유형

(intuitive style)은 감정적 상태에 의존하는 의사결정 유형이다. 결정에 대한 책임은 수용하나 미래에 대해 예견하지 않고 정보수집을 위한 노력 없이 현재의 느낌 또는 진로에 대한 환상을 가지고 선택하는 경향이 있다. 결정의 주된 배경을 꼼꼼히 확인하지 않아 조급한 결정을 내릴 수 있다는 단점이 있다. 의존적 유형(dependent style)은 결정에 대해 책임지기를 거부한다. 책임을 자신 이외의 가족, 친구, 동료에게 전가하며 타인의 기대에 크게 영향을 받고 사회적 승인에 대한 높은 욕구를 가지고 있다. 자신의 결정에 자신이 없기 때문에 스스로 결정 내릴 능력이 부족하다고 느끼고 결정한 후의 책임에 부담을 가지므로 다른 사람에게 의존하는 것이다.

각 진로의사결정 과정에는 장단점이 있지만 각 유형에 공통적으로 포함되는 내용은 모든 측면을 모두 만족시키는 대안이 존재하지 않기 때문에 최고의 선택이 아닌 최적을 선택해야 한다는 것이다. 합리적인 의사결정능력을 기르기 위해서는 의사결정의 과정을 알아야 한다. Gelatt은 합리적 의사결정 과정을 6단계로 설명한다. 1단계는 목적의식 명료화, 2단계 관련 정보 수집, 3단계 선택할 수 있는 대안의 열거, 4단계 대안의 비교 및 평가, 5단계 의사결정, 6단계 평가 및 재투입의 과정이다.

[그림 3] 진로의사결정 과정

목적의식 명료화 단계에서는 문제의 심각성을 감지하고 더 나아가 문제를 정확히 정의하고 분석, 정리하는 것이다. 직업을 통해 얻고자 하는 것은 무엇인지, 나에게 직업은 어떤 의미이고 어떤 일을 하면서 살고 싶은지, 나의 상황에서 문제가 될 개인적, 환경적 상황은 무엇인지를 정의하고 평가한다. 관련정보 수집단계에서는 원하는 결과를 성취할 수 있는 다양한 대안을 습득한 진로관련 정보수집 방법을 활용하여 탐색하는 것이다. 선택할 수 있는 대안을 열거하는 단계에서는 대안을 위한 정보수집은 최대한 많이 할수록 좋은데 대안이 많을수록 해결책을 찾아내기가 수월하기 때문이다. 대안의 비교 평가단계에서는 각 대안들이 의사결정에 도움이 되는지 여부를 파악하고 척도를 활용하여 유용한 정도에 따라 점수를 매기는 것도 좋은 방법이 된다. 의사결정 단계에서는 대안 중 적합한 것을 선택하고 어떻게 실천할지를 구체적으로 계획하는 것이다. 단계평가와 재투입단계에서는 일상생활에서 실천계획을 잘 수행했는지 결과는 어떠한지를 평가하고 피드백을 통해 부족한 단계로 다시 돌아가는 재순환 과정을 거치게 된다.

진로미결정단계에 있는 대학생은 합리적인 진로의사결정을 할 수 있도록 의사결정 기술을 습득하고 증진시켜야 한다. 아래 그림의 합리적 의사결정 단계를 따라 적용하면서 연습하고 몸에 체득될 수 있도록 지속적인 연습이 필요하다. 학용품을 사는 아주 작은 선택에서부터 시작해서 대학 전공과목과 교양과목을 어떤 것을 선택해서 들을 것인지, 옷 고르기 등 다양한 선택의 장면에서 이 과정을 적용하다 보면 의사결정 능력이 지금 보다 더 합리적이고 스스로 만족하는 선택이 될 것이다. 이러한 의사결정 과정은 진로선택에 있어 미래의 나의 모습, 자기개념을 실현하는 데 도움이 될 것이며 검토와 평가과정을 통해 의사결정 과정의 순환이 일어난다면 높은 자존감을 경험하게 되고 궁극적으로 자신의 진로선택에 확신을 가질 수 있다.

Chapter 11.

진로 목표설정과 실행

1. 진로 목표설정의 이해

성공이란 단어의 사전적 의미는 '목표하는 바를 이룸'이다. 목표설정은 삶에 변화를 준다는 점에서 추상적이기는 하지만 성공하는 삶에 있어 중요한 요소임에는 틀림없다. 자신이 바라는 꿈이나 목표가 있다면 일단 기록하고 목표를 설정하고 계획해야 노력하고 실행할 수 있기 때문이다. 열심히 노력하는데도 불구하고 눈에 보이는 결과나 성과가 일어나지 않는다면 아마도 분명한 목표가 없기 때문일 수도 있다. "나는 목표가 있어요"라고 생각하는 대학생들의 꿈이나 목표를 들어보면 대부분은 돈을 많이 벌고 싶다든지, 행복하게 살고 싶다든지, 좋은 직장을 갖고 싶다 라든지 구체적이지 않은 소망에 불과한 경우가 많다. 삶의 목표라는 것은 소망과는 다르고 명문화되어 있으며 구체적이며 실천가능하고 측정가능한 것이어야 하며 자신의 정체성을 드러내는 것이어야 한다.

전기차 업체 테슬라의 창업가 일론 머스크는 2020년에 마이크로소프트 창업가

빌게이츠를 제치고 세계 부호 순위 2위에 올랐다. 그의 재산 규모는 무려 130조원에 이르며 이는 AI의 글로벌 시장 규모를 뛰어넘는 액수이다. 일론 머스크의 목표는 "우리가 지구상에 머물 경우 멸종될 가능성이 높다. 대안은 또 다른 행성을 식민지로 개척하는 것이다"였다. 사람들은 그의 발상이 너무 터무니없는 것이라고 여겼다. 2002년 6월에 스페이스 엑스(space X)를 창업하고 발사체 팰컨1을 만들어 2006년 첫 발사를 시도했지만 3번째 발사까지 모두 실패로 이어졌고 스페이스 X는 큰 어려움을 겪었다. 그러나 그의 도전은 여기에서 멈추지 않았다. 그는 자신의 목표를 이루기 위해 나사(NASA)와 손을 잡고 국제 우주정거장 화물 운반 계약을 체결했으며 2010년에는 드래곤 우주선을 발사하여 재진입, 회수까지 성공하면서 발사부터 귀환까지 기술을 갖춘 첫 민간 기업이 되었다. 2015년에는 팰컨9 로켓으로 위성을 궤도에 진입 시킨 추진체 로켓을 그대로 회수하는데 처음 성공했고 2016년에는 로켓의 해상 회수까지 성공하게 된다. 이러한 성공은 전 세계에서 가장 싼값으로 우주에 물품을 수송할 수 있는 유일한 민간 기업이 되었다는 의미이며 목표를 향한 끊임없는 실패와 노력은 현실화되고 있다. 그의 목표는 세계 부호가 되는 것은 아니었고 "다른 행성을 식민지로 개척한다"였다. 그 목표를 실천하다보니 경제적인 부는 자연스럽게 따라온 것이다. 전기자동차 전문지 차지드(Charged) 편집장인 찰스 모리스(Charles Morris)는 일론 머스크에 대해 이렇게 말한다 "그는 어린 나이에 꿈의 나라 미국으로 건너온 이민자이며, 단순히 돈을 많이 벌기 보다는 세상을 변화시키고 싶어 하는 이상주의자이고, 자신의 그런 꿈을 실현하는데 필요한 원대한 계획들은 물론 그 꿈이 실현되는 걸 보고야 말겠다는 집요함도 갖고 있다. 그는 또 마르지 않는 아이디어의 샘으로 머릿속에 늘 뭔가 새로운 원대한 계획이 들어있는 듯 하다." 일론 머스크의 목표는 자신의 삶의 이야기(narrative)와 무관하지 않다. 1971년 남아프리카 공화국에서 전기기술자였던 아버지와 캐나다 출신 모델 엄마 사이에서 태어났다. 머스크는 스스로를 왕따였다고 했는데 그는 어린 시절 브리태니커 백과 사전, 만화책, 공상과학 소설에 흠뻑 빠져 지냈다. 10세 때 구입한 첫 컴퓨터의 프로그램 안내서가 너덜너덜 해지도록 탐독해 프로그래밍을 익혔고 독학으로 쌓은 실력으로 12살에는 게임 소프트웨어 플래스터를 개발해서 게임업체에 이 소프트웨어를 500달러에 판매했다. 그는 남동생과 함께 전자오락실을 열겠다고 생각하고 건물을 임대하기까지 했지만 부모의 반대로 계획이 수포로 돌아갔다. 그의 이러한 삶의 이야기는 생애과정 내내 존재한다. 그의 목표는 갑자기 하늘에서 뚝 떨어진 것이 아니라 자신의 삶의 이야기와 정체성을 드러내는 목표였던 것이다.

목표는 왜 중요한가? 첫째는 목표는 현재 우리가 무엇을 해야 할지를 알려준다. 목표가 없으면 행동을 제대로 계획하기도 조직화하기도 힘들다. 갈팡질팡 방황하며 시간만 흘려보내거나 성과 없는 노력만으로 시간을 채울 수 있다. 둘째, 목표는 가장 강력한 동기부여 중 하나이다. 목표는 미래 사건에 대한 인지적 표상으로서 무언가를 성취하는 것과 관련이 있다. 간절하게 원하는 것을 성취하게 되면 없던 힘도 생기고 어려움을 인내할 가능성도 커진다. 셋째, 목표는 현재 모습을 구체적으로 직면하게 한다. 목표가 없을 때는 자신이 어느 정도 위치에 와 있는지 구체적으로 그려내기 어렵지만 기준점이 생기면 자신의 현재 모습을 객관적으로 볼 수 있다.

목표설정은 장기목표와 단기목표로 나눌 수 있으며 목표설정의 과정은 우선순위를 정하는 과정으로 설명할 수 있다. 장기목표는 미래의 비전이라고도 할 수 있는데 비전은 자신이 바라는 미래의 청사진이며 매일매일 결정을 내릴 때마다 지침을 주는 나침반 역할을 하는 것으로서 가슴을 설레게 하는 것이다. 비전에는 몇 가지 특징이 있는데 비전은 미래에 대한 것이고 원대한 것이고 구체적이며 확신을 가질 수 있는 것이어야 한다는 것이다. 원대하다는 것은 그만큼 이루는데 많은 노력이 필요하다는 것이다. 그리고 비전은 삶의 방향이기 때문에 삶 전체를 조명해 줄 수 있는 것이어야 하고 바람직한 것이고 함께 하는 것이어야 한다. 반사회적이거나 개인의 이기심을 채우기보다는 다른 사람들과 함께 나누고 사회에 기여할 수 있는 것일 때 더욱 빛을 발할 수 있다. 비전은 변화와 발전을 수반하는 것으로서 미래 이루고자 하는 원대한 것이기 때문에 현재 지금의 자신 모습으로는 이루기 어려운 것이다. 따라서 비전을 이루려면 자신을 끊임없이 개발하고 발전시키려는 노력과 미래 사회에 적응할 수 있도록 새롭게 변화하는 자세를 가져야 한다. 하버드대학교에서 어느 해의 입학생 중에서 동양인 중도 탈락자의 90%가 한국인이었다고 발표했다. 교육위원회는 그 이유를 'Nothing! Long term life goal!' 이라고 밝혔다. '장기적인 인생목표가 없었다'는 것이 한국인 탈락자의 공통점이라는 것인데, 한국 입시지옥의 풍토에서 세계적인 명문대학 입학이라는 단기목표는 달성했지만, 자기 인생의 정체성을 반영하는 장기적인 목표 설정(비전)이 없었던 것이다. 장기목표(비전)은 단숨에 성취할 수 있는 것이 아니라 구체적이고 의미 있는 단기목표를 단계적으로 실천하고 성취해나가면서 실현할 수 있다. 성공하는 사람들의 성격특성을 분석한 앨버트 그레이는 가장 두드러진 특징으로 '중요한 일을 먼저 하는 것'이라고 했다. 삶의 주인이 되려 한다면 소중한 일 즉, 의미 있고 가치 있고 원대하며 이기심을 채우는 것이 아니라 사람들과 함께 나누고 사회에 기여할 수 있는 것을 먼저 선택해야 한다. 장기목표, 단기목표를 세우려면 먼저 자신이 소중하게 생각하는 것이 무엇인지 분명하게 알고 우선순위를 고려하여 실천해야 한다.

'목표가 없는 성공은 없다'라는 말이 있다. 1953년에 미국 예일대 졸업생을 대상으로 삶의 목표에 관한 설문조사를 실시했는데 설문의 내용은 "명확한 목표와 그 목표달성을 위한 계획서를 작성해 본 적이 있느냐?" 였다. 그 질문에 87%는 목표설정을 아예 하지 않았으며 10%는 대략적이나마 목표를 세우려는 노력을 약간 했으며 나머지 3%만이 그렇다고 대답했는데 이들은 행동계획과 목표설정 기준을 직접 종이에 그려가며 생각해보았다고 답했다. 이 연구는 20년 후 1973년에 그 결과를 발표했는데 20년이 흐른 시점에서 당시 졸업생들을 전수조사 한 결과 직업이나 재정상태 등 모든 면에서 앞서 목표를 설정하고 직접 종이에 기록한 3%의 학생들이 다른 97%의 학생들을 합한 것보다 경제적인 측면에서 직업적 측면에서 더 놀라운 발전을 이루었다. 단지 대학시절 자신의 목표와 꿈, 실천 방법을 기록했다는 사실이 삶 전체를 좌우한다는 것은 매우 놀랄만 한 일이다.

〈읽기자료〉

꿈을 쓰고 80개국에서 72개의 꿈에 도전한 김수영

한때 가난과 가정불화, 왕따로 인해 중학교 시절 계속된 방황과 가출을 하던 소녀는 자퇴를 하면서 소위 '문제아'가 되었다. 고등학교를 검정고시에서 전남 수석을 차지했지만 인문계 고등학교에 가지 못하고 가난 때문에 실업계 고등학교를 선택한다. 혼자서 수능공부를 하며 대학입시를 준비했지만 대학등록금은커녕 생활비를 늘 걱정해야 하는 상황 중에 찾아온 기회는 도전 골든벨 이었다. 작가 김수영은 실업계 최초로 도전 골든벨을 울린 소녀가 되었고 장학금을 받고 연세대에 입학한다. 대학 졸업 후 골드만 삭스에 입사했지만 암 수술 후 죽기 전에 꼭 이루고 싶은 꿈 목록을 쓰고 한국을 떠났다. 그 후 10여년 간 80개국에서 해외취업하기, 부모님 집사드리기, 다큐멘터리 만들기, 발리우드 영화 출연하기 등 72개의 꿈을 이뤄왔다. 2010년 멈추지마, 다시 꿈부터 써봐 초판 출간 이후 대만, 홍콩 등에 다른 언어로 책을 출간했고 600회의 강연, 10만 구독자 유투브 채널 김수영 TV의 진행자, 인생내공 실전수업 김수영 스쿨 운영 등 대중과 활발하게 소통하며 대한민국 대표 꿈쟁이로 자리매김했다. 그녀는 이러한 기적같은 삶의 변화는 꿈을 쓰고 자신이 원하는 삶이 무엇인지 알고 그것에 집중하는데서 시작되었다고 말한다.

장기목표가 삶의 목적이라면 단기목표는 그 목적지를 가기 위해 들러야 하는 정거장과 같은 역할을 한다. 실행계획은 정거장까지 어떻게 도착할 것인지 그리고 다음 정거장까지는 어떻게 갈 것인지에 대한 세부계획이다. 성공한 삶을 살기 위해서는 단순히 목표를 기록하는 것뿐만 아니라 성취하기 위한 실행을 계획해야 한다. 실천으로 이행되는 목표를 가지게 되면 삶에서 일관성을 가지게 되고 직접적으로 욕구를 충족시켜 주며 물질적, 심리적 보상도 획득할 수 있다. 또한 목표 설정과 수행은 자신의 자원을 동원해서 행동하게끔 에너지를 발생시킨다. 이렇게 목표를 설정했다면 이제 실행할 때이다. 목표를 행동하고 실천하도록 촉진하기 위해서는 자기주도성(self-directed), 긍정성과 위험감수, 우연성의 수용 등의 적응자원이 필요하다.

자기주도성은 진로를 개발, 실행하는데 있어 정보획득은 물론, 다양한 네트워크와 관계를 형성하여 성장을 위한 계기를 만들어주는 역할을 한다. 자기주도성이란 진로 목표를 실현하기 위해 역량을 집중시키는 것이며 당면한 문제를 원만하게 해결해 나가며 기회를 탐색하는 것이다. 목표를 설정했다고 모든 것이 잘되지는 않기 때문에 진로를 개발 과정에서 발생하는 다양한 진로장벽들에 맞서서 올바른 방향성을 가지고 열심히 노력하는 낙관적인 태도가 필요하다. 즉 자신의 삶을 긍정적으로 통제할 수 있다는 신념을 가지고 개인과 사회에 보답한다는 믿음을 가져야 한다. 또한 우리의 삶은 우연적 상황이 항상 도사리고 있고 개인의 삶 또한 이러한 환경에 영향을 받아 큰 변화를 맞이하곤 한다. 지나치게 계획과 합리성만을 강조하기보다는 우연적 상황을 인정하고 예기치 못한 상황에 대해 불안이나 두려움보다는 삶의 불완전성을 수용하며 자신의 삶에 적극적으로 대응해 나가기를 제안한다. 또한 예기치 못한 변화와 우연적 사건들이 더더욱 광범위하게 발생하는 시대에 자기주도성은 매우 주목해야 할 대목이다. 개인이 어딘가에 소속되어 있는 수동적인 존재로서가 아닌 고용가능성을 확보하기 위해 적극적으로 노력하는 주체로서 살아간다는 태도가 계획을 실행하고 목표를 성취하는데 도움이 될 것이다.

2. 진로계획의 실천

목표를 계획하고 실천하자는 말은 매년 스스로에게 되뇌이는 말이다. 하지만 일단 목표, 실천이라는 용어만 들어도 죄책감을 느끼는 사람들이 많을 것이다. 그동안 세웠던 많은 목표들이 떠오르고 허무하게 날려버린 것들도 숱하게 많기 때문이다. 과거에 저지르는 실수는 잊어버리자. 극작가 조지 버나드 쇼는 "젊었을 때 내가 한 일 가운데 열에 아홉은 실패였다. 나는 패배자가 되고 싶지 않아 열배는 더 노력했다"고 회상하며 기록했다. 조지 버나드 쇼가 실패에 주목하고 죄책감에 시달렸다면 유명한 극작가가 되지 못했을 것이다. 우리가 실천 가능한 진로목표를 세우려면 기억해야 할 점은 4가지로 제시할 수 있다.

첫 번째, 필요한 시간과 노력의 계산이다. 기분 좋을 때 목표를 세웠다가 나중에 그렇게까지 할 능력이 없음을 깨닫게 되는 경우가 많다. 치러야 할 대가를 계산해 보지 않았기 때문이다. 올해 학점을 올리겠다는 목표를 세웠다고 했다면, 먼저 목표를 달성하기 위해 필요한 시간을 계산해야 한다. 전공공부를 하는데 더 많은 시간을 쏟고, 친구와 나가 노는 시간은 줄여야 한다. 늦게까지 공부해야 할 때도 많을 것이며 TV드라마나 스마트폰, 게임 시간을 줄여야 한다는 의미이기도 하다. 이렇게 공부하는데 희생하고 고통을 감내하면서 시간을 할애하게 되면 얻을 수 있는 것이 무엇인지 생각해보자. 좋은 학점을 받게 되면 얻게 되는 것은 무엇일까? 성취감, 장학금, 중요한 타자로부터의 인정 등이다. 이것은 개인마다 다 다를 수 있으므로 스스로에게 물어보고 이것을 얻기 위해 시간을 희생할 수 있는가 그리고 그 결과 얻을 수 있는 것이 무엇인지 스스로에게 질문해보고 동기부여하면서 꾸준히 실천하는 것이 필요하다.

두 번째, 적어두기이다. 적어두지 않은 목표는 소망에 지나지 않는다고 언급했다. 적어놓고 나면 만약이나 그러나라는 말은 소용이 없게 된다. 예일대 학생들처럼 목표를 가지고 있고 그것을 글로 적은 학생들은 다른 사람들에 비해 성공적인 삶을 살고 있을 확률이 10배 이상 높았다. 글로 쓴 목표는 적어도 10배 이상 강력한 힘을 발휘한다.

세 번째, 지금 바로 실행하기이다. 모든 것에는 때가 있다 어떤 일에 최선을 다해서 완벽하게 하고 나면 일을 완벽하게 처리하는 능력이 커져서 더 큰 힘을 발휘하게 된다. 스타워즈에 등장하는 제다이(Jedi)의 스승 요다(Joda)는 "하려면 하고 말려면 말아라. 한번 해보겠습니다"라는 말은 아무런 필요가 없다고 말한다.

넷째, 함께 가기이다. 비슷한 목표를 가지고 있는 친구가 있다면 그들과 함께 서로 응원하면서 같이 가기이다. 이것은 진로적응에서 사회적 지지층 구축과 같은 의미로 꼭 친구가 아니더라도 부모, 교수, 선배 등 중요한 타자들이 그 역할을 해줄 수 있다. 함께 가기의 장점은 조언을 얻을 수 있고 먼저 그 길을 가본 사람이 있다면 그들의 다양한 경험을 통해 간접경험과 성취를 경험할 수 있는데, 무엇보다도 목표를 실천할 때는 혼자 가는 것보다는 동료가 있을 때 동기부여와 힘을 발휘한다.

진로계획을 실천하기 위해서는 제일 먼저 단기목표와 최단기독표를 세우는 일을 중요하게 인식해야 한다. 크게는 꿈이지만 직접적으로 움직이게 하는 것인 목표이며, 그 중에서도 개인이 할 수 있는 것이 단기목표이다. 실천할 수 있는 첫 번째 단계는 장기적 목표를 즉시 실행할 수 있는 단기적인 목표와 최단기목표를 설정하는 것이다. 이 단계에서는 적합한 전략을 고려할 수 있도록 목표를 매우 SMART 하게 기술해야 한다. 첫 번째 목표기술 S와 M은 단순하고 구체적(Simple & Specific)이고 측정가능(Measurable) 하게 작성해야 한다. 예를 들어, '이번 시험에서 학점을 올린다보다는 자신 없던 전공과목을 열심히 해서 95점 이상 받겠다' 라거나, '매일 독서는 30장씩 한다' 와 같이 단순하고 구체적으로 기술하는 것이 좋다. A(Action-oriented)는 생각이 아니라 행동중심 목표를 기술해야 한다는 의미이다. 수업태도를 고친다는 것보다는 수업내용을 녹음하고 코넬노트를 준비해서 2장씩 정리한다와 같은 행동중심의 목표가 성취할 가능성을 높인다. R(Realistic)은 실현가능하게이다. 하루 30분 공부하는 것도 힘든 사람이 2시간씩 공부한다는 것은 무리이고 지속가능성이 떨어진다. 목표를 너무 높게 잡으면 쉽게 지치기 때문에 자신의 상황과 능력에 맞게 작성하되 꾸준히 조금씩 늘리는 것을 목표로 하는 것이 좋다. 마지막 T(Timely)는 달성기한이 정해지도록 해야 한다는 것이다. 단기목표를 실천할 수 있도록 시간 배분을 하고 어느 정도의 시간이 걸릴지를 예상해서 기록한다.

또한 시간은 모든 사람들에게 공평하게 주어지는 자원으로 개인이 어떻게 사용하는가에 따라 효용가치가 달라진다. 앞장에서 진로적응력을 높이기 위한 방법으로 제시되었던 시간 관리의 원칙인 '소중한 것을 먼저한다'가 적용된다. 하루 시간 계획을 할 때 내 삶에 중요한 가치를 먼저 넣어야지만 24시간 안에 단기목표들을 달성할 수 있다. 내 삶의 가치는 우선순위와 관련된 것이고 가장 중요한 일을 먼저 하도록 시간표를 짜는 것이 중요하다. 소중한 것을 판단하는 기준은 '중요성'과 '긴급성'으로 구성되어 있다. 중요성은 가장 중요한 일, 소중한 것, 맡은 바 임무와 목표에 도움이 되는 활동을 말하며 긴급성은 긴급한 것, 목전에 놓인 일, 즉각적인 행동을 요구하는 활동으로 개인은 4가지 중 하나의 방식으로 시간을 보낸다. 긴급함이 나쁜 것만은 아니지만 문제는 급한 일에만 쫓긴 나머지 중요한 일임에도 불구하고 급하지 않다는 이유로 그것을 미루는데 있다. 중요한 일은 보고서를 미리미리 준비한다던가, 건강한 신체를 위해 등산을 간다던가, 처리해야 할 중요한 메일이라던가 하는 일들이다. 중요한 일들이 급한일 때문에 뒷전으로 밀려나면 결국에는 목표를 성취하지 못하게 된다.

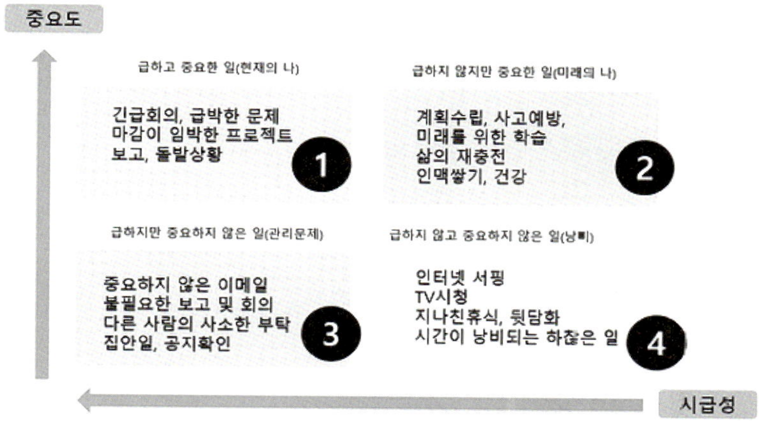

[그림 1] '시간 관리 매트릭스의 4사분면' 그래픽(출처: 미래경제뉴스)

1번에 해당하는 사람은 미루는 사람이다. 중요하기도 하고 급하기도 한 일들만으로 시간을 보내는 사람이다. 마감일이 다가온 리포트를 쓴다거나 시험 날이 되어서야 밤샘 공부를 하는 일처럼 급하고 중요한 일이다. 하지만 리포트를 쓰지 않고 미루다가 또는 시험공부를 미리미리 하지 않고 있다가 하루 전에 시작하는 사람들이며 이런 문제가 발생하는 이유는 미루기 때문이다. 1번에 해당하는 일로 시간을 사용하다보면 스트레스와 짜증이 늘어나고 피로도가 높아져 생산성도 떨어지며 늘 중간정도의 결과물을 만들어내며 잠재력을 발휘할 수 없게 된다.

3번에 해당하는 사람은 Yes맨이다. 급하기는 하지만 중요하지 않은 일로 시간을 보낸다. 다른 사람을 즐겁게 해주려고 애쓰며 그들의 요구를 다 들어주는 부류로 자신의 일이 아니라 남들에게 중요한 활동을 한다. 중요한 일에 집중하지 못하고 모든 일을 무비판적으로 수용하다보면 큰 성과를 이룰 수 없고 안정적이지 못하며 가장 나쁜 생활 습관이자 시간관리 방법이다.

4번에 해당하는 사람은 게으른 사람이다. 중요하지도 급하지도 않은 일로 시간을 보낸다. TV나 스마트폰을 보거나 주말이면 게임하는데 시간을 보내고 짬나는 시간에는 카카오톡으로 친구들과 대화하는데 몰두한다. 영화보고, 게임하고 스마트폰으로 즐거운 활동을 하는 것이 다 나쁜 것은 아니지만 대부분의 시간을 사용한다는데 문제가 있다. TV나 스마트폰, 게임은 기분전환을 하는 정도의 시간이면 충분할 것이다.

2번에 해당하는 사람은 순서를 정해 일하는 사람이다. 이 방식이 가장 좋다. 중요하지만 급하지 않은 일로 시간을 보낸다. 대부분은 개인의 정체성과 가치와 관련된 것들로 시간을 채운다. 예를 들어 운동, 명상이나 휴식, 계획하기, 과제하기, 책읽기와 독서모임 참여 등 자신의 장기목표와 단기목표를 실천할 수 있는 활동들로 시간이 채워져 있는 경우이다. 순서를 정해서 일하는 사람들이라고 해서 완벽하게 시간을 사용하는 것은 아니지만 기본적으로 자신에게 중요한 일과 사소한 일을 나눌 수 있고 정리정돈을 하고 미리미리 준비함으로써 자신의 능력과 잠재력을 끌어 올릴 수 있는 에너지를 비축해 놓는다. 급한 일이라고 생각되면 밤샘을 할 수 있고 타인의 기분 나쁜 부탁이나 만남의 제안을 NO라고 거절 할 수도 있다.

초단기목표는 일주일 단위, 월 단위로 시간을 계획하는 것이다. 일주일 동안 가장 큰 일이 무엇인지를 정하고 시간에 적어 넣는다. 이러한 초단기목표는 매우 작은 목표처럼 보여서 간과하기 쉽지만 이런 목표들이 모여서 단기목표, 장기목표를 성취할 수 있는 초석이 된다. 큰일을 계획하는 것이 끝나면 그 밖의 잡다한 일이나 약속 등에 대한 계획을 세운다. 그리고 매일매일 정해진 대로 실행하는 것이다. 아마도 몇몇의 계획은 바뀔 수도 있다. 우연한 일의 기회가 다가올 수도 있고 시간계획에 변경이 있을 수도 있다. 하지만 하나도 빠짐없이 못했다고 해서 큰 문제가 되는 것은 아니기 멈추지 말고 실행해보는 것이 중요하다.

그리고 마지막으로 장기목표, 단기목표, 초단기 목표가 설정되고 시간을 계획했다면 이제는 자신을 훈련시켜야 한다. 시간관리 훈련, 두려움을 극복하는 훈련, 힘들 때 용기를 가지는 훈련, 주변 사람들의 피드백을 견디는 흔련 등이다. 성공한 사람들은 자신이 하고 싶은 일을 해서 성공했다고 생각하기 쉽지만 대부분은 자신이 하고 싶지 않은 일을 끝까지 해내고 그것을 습관했다. 런던대학의 제인워들(jane Wardle) 교수가 실험을 통해 습관을 완전히 익히는데 개인마다 편차는 있지만 평균 66일이 걸린다는 결과를 내놓았다. 66일 동안 같은 행동을 반복하다보면 반사적으로 행동하는 것이 가능하다는 뜻이다. 습관을 들이고 실천할 수 있는 것은 한꺼번에 많은 시간을 노력하는 것보다 주기적으로 자주 꾸준하게 반복하는 것이 중요하다.

참고문헌

강경연·강혜영(2019), 대학생 진로개발역량을 위한 진로교과목 교육내용 개발: 전문가 델파이 조사를 중심으로, 진로교육연구 32(4), 71-92면.

교육부(2014), 행복한 교육 6월호, 진로장벽 걸림돌인가 디딤돌인가, 글 허은영.

김봉환·이제경·유현실·황매향·공윤정·손진희·강혜영·김지현·유정이·임은미·손은령(2010), 진로상담이론—한국내담자에 대한 적용, 학지사.

김은영(2001), 한국 대학생 진로탐색장애검사의 개발 및 타당화 연구(KCBI), 이화여자대학교 대학원 박사학위논문.

김충기(1991). 고등학교 학생의 직업선택 및 직업간의 관계연구, 고려대학교 교육대학원 석사학위논문.

문승태·박미하·양복만(2012), 대학생의 인간관계와 학습의 자기주도성 및 진로적응성의 관계, 진로교육연구 25(3), 39-60면.

문용린(2004), 지력혁명, 비즈니스북스.

박성미(2011), 직업능력의 요소로서 핵심역량 분석, 직업교육연구 30(3). 327-351면.

박은규·이서정(2018), 대학생 진로적응성 관련 영향 변인에 관한 메타분석, 취업진로연구 8(3), 25-56면.

손은령(2004), 진로선택에서 지각된 진로장벽의 역할. 상담학연구 5(3), 623-635면.

이재창·조봉환·안희정·황미구·임경희·박미진·김진희·최정인·김수리 역(2008), 진로발달이론을 적용한 진로상담, 아카데미프레스.

인터비즈 2017.5.15 "IT CEO 열전: 일론 머스크 태생부터 창업가, 억만장자 넘어 화성을 탐하다."/ 글 IT동아 김태우.

장계영(2009). 대학생의 진로적응성 척도개발. 숙명여자대학교 박사학위논문.

장계영·김봉환(2011), 대학생 진로적응성 척도개발, 상담학연구 12(2), 539-558면.

찰스모리스, 엄성수 옮김, 테슬라 모터스: 일론 머스크, 자동차의 패러다임을 바꾸다, 을유문화사, 2015, 59-60면.

최영민·정기은·김민자(2005), 문화관광학 전공 관련 수강생의 자아적성 및 직업적성 인식에 관한 연구, 관광학연구 29(3), 315-333면.

출처: 법제처 국가법령 정보센터(http://www.law.go.kr/lsSc.do?menuId=0&p1=&subMenu=1&nwYn=1&section=&tabNo=&query=%EC%A7%84%EB%A1%9C%EA%B5%90%EC%9C%A1%EB%B2%95#undefined, 방문일자 2020.12.12.)

2020년 6월 29일 방영. KBS2 토크쇼 대화의 희열2.

Guglielmino, L. M. (1977). Development of the self-directed learningreadiness scale. Unpublished doctoral dissertation, University of Georgia, GA.

Klein, K.L.,& Weiner, Y. (1977). Interest congruency as a moderator of the relationship between job tenure and job satisfaction and mental health. Journal of Vocational Behavior, 10, 91-98.

Krumboltz, J. D. (1996). A learning theory of career counseling. Handbook of career counseling theory and practice.

Swanson, J. L., & Tokar, D. M.(1991), College students' perceptionsof barriers to career development, Journal of Vocational Behavior, 38(1), 92-106; counseling Theory and Practice. Palo Alto, CA: Davise-Black Publishing.

London, M. (1997), Overcoming career barriers: A model of cognitive andemotional processes for realistic appraisal and constructive coping, Journal of Career Development, 24(1), 25-38.

London, M.(1997), Overcoming career barriers: A model of cognitive and emotional processes for realistic appraisal and constructive coping, Journal of Counseling Development, 24(1), 25-38.

NCDA(2007). National Career Development Guidlines. http://www.ncda.org.

Sharf, R. S.(2006), Applying career development theory to counseling(4th ed).

Skorikov, V. (2007), Continuity in adolescent career preparation and its effects on adjustment, Journal of vocational Behavior, 70(1), 8-24.

Super, D. E., Knasel, E. G.(1981), Career Development in adulthood: Some theoretical problems and a possible solution. British Journal of Guidance and Counseling, 9, 194-201.

Swanson, J. L., & Daniels, K. K. (1995), The career barriersinventory-revised. Unpublished manuscript, Southern Illinois University, Carbondale.

Zunker(2006), Career services and counseling in institutions of higher learning, career counseling: A Holistic approach, 7th ed. CA: Thomson Brooks/Cole.

저자소개

이난

교육학박사
전주대학교 수퍼스타칼리지 교수
전) 한국상담학회 홍보위원장
전) 비전, 배움, 에듀윌 원격평생교육원 개발 및 운영교수

임정아

상담심리학 박사
전주대학교 수퍼스타칼리지 강사
멘토발달상담센터 및 하가심리발달센터 상담원
전) 전주, 군산 여성인력개발센터 진로코칭강사
전) 전주대학교 수퍼스타칼리지 객원교수
전) 전주대학교 취업지원관 및 여성커리어개발센터 취업지원단 위원

미래사회와 적성

초판 1쇄 인쇄 2021년 2월 22일
초판 1쇄 발행 2021년 2월 26일

지은이 이난 임정아
펴낸이 이대현
책임편집 강윤경
편 집 이태곤 권분옥 문선희 임애정
디자인 안혜진 최선주
마케팅 박태훈 안현진

펴낸곳 도서출판 역락
출판등록 1999년 4월 19일 제303-2002-000014호
주소 서울시 서초구 동광로 46길 6-6 문창빌딩 2층 (우06589)
전화 02-3409-2060(편집), 2058(마케팅)
팩스 02-3409-2059
홈페이지 www.youkrackbooks.com
이메일 youkrack@hanmail.net

ISBN 979-11-6244-700-0 03370